HERMES

在古希腊神话中，赫耳墨斯是宙斯和迈亚的儿子，奥林波斯神们的信使，道路与边界之神，睡眠与梦想之神，亡灵的引导者，演说者、商人、小偷、旅者和牧人的保护神……

西方传统 经典与解释
Classici et commentarii
HERMES
政治史学丛编
刘小枫●主编

人文主义与史学
——英国现代史学编纂之源

Humanism and History:
Origins of Modern English Historiography

[美] 约瑟夫·莱文（Joseph M. Levine）● 著

王伊林 ● 译

华东师范大学出版社
·上海·

华东师范大学出版社六点分社　策划

中国人民大学科学研究基金"'普遍历史'观念源流研究"项目成果
（项目批准号：22XNLG10）

出版说明

古老的文明共同体都有自己的史书，但史书不等于如今的"史学"——无论《史记》《史通》还是《文史通义》，都不是现代意义上的史学。严格来讲，史学是现代学科，即基于现代西方实证知识原则的考据性学科。现代的史学分工很细，甚至人文－社会科学的种种主题都可以形成自己的专门史——所谓的各类通史，实际上也是一种专门史。

不过，现代史学的奠基人兰克并非以考索史实或考订文献唯尚，他反倒认为，"史学根本不能提供任何人都不会怀疑其真实性的可靠处方"。史学固然需要探究史实、考订史料，但这仅仅是史学的基础。史学的目的是，通过探究历史事件的起因和前提，形成过程和演变方向，各种人世力量与事件过程的复杂交织，以及事件的结果和影响，像探究自然界奥秘的自然科学一样，"寻求生命最深层、最秘密的涌动"。换言之，兰克的史学观还带有古典色彩，即认为史学是一种政治科学，或者说，政治科学应该基于史学，因为，"没有对过去时代所发生的事情的认知"，政治科学就不可能。亚里士多德已经说过："涉及人的行为的纪事"，"对于了解政治事务"有益（《修辞术》1360a36）。正如施特劳斯在谈到古代史书时说：

　　政治史学的主题是重大的公众性主题。政治史学要求这一重大的公众性主题唤起一种重大的公众性回应。政治史学属于一种许多人参与其中的政治生活。它属于一种共和式政治生活，属于城邦。（施特劳斯，《修昔底德：政治史的意义》）

兰克开创的现代史学，本质上仍然是政治史学，与19世纪后期以来受实证主义思想以及人类学、社会学等学科影响而形成的专门化史学在品质上截然不同。在古代，史书与国家的政治生活维系在一起。现代史学主流虽然是实证式的，政治史学的脉动并未止息，其基本品格是关切人世生活中的各种重大政治问题——无论这些问题出现在古代还是现代。

本丛编聚焦于16世纪以来的西方政治史学传统，译介20世纪以来的研究成果与迻译近代以来的历代原典并重，为我国学界深入认识西方尽绵薄之力。

刘小枫

2017年春

古典文明研究工作坊

目　录

前　言

下述文章不言自明，每篇文章最初皆为不同的场合而作，彼此独立。文章明显偏向多样化，即便如此，我还是把它们汇聚到了此处，因为它们拥有共同的关注点，有助于形成更宏大的故事。为了让这些文章具有一定的连贯性，我略微做了一些改动，用不同的方式重新编排了一下，故而可能和它们最初创作出来的样子稍有不同。因为许多人可能不太熟悉这种论证方式，再加上内部的衔接也不总是那么清晰明了，所以在此处，我会有条理地进行阐述，让每篇文章与更广阔的语境融为一体，并希望据此阻挡一些较为明显的反对意见。即使结果不断表明论证存在一些明显的裂痕，可我还是希望它足以提供一些关于该主题的具有条理性和说服力的叙述。

在这些文章中，我想论述的其中一个主要问题就是，英国史学编纂是如何发现其现代方法的？英国史学编纂为何能发现这个现代方法？我的答案是，英国史学编纂的现代方法主要源于文艺复兴时期的人文主义，然而，人文主义绝不是其唯一的源头。这的确是一个老观点了，早在人文主义时代，人们就已接受这个观点，那些研习欧洲学识的学生对这个观点也是了然于心。那么，为什么在英国，支持这个观点的人却寥寥无几呢？我想，在一定程度上，答案就在于许多英国学者漠视人文主义，他们认为人文主义是舶来品，被移植到纯粹的英国本土文化之中；答案还在于，一些令人敬畏的批评家——从罗斯金（John Ruskin）到路易斯（C. S. Lewis）——对人文主义怀有公开的敌意；他们急于从审美，有的时候是从宗教的角度，来攻击人文主义；答案尤其还在于，中古史学家一直厌恶人文主义，他们讨厌文艺复兴时期的大吹大擂，并且自此以后一直憎恶新文化中的新事物和成就，憎恶旧世界的黑暗与野蛮。

毋庸置疑，每个论点都有其合理之处，但就此声称，对英国文化或英国现代史学编纂的发展而言，人文主义是天赐的福分，那就有些愚蠢了；完全把人文主义当成一场进步的运动也是错误的。实际上，在这些文章中，我竭力展示人文主义是如何刺激和抑制现代史学发展的。我不明白，我们为什么要允许那些因支持和反对人文主义而产生的偏见来夸大或掩盖人文主义对英国思想史产生的无可置疑的影响呢？这些文章的主要目的就是描述，当古代世界和现代世界交汇时发生了什么——交汇始于 16 世纪，并于 18 世纪达到了顶峰。①

什么是人文主义？这个术语本身早已过时，即使它深深植根

---

① 我发现至少有一位杰出的史学家对我的主题充满期待。1968 年，巴特菲尔德（Herbert Butterfield）写道：“如果我们谈起‘英国史学编纂的演化’，那么就会记得，它在很大程度上受到了外来的影响，而且对它影响最大的应该是古代。现代史学编纂史不只是要留意这点，还必须讨论那些从文艺复兴时期开始就一直在推动古希腊罗马研究的人。因为这个原因，我们不能把现代史学编撰和古典学史明确分隔开来”（《叙述史和为之付出的艰巨的准备工作》[Narrative History and the Spade-Work behind It]，*History*，53[1968]，173）。我不知道考虑这个问题时需要做什么工作，也不知道试图用史学的观点来论述整个时期时需要做些什么工作。至于之前被当作是该主题的一部分的那些研究，其中最优秀的是关于 16 世纪的论述：F. J. Levy, *Tudor Historical Thought*（San Marino，Calif.，1967），以及 Arthur Ferguson, *Clio Unbound*（Durham，N. C.，1979），每一个研究都注意到了人文主义。其他特殊的研究在文章的脚注中得到了确认。

于这个时期;关于如何使用这个术语,也存在诸多争议。据人文主义最具影响力的现代学生克里斯特勒(Paul Oskar Kristeller)所说,人文主义是一个带有特殊文字成见的文化和教育项目,它对古代人文学进行了概述,并且拥有特殊的学科圈:语法、修辞、史学、诗歌和伦理学。① 路易斯觉得人文主义更趋向一般化,他认为,人文主义者就是"讲授了、至少学习了或者大力支持了希腊语和新拉丁语的人",而且,人文主义通常只是伴随着那些研究出现的一种观点。② 不管怎样,路易斯明白无误地补充说,人文主义是古典主义的最初形式,这个观点有时因为文化史被划分成一些模糊的分支而被掩盖了。从这个角度看,我们可以把1500年至1800年看作一个独立的时期,它至少包含了对那个时代的思想产生了持续作用的一整套假设和思维习惯。那些思维习惯和假设深深植根于英国文化,并且通过几乎一致的教育得到了实现——即要求在校学习的每一个英国学生接受希腊语和拉丁语方面的古典教育,这种教育由人文主义者制定,人文主义者的继承人则继续推行这种教育以满足统治阶级的实际需要。伯克(Burk)、彼得(Pitt)和福克斯(Fox)所在的时代的见解,以及约翰逊(Sammuel Johnson)和吉本(Edward Gibbon)所在的时代的见解,在某些方面就是那场始于3个世纪前的运动的巅峰。只有路易斯关注了新文化的文字表现形式,并关注到新文化一直坚持模仿古典语言和古典形式;与之相反,我将集中讨论复兴的过程、伴随着复兴出现的"古代复

---

① Paul Oskar Kristeller, *Renaissance Thought*: *The Classic*, *Scholastic and Humanistic Strain*s (New York, 1961), p. 10。关于这个术语的出现,可另参 Augusto Campagna, "The Origin of the Word Humanist", *Journal of the Warburg and Courtauld Institutes*, 9(1946), 60—73;以及一个十分短小且附带了详尽文献目录的调查, Charles Trinkaus, "Huanism", *Encyclopedia of World Art*, VII (New York, 1963)。

② C. S. lewis, *English literature in the Sixteenth Century* (Oxford, 1954), pp. 18—19。

兴"，以及这个过程给史学编纂带来的许多偶然而又有些令人意外的后果。①

　　不幸的是，历史上的解释（就如其他地方的解释一样）预示着无限的回归；除了直奔主题外，我们很难知道怎样开始才是合适的。在我撰写的第一篇题为"卡克斯顿的史学"（Caxton's Histories）的文章中，通过密切关注"复兴"前的中世纪的最后一代人，我试图为人文主义的到来做好准备。遗憾的是，关于中世纪晚期史学编纂的现代研究凤毛麟角；我想解决的那个特殊问题——即15世纪的史学写作方法是什么以及那个时期如何区分纪事和虚构的故事——也是难以捉摸。显而易见，纪事和虚构的故事都不足以描述那些岁月，更不用说阐述这两者之间错综复杂的关系了。当努力的主要目的是为后来发生的事情奠定基础并让人们关注15世纪没有做到什么以及做到了什么时，我们很难让该主题的价值得到充分发挥，而且，我们很容易做出犯了时代错误的判断。后来的时代为人文主义做出了哪些特殊的贡献？我们该怎样衡量这些贡献呢？我花费了一些时日才找到解决这个问题的方法，找到概括一套复杂的思想和材料（比我期望的要丰富得多）的方法，并知道如何避免过度简化或歪曲当时的情形。在英国的第一位印刷商卡克斯顿——他有意用他那个时代最优秀的文学作品来满足读者——的出版物中，我找到了一个独一无二的机会，并由此找到了解决这个问题的关键。

　　卡克斯顿并不是理论家，不过他为他印刷出版的书籍做了评

---

① 克里斯特勒说（p. 98），人文主义者是现代文献学和史学的先驱。不幸的是，学识史相对而言没有引起什么关注（尤其是在英国）。关于详实的调查，我们必须回到 J. E. Sandys, *A History of Classical Scholarship*, 3 vols. (Cambridge, 1903—1908)；关于最好的总结性论述，可参 Ulrich von Wilamowitz-Moellendorf, *A History of Classical Scholarship* (1921)，Alan Harris 译 (London, 1982)。Rodolf Pfeiffer 的 *History of Classical Scholarship from* 1300 *to* 1850(Oxford, 1976)第二卷比较有用，但和之前举足轻重的第一卷相比，有点令人失望。

注，这些评注足以展示卡克斯顿——大概也是他的读者——对书籍的内容做出的假设。通过检查卡克斯顿出版的作品——其中包括一些不太可能是"历史"的作品，我证实了一个传统的观点（常常受到质疑，但从来没有可靠的文献作证），那就是，不管是在理论上，还是实践中，15世纪的作家总是不愿意或者在很大程度上无法区分事实和虚构的故事（即使他们有时候试图这样做）；而且，在重建过去时，他们使用了各种方法，这些方法产生了一种不同于我们的史学。卡克斯顿和同时代的人接受了那些神圣而世俗的传说并对它们进行润色，但他们并没有试图区分传奇故事和编年史，或者是区分过去和现在。在第一批印刷的书籍中占了一席之地的特洛伊英雄和基督教圣徒常常都是虚构的，而且几乎总是被描绘成当代人。卡克斯顿最初把纪事理解成了教诲，他不厌其烦地进行区分，而这并没有什么明显的价值。英国人文主义者继承了这个观点并慢慢加以改造。

对于事实，卡克斯顿和他的朋友们并不是毫不关心；至少有一次，这位印刷商提出了一个或是回到了一个一直困扰着他和后人的问题：亚瑟王和圆桌骑士的故事在历史上是真实存在的吗？因为这个问题持续困扰了好几代人，所以人们不可能去比较卡克斯顿和一些人文主义者的观点；人文主义者遵循和关注的是，在这些问题上，新文化必须提供些什么。当纪事和虚构的故事开始在实践和理论中分道扬镳时，亚瑟王的故事，还有传统历史中的其他许多故事，很快被当成了传说。这是第一个例子，它展示了关于过去的一些新学识和新见解。

至于我的下一篇文章，我找回了我早期的一篇论文。在这篇论文中，我回顾了现代史学编纂中最著名的事件之一，即揭露《君士坦丁赠礼》（*Donation of Constantine*）系伪造。这里，我们可以通过比较为了揭露它而付出努力的两个人——他们几乎同时并且独立地揭露了《君士坦丁赠礼》——来对比两种文化所使用的不同技巧。第一位是 15 世纪的英国人皮科克(Reginald Pecock);皮科克生活在这样一个世界里,在那里,人们仍然大范围地无视经典,没有意识到人文主义考据的可能性。皮科克是职业神学家,他试图用经院派逻辑(scholastic logic)的方法证明自己有道理。第二位是 15 世纪的一个意大利人瓦拉(Lorenzo Valla);瓦拉是人文主义者,他在已知的知识之外拓展了新的文献学科。经院派逻辑并不是中世纪史学编纂的常用工具,而且中世纪晚期的哲学家(就像我们时代的许多哲学家一样)通常会忽略历史的虚假做作,假如总的来说他们对历史的虚假做作并没有敌意的话。在这个特殊的例子中,皮科克通过使用"错误"的方法而得到了"正确"的答案,可是皮科克付出的努力只有助于证明一个事实,那就是,不管在那时还是现在,演绎逻辑都不能为史学编纂提供什么东西。另一方面,瓦拉总是能(并且准确地)通过有点类似于我们的方法得到正确的答案,即使他的小册子的争论目标和他的事业的主要特征同样也限制了他。[①] 瓦拉和人文主义者都认为,整个文化已经遗失,不过还可以得到恢复;他们相信,语言是钥匙,像其他任何事物一样,语言屈服于基本的变化;而且最重要的是,他们想出了达到他们目的的方法,现代史学编纂的未来就在于此。[②]

我们需要做的就是从古代史的某个特殊问题入手来拓展这个有点狭隘的开头,继续改进起源于古典文法的技巧,以便让人们发

---

① 当人文主义者弗吉尔(Polydore Vergil)和学者梅杰(John Major)着手解决一个带来了相似结果的相似问题时——这次是质疑早期英国历史的可信度,在下一代人中就出现了一个与此对比十分类似的有趣对照。即使使用的方法很不相同,这两者都再次得到了"正确"的结果。比较《英国国史》(*Anglica historia*)中的记述(转引自下文中卡克斯顿的文章)和梅杰的《大不列颠史》(*A History of Greater Britain*,1521),Archibald Constable 译,Scottish History Society, 10 (Edinburgh, 1892)。这次又是人文主义者为后来的史学编纂做出了贡献。

② 我懒得更新第二章(1973 年首次出版)或其他地方的参考文献。全部的注释主要是用来支持和阐释最初表达的论点,现在没有对整体进行改写就去改动它们将会形成误导。不过,我还是改动了一两处,因为后来的学识改变了我最初的观点。

现和评估与过去相关的那些证据——事物、语词、历史遗迹、文本、思想和行为。在接下来的两篇文章中，我暗示了这件事发生的方式。"古文物"研究是考古学在文艺复兴时期的对应物，是文献学的材料伴奏；在两个章节的第一章里，我试图追溯长达 3 个多世纪的努力，以便恢复关于过去英国的不朽的文本证据。我试图把古文物研究事业当作一个整体进行描述（我认为没人做过这样的尝试），①以便展示那些为恢复古罗马、凯尔特、诺曼甚至希腊遗物而工作的学者之间存在什么关系；以及暗示，他们在那个时期所使用的且得到了发展的方法不断从古典学识和知识中汲取养分。我试图展示一些不那么明显的东西；我试图展示，让那项事业得以诞生的古典灵感同时也限制了它；我试图展示，人们总是把经典古物放在优先的位置，从而彻底阻碍了过去的现代意义在这几个世纪走向成熟。如果人文主义者首先把古人从晦暗不明中解救出来并赋予古人真正的历史特征，那么人文主义者还是会把古人理想化，并且有些反常地倾向于把古人从历史中清除，然后赋予古人永恒的地位。怀着对古代的崇敬之情，人文主义者继续通过直接模仿古典作品来撰写他们的历史，并将其视为修辞学的一个分支。人文主义者通常不理会古文物研究者的新研究方法，不愿意或无法吸收古文物研究者的研究成果。根据这几个古典学识的典范，我探究了特别的且具有自我意识的二分法，因为它似乎是早期现代史学编纂所特有的，处于新旧之间。

　　我的下一篇文章是关于斯通菲尔德大道（Stonesfield Pavement）。在这篇文章中，我试图暗示，在 18 世纪的英国，古典冲动是如何通过研究一个被遗忘的东西并仔细检查它而让现代考古学

---

① 最近的一件事似乎是一些文章被收录于 *English Historical Scholarship in the Sixteenth and Seventeenth Centuries*，ed. Levi Fox（London，1956），尤其是 Stuart Piggott，"Antiquarian Thought in the Sixteenth and Seventeenth Centuries"，pp. 93—114；以及 Piggott，*Ruins in a Landscape*（Edinburgh，1976）。

诞生的。正如在别处一样，在此处，我的目的就是使用源自古典学识的新方法来展示一个具体的历史问题，这个问题由几代人连续提出并给出了答案。当一项不断累积的协作性事业有意去纠正错误并改进人们对过去事物和事件的理解时，这在很大程度上看起来就是现代史学编纂的发展方式。我希望，面对形式多样的现代相对主义，这个论断看起来不会显得过于幼稚；就我而言，关于历史怀疑主义，最好的答案就在于这些能解决问题的具体事例。关于亚瑟王的宫廷和不列颠早期历史的争议，或者关于《君士坦丁赠礼》和斯通菲尔德大道的争议都表明，随着考据性学识的使用，人们的历史理解能力得到了急剧提高。不只是只有早期的实证主义者仍相信可以恢复过去的真知识了。①

　　人文主义为早期的现代欧洲提供了新的艺术和新的科学，即使从长远看，它们并不完全相容。通过坚持主张模仿并在叙事时使用古典修辞学，人文主义提供了新的艺术。当人文主义通过新的文献学和古文物研究方法追寻事实时，它提供了一种新的科学。只要人文主义渴望科学，它似乎就会期望一场或至少会发起一场相似的能改变自然观的思想运动。通过关注中世纪末期事实和虚构的故事之间特殊的混乱状态（对我们来说似乎是这样），我开始了我的工作；可以确定的是，卡克斯顿的自然观和他的史学一样别

---

① 此处不宜争辩，因此，我只会向读者推荐一篇文章中的精彩片段，参见 Adrian Kuzminski，"Defending Historical Realism"，*History and Theory*，18（1979），316—349；还要向读者推荐一篇具有启发性的文章：Louis Mink，"Narrative Form as Cognitive Instrument"，in *The Writing of History*，ed. Robert H. Canary and Henry Kozicki(Madison，Wis.，1978)，129—149。我个人比较拥护的是柯灵乌（R. G. Collingwood），我在两篇文章中表达了对他的深深敬意，它们分别是"The Autonomy of History：R. G. Collingwood and Agatha Christie"，*Clio*，7（1978），253—264；"Collingwood，Vico and Autobiography"，*Clio*，9（1980），379—392。《学术编年》(*Annals of Scholarship*，3[1986]，253—264)中的一篇题为"Method in the History of Ideas：More，Machiaveli，and Quentin Skinner"的文章进一步扩展了我的观点。

出心裁。最后,为自然科学设计出了一种新的"观察和实验"方法,这种新方法试图剔除那些充斥在古代和中世纪教科书中的错误以及奇异事件;错误显然是由伪证和天马行空的想象造成的。其结果就是一部新的自然史,这部自然史至少在方法和成果方面都与新文明史中的事物一样激进。

　　这两次思想运动之间存在联系吗? 不幸的是,和人类史相比,自然史的历史被忽略得更加彻底。① 有些对比十分明显,但可以肯定的是,到了 17 世纪,处于相同制度下的许多人常常会提出新的观点并加以宣传。这种联系的关键之处可能就在于培根(Francis Bacon),培根和这两次运动都有着密切的联系,他的影响在这个时期一直存在。在我的下一篇文章中,我试图通过密切关注培根的早期生活和思想来描述其自然哲学的起源。当一个雄心勃勃的年轻政治家对剑桥大学里相互较量的人文主义和经院哲学作出反应时,我相信我已经找到了解培根的成熟学说的关键。培根尝试以新自然史为基础而不是以亚里士多德为基础来建立他的新自然哲学。我认为,培根在有意识地模仿一些人文主义者——这些人文主义者拒绝亚里士多德并相信伦理学来源于文明史且可付诸实践。和人文主义者一样,培根也无法忍受中世纪的传奇故事和圣徒言行录中虚构的故事;和马基雅维利一样,培根认为,对真实的世界和理想主义者虚构出来的东西加以区分是明智之举。培根觉得,新科学的第一项工作就是通过最新的观察和实验——即回到源头——准确地描述自然。如果培根的方法和他的自信显得有些幼稚,那么古文物研究者也是如此;在 1600 年,就如现代史学一样,现代科学还有很长一段路要走,这不仅体现在方法论上,而且还体现在哲学诡辩上。理论问题才刚刚显露出来。

――――――――――――

①　参见拙文 "Natural History and the History of the Scientific Revolution", *Clio*,13 (1983),57—75。我已经暗示了这种联系,参见拙著 *Dr. Woodward's Shield*: *History*, *Science*, *and Satire in Augustan England*(Berkeley, Calif. 1977)。

当然,在仍然比较传统的文化中发展新方法会导致信任危机,这是迟早的事,著名的古今之争就反映了这种危机。不幸的是,人们似乎并没有充分领会这个复杂的事件,尤其是没有充分领会此事和史学的关系;我希望有一天可以发表自己关于这个事件的一篇全新的文章。[①] 此时此刻,我觉得把这两篇文章重新印出来是十分有价值的。在这两篇文章中,我首先展示了这场争论是如何与史学思想和史学写作联系在一起的,接着又展示了 18 世纪最伟大的史学家吉本(Edward Gibbon)如何应对最初在那场冲突中出现的、关于自我意识的那些问题,并展示了吉本如何总结近代早期的史学编纂。在这两篇文章中,我试图描绘一幅平衡的图景,并试图判断在《罗马帝国衰亡史》(*Decline and Fall*)面世之前,现代史学编纂已经发展到什么程度以及它要走向何方。

毋庸置疑,要走的路还很长。我们阅读吉本的作品,对他表示赞赏,然而,吉本的方法和观点并不是我们的方法和观点。在吉本的时代,现代史学编纂已经发展到可以粗略而详细地区分过去和现在的程度,而且,它已经确定了事实和虚构的故事在实践和理论上的区别。要判断现代史学编纂取得的成就,我们只需要比较吉本和卡克斯顿对过去所持的观点。然而,一条令人尴尬的鸿沟仍矗立在吉本和我们之间,让吉本和我们相隔甚远。首先,吉本还不明白如何有系统地把文献学家和古文物研究者的方法应用到他的主题中(我们知道,吉本满足于在自己的书斋里搞研究)。其次,吉本仍然相信,他那个时代和地域的价值观仍是衡量史学的唯一标准,而且,古罗马人、中世纪的基督徒、阿拉伯人、土耳其人和拜占庭人都必须拥有相同的道德、社会和审美标准。结果,对吉本来说,全部文化都显得无法理解。在这点上,吉本是他那个时代的典

---

① 关于文学的摘要和评论性文章,参见拙文"Ancients and Moderns Reconsidered",*Eighteenth Century Studies*,15(1981),72—89,以及最近的 "The Battle of the Books and the Shield of Achilles",*Eighteenth Century life*,9(1984),33—61。

型代表;只可惜在 18 世纪,偶尔才有人真的努力去欣赏和理解异域文化。毫无疑问,在英国,最有力、最有意义的努力就是"哥特复兴",哥特复兴承诺为中世纪做一些人文主义者曾为古罗马做过的事。在最后一篇文章中,我试图从史学编纂的角度衡量那次复兴,而这是通过密切观察其主要倡导者——沃顿兄弟(the Wartons)①及其支持者——是如何再次检验以下的论点而实现的,这个论点就是,直至近代早期结束,推动和阻碍现代史学的正是古典复兴。

言下之意就是,在 19 世纪,现代史学编纂的诞生还需要一些重要的东西;另外,现代史学编纂需要一种思想氛围,在这种氛围里,一种更加相对的视角和更加系统的方法论可以同时得到发展。必须消除古典(或圣典)时代的特权地位,文献学技巧和古文物研究方面的学识必须同时延伸到过去的方方面面。在现代早期,这当中的一些已然得到实现,人文主义者及其后来者已把舞台布置妥当。在这些文章中,我试图暗示实现它的某些方法以及它是如何受阻的。至于故事的结尾,我只能时不时地暗示一下。我希望,当现代史学编纂即将成为可辨认的现代形式时,我突然停下来不会显得虎头蛇尾。我实实在在地意识到,关于这个时期,我需要学习的东西还有很多,我还意识到,为尚在发展的最后一幕搭建好舞台,需要说的还有很多。

我要感谢那些在我进行研究的这些年里以这样或那样的方式帮助我的人,尤其要感谢那些鼓励我的友人凯利(Donald Kelly)、伯克(Peter Burk)和卡利(James Carley);还要感谢锡拉丘兹(Syracuse)抽出宝贵的时间给予我支持;最重要的是,感谢我的家人迪迪(DeeDee)、彼特(Peter)和卡洛琳(Caroline),他们在每个阶

---

① 沃顿兄弟指约瑟夫·沃顿(Joseph Warton,1722—1800)和托马斯·沃顿(Thomas Warton,1728—1790)。约瑟夫·沃顿是评论家和古典学者,以对蒲柏的评论而闻名。托马斯·沃顿是文学史家和诗人,著有《英国诗歌史》。——译注

段都曾帮助过我,甚至还给我的书命名。特别感谢康奈尔(Cornell)大学的阿克尔曼(John Ackerman)帮我构思,感谢他后来对我的鼓励。十分感激最初的出版商同意重印(用稍微编辑过的版本)以下文章:"Reginald Pecock and Lorenzo Valla on the *Donation of Constantine*",载 *Studies in the Renaissance*,20(1973),118—143;"Ancients, Moderns, and History",载 *Studies in Change and Revolution*,ed. Paul Korshin(London:Scholar Press,1972);"The Stonesfield Pavement:Archaeology in Augustan England",载 *Eighteenth Century Studies*,14(1981),72—88;"Edward Gibbon and the Quarrel between the Ancients and the Moderns",载 *The Eighteenth Century*,26(1985),47—62。还要感谢古籍善本图书馆(Beinecke Rare Book and Manuscript Library)、大都会艺术博物馆(Metropolitan Museum of Art)、伍斯特艺术博物馆(the Worcester Art Museum)和耶鲁大学英国艺术中心(Yale university center for British Art)允许我使用给文字配的那些图示。

第一章　卡克斯顿的史学:中世纪末的事实和虚构故事

一

1485 年 7 月 31 日,即博斯沃思原野(Bosworth Field)一役爆发前三周,卡克斯顿出版了他那个版本的马洛礼(Thomas Malory)《亚瑟王之死》(*Morte D'Arthur*)。这是卡克斯顿令人印象最为深刻的杰作之一;对于学习史学编纂的学生来说,它仍是卡克斯顿最引人入胜的作品。诚然,现代史学家并不总是对它十分感兴趣,现代史学家的关注点必然和中世纪的原始资料的当前价值相关,而且,现代史学家一般会发现,除了中世纪编年史中的现代部分之外,中世纪的叙事有所欠缺。[①] 如果我们更想了解的是中世纪如何理解过去,而不是我们如何理解已然成为过去的中世纪的政治,那么我们就有必要撒一张更大的网。在此处,卡克斯顿和他出版的作品提供了一个千载难逢的机会。作为英国印刷界

---

① 例如,参见 Charles L. Kingsford, *English Historical Literature in the Fifteenth Century* (Oxford, 1913); Antonia Gransden, *Historical Writing in England* II (Ithaca, 1982)。

的第一人,卡克斯顿似乎有意选择和编辑他认为在那个时代最优秀和最具代表性的文学作品。这当然包括编年史,但也包含过去其他一些代表作——例如,传奇故事和圣贤生平录,卡克斯顿故意把它们和更加庄严的叙事放在一起。对卡克斯顿来说,它们都是"历史",是具有启发意义的故事,同时也是关于过去时代真实而有用的描述。[①]

毫无疑问,就现代读者而言,有时甚至就专业的中古史学家而言,这有点让人不安。对我们当中的大多数人来说,历史和虚构的故事有着本质上的区别,即使我们并不总能弄清这两者之间的明确界限;而且,我们坚持把书架上或图书馆里的虚构故事和历史分开放置。中世纪盛产手抄本,在这些手抄本里,诗歌与编年史、传奇故事与圣贤生平录混杂在一起,没有进行明确的区分。中世纪的编年史学家不约而同地且常常有意地讲述虚构的故事,而中世纪那些讲故事的人却几乎总是为虚构的过去提供出处。关于历史或虚构的故事的理论少之又少,对其进行区分的标准几乎没有,如此以至于不管什么作者都郑重承诺会忠实地遵循权威

① 以下文章思考了卡克斯顿与现代风格的关系:H. B. Lathrop, "The First English Printers and Their Patrons", *The Library*, 4ᵗʰ ser., 3 (1922—1923), 69—96; A. T. P. Byles, "William Caxton as a Man of Letters", ibid., 15(1934), 1—25; H. S. Bennett, "William Caxton and His Public",*Review of English Studies*, 19 (1943), 113—119; Bennett, *Chaucer and the Fifteenth Century*(Oxford, 1947), pp. 206—208; Curt Buhler, *William Caxton and His Critics* (Syracuse, N. Y., 1960), p. 13。关于卡克斯顿,我发现下面这些资源特别有用:Nellie Slayton Aurner, *Caxton: Mirror of Fifteenth-century Letters* (London, 1926); W. J. B. Crotch, introduction, *The Prologues and Epilogues of William Caxton*, Early English Text Society, orig. ser., 1976 (London, 1928); N. F. Blake, "William Caxton: His Choice of Texts",*Anglia*, 83 (1965), 289—307; Blake, *Caxton and His World*(London, 1969); George D. Painter, *William Caxton: A Biography* (New York, 1977); "Papers Presented to the International Congress 1976",*Journal of the Printing Historical Society*, 11(1976—1977); Lotte Hellinga, Caxton in Focus: The Beginning of Printing in England (London,1982)。

典籍,不管他是否拥有权威典籍或这个权威典籍是否可信,而读者对此也无法分辨。如果中世纪史学家似乎经常在撰写虚构的故事,那么中世纪撰写虚构故事的作家则在始终如一地假装书写历史。[①]

正如我们将看到的,中世纪的读者对叙事的字面含义相对漠视,这无疑加大了困难;中世纪的读者只是把字面含义当作破译文本或解读过去的一种方式,而且这种方式并不总是最重要的那种。毋庸置疑,就如现在一样,那时的人们也知道谎言和真相之间的区别,知道如实的描述和虚构的描述之间的差异,不过,当涉及到相比其他区别而言更重视这个区别,以及如何在实践中确立它时,又是另外一回事了。简而言之,在给现代的历史观或故事观下定义前——更不用说维护它们的自主性了,还是有必要制定一些明确的标准和一个实用的行动方法,以复原某个事件的历史真实性。首先,有必要发明新的事实观,这个事实观是指,关于过去和现在的文字表达本身就十分有趣或于当下有用,应该严格将其和假的或虚构的描述区分开来。为此,需要找到新的动机和新的方法。据我所知,直到卡克斯顿的时代,人们才在这方面有所作为,有所尝试。与此同时,在中世纪的叙事中,历史和虚构的故

---

① 路易斯(C. S. Lewis)怀疑中世纪作家——其中包括乔叟——真的相信他们自己正在撰写虚构的故事:"他们继续写着,好像他们或多或少都算是史学家似的"("The English Prose *Morte*", in *Essays on Malory*, ed. J. A. W. Bennett [Oxford, 1963], p. 22;参见 Larry D. Benson: "Every romancer must claim a source even when he is being most original", Malory's Morte D'Arthur [Cambridge, Mass., 1976], p. 67)。关于其他体裁的一些例子,参见 C. W. C. Oman, "Some Medieval Conceptions of Ancient History", Trans. *Royal Hist. Soc.*, 4th ser., 4(1921), 1—22;Christopher Brooke, *Medieval Church and Society* (London, 1971), p. 119;H. L. Levy, "As myn auothour seyeth", *Medium Aevum*, 12(1943), 25—39;Brian S. Lee, "This is No Fable: Historical Residues in Two Medieval Exempla", *Speculum*, 56 (1981), 729。关于理论,参见 A. C. Spearing, *Criticism and Medieval Poetry*, 2d ed. (New York, 1972), pp. 74—75。

事相互混杂,随处可见,这让现代读者感到茫然,无法理解作者的意图和秘密。①

以卡克斯顿出版的第一部作品《特洛伊历史故事集》(*The Recuyell of the Histories of Troye*)为例。其中一个故事以萨杜恩和朱庇特之争开始,接着该故事详细描述了赫拉克勒斯的壮举;当希腊人最终摧毁特洛伊时,故事到达了高潮。故事把赫拉克勒斯描绘成中世纪的骑士之花;在光彩照人的观众面前,即在那群从看台上观望他的贵族和小姐面前,赫拉克勒斯展示了他的骑士精神。更为奇怪的是,传说中的卡利斯托(Callisto)变成了修女并进入一所修道院;为了勾引她,朱庇特把自己伪装成修女。古代诸神就是这样被人们用"神话即历史的观点加以解释"的,而且一直持续至今;正如卡克斯顿所解释的(注意他的原始资料),在那些时代,赞美那些拥有丰功伟绩的人或那些为共同体服务的人并把他们神化就是一种传统。因此,诗歌变成了伪历史,或者回到伪历史的状态。卡克斯顿一如既往地追随权威典籍,并且不加质疑地接受这些典籍里的故事。②

卡克斯顿最直接的原始资料来自最近由勃艮第公爵的专职牧师勒费弗(Raoul Lefevre)撰写的一个法国传奇故事。勃艮第文化

---

① 关于这个主题的一般性作品就是纳尔逊(William Nelson)具有启发性的一本小书: *Fact and Fiction*: *The Dilemma of the Renaissance Story-Teller*(Cambridge, Mass., 1973)。

② *The Recuyell of the Histories of Troye*(1474),ed. H. Oskar Sommer(London, 1894),I,10。这部作品于 1464 年开始在布鲁格(Bruges)撰写,根据哈里加(Hellinga)的说法,后来于 1473 年年末或 1474 年年初出版(*Caxton in Focus*, p. 83)。"神话即历史"的说法源于由欧伊迈罗斯(Euhemerus,约公元前 300 年)撰写并由恩尼乌斯(Ennius)翻译成拉丁文的希腊传奇故事。尽管两个版本在古代都遗失了,但它们的教海在其他经典作品中保留了下来,并由早期的教父和维吉尔式的解释牧师所行仪式的人(Virgilian commentator)传播到中世纪,参见 Jean Seznec, *The Survival of the Pagan Gods*, Barbara F. Sessions 译,Bollingen Series, 38 (Princeton, N. J., 1940);John Daniel Cooke, "Euhemerism: A Medieval Interpretation of Classical Paganism", *Speculum*, 2 (1927), 296—410。

对卡克斯顿（他在勃艮第长大）和他同时代的英国人产生了深远的影响。① 卡克斯顿表示，他最初打算在译完勒费弗作品的第一部分后就罢手，因为他知道，英国诗人利德盖特（John Lydgate）已经写过特洛伊的沦陷。然而，卡克斯顿的资助人勃艮第公爵夫人说服卡克斯顿完成他的故事，因为利德盖特是用诗歌撰写的，"恐怕也只是翻译了其他某位作家的作品"。卡克斯顿解释说，不同的作家品味不同，所讲的故事也不同。②

卡克斯顿不怎么担心这些不同之处。当卡克斯顿完成他的翻译时，他添加了结语，在结语中，他要求读者不要在意书的主题，"即使它和撰写过此主题的其他译本不一致"。卡克斯顿重申道，不同的人会写不同的书，并不是所有人都对终极的原始资料——达瑞斯（Dares）、狄克提斯（Dictys）和荷马——所描述的内容持相同的看法。荷马支持他的希腊同胞，达瑞斯支持特洛伊人，这一点不令人意外，而且每个人都有可能把专有名称弄错。既然大家在主要的观点上持一致意见，那么其他的怎么样又有什么关系呢？它们全都描述了特洛伊毁灭时的可怕情景，描述了许多伟大的王子、骑士和平民的死亡，"这个例子告诉世人战争是多么的可怕和危险，以及战争会带来什么样的危害、损

① 参见最近的 Margaret Kekewich，"Edward IV, William Caxton, and Literary Taste in Yorkist England"，*Modern Language Review*, 66 (1971), 481—487; Gordon Kipling, *The Triumph of Honour: Burgundian Origins of the Elizabethan Renaissance* (London, 1977); "Henry VII and the Origins of Tudor Patronage", in *Patronage in the Renaissance*, ed. Guy Lytle and Stephen Orgel (Princeton, N. J., 1981), pp. 117—164; Blake, *Caxton and His World*, pp. 68—70. 关于这个时期的勃艮第文化的经典论述有 J. Huizinga, *The Waning of the Middle Ages* (London, 1924); 仍然有用的是 George Doutreport, *La litterature francaise a la cours des ducs de Bourgogne* (Paris, 1999); Otto Cartellieri, *The Court of Burgundy*, trans. Malcolm Letts (London, 1929). 很少有人知道勒费弗（Lefevre）。

② 第二册结语（Epilogue to bk. 2），in Crotch, *Prologues and Epilogues*, pp. 6—7. 我已使所有引文具有现代风格。

失和毁灭"。简而言之,不考虑这个故事的文字的真实性,它的寓意便无可指摘,而且这个寓意也证明了这个故事一再被复述的合理性。①

　　当然,卡克斯顿只是一个印刷商,充其量也只是一名译者,因此,大家不要随便下结论。然而,卡克斯顿至少是一个聪明的读者,他为具有鉴赏力的读者群出版读物,而且可以肯定的是,卡克斯顿对事实漠不关心并不是什么非比寻常的事。就我们而言,历史上的一切都依赖于原始资料,我们的第一直觉(作为史学家)就是回到过去,聚精会神地对每个故事进行解释以及对原创作品的文本进行校订,接下来,我们会试图评价和权衡这些东西,把它们当作证据。就卡克斯顿而言,能找到最近的权威典籍、集中精力重新撰写它并把它翻译成现代散文和情节背景就够了。这似乎是传奇故事和编年史都会使用的一般方法。关于前两本书,卡克斯顿和勒费弗比较满意的是薄伽丘(Boccaccio)的《神谱》(*Genealogy of the Gods*),这是一本百科全书式的古典神话手册,手册系统地整理了古代传说并把它们当作历史加以转述。他们不知道而且很显然一点也不在意薄伽丘的原始资料,实际上,薄伽丘的原始资料就是个大杂烩,它们对古今作品不加以区分地进行论述。②至于第三本书,他们选定了 13 世纪一部冗长而平淡的作品,那就是圭多(Guido della Columnis)的《特洛伊陷落史》(*Historia destructionis Troiae*)。因为圭多没有提及,所以他们并不知道圭多在很大程度上依赖的是 12 世纪由圣摩尔的伯努瓦(Benoît de Sainte-

----

① 第三册结语,同上,pp. 7—8。

② 薄伽丘的《神谱》(*Genealogia*)始于 1347 至 1350 年间,后来得到修订;最终于 1473 年出版。皮米菲忒(Laurent Premierfait)最早将其译为法文,但直到 1499 年译文才正式出版。参见 Henri Hauvtte, *Boccace* (Paris, 914), pp. 413—430;Cornelia C. Coulter, "*The Genealogy of the Gods*", in *Vassar Medieval Studies*, ed. Christobel F. Fiske (New Haven, Conn., 1923), pp. 317—341;Charles C. Osgood, introduction to Boccaccio, *On Poetry* (Princeton, N. J., 1930)。

Maure)撰写的诗歌《特洛伊传奇》(*Roman de Troie*)。① 他们注意到,圭多的作品最终依赖于古代作家狄克提斯和达瑞斯撰写的、传言中的两位目击者的叙述。卡克斯顿没有意识到,利德盖特的诗歌也依赖于圭多(最后依赖于伯努瓦)并最终基于两个相同的假的权威典籍。如果他早知道这点,那么或许会更担心它们之间的区别,即使我们十分怀疑他是否能解决这些分歧。

至于狄克提斯和达瑞斯的两部作品,我们现在相信,都是用希腊语创作于基督教早期,后来被翻译成拉丁文;前者可能创作于 4 世纪,而后者大约创作于 200 年后。② 狄克提斯声称自己是希腊人,达瑞斯则假装自己是特洛伊人。达瑞斯的作品的序言是一封信,在这封信里,尼波斯(Cornelius Nepos)向他的朋友撒路斯特(Sallust)解释,当他参观雅典时,他是如何发现遗失的历史并如何

---

① Guido della Columnis, *Historia destructionis Troiae*, ed. Nathaniel E. Griffin (Cambridge, Mass. 1936). 版权页标记(p. 276)显示该书创作于 1287 年。米克(Mary Elizabeth Meek, Bloomington, Ind., 1974) 曾翻译《特洛伊毁灭史》(*Historia*),在这个译本里有一篇非常有用的前言,它介绍了薄伽丘的原始资料的来源以及他对历史和故事所持的观点。关于《特洛伊传奇》,参见 A. Joly(Paris, 1870)编的版本,他注明的日期是 1175 至 1180 年间(p. 109)。奇恩提拉(Raffaele Chiantera)认为(*Guido delle Colonne* [Naples, 1955], pp. 158—243),圭多使用了除了伯努瓦之外的其他原始资料。其他使用了伯努瓦的早期特洛伊故事版本,参见 *The Seege or Batayle of Troye*, ed. Mary E. Barnacle, Early English Text Society, orig. ser., 1972 (London, 1927), p. lvii; Kathleen Chesney, "A Neglected Prose Version of *the Roman de Troie*", *Medium Aevum*, 11(1942), 46—47. 关于圭多、伯努瓦等版本的特洛伊故事的年代错误的阐述,参见 Hugo Buchthal, *Historia Troiana*: *Studies in the History of Medieval Secular Illustration*, Studies of the Warburg Institute, 32 (London, 1971)。

② Nathaniel Griffin, *Dares and Dictys* (Baltimore, Md., 1907); Griffin, "Un-Homeric Elements in the Medieval Story of Troy", *JEGP*, 7 (1907—1908), 35—52. 还有 R. M. Frazer, Jr. 的译作, *The Trojan War*: *The Chronicles of Dictys and Dares* (Bloomington, Ind., 1966). 关于最近的评论性文章,参见 Robert M. Lumiansky, "Dares's *Historia* and Dictys's *Ephemeris*: A Critical Comment", in *Studies in Language*, *Literature and Culture of the Middle Ages and Later*, ed. E. B. Atwood and A. H. Hill (Austin, Tex., 1969), pp. 200—210。

解释它的。在中世纪，人们格外尊重达瑞斯，把达瑞斯看作首屈一指的世俗史学家（位于希罗多德之前）；人们尊敬达瑞斯的另一个原因是达瑞斯偏爱特洛伊，因为所有的西方国家，从古罗马到现代勃艮第、法国和英国，都喜欢把他们的祖先追溯为在古特洛伊倒下的某位英雄。那不是一种令人印象深刻的叙事，但还是要优于荷马，因为大概在此后很久，荷马才开始写作，而且荷马偏爱希腊（人们是这样认为的）；再者，在中世纪，无论在什么情况下，人们都只能看到荷马作品的拉丁文概要。① 在狄克提斯的时代之后，这两部伪作才受到质疑，而且自那以后很久，它们才明确地被定为骗局。要抛弃长期以来被看作是西方世俗史之发端和基础的东西的确不容易。②

　　当然，不管是达瑞斯还是狄克提斯都没有描绘中世纪的特洛伊。他们把这项工作留给了伯努瓦及其追随者，他们用当代的武士风范设想了中世纪的特洛伊。整体而言，中世纪的过去观和我们时代的不一样，也不会因年代错误感到困扰；不管过去和现在相隔多远，它们之间没什么差别。③ 从这方面来说，利德盖特的《特

---

① 乔叟在《声誉之宫》（*House of Fame*）中也是如此，"有人说，荷马在他的诗歌中编造谎言，而这对希腊人有利，因此荷马只能把他的作品当作寓言"（II. 1477—1480）。关于那些成为西方国家的创立者的特洛伊人，参见 Robert Fabyan, *The New Chronicles of England and France*（1516）, ed. Henry Ellis（London, 1811）, p. 55。

② 怀疑的人包括萨卢塔缔（Salutati）、维维斯（Vives）、克胥兰德（Xylander）和斯加格（Joseph Scaliger），不过只有佩里左纽斯（Perizonius）不辞辛劳地在他的一篇论文对这个话题进行系统的调查，这篇论文附于迪希亚（Anne Dacier, Amsterdam, 1702）编的法国王储版（Delphin）的达瑞斯和狄克提斯作品之前。1572 年，达瑞斯的作品被译成法文并以《希腊和特洛伊战争的真实历史》（*L'historie veritable de la guerre des Gres et des Troyens*）之名出版。在英国，大约在同一时期，锡德尼（Philip Sidney）仍然只考量达瑞斯作品的表面价值，和《埃涅阿斯纪》（*Aeneid*）相比，他更喜欢它，参见 the *Defence of Poesie*（1595）, in *The Prose Works*, ed. Albert Feuillerat（Cambridge, 1963）, III, 16。

③ "据我了解，关于以下这个规则，并无例外。这个规则就是，那些通过文本传到中世纪艺术家手中的古典题材在年代错误上现代化了。"这就是潘洛夫斯基（Panofsky）著名的"分离原理（principle of disjunction）"，从古代借用的题材总是以非古典的形式再次出现，参见 Erwin Panofsky, *Renaissance and Renascences in*（转下页注）

洛伊书》(*Troy Book*)并不比勒费弗的优秀,即使前者已是优秀的文学作品。就如卡克斯顿和勒费弗一样,利德盖特不加质疑地接受了权威典籍,致力于把故事改成诗文,致力于精心设计故事发生的现代场景以及添加冗长的说教以便指出其道德寓意。①利德盖特说,讲故事的人的作用就是"用奇异的修辞之花"让作品生动起来,"让我们理解真理"。② 毫无疑问,利德盖特把自己当成了史学

(接上页注)*Western Art*(New York, 1968), pp. 84—87, et passim。试图增加一些文学方面的例子并没有什么意义,但另可参 Beryl Smalley, *English Friars and Antiquity in the Early Fourteenth Century*(Oxford, 1960);至于编年史(除了欧曼[Oman]的"中世纪观念"之外),参见 T. F. Tout, *The Study of Medieval Chronicles*(Manchester, 1922), pp. 11—12。布龙菲尔德(Morton W. Bloomfield)认为,乔叟至少拥有"历史感",可是人们又不得不承认,乔叟的作品中充满了年代错误("Chaucer's Sense of History", in *Essays and Explorations* [Cambridge, Mass., 1970], pp. 13—26)。最近,本森(C. David Benson)试图为利德盖特(Lydgate)做同样的事("The Ancient World in John Lydgate's *Troy Book*", *American Benedictine Review*, 24 [1973], 299—312)。毋庸讳言,试图把虚构的故事伪装成历史并对之加以展示是这个时期的一个特征,而且乔叟和利德盖特都没有下多大功夫去了解真实的过去。可进一步参考 G. L. Kittredge, "Chaucer's Lollius", *Harvard Studies in Classical Philology*, 28 (1917); C. S. Lewis, "What Chaucer Really Did to *Il Filostrato*", in *Chaucer Criticism*, ed. R. J. Schoeck and Jerome Taylor (Notre Dame, Ind., 1961); A. J. Minnis, *Chaucer and Pagan Antiquity*(Cambridge, 1982), pp. 6ff. 。

① John Lydgate, *Troy Book*, ed. Henry Bergen, Early English Text Society, extra ser., 97 (London, 1906). 参见 Walter F. Schirmer, *John Lydgate*, trans. Ann E. Keep (London, 1952), pp. 42—58; Derek Pearsall, *John Lydgate* (London, 1970), pp. 122—159. 圭多的故事的其他两个英译本是 *Gest Hystoriale of the Destruction of Troy*, ed. George A. Pantin and David Donaldson, Early English Text Society, org. ser., 43 (London, 1874), 以及 *The Laud Troy Book*, ed. J. E. Wulfing, Early English Text Society, orig. ser., 89 (London, 1902)。总的来说,参见 Margaret R. Scherer, *The Legends of Troy in Art and Literature* (New York, 1963); C. David Benson, *The History of Troy in Middle English Literature*(Woodbridge, Suffolk, England, 1980)。

② Lydgate, *Troy Book*, prologue, II. 217—220. Lois Ebin, "Lydgate's Views on Poetry", *Annuale Mediaevale*, 18 (1977), 76—105; Robert W. Ayers, "Medieval History, Moral Purpose, and the Structure of Lydgate's Siege of Thebes", *PMLA*, 73(1958), 463—474.

家，当他的诗歌在 16 世纪出版时，它相应地被宣称是古代史以及关于希腊和特洛伊战争唯一真实的编年史（*The Auncient Historie and onely Trewe and Syncere Cronicle of the Warres betwixte the Grecians and the Trojans*，1555）。在那时，圭多因准确理解了达瑞斯和狄克提斯而备受称赞（"通过获得一致意见的会议"），利德盖特因为乔叟式的诗行也备受赞誉，但另一方面，卡克斯顿则因为"冗长乏味、愚蠢、没头没尾的胡言乱语"而遭遇嘲讽。总体而言，这些批评没有什么不当之处，只是从史学编纂的角度看，它没什么意义。新事物的唯一一闪光点就在于前言中提到的一个观点，那就是，为了像乔叟或利德盖特一样如实地刊印一个古文本，首先就必须校对所有的手稿。[1] 关于这点，卡克斯顿和中世纪的其他人似乎没有什么概念，即使现代史学编纂的未来就在于此。[2]

在卡克斯顿的余生中，他继续出版传奇故事。有一个信念，卡克斯顿丝毫不曾动摇，那就是，这些传奇故事具有历史真实性。[3] 1477 年，卡克斯顿出版了《杰森纪事》（*Historie of Jason*），该书也来自勒费弗并借鉴了达瑞斯和狄克提斯，它把金羊毛的故事当

---

[1]　Benson，*History of Troy*，pp. 101—102.

[2]　Robert Braham，"To the Reader"，printed in the *Troy Book*，pp. 62—65. 当卡克斯顿发现他刊印《坎特伯雷故事》（*Canterbury Tales*）时所用的手稿很糟糕时，他根据一份更好的手稿重新编辑了这部作品，不过，他并没有想过要对之进行校对或创造一个新的抄本，参见 Beverly Boyd in *Editing Chaucer*，ed. Paul G. Ruggiers（Norman，Okla，1984），pp. 13—34. 尽管布拉汉姆（Braham）颇为虚荣，认为自卡克斯顿的时代以后学识已得到大幅度提升，但是"当所有好学问几乎陷入停滞状态时"，布拉汉姆的编辑工作并没有什么实质性的提高。尽管思想至少正在酝酿之中，可是在这些问题上，进展缓慢而痛苦。

[3]　很难给"传奇故事"下定义。至于最近的一些讨论，参见 A. C. Baugh，"The Middle English Romance：Some Questions of Creation，Presentation and Preservation"，*Speculum*，42（1967），1—32；Paul Strohm，"Storie，Spelle，Geste，Romance，Tragedie：Generic Distinctions in the Middle English Troy Narratives"，*Speculum*，46（1971），348—359；Dieter Mehl，*The Middle English Romances of the Thirteenth and Fourteenth Centuries*（London，1967）；Derek Pearsall，"The English Romance of the Fifteenth Century"，*Essays and Studies*，29（1976），56—83.

作特洛伊故事集的一个补充。① 故事的第一个场景就是赫拉克勒斯和杰森在忒拜（Thebes）的宫廷决斗，这个场景得到了仔细的描画，它像极了卡克斯顿所熟悉的勃艮第或英国宫廷。勒费弗和卡克斯顿越是追求历史的真实性，也就是说，他们越是试图说服读者故事是真实的，他们的叙事似乎就越像是发生在当代。当杰森因英勇而被封为爵士时，他向王子提出的唯一要求就是"请赐予我一个可以让我行狭义之举的地方"。当卡克斯顿想了解杰森后来的事业时，卡克斯顿再次求助于薄伽丘的《神谱》。②

　　1481 年，卡克斯顿根据提尔的威廉（William of Tyre）的《第一次十字军东征的拉丁史》（*Latin History of the First Crusade*）的法文版翻译了《博洛涅的戈弗雷》（*Godfrey of Bologne*）。尽管经过威廉的一番努力后，历史很快变成了传说，但是中世纪最好的、最可靠的编年史之一还是在此（对卡克斯顿来说，这个作品"不是寓言，也并非捏造，里面的一切都是真实的"）。③ 在序言中，卡

---

① *The History of Jason*, ed. John Munro, Early English Text Society, extra ser., III (London, 1913); Crotch, *Prologues and Epilogues*, pp. 32—34. 参见 Ruth Morse, "Problems of Early Fiction: Raoul Le Fevre's *Historie de Jason*", *Modern Language Review*, 78 (1983), 34—45. 莫斯(Morse)撰写了其他两篇很重要的、关于勃艮第文化中历史和虚构的故事之间关系的文章："Historical Fiction in Fifteenth Century Burgundy", *Modern Language Review*, 75 (1980), 48—64; 以及 "This Vague Relation: Historical Fiction and Historical Veracity in the Later Middle Ages", *Leeds Studies in English*, 13 (1982)。

② *History of Jason*, p. 9. 利德盖特也撰写了 *Siege of Thebes*, ed. Axel Erdmann and E. EKwall, Early English Text Society, extra ser., 108, 120 (London, 1911, 1930)。

③ *Godefroy of Bologne*, ed. Mary Noyes Colvin, Early English Text Society, extra ser., 64 (London, 1893), prologue, p. 4. 提尔的威廉撰写的历史已经被巴布科克(Emily A. Babcock)和克雷(A. C. Krey, London, 1943)译为 *A History of Deeds Done beyond the Sea*, 并附有一篇不错的简介。西贝尔(Heinrich von Sybel)是第一个对这部作品进行系统批判的人, 参见 *The History and Literature of the Crusades*, trans. Lady Duff Cooper (London, n. d.), p. 197. 卡克斯顿的序言出现在 Crotch, *Prologues and Epilogues*, pp. 48—49 中。

克斯顿回想起了"9 位杰出人物"——即人类历史上最伟大的 9 位
英雄——3 个异教徒、3 个希伯来人和 3 个基督徒：赫克托耳
（Hector）、亚历山大和恺撒（Julius Caesar）；约书亚（Joshua）、大卫
和马加比（Judas Maccabeus）；亚瑟、查理大帝（Charlemagne）和戈
弗雷。到 15 世纪末，英雄的标准确定了下来并经常出现在编年
史、传奇故事、绘画、华丽的展览和挂毯中。[①] 卡克斯顿挑出了赫
克托耳——奥维德（Ovid）、荷马、维吉尔、达瑞斯和狄克提斯都曾
描述过他的事迹，"当描述赫克托耳的高尚之举时，他们一个比一
个厉害"。他们让赫克托耳看起来"如此鲜活，宛若重生"。卡克斯
顿通过大量叙述"圣杯（Saint Grail）、加勒哈德（Galahad）、兰斯洛
特（Lancelot de Lake）、高文（Gawain）、珀西瓦尔（Perceval）、莱昂
内尔（Lionel）和特里斯特拉姆（Tristram）"来回忆亚瑟。卡克斯
顿还特别挑出了查理大帝，卡克斯顿那时似乎已经在思考他于
1485 年出版的那两部作品了：《亚瑟王之死》和《查理大帝》
（Charles the Great）。至于后者，卡克斯顿翻译了另外一部法文
著作，这部作品是由传奇故事改编而成的诗歌；故事讲述了被奥利
弗（Oliver）打败的撒拉逊（Saracen）巨人菲耶拉布拉（Fierabras）是
如何接受洗礼并升入天堂。"古老民族的作品，"卡克斯顿重申，
"给我们提供了一些德性高尚的例子。"[②]不幸的是，卡克斯顿只字

---

① James R. Rorimer, *Bulletin of the Metropolitan Museum of Art*, 34 (1939), 224—
227; Scherer, Legends of Troy, pp. 239—241; Horst Schroeder, *Der Topos der Nine
Worthies in Literatur und bilden der Kunst* (Gottingen, 1971); I. Gollancz, introduc-
tion to *The Parlement of the Thre Ages*, Roxburghe Club (London, 1897); Roger
S. Loomis, "Verses on the Nine Worthies", *Modern Philology*, 15 (1917—1918),
211—212. 最后还有 9 位反英雄人物，参见 Bruce Dickins, "The Nine Unworthies", in
Medieval Literature and Civilization: Studies in Memory of G. N. Garmonsway,
ed. A. D. Pearsall and R. A. Waldron (London, 1969), pp. 328—332.

② *Charles the Grete*, ed. Sidney J. H. Herrtage, Early English Text Society, extra
ser., 37(London, 1881), prologue, pp. 1—3; Crotch, *Prologues and Epilogues*,
pp. 97—98.

未提他于 1485 年出版的、纯属虚构的爱情故事《帕里斯与维爱娜》
(*Paris and Vienne*),然而,在几年之后(1489)出版的浪漫奇幻故
事《白玫瑰和红玫瑰》(*Blanchardyn and Eglantine*)中,卡克斯顿
列举了现在耳熟能详的寻常事:"在我看来,正如有时候我们需要
阅读古代纪事里的壮举和战争中的英勇行为一样……我们同样也
需要在值得深思的书籍中关注和研究它们。"①和往常一样,对卡
克斯顿和他同时代的人来说,和他们读过的故事的表面的真实性
相比,永恒而典型的骑士理想显得更加重要,而且,具体的历史事
例和虚构的例子似乎也比哲学更加重要。

二

　　中世纪传奇故事里虚构的历史故事拥有和中世纪圣徒传里虚
构的历史故事几乎一样的东西。圣徒生平录向读者呈现了大量的
基督英雄,他们清心寡欲的生活和辉煌的功绩鼓励读者或听众竞
相模仿。在此处,事实和虚构的故事以一种非常微妙而不时有点
意外的方式混杂在一起,即使基督教叙事的细节和传奇故事的细
节一样,几乎没有什么争议。卡克斯顿最引以为傲的作品很可能
就是他那个版本的《金色传奇》(*Legenda aurea*),其中汇编了浩瀚
的圣人传记材料,让中世纪后期充满了快乐。卡克斯顿的原作来
自 13 世纪中叶某个时期一位名叫雅克布斯(Jacobus da Varag-

---

① *Blanchardyn and Eglantine*, ed. Leon Kellner, Early English Text Society, extra
　ser., 58 (London, 1890); Crotch, *Prologues and Epilogues*, pp. 104—105; *Par-
　is and Vienne*, ed. MacEdward Leach, Early English Text Society, orig. ser., 234
　(London, 1957). 布兰查德(Blanchardyn)所受的教育具有启发性。一位教士"教
　他文学和礼仪"。一天,布兰查德进入宫殿的某个内廷,看见一张描绘了特洛伊毁
　灭的挂毯。布兰查德坚持要学习这段历史,他的老师因此向他叙述了整个故事。
　这个故事如此触动布兰查德,以至于他"想成为如那些高尚而可敬的骑士一般的
　人,那些让他看到了往事"(pp. 14—15)。

ine)的意大利主教用拉丁文撰写的一本书。① 根据最近的樊尚
(Vincent of Beauvais)的百科全书,这本书重现了许多材料——常
常是一字不差;在近 200 个章节里,它详细描述了教会日历中的节
日和圣徒,利用了可以追溯到 1000 多年前的起源和传统。圣徒传
编者所扮演的角色就是编辑和改写,而且雅克布斯本人也是十分
勤勉和敏捷。毫无疑问,雅克布斯创作了中世纪最受欢迎的作品
之一,传世的手稿至今还有 1000 份以上,并不断被模仿,而且还被
翻译成许多欧洲语言。卡克斯顿知道拉丁文原作,但他在很大程
度上(如往常一样)依赖了法译本和英译本。卡克斯顿随意改动这
些版本,添加了几个新的传记和大量新的、从圣经中提取出来的历
史材料,然后依靠自己或另一个不为人知的创造者将其转换成英
文。其结果就是《金色传奇》最全面的版本,共约 450 页,近 60 万
字;卡克斯顿花了一年多的时间(1482—1483)才将其全部出版,为
此,卡克斯顿每年还赢得了来自阿伦德尔(Arundel)伯爵的礼物,
那就是,夏天一只雄鹿,冬天一只雌鹿。②

---

① 我使用了埃利斯(Henry Ellis)主编的《金色传奇》(Golden Legend)的 7 卷的文本
   (London,1900),参见 Crotch, Prologues and Epilogues, pp. 70—76。另参 Pierce
   Butler, Legenda aurea-Legende doree-Golden Legend (Baltimore, Md., 1899)。
   关于作者,参见 Ernest C. Richardson, Materials for a life of Jacopo da Varagine
   (New York, 1935);Giovanni Monleone, Jacopo da Varagine e la sua cronica di Ge-
   nova (Rome, 1941)。

② 关于不同版本之间的关系,参见 Sister Mary Jeremy 刊载在以下期刊中的文章:
   Modern Language Notes, 59 (1944), 181—183; Speculum, 21(1946), 212—
   221;Medieval Studies, 8 (1946), 97—106;Traditio, 4(1946), 423—428。另参
   Auvo Kurniven, Neuphilologische Mitteilungen, 60 (1959), 353—375;Werner
   W. Krapp, Hagiography and Medieval Literature (Odense, 1981), p. 67;Robert
   Seybolt, "Fifteenth-Century Editions of the Legenda Aurea", Speculum, 21
   (1946), 327—342, 500—504。卡克斯顿也印刷了圣徒传,并把它变更为《自由的
   节日》(Liber Festivalis,也就是默克[Mirk]的《节日》[Festival]),ed. Theodore
   Erbe, Early English Text Society, extra ser., 96 (London, 1905);在他人生的尽
   头,卡克斯顿着手准备沙漠教父的文集,即 Vitas Patrum;卡克斯顿的助手奥德
   (Wynkyn de Worde)于 1495 年出版了这个文集,而这个文集来自 1491 年卡克斯
   顿离世那天才得以完成的一个手稿;参见 Painter, William Caxton, p. 187。

卡克斯顿希望《金色传奇》可以让"读过或听过它的人受益,增加他们的德性,驱赶他们的罪恶,让他们以圣人为模范,在这短暂的一生中,不断改善自己的生活方式"。卡克斯顿的资料来源者雅克布斯并不比当代任何传奇故事的作者更关注评估证据以及鉴别真相和虚构的故事。倘若有什么不同之处的话,那就是卡克斯顿更不会这么做,他甚至不会删除偶然在原作中发现的一些批评之词。① 在这点上,卡克斯顿沿袭了中世纪圣徒传的常规路线。现代耶稣会(Jesuit)学者德里哈特(Hippolyte Delehaye)从玻兰达斯派(Bollandist)300 年来的优势入手进行写作,他提醒我们,圣徒传的作者是一位诗人,而不是史学家;德里哈特还提醒我们,圣徒传的作者愉快地无视了事实,并且,他更喜欢普通的类型,而不是真实的个体,另外,圣徒传的作者愿意不加区别地借用其他材料以丰富并渲染他的故事,从而维持故事的趣味性。圣徒传的作者主要关注的是教化。结果,圣徒生平录有几分像传记,几分像颂文,还有几分像道德教训。现代"科学"史学的一项任务的确就是探测历史成分。② 然而,有时候,圣徒生平录全部都是虚构的故事或者整个就是由借用的材料编造的故事,正如利德盖特的圣爱斐巴勒(Amphibalus)就是偶然间由穿斗篷的圣奥尔本斯(St. Alban)转化而来的一样。③ 卡克斯顿知道,他撰写的圣乔治(Saint George)

---

① Sister Mary Jeremy, "Caxton's *Golden Legend* and Varagine's *Legenda Aurea*", Speculum, 21(1946), 215—217.

② Hippolyte Delehaye, *The Legends of the Saints*, trans. Donald Attwater (London, 1962), pp. 53—60, 91, et passim;以及 Delehaye, *The Work of the Bollandists*(Princeton, N. J., 1922)。另参 Rene Aigron, *L'hagiographie: Ses sources, ses methodes, son histoire*(Poitiers, 1953), pp. 128ff., 195ff.。

③ 关于《金色传奇》中的故事,卡克斯顿遵循了《金色传奇》(*Gilte Legende*)中的版本,参见 W. McLeod, "Alban and Amphibal: Some Extant Lives and a Lost Life", *Medieval Studies*, 42 (1980), 407—430。利德盖特为这个主题做出了独立的贡献,参见 *St. Alban and St. Amphibalus*, ed. George F. Reinecke (New Work, 1985)。另参 J. S. P. Tatlock, "St. Amphibalus",*Essays in Criticism*,(转下页注)

生平存在一个问题——原始资料在地名和年表上有不一致的地方，而且这次，卡克斯顿或者雅克布斯很平淡地把它们陈列了出来，至于该如何处理这个问题，卡克斯顿和那个意大利人完全没有概念。他俩从来没想过一个问题，那就是，他们也许没有可靠的原始资料来支撑一位虚构出来的圣徒；卡克斯顿指出，这位虚构出来的圣徒不仅是英国的守护圣徒和沙场英雄的战斗口号，而且他还把自己的名字赠给了嘉德勋章(Order of Garter)和温莎城堡的礼拜堂(the Chapel at Windsor Castle)，他的心此刻就栖息在那里，"康沃尔皇帝(Emperor of Almayn)西吉斯蒙德(Sigismund)带来了那颗心，并把它当作礼物和珍贵的纪念品送给了哈里五世(King Harry the fifth)"。[①]

　　时常有人评论圣徒传和传奇故事的相似之处。自骑士传说在12世纪出现后，有证据表明，牧师曾读过这些骑士传说，并有时会撰写一些故事。我们知道，中世纪的吟游诗人常在修道院受到款待。"传奇故事里的人物"，我们可以想到，"涌入教堂，潜入镶嵌着浮雕的大门，然后沿着唱诗班的席位，爬入祷告书的图画边缘"。[②]

（接上页注）2d ser., Univ. Cal. Pubs. In Eng., 4 (1934), 249—257, 268—270; Florence McCulloch, "Saints Alban and Amphibalus in the Works of Matthew Paris", *Speculum*, 56 (1981), 761—785。

① Ellis, *Golden Legend*, III, 126—134; cf. *The Golden Legend*, trans. Granger Ryan and Helmut Rippinger (New York, 1941), pp. 232—238 (基于 Johann Graesse 撰写的唯一的拉丁文版本[Leipzig, 1850])。至于圣乔治，参见 Hippolyte Delehaye, *Les passions des martyrs*, 2d ed. (Brussels, 1966), pp. 283—285; Delehaye, *Legends*, p. 88; John E. Matzke, "Contributions to the History of the Legend of St. George", *PMLA*, 17(1902), 464—535 和 99—171。据德里哈特所说，圣盖拉西厄斯(St. Gelasius)在公元前494年就开始质疑圣乔治了(*Le legends grecques des saints militaires* [Paris, 1909, pp. 45—76])。虽然如此，伯克利(Alexander Barclay)仍然在关于曼图亚(Mantuan)生平的译作中维护这位圣徒，对抗各种质疑，参见 *he Life of St. George*, ed. William Wilson, Early English Text Society, orig. ser., 230 (London, 1955), pp. 7—8。

② Kenneth Sisam, ed., *Fourteenth-Century Verse and Prose* (Oxford, 1921), p. xiii.；另参 Mehl, *Romances*, pp. 17—20; Bloomfield, *Essays*, pp. 119—121。

牧师用这些人物来阐释他们的训诫和那些关于罪恶与德性的册子。在 12 世纪，特洛瓦的克雷蒂安（Chretien de Troyes）创作并重新整理了亚瑟王的传说，在这方面，他比其他任何人做得都多；就如 200 年后成为伯里（Bury）的修道士的利德盖特一样，克雷蒂安那时似乎已成为一名牧师（另一方面，波隆［Robert de Boron］是第一个试图对这组故事进行合乎逻辑的规划的人，而马洛礼则是最后一个，他俩都是骑士）。与此同时，圣徒生平录和传奇越来越指向凡夫俗子，变得通俗了，就如《金色传奇》或与之对应的英文版本 *Nova legenda Anglie* 一样。①传奇故事中的英雄偶尔会变成圣徒，不过，传奇故事的作者和编年史的作者都充分利用了圣徒传记。②然而，这种融合还不够完美，因为教会一直都在提防骑士精神具有破坏性的道德观。很早就进入亚瑟王系列并且由马洛礼后来在《亚瑟王之死》中重述过的圣杯故事无疑就是一种回应，这是在尝试把骑士基督化，尝试把骑士的军事热情转化为宗教意志。"从来没有这么棒的骑士事迹，"《圣杯故事》（*Perlesvaus*）的作者感叹道，"因为这些事迹是为了装饰上帝的法则。"③对一些人来说——其中包括马洛礼本人，尽管赢得圣杯的是加勒哈德，但是那

① Nova legenda Anglie 由奥德（Wynkyn de Worde，1516）根据一部可以追溯到 14 世纪中期的作品印出。"他没有提出批评，也没有做什么评判，极度盲从，他吸收一切，相信一切"，参见霍兹曼（Carl Horstman）推荐的版本（Oxford，1901），p. lxvi。

② 参见 *Medieval Hagiography and Romance*，ed. Maurice Clogan 中的文章，以及 Medievalia et Humanistica，new ser.，6（1975），41—49，91—101，127—137 中的文章；O. T. Wolpers，*Die englischen Heiligenlegende des Mittelalters*（Tubingen，1964），pp. 188ff.，253ff.。早在 13 世纪，卡波汉姆（Thomas Cobham）就称赞舞台表演者"歌唱王子的事迹和圣徒生平录，给遭遇病痛和困苦的人带来慰藉"（*Penitential*，1，59，in E. K. Chamber，*The Medieval Stage*［Oxford，1903］，I，app. G.，pp. 262—263）。

③ *The High Book of the Grail*，trans. Nigel Bryant（Cambridge，1978），p. 11. William Nitze，*Perceval and the Holy Grail*，University of California Publications in Modern Philology，28，no. 5（Berkeley，Calif.，1949）；Fanni Bogdanow，*The Romance of the Grail*（Manchester，1968）。

个好战而不贞的兰斯洛特仍是英雄。不管怎样,即使持续存在"意识形态的碰撞",[①]重中之重的仍是传说,而不是历史,而且在中世纪,似乎没有人希望以其他方式来呈现它。

三

有了年鉴和编年史,我们似乎就有了更可靠的立足点。甚至在此处,在这些十分庄严的中世纪叙事里,有充足的证据表明,相同的性情还是存在的。凭着惯常的商业敏感,卡克斯顿选择出版他那个时代最受欢迎、最具特色的两部英国编年史,即简短的国史《布鲁特》(*Brut*)以及世界史方面的杰作《多面编年史》(*Polychronicon*)。

关于前者,卡克斯顿选择出版一本作者不详的法国原著的英译本,英译本只是用不同语言撰写的诸多版本中的一种。[②]《布鲁特》的故事一般以布鲁图斯(Brutus)开头,布鲁图斯是埃涅阿斯(Aeneas)的一个伟大的孙子,他似乎在流浪,远离沦陷的特洛伊。一天,布鲁图斯偶然来到一座不知名的小岛,他立刻用自己的名字为小岛命名。有时,在这个开头之前会有一则序言,序言讲述了叙利亚国王戴克里先(Diocletian)如何把 32 个女儿嫁给了后来被她们谋杀的32 位国王,以及这些寡妇怎样回到英国,并让居住在那里的野蛮巨人抚养她们的孩子。因为大女儿叫阿尔比娜(Albina),所以这个地

---

① Bogdanow, *Grail*, p. 10. 另参 E. K. Chambers, *Malory*, English Association Pamphlet, 51 (London, 1922), p. 9; P. E. Tucker, "The Place of the *Quest of the Holy Grail* in the *Morte D'Arthur*", *Modern Language Review*, 48 (1953), 391—397; Charles Moorman, "Malory's Treatment of the Sankgreall", *PMLA*, 71(1956), 497—504, 以及在 *Aspects of Malory and Arthurian Literature*, ed. T. Takamiya and Derek Brewer(Cambridge, 1981)中的各种文章。

② *Brut*, ed. W. D. Brie, Early English Text Society, orig. ser. 131 (London, 1906—1908). Brie, *Geschichte und Quellen der mittelenglischen Prosochronik* (Marburg, 1905); Kingsford, *English Historical Literature*, pp. 113—139; Gransden, *Historical Writing*, pp. 220—248。

方起初被命名为阿尔比恩(Albion)。根据卡克斯顿使用的这个版本,布鲁图斯和他的军队之后来到这,并征服了这里。阿尔比娜的故事似乎最早出现在 13 世纪的一首盎格鲁-诺曼(Anglo-Norman)诗歌中,这首诗歌有时候和《布鲁特》的早期手稿以及其他编年史放在一起。在一些常见的权威典籍的帮助下,加之一些骨头和牙齿为证,这个虚构的故事被当作历史流传了下来。①编年史继续叙述布鲁图斯建立了自己的"不列颠"王朝,自此之后,我们将会读到依据时间顺序对他的后代进行的记录:布拉杜德(Bladud,他建立了巴思[Bath])、博里勒斯(Belinus)和布雷努斯(Brennus,他们征服了罗马)、李尔(Lear)、辛百林(Cymbeline)以及其余的人,直到梅林(Merlin)出现在潘达刚(Uther Pendragon)面前并预言亚瑟王的来临。亚瑟王迎娶了格温娜维尔(Guinevere),创立了圆桌会议,征服了法国,杀死了一个西班牙巨人,并最终打败了罗马人,即使罗马人和撒拉逊人以及其他的异教徒结成了联盟。亚瑟王最终遭遇了莫德雷德(Mordred)的背叛并被杀害,自那以后,编年史历数了英国国王直到卡克斯顿的时代,这其中还囊括了一些其他的传奇故事和圣徒传记材料。在后来的历史中,人们并没有忘记亚瑟王,甚至那些继续撰写编年史的人,在描述漫长而乏味的战争时,也保留了亚瑟王的骑士精神。在其他未必确切的事件中,我们了解了圣乌尔苏拉(St. Ursula)和在科隆(Cologne)被屠杀的 11000 名少女。②

---

① Caxon, *The Cronycles of England*(London, 1482), ch. 1, "How the land of England was first named Albion", sig. a2—a3; Des Grantz, ed. G. E. Brereton, Medium Aevum Monographs, 2 (Oxford, 1937); Smalley, English Friars, pp. 17—18.

② 关于乌尔苏拉的故事,参见 J. S. P. Tatlock, *The Legendary History of Britain* (Berkeley, Calif., 1950), pp. 237—241,基于 Wilhelm Levison, *Das Werden der Ursula-Legende*(Cologne, 1928), pp. 1—164。瓦基里(Jacopo da Varagine)对这个传说特别感兴趣,他不辞辛劳地为他的修道院谋得了其中一位少女的头颅(Richardson, *Materials*, pp. 119—120)。

《多面编年史》是一部更加雄心勃勃的作品，也是中世纪最后一部伟大的编年史。它是一部自上帝创造天地到 1360 年的世界史，由来自切斯特（Chester）的一位僧侣希格登（Ralph Higden）汇编，这部编年史后来曾两次被译成英文（卡克斯顿使用了特里维萨[Trevisa]的约翰的译本）。① 根据人类史的几个时代，这部编年史被分成了 7 册，以便展示上天的计划。希格登使用了中世纪编年史学家惯用的方法——剪刀加浆糊："从其他人那里摘录来的东西分散成了许多小部分，但在这里，它们呈线性排列在一起。"希格登的目标是把迥然不同的材料按时间先后顺序进行排列，"不仅要依照时代顺序，而且还要依照每年的算法"，正如希格登所说的，"以便让人们看到详细的过程"。② 亨廷登（Huntingdon）图书馆的一份手写原稿展示了希格登是怎么做事的；当碰到新的材料时，希格登会把这些新材料掺入到旧的材料中，通过这种方法，他慢慢扩充他的编年史。这个过程可以无限延伸，《多面编年史》后来得到了扩充，其他人以几乎相同的方式继续撰写它。③ 希格登的主要任务就是尽可能地整合权威典籍而不保证它们的真实性。"在撰写这段历史时，"希格登坦率地说道，"我执意确认我写的东西是真实的，至于我在各种各样的书籍中看到和读到的东西，我会毫无芥

---

① Ralph Higden, *Polychronicon*, ed. Churchill Babington, 9 vols., Rolls Series, (London，1865—1886). 这个版本包括拉丁文原稿和两个英译本，即特里维萨译本和另一个译者不详的译本。参见 John Taylor, *The Universal Chronicle of Ranulf Higden*(Oxford, 1966)；"The Development of the *Polychronicon* Continuation"，*English Historical Review*, 76 (1961), 20—36; A. C. Crawley, "Relationships of the Trevisa Manuscripts and Caxton's *Polychronicon*"，London Medieval Studies, 1, pt. 3 (1948), 463—482。

② *Polychronicon*, I, 19.

③ V. H. Galbraith, "The Autograph Manuscript of Ranulph Higden's *Polychronicon*"，*Huntington Library Quarterly*, 23 (1959), 1—18. 还有一个扩展版，这个版本包含了许多圣徒传记材料，参见 Galbraith, "The *Historia Aurea* of John, Vicar of Tynmouth and the Sources of the Saint Albans Chronicle"，in *Essays in History Presented to Reginald Lane Poole*(Oxford, 1927), pp. 379—395。

蒂地把它们收集起来并运用到写作中。"①希格登承认，这部作品的所有部分并非都那么确凿无疑。希格登留下了许多问题，却故意不解决这些问题。

毫不意外，我们可以发现，在《多面编年史》中，圣徒传记和传奇故事常常混杂在一起，即使这种混杂因为一定程度的谨慎与克制而得到了缓解。② 在原则上，希格登知道语言不是历史，虚构的叙事不同于真实的叙事，然而，希格登不知道，也许也不怎么在意如何区分他怀着同样的信任加以利用的原始资料和后来的资料。希格登博览群书，孜孜不倦地收集材料；他喜欢精彩的故事，而《多面编年史》有许多精彩的故事可以讲述，有些故事来自圣徒生平录，而有些故事的来源就不那么可信了。其结果就是，亚历山大大帝和查理大帝就是假的卡利斯提尼斯（Callisthenes）和假的特尔宾（Turpin）眼中的亚历山大大帝和查理大帝，特洛伊的沦陷就是达瑞斯所叙述的沦陷；而且，所有的国家似乎都是由那些到处流浪的特洛伊人建立的。③ 希格登比他同时代的大多数人更了解古典

---

① *Polychronicon*，I，19.

② 至少有两个传说中的英雄在编年史变成了为人熟知的人物，Havelock the Dane 和 Guy of Warwick，参见 Laura A. Hibbard，*Medieval Romance in England*（Oxford，1924），pp. 103，109，127—139。到 14 世纪时，骑士书写着骑士的历史，例如，Sir Thomas Gray，*Scalacronica* and Chandos Herald，*Life of the Black Prince*；参见 Gransden，*Historical Writing*，pp. 92—100。至于区分传奇故事和编年史的困难之处，可参 Mehl，*Romances*，pp. 20—22。

③ 希格登的原始资料来源仍然不清楚；尽管希格登也用过其他原始资料，但是亚历山大的故事可能来自 Vincent of Beauvais；参见 G. H. V. Bunt，"Alexander and the Universal Chronicle"，in *The Medieval Alexander Legend and Romance Epic：Essays in Honor of David Ross*，ed. Peter Noble，et al.（New York，1982），pp. 3—8。至于亚历山大的传说的原始资料，参见 The Pseudo-Turpin（c. 1140—1150），ed. H. M. Smyser（Cambridge，Mass.，1937）；*The Romance of Alexander the Great by Pseudo-Callisthenes*（probably before the fourth century A. D.），ed. Albert M. Wolohojian（New York，1969）；*The Gests of Alexander of Macedon*，ed. Francis P. Magoun（Cambridge，1929）；George Cary，*The Medieval Alexander*，ed. D. J. A. Ross（Cambridge，1956）。

作家,维吉尔仍是一个术士,而众神通常也是中世纪传奇故事里被人们用神话即历史的观点加以解释的英雄。希格登的自然史就如他的作品中的其他东西一样,源自模仿和寓言;甚至是地理作品,希格登也更愿意不加区分地复制其他作者,而不是亲自寻找资料。中世纪的作家总是借用希格登的自然观,就如希格登的过去观来源于他没费什么气力去质疑的权威典籍一样,如此以至于一本类似于巴特罗姆(Bartholomaeus Anglicus)的《物性本源》(*De Proprietatibus rerum*,特里维萨也翻译了这本书,而且卡克斯顿打算出版它)的标准参考书不经意间就和叙述人类史的普通编年史一样重述了许多关于自然史的虚构故事。① 和希格登一样,巴特罗姆(Bartholemew)在他的地理作品中,宁愿依赖古代的描述,也不依赖现代的观察报告;在他的书中,狮身鹰首兽和凤凰就如中世纪传奇故事中的英雄一样频繁出现。"《多面编年史》,"博瑞尔(Beryl Smalley)说道,"就如《物性本源》一样,混合了事实、传说和奇迹。"②

　　麻烦之处在于,尽管希格登在原则上接受了历史和虚构的故事之间的区别,但是在实践中,他不知道该做些什么。对早期异教徒史的讨论表明希格登考虑过这个问题,在讨论中,希格登仔细检查了一些被他当作原始资料的传说集。作为世界史的编年

---

① 巴特罗姆的《物性本源》大约写于 1230 年,这 19 册书中充满了从各种各样的作品中借用的自然知识。《物性本源》广受欢迎,特里维萨在 1398 年将其译出并由奥德(Wynkyn de Worde)在 1494 年出版,很显然,其原件是卡克斯顿准备的。贝特曼(Stephen Bateman)为伊丽莎白女王时代的英国人修订了《物性本源》(1582);参见司提尔(Robert Steele)编辑的《来自巴特罗姆的中世纪传说》(*Medieval Lore from Bartholemew Anglicus*,London,1893)的摘录,司提尔列出了拉丁文、法语、荷兰语、西班牙语和英语版本。对特里维萨的版本提出批评的文章最近已由塞穆尔(M. C. Seymour)和里吉(Gabriel Liegey)编辑完成,参见 *On the Properties of Things*,2 vols. (Oxford,1974)。另参 Lynn Thorndike,*A History of Magic and Experimental Science* (New York,1923),II,401—435。

② Smalley,*English Friars*,p. 21.

史学家，希格登的任务就是在圣经记载的历史开端和异教徒的原始资料之间进行调和，而且，希格登追随着他的前辈——从尤西比乌斯（Eusebius）和比德（Bede）到斯科特（Marianus Scotus）和康姆斯特（Peter Comestor）——像以往一样使用了剪刀加浆糊的技巧，他甚至宁愿使用后来的权威典籍，也不使用《摩西五经》（Pentateuch）。异教徒的资料充满了偶像崇拜，这个事实给希格登带来了一些不安，然而，奥古斯丁（Augustinian）的训诫，即"夺取压迫者的财物"无可厚非，帮助希格登克服了这种不安。希格登试图逃避一个事实，那就是，异教徒的资料似乎也是"虚构的"，而逃避的手段就是在作者身上寻找一些传统方法，以便在一些不可能的地方发现意义或真理。在许多情况下，希格登借用了神话即历史论者（euhemerist）的解决方法："异教徒崇拜的神以前就是人，而他们在此生创下的功绩让异教徒开始崇拜他们；在魔鬼的劝说下，异教徒的继承人把他们变成了神……关于这个，诗人功不可没。"人们可以尝试再读一遍这些神话，关注它们包含的历史现实，把神还原成人，而这就是希格登常用的方法。正如希格登读到特洛伊英雄狄俄墨得斯（Diomedes）的两个同伴被喀耳刻（Circe）变成飞鸟，或者尤利西斯（Ulysses）的追随者被喀耳刻变成了野兽一样，在其他情况下，希格登愿意把不可信的寓言当作人们亲眼目睹的事件。这就是"历史的真实，而不是虚构的谎言"。有时候，恶魔或邪恶的人会蒙骗旁观者，让他们相信他们所看到的："经过上帝的许可，他们也许会改变外形，而事情的真相也因此不会显现"（外表可以改变，但上帝可以改变本质，就如同上帝把罗得［Lot］的妻子变成盐柱一样）。一般情况下，正如圣奥古斯丁（引用了革利乌斯［Aulus Gellius］）曾讲述的妇人被变成男人的故事一样，希格登只愿把权威的故事当作实情，而非寓言。然而，有一种情况让希格登划定了界限；他无法接受德玛尼塔斯（Demaenetus）（埃斯科拉庇俄斯［Aesculapius］）

被变成狼后又变回人的那个传说,即使他知道某些希腊作者曾为类似的传说作证。"真的,"希格登用圣奥古斯丁结尾,"尽管有明显的不真实之处,但它不是谎言,它有证据和目击者。"①面对这样的证据,可怜的史学家该做些什么呢?

还有让问题变复杂的另一种可能。如果其中的一些神曾是真正的人类,而且他们的事迹是真实的或是人们想象出来的,那么希格登相信,其他的神就只是化身,只是对各种各样的人类活动的隐喻表达。诗人为各种理性、技艺和力量——就如刻瑞斯(Ceres)耕种土地和巴克斯(Bacchus)种葡萄一样——创造了合适的名和形。在《多面编年史》的其他地方,特里维萨解释说,诗人"用他们的言语方式虚构了一个战神,并把他称作马尔斯(Mars),他们还虚构了一个财富和商业之神,并把他称作墨丘利(Mercury)"等等。②特里维萨和希格登似乎毫不费力地把这两种解释结合在了一起。就像历史和虚构的故事一样,神话即历史论的论点和寓言也几乎总是连接在一起。

自圣经以撒(Isaac)的时代,希格登开始把世俗史中的事件融合到他的叙事中,因此我们知道了建立克里特(Crete)的喀耳刻,知道了发明诸多技艺——其中包括布料——的密涅瓦,知道了建立古罗马广场(Forum)的弗内乌斯(Forneus)等等。当谈到朱庇特美丽动人的伊娥(IO)以及他的儿子厄帕福斯(Epaphus)时,希格登突然止步不前了;依照希格登的原始资料(圣依西多禄[Isidore of Seville]),希格登更愿意把这当作一则由诗人虚构的寓言,它旨在提高双方的名誉。希格登说,诗人总会为朱庇特指派一些后代,以确保他们的英雄人物出身高贵。希格登接着讲述了普罗米修斯、阿特拉斯(Atlas)、特里普托勒摩斯

---

① *Polychronicon*, I, 17; II, 281—283; II, 430—431; I, 94; II, 423.
② 同上,II,83。

（Triptolemus）、刻瑞斯、朱庇特和萨杜恩（Saturn）的故事，他把每位英雄放到编年史中合适的位置，而他所依赖的就是他引用过的那些作家。希格登并不总能让权威典籍得到调和，就像斯科图斯（Marianus Scotus）和圣奥古斯丁对于欧罗巴的父亲是谁、朱庇特是否阉割了萨杜恩以及是哪位赫拉克勒斯完成了十二件伟大功绩持不同意见一样。希格登认为，赫拉克勒斯的功绩一定是纪事和寓言的混合，即使其中一两项功绩无疑就是隐藏了真相的虚构故事。① 这为那些喜欢对它们进行区分的史学家提出了一个突出的问题，而且编年史学家曾尝试找到解决方法。中世纪史学家并没有经常公开地对此类问题表现出担忧，但希格登在他的叙述中停下来思考了这个问题，下一个章节的大部分内容就是关于这个问题的。

四

博览群书并从中收集大量的引文是希格登的一个典型特征。因此，很难说希格登本人——或者他的译者特里维萨和卡克斯顿——到底怎么看待这个问题。希格登的引文形成了一个小的梗概，它概括了中世纪讨论过的关于这个话题的一些突出问题；如果我们为它们添加一些卡克斯顿在其作品中提供过的线索，那么或许就有希望进一步了解这个时期是如何思考虚构的故事及其和历史的关系的。

希格登一开始就引用了圣依西多禄一篇闻名遐迩的文章中的内容。在整个中世纪，《词源学》（*Etymologies*）是最受欢迎的参考书，而且在寓言的论述方面，此书也拥有特别权威的地位。据圣依西多禄说，诗人对寓言和历史进行了区分，就如诗人对编造的事和

---

① 同上，II, 360。

已做的事进行区分一样。① 诗人虚构故事的原因有三个：首先，满足和娱乐大众，就如普劳图斯（Plautus）和特伦斯（Terence）的喜剧或者平民的寓言一样；其次，隐秘而间接地揭示大自然的奥秘；最后，进行道德训导，就如贺拉斯（Horace）撰写的老鼠和黄鼠狼的故事或是伊索寓言里狐狸和狼的故事一样。不幸的是，希格登发现，他没有理由继续引用圣依西多禄的下一个章节《历史》（De Historia），在这个章节里，希格登通过目击者的证词而非传闻找到了区别历史和虚构的故事的方法；希格登也发现，他没有理由继续引用圣依西多禄后面关于诗歌的那个章节了，在这个章节里，圣依西多禄认为，诗歌是在有意改变"实际发生过的事"。与之相反，希格登添加了一行来自圣奥古斯丁的小册子《论说谎》（Against Lying）的一行文字，在这行文字里，希格登认为，尽管寓言本身不是真实的，但是寓言预示的真相或许会让它们得到容忍。这至少是我们了解虚构的故事的一个契机。②

　　希格登继续思考关于那些身为神的后裔的英雄们的一些古老故事——维纳斯的后代埃涅阿斯（Aeneas）、马尔斯的后代罗慕路斯（Romulus）——只是为了否认这些故事是爱国式创作，希格登再次援引了瓦罗（Varro）。接下来，希格登回到他的主题上来，他描述了几种不同的虚构的故事，这次他依赖的仍然是另一个经典的原始资料，即马克罗比乌斯（Macrobius）关于西塞罗的《西庇阿之梦》

---

① 同上，II，370；Isidore of Seville, *Etymologiarum sive Originum*, ed. W. M. Lindsay, 2 vols. (Oxford, 1911), I, xl, *De fibula*。关于依西多禄（Isidore），参见 Ernest Brehaut, *An Encyclopedist of the Dark Ages: Isidore of Seville* (New York, 1912)；关于依西多禄的诗学，参见 Ernst Robert Curtius, *European Literature and the Latin Middle Ages*, trans. Willard Trask (1953; reprinted, New York, 1963), pp. 450—457。

② *Polychronicon*, II, 372. 参见 Augustine, *Contra Mendacio*, in *Seventeen Short Treatises*(Oxford,1847), pp. 426—469，尤其 pp. 448—450。来自奥古斯丁（Augustine）的各种其他文章收录于 Concetta C. Greenfield, *Humanist and Scholastic Poetics*, 1250—1500(Lewisburg, Penna., 1981), pp. 29—31。

(*Dream of Scipio*)的一篇评论(希格登将其归于亚历山大·尼克汉姆[Alexander Neckham],不过,此人很显然是他的中间人)。[①]希格登再次发现了三种寓言:那些只是为了娱乐大众的寓言,其中就有米南德(Menander)和特伦斯;还有那些旨在通过虚构的故事进行教导的寓言,例如,伊索寓言和阿维亚纳(Avianus);以及那些拥有事实基础的寓言,例如,赫西俄德(Hesiod)和俄耳甫斯(Orpheus)(希格登似乎并没有直接去了解这些作者)。希格登继续追随他的原始资料并宣称,寓言的三种类型并不适用于哲学;只有当虚构的故事揭示了隐藏在寓言之下的某个真理时,例如,柏拉图和《伊尔的神话》(*Myth of Er*),或者西塞罗和《西庇阿之梦》,这才可以。简而言之,在马克罗比乌斯-尼克汉姆(Macarobius-Neckham)可以想象得到的所有虚构的故事种类里——喜剧、动物寓言故事和寓言——只有最后一种才在特殊情况下得到了明确的认同。希格登似乎也同意这个观点,因为他自作主张地添加了波伊提乌(Boethius)的例子——波伊提乌曾想象哲学伪装成妇人的样子出现在他面前,毋庸置疑,这就是虚构的故事,不过希格登认为这个虚构的故事有利于揭示寓言背后的真理。只有以这种方式,切斯特的这位僧侣总结道:"牧师才可能在宣讲的时候文雅地使用这些例子。"[②]

卡克斯顿到底是什么样的人,这很难说;卡克斯顿至少不是牧师或哲学家。哲学和诗歌相互憎恶由来已久,至少可以追溯到柏拉

[①] *Polychronicon*, II, 372—374. 尼克汉姆的评论还在原稿中,并有望出版,参见 R. W. Hunt, *The Schools and the Cloister*: *The Life and Writings of Alexander Nequam* (1157—1217), Oxford, 1984, pp. 128—129。马克罗比乌斯关于西塞罗的《西庇阿之梦》的评论已经被斯德尔(William Harris Stahl, New York, 1952)翻译成英文;特别参见 pp. 82—84. 至于它在中世纪末期的使用情况,参见 Peter Dronke, *Fabula*: *Explorations in the Users of Myth in Medieval Platonism* (Leiden, 1974), pp. 14—78; Paula Demats, Fabula: Trois etudes de mythographie (Geneva, 1973)。

[②] *Polychronicon*, II, 375. 有一本 *ars praedicandi* 也归于希格登,参见 G. R. Owst, Preaching in Medieval England (Cambridge, 1926), p. 247。

图,而从奥古斯丁到阿奎那(Aquinas)的基督教哲学家又让这种憎恶重新回到中世纪。卡克斯顿对哲学或神学毫无兴趣,也没有出版过与之相关的任何东西。卡克斯顿知道薄伽丘的《神谱》,而且很可能阅读过那本耀眼的作品的最后几章,在那些章节里,卡克斯顿本可以发现另外一个更加详尽的关于哲学与诗人之争的讨论,但这次是从一位俗人和一位诗人的角度,这种角度更加合适。① 即便如此,卡克斯顿也本可以发现,薄伽丘试着结识哲学家,并用他所知道的唯一方式为异教徒诗歌的真实性辩护,而这种方式就是采用神学家的方法,透过表面去探索隐藏着的涵义(但丁差不多做了同样的事,薄伽丘的好友彼特拉克也是如此)。② 通过一次让人讶异的转向,中世纪古典神话的拥护者也因此从神学家那儿借用了理解寓言的方法,这种方法最初是古典文法家为了解读异教诗人而发明的。③

---

① 参见 n. 9 以上。奥斯古德(Charles G. Osgood)翻译了《神谱》的最后两册,最近由瑞迪(Jeremiah Reedy)编辑出版(Toronto,1978)。另参 Edmund Reiss, "Boccaccio in English Culture of the Fourteenth and Fifteenth Centuries", in *Boccaccio nella cultura Inglese e Anglo-Americana*, ed. Giuseppe Galigani (Florence, 1974), pp. 15—26。

② 基础的文本是 Dante, *Convivio*, II. I, 以及 *Letter to Can Grande*(现在一般被当作是真迹);Petrarch, *Rerum familiarum*, X. 4, 以及 *Coronation Oration*, Ernest H. Wilkins 译, *PMLA*, 68, (1953), 1246。但丁区分了神学家的寓言和诗人的寓言,关于这种区分的诸多争议也许并不是我们要关注的,即使关于中世纪的故事观的文献资料极富启发性:Robert Hollander, *Allegory in Dante's Commedia* (Princeton, N. J., 1969); "Dante Theologus-poeta", *Dante Studies*, 94 (1976), 91—136; Alarano Lanapoppi, "La *Divina Commedia*: Allegoria del poeti o allegoria di theology?" *Dante studies*, 86(1968), 17—40, with references to articles by Charles Singleton, Richard Green, Joseph Mazzeo, and Bruno Nardi。

③ M. Souverain, *Platonism Unveil'd* (London, 1700), p. 91;关于最近的评论,参见 Etienne Gilson, "Poesie et verite dans la *Genealogia* de Boccace", *Studi sul Boccaccio*, 2 (1964), 253—282; Leo Spitzer, "The Prologue to the *Lais* of Marie de France and Medieval Poetics", *Modern Philosophy*, 41 (1943—1944), 96—102。大体上可以参考 Curtius, *European Literature*, pp. 204—205; Jean Pepin, *Myth et allegorie* (Paris, 1958);以及 Henri de Lubac, *Exegese medievale*, 4 vols. (Paris, 1959—1964),尤其 IV, 182—208。

卡克斯顿的另一位作者克里斯汀(Christine de Pizan)的《奥特的信札》(*Epistle of Othea*)就是一个很好的例子,足以说明这点。《奥特的信札》大约写于 1400 年,而且人们最后发现了三个不同版本的英译本:第一个英译本出自卡克斯顿的另一位作者斯科罗坡(Stephen Scrope)之手;第二个英译本来自一位近现代的译者;最后一个版本出自威尔(Robert Wyer),并于 1540 年出版。① 原作得到了精彩的阐述,只不过让人意外的是,卡克斯顿忘记出版它了。克里斯汀所做的就是收集 100 篇经典历史和神话故事,他还特别利用了两部法文作品:《凯撒之前的古代史》(*The Histoire ancienne jusqu'a Caesar*)和《奥维德道德论》(*Ovide moralise*)。② 对于讲述了一个故事或是表述了一个观点的诗歌,克里斯汀会相应补充一篇散文和寓言,在这篇散文和寓言里,克里斯汀阐述了文本的道德涵义和精神涵义。整个作品以审慎女神奥特写信给特洛伊年轻的英雄赫克托耳的形式展开,她旨在为年轻的骑士提供一本指导手册。

---

① Christine de Pizan, *Epistle of Othea*;参见巴赫勒(Curt Buhler)为斯科罗坡(Scrope)的英译本写的简介,Early English Text Society, orig. ser., 264 (London, 1970),以及由维莫(Gorge Warner)出版的版本(London, 1904)和乔丹(James D. Gordon)出版的版本(Philadelphia, 1942)。关于克里斯汀,参见 S. Solente, "Christine de Pisan", *Histoire litteraire de la France*, 40 (1974), 335—422; Charity C. Willard, *Christine de Pisan: Her Life and Works* (New York, 1984); J. C. Laidlaw, "Christine de Pizan: An Author's Progress", *Modern Language Review*, 78(1983), 532—550。关于斯科罗坡,可参巴赫勒为 *The Dicts and Sayings of the Philosophers* 撰写的简介,Early English Text Soceity, orig. ser., 211 (London, 1941)。《奥特》(*Othea*)在法国曾经很受欢迎,那里有它的许多手稿,还有两个印刷版本(1499, 1522),但 *Othea* 的现代版本还没出现;参见 Gianni Mombello, *La traduzione manuscritta dell' Epistre Othea di Christine de Pizan* (Turin, 1967)。

② 关于克里斯汀的原始资料,参见 P. G. C. Campbell, *L'Epitre d'Othea* (Paris, 1924); *Histoire*, Paul Meyer, "Les premiers compilators francaises d' *Histoire ancienne*", *Romania*, 14(1885), 36—76; *Ovide moralise*,可参潘洛夫斯基(Panofsky)撰写的一篇不错的总结, *Renaissance and Renascences*, pp. 78—80。关于那些阐述,参见 Millard Meiss, *French Painting in the Time of Jean de Berry: The Limbourgs and Their Contemporaries*, 2 vols. (New York, 1974), I, 23ff.。

因此,读者希望一眼就可以从那本被后来的出版商称之为(有点不准确)《特洛伊的一百个故事》(*Les cents histories de Troye*,1490)的书中获得"诗歌、哲学和神学"。[①] 克里斯汀再次用神话即历史论的论点和寓言确定了字面意义和道德、精神教训,以便让骑士对抗尘世的罪恶,令其灵魂升入天堂。因此,据那篇散文所述,巴克斯是第一个在希腊种植葡萄的人,"当整个国家感受到让他们醉醺醺的酒的力量时,他们说巴克斯是神";而且,根据寓言,"通过酒神巴克斯,我们或许就能理解暴饮暴食的罪恶了"。[②] 克里斯汀的许多故事都来自特洛伊的历史,并以杰森和金羊毛(Golden Fleece)的故事开头;与奥维德一样,克里斯汀也进行了道德和精神教导(因此,特洛伊的海伦的故事教导我们,在道德上,不要继续一件一开始就略显愚蠢的事;在精神上,不要觊觎邻人的妻子)。[③] 像往常一样,我们很难知晓克里斯汀是如何理解她的故事的字面意义的,但很显然,她找到了符合她意图的诗歌和历史,而且,克里斯汀没有什么区分它们的冲动。克里斯汀受到了不公正的责难,有人斥责她缺乏历史视角,没有把事实和寓言区分开来。[④] 这的确是一个带着时代错误的判断,但毋庸置疑的是,就如她在《古代史》(*Histoire anci-enne*)中发现了虚构的故事一样,克里斯汀至少在奥维德的作品中发现了历史。我们当中那些有权使用现代批评观的人几乎很难在整封信中找到一条贯穿历史并且始终正确的线索。

　　这就是卡克斯顿的观点,而他的这种观点似乎也来自那部他

---

① 这个说法来自英译本,Harl. MS., 838 by Gordon, *The Epistle of Othea* (Philadelphia, 1942), p. xxxviii; Rosamund Tuve, *Allegorical Imagery* (Princeton, N. J., 1966), p. 289. 由威尔(Robert Wyer)出版的那个版本(1540)包含了一个版权页标记,它把这部作品当作《特洛伊的一百个故事》(*The C Hystories of Troye*)。然而,这个文本超过一半的内容讲述的是其他事情。

② Scrope version, p. 33。

③ 同上,p. 55。

④ Sister Mary Ignatius, "Christine de Pizan's *Epistre d'Othea*: An Experiment in Literary Form", *Medievalia et Humanistica*, n. s., 9 (1979), 130.

根据奥维德法文版的《变形记》(*Metamorphoses*)翻译而来的精彩
译作。在整个中世纪,尤其是从 12 世纪开始,奥维德是仅次于维
吉尔的最具吸引力的古典诗人;《变形记》——"古代的《金色传奇》
(*Golden Legend* of Antiquity)"①——是供学生阅读的一个文本,
诗人掠夺它,神学家阐述它,并从道德角度解释它,其中包括 14 世
纪那些围绕在希格登和特里维萨身边的崇尚古风的修道士。② 奥
维德在多大程度上相信自己的神话和历史故事,这点尚不太明确,
而且在中世纪以及后来的时代,阐释的空间还是很大的。依据他
的法文原始资料,卡克斯顿在其译作的序言中陈述了自己的观点。
卡克斯顿是否出版过这个译作尚不明确,目前还没有发现它的印
刷版本。版权页标记告诉我们,那本留存下来的字迹隽秀且还附
有解释的手稿由卡克斯顿于 1480 年 4 月 22 日完成。与之有些关
联的是,布鲁日(Bruges)的老同事曼森(Collard Mansion)在 1484
年出版了法文版的《奥维德》后不久,卡克斯顿就破产了。③

---

① E. K. Rand, *Ovid and His Influence*(Boston,1925),p. 58.

② Smalley, *English Friars*;Judson Boyce Allen, *The Friar as Critic*:*Literary At-
titudes in the Later Middle Ages*(Nashville, Tenn.,1971)。至于奥维德在中世纪
的名声,参见(除了瑞德[Rand]之外)Lester K. Born, "Ovid and Allegory", *Spec-
ulum*,9 (1934),362—379;Fausto Ghisalberti, "Medieval Biographies of Ovid",
Journal of the Warburg and Courtauld Institutes,51(1946),10—59;L. P. Wil-
kinson, *Ovid Recalled*(Cambridge, 1955),chaps. 11—12。关于《变形记》的英文
方面的解释和阐述,可参 Thomas Walsingham, *De archana deorum*, ed. Robert
A. van Kluyve (Durham, N. C.,1968)。沃尔辛厄姆(Walsingham)也是一位编
年史学家,除了别的历史和伪历史作品之外,他还详细阐述了狄克提斯(Dictys)和
《亚历山大史》(*Historia Alexandri*)。

③ 长久以来,卡克斯顿的《奥维德》手稿只有后半部分为世人所知;它由嘉士利(S.
Gaselee)和史密斯(H. F. B. Brett-Smith)编辑出版(Oxford, 1924)。前半部分在
1964 年重现,并最终放在曼格大林(Magdalen)大学和原作合在一起。我使用的是
布拉奇勒(George Braziller,New York,1968)刊印的一个摹本。曼森(Mansion)的
作品受到彭特(Painter)的关注,参见 *William Caxton*, p. 102;它成为那个被称作
《诗人的圣经》(*Bible des poetes*)的版本的主要部分,多年来在法国一直备受欢迎;
参见 Ann Moss, *Poetry and Fable*:*Studies in Mythological Narrative in Six-
teenth-Century France*(Cambridge, 1984),pp. 7ff. 。

　　卡克斯顿的简介(*proheme*)以为异教的诗歌辩护开始,而辩护所依赖的就是早期基督教导师哲罗姆(Jerome)、游斯丁(Justin Martyr)和波伊提乌的例子以及他们的认知,还有那个"伟大的牧师"圣巴兹尔(St. Basil),圣巴兹尔教学生如何从诗人和编年史学家那里仔细挑选有用的东西并规避其他无用的东西,就像蜜蜂为了酿蜜而从花丛中吸收花蜜一样。① 应该不惜一切代价避免感官享受和偶像崇拜。"让我们只取用那些对我们的目标有用的以及与真相相符的东西。让我们远离可能会带来伤害的东西。"然而,卡克斯顿和其他人都相信,诗人的智慧总是隐藏在他们所讲述的故事里。《变形记》是一首绝妙好诗,这首诗依照时间顺序巧妙地安排了从造天地到奥维德时代的古希腊、古罗马传统寓言。毋庸置疑,《变形记》的题材一部分是寓言,一部分是历史,有时则是"历史和寓言的糅合,而这种糅合十分微妙"。不管怎样,奥维德不会因他虚构的故事(无论如何这些不是他虚构的)而受到责备,②因为隐藏这层面纱之下的是关于已发生和将发生之事的真知识。实际上,如果"编年史学家"也撰写过伟人的事迹和可能发生的事,那么他们有可能也被当作哲学家! 因此,为了正确地阅读奥维德的作品,一个人需要做的就是摘去这层面纱,使"有时是诗歌,有时是哲学",有时是天文学和政治,有时是"故事"或历史的东西显露出来。当卡克斯顿追随他的原始资料并撰写这首诗的评论时,他试图做的就是这些。"带走隐藏

---

① 可以在潘德福(F. M. Padelford)的译作《论诗歌的研究和使用》(*Essays on the Study and Use of Poetry*,New York,1902) 中读到巴兹尔(Basil)的作品;蒙哥马利(Robert L. Montgomery)在他的文章中思考了卡克斯顿的前言,这篇文章是 "William Caxton and the Beginnings of Tudor Critical Thought",*Huntington Library Quarterly*,36 (1973),91—103。

② 威尔金森(Wilkinson)认为奥维德在虚构故事时并没有犹豫,但因为他的大多数原始资料都遗失了,所以不管怎样都不太明显(*Ovid Recalled*,p. 146)。

在寓言之下的成果和意义。"[①]如果卡克斯顿的这个建议很好，对于想发现隐藏在文本之下的真相的读者有益处，那么对史学家而言，这个建议只会让他分心，史学家首要的以及唯一的任务就是确定他的原始资料的字面意义以及判断哪些事情真的发生过。[②]把诗歌当历史来读，或者把历史当诗歌来读，对卡克斯顿和他同时代的人来说都很有意义，但这样必然会混淆这两者之间的实际差异。

五

中世纪的批评家，不管是卡克斯顿、薄伽丘，还是克里斯汀，都使用了神话即历史论的论点和寓言为古代的诗人辩护，并对他们进行阐述。然而，当把神话即历史论的论点当作工具来保全古典神话的历史性外观时，用寓意解释则只会破坏它的史实性。"虚构的故事是论述的其中一种形式"，薄伽丘重申，"它披着创作的外衣，阐述或证明一种思想，而且，当它的表象被消除后，作者要表达的意思就十分清晰了"。当薄伽丘阐述维吉尔的《埃涅阿斯纪》(*Aeneid*)中狄多(Dido)的片段时，薄伽丘承认，诗人不同于史学家，为了达到写作目的，诗人可以擅自处理事实和叙述的顺序。然而，薄伽丘也许并不打算（不会超

---

① 最后的引语来自 bk. 1 的前言；其余的来自整部作品的总序。卡克斯顿的原始资料也许和曼森的一样，是《奥维德道德论》(*Ovide moralise*)在 15 世纪的诗歌版本和贝尔苏伊尔(Pierre Bersuire)的《奥维德道德论》的拉丁文版本；参见 Moss, *Poetry and Fable*, p. 7。可参 12 世纪的诗人："上帝的仆人，请聆听我的故事；我的故事很简单且朴实，但又意义深长。这个故事是干草，而意义就是麦子，意义是硕果，故事就是枝条"（引自 William Nitze, "*sens et Matiere*", *Romania*, 44[1915], 14—16）。

② 当卡克斯顿谈到特洛伊战争时(bk. 12)，他又一次注意到了达瑞斯、狄克提斯、圭多和荷马对此有不同的描述，不过他让读者自己分类整理所有的事件。

过其他人)让诗人凭空捏造——只是稍微修改一下人们普遍接受的故事。① 从这个角度看,历史和虚构的故事之间的区别实际上差不多相当于是选择从字面意义重述一个传统故事,还是选择有意修改这个故事以彰显其隐含的意义呢?

　　不管中世纪神学家宣称他在圣经中发现了什么,他的确总是在强调圣经字面的历史意义的重要性(因信仰而确立的意义),但正如我们看到的,那些想从古代诗歌中寻找真相的诗歌诠释者,不得不谨慎对待圣经中显而易见的异教表象。然而,这两者都表现出了相同的性情,那就是力图揭示隐藏的意义(不管一个人是否接受文本的字面意义),而且这种观点必然会因为需要确定关于过去的一些简单事实而发生转移。② 由于各种不同的原因,中世纪的神学家和中世纪的诗人都没有任何冲动去干涉彼此迥异的文本或隐藏在文本之下的历史现实;在卡克斯顿之后几年,当伊拉斯谟(Erasmus)和他的朋友们开始这样做的时候,③神学家和诗人都十分震惊。除了承认隐藏在诗歌中的神意的或惩戒性的意义之外,中世纪神学家一直对世俗诗歌——还有历史——的矫饰怀有敌意,而中世纪诗人能做的也只是假装他们虚构的故事是另外一些

---

① Boccaccio, *On Poetry*, 14. Ix(p. 67). 参见彼特拉克(Petrarch),"在写作时一味地胡编乱造的是傻子和骗子,而不是诗人", *Coronation Oration*, p. 1246; Edward Moore, *Studies in Dante*, 2d ser. (Oxford, 1899), pp. 132—133。彼特拉克认为,是他第一个发现了狄多-埃涅阿斯故事的矛盾之处,但在他之前,还有英国修道士瑞德沃(John Ridewall)(Smalley, *English Friars*, p. 130)。

② Allen, *Friar as Critic*, pp. 4, 74, et passim; Eugene Vinaver, The Rise of Romance (Oxford, 1971), p. 18; A. J. Minnis, "The Influence of Academic Prologues on the Prologues and Literary Attitudes of Late Medieval English Writers", *Medieval Studies*, 43 (1984), 342—383. 圣经的三重或四重意义有时候可以拓展至七重或更多的意义,参见 Harry Caplan, "The Four Senses of Scriptural Interpretation and the Medieval Theory of Preaching", *Speculum*, 4 (1929), 282—290。

③ 一次比较有用的调查仍是 E. Harris Harbison, *The Christian Scholar in the Age of the Reformation* (New York, 1956)。至于对第四重涵义的人文主义-新教徒式的批评,参见 Frederic W. Farrar, History of Interpretation (London, 1886)。

东西,即要么是训诫性的纪事,要么是哲学。传奇故事的作者大多会选择第一条路线,薄伽丘勇敢地选择了第二条路,而克里斯汀,正如我们看到的,两条路线都尝试过了。

不管卡克斯顿如何理解所有这些东西,他对理论的兴趣的确不大。卡克斯顿把传奇故事当作历史出版,把动物寓言当作虚构的故事出版,而不怎么担心它们之间的区别。卡克斯顿出版了伊索寓言集(1484),他通过法文借鉴了这个寓言集的拉丁-德文原作,在极大程度上夺走了它精深的组织。德文编辑斯坦豪威尔(Heinrich Steinhowel)在序言中使用了圣依西多禄的定义,强调了伊索寓言里那些虚构的故事所蕴含的道德教训。毋庸置疑,卡克斯顿对此十分赞同。卡克斯顿并没有使用斯坦豪威尔的序言,不过,在后来的文章中,卡克斯顿写道:"每一则寓言创作出来都是为了向人类展示他们应该遵循什么,以及他们应该逃避什么。因为诗歌中的寓言就如神学中的言语一样有意义。因此,我要写寓言,向人们展示好人的处世之道。"①《列那狐的故事》(*Reynart the Foxe*,1481)的后记差不多就持这种观点。至于是否应该相信这则寓言,基本上无关紧要了(尽管卡克斯顿为列那狐的故事所蕴含的真理辩护):"有许多人物、活动从来没有出现或发生过,但它们可以成为引发人们思考的例子……尽管这件事有点嘲弄和玩笑的意味,但是读者或许可以从中发现许多智慧和学问。"②让虚构的故事变得有用的想法很常见,而且人们还常常用圣经中的寓言故事为这个想法辩护(除了其他人之外,还有薄伽丘)。《奥维德道德论》的作者写道:"正如圣保罗所说的(2 Tim. Iv 4),有些人不去聆听真理,却去聆听寓言……由此说明了,我们要常常使用寓言、

---

① *Caxton's Aesop*, ed. R. T. Lenaghan (Cambridge, Mass., 1967), p. 89.

② Croth, *Prologues and Epilogues*, p. 62; *The History of Reynard the Fox*, ed. N. F. Blake, Early English Text Society, orig. ser., 263 (London, 1970). 这次卡克斯顿使用了荷兰文的原作。

谜语和诗歌,这还说明了,某些道德观或许就是从那里提炼出来的,以至于虚假的东西也变成了真理。"①和卡克斯顿同时代的赫维斯(Stephen Hawes)就在《愉快的消遣》(*The Pastime of Pleasure*)中用整整一个章节详细阐述了这个主题。②纪事、传奇故事或圣徒生平录都假装在做同一件事——即通过楷模进行道德训导,而这必然会让人们混淆它们;卡克斯顿最后注意到了这点,即使总的来说,他和其他人似乎都不怎么重视它。

人们可能会认为,圣依西多禄的训诫——即历史依赖于比传闻更可取的目击者的证词——是有用的;实际上,在中世纪,这个训诫已经被重复了无数次,例如,卡克斯顿就在《列那狐的故事》后记中提到过它。③ 然而,在一个很大程度上仍侧重于倾听而非阅读、侧重于口头证词而非书面证据的社会里,强调获得第一手证词,其可行性十分有限。对于很久以前发生的人们都不怎么记得的事情,该如何处理呢? 随着记录和文牍主义的发展,人们的读写能力也在不断提高,即使如此,在实际应用中,还是会出现很多问题。④ 因为学着使用在法庭上可以直接听到的或者来自编年史学家的目击者证词是一回事,而竭力在书面文件或报告中把目击者证词搜罗出来并仔细检查一遍又是另外一回事(在这方面,古代好不到哪去)。⑤

---

① 参见 app. 25, G. G. Coulton, *Five Centuries of Religion*(Cambridge, 1923), I, 543—544。

② 至于 *The Pastime of Pleasure*,只有 1509 年赫维斯(Stephen Hawes)版本的一些残篇留存了下来;1517 年的版本由米德(William Edward Mead)编辑出版,Early English Text Society, orig., ser., 173 (London, 1928);参见 II. 708ff., 932—952, 981—985, 1072ff. 。

③ Crotch, *Prologues and Epilogues*, p. 62.

④ "口头证词比书面证据更可信,这点在法律界司空见惯",参见 M. T. Clanchy, *From Memory to written Record: England* 1066—1307(London, 1979), p. 210。

⑤ "解读目击者要比从书上收集信息重要得多,费力得多",参见 Polybius, XII. 27. 1—6。至于"对书面报告的典型敌意",可参 C. R. Ligota, "The Story Is Not True: Fact and Fiction in Antiquity", *Journal of the Warburg and Courtauld Institutes*, 45 (1982), 1—13。

在中世纪,在采访同时代的人这方面,类似于提尔的威廉的编年史学家做得相当出色。然而,面对书面的原始资料,他们始终有些踟蹰不前。"我并不指望人们相信我在作品中撰写的一切",杰拉尔德(Giraldus Cambrensis)写道,"因为我自己就不会相信一切,除非我真的亲眼见到或进行观察了。至于其余的,我会克制自己不以这样或那样的方式对它们发表意见。我留给读者去判断"。①

正如我们看到的,这就是希格登的观点。达瑞斯和狄克提斯都声称自己是目击者,因为这个缘故,几乎每个尝试撰写特洛伊史的编年史学家和传奇故事作者都认为,这俩人明显胜过荷马。常识不同于史学编纂;中世纪的常识足以让人们理解,历史真相和虚构的故事在原则上存在差异,也足以让人们为了实用的目的而对这两者加以区分。在当代事务中,在法律和编年史中,它有时比较接近现代的批评标准,甚至在这里,对证词的评估可能更取决于道德基础而非特定的情况。② 那些捏造的、堵塞了档案室以及填满了编年史的章程几乎不可能查明。我们缺少的是一种可以处理来自人类记忆无法企及的遥远时代的证据的方法以及这样做的动机。

对希格登和卡克斯顿来说,就像虚构的故事一样,历史最重要的目标就是教化。毫无疑问,要做到这点,必然困难重重;与希格登同时代的布罗姆亚德(John Bromyard)就曾直言:"历史或虚构的故事叙述的是否是真相并不重要,因为那些例子并不是为其本

---

① Giraldus Cambrensis, *Opera*, ed. J. S. Brewer, Rolls ser., 21 (London, 1861—1891), I, xlv. 参见 John of Salisbury, preface to *Historia pontificalis*, ed. Marjorie Chibnall (London, 1956), p. 4。

② 人们认为通过严刑拷打来审讯要比再现案情更有效,甚至在前者那种更原始的形式消失后还是如此;参见 R. van Caenegen, "The Law of Evidence In the Twelfth Century", *Proceedings of the Second International Congress of Medieval Canon Law* (1965), 297—310; John W. Baldwin, "The Intellectual Preparation for the Canon of 1215 against Ordeals", *Speculum*, 36 (1961), 613—636。

身而存在的，它们是为其所表达的意义而存在的。"①在《多面编年史》的序言中，卡克斯顿表达了他的历史观，这次他借用了一篇关于狄奥多罗斯（Diodorus Siculus）长久而持续的思想的颂词，但这次借用的是希腊原作之拉丁译文的法文版本。②历史，卡克斯顿写道，就是"永久地冷藏以前已发生的事，见证好的和坏的行为，见证伟大事迹和人类取得的各种胜利"。历史的主要作用就是通过提供诸多可间接感受的经历来推行德性和遏制罪恶。③ 就如希格登一样，卡克斯顿明白，同样的事，虚构的故事也可以做到，但在这种情形下，卡克斯顿还是更喜欢历史。"如果诗人虚构的糟糕的寓言能刺激和促使人类产生怜悯之情并维护正义，那么历史能做的会更多，历史维护德性，支持改革，还调解纠纷。"卡克斯顿承认，还是有些人更愿意通过虚构的故事唤起人类的道德，甚至还有些人"教人撒谎"，不过，卡克斯顿认为，把一个很棒的故事带来的好处与不真实的事带来的猜疑混合在一起，就如他所说的"把实用和伤害混合在一起"，是一件危险的事。真实的历史"就像话语一样描述事物"，其实用性明白无误。然而，怎样才可能辨别一个好的故事——它真的有多重要　　是否是真的呢？这次卡克斯顿也没说什么。相反，卡克斯顿让我们回顾了古代那些不太确定的类似赫拉克勒斯的英雄，人们已经把这些英雄变成了神。卡克斯顿继续

---

① John Bromyard, quoted in G. R. Owst, *Literature and Pulpit in Medieval England* (Cambridge, 1933), p. 155; Allen, *Friar as Critic*, p. 68n.

② Samuel K. Workman, "Versions of Skelton, Caxton and Berners of a Prologue by Diodorus Siculus", *Modern Language Notes*, 56 (1941), 252—258; N. F. Blake, "Caxton's Language", Neuphilologische Mitteilungen, 67 (1966), 122—132. 就在这个时候，卡克斯顿的好友思格尔顿（John Skelton）正在翻译狄奥多罗斯（Diodorus）的作品；可参见这一版本：F. M. Salter and H. L. Edwards, Early English Text Society, orig. ser., 233, 239 (London, 1956—1957), pp. 5—12 (*proheme*).

③ Crotch, *Prologues and Epilogues*, pp. 64—67. 卡克斯顿为《多面编年史》配备了一个索引，这是首次为英文印刷本配备索引。"历史"，布莱克（Blake）说道，"已经变成了读者可以随意选择的一系列例子"(*Caxton and His World*, p. 115)。

把《多面编年史》和《金色传奇》结合起来，把它们都当作同样真实、珍贵而有益的历史。在大约写于同一个时代的最新版的《坎特伯雷游记》（*Cantebury Tales*）的前言中，卡克斯顿对牧师、诗人和"史学编纂家"一起表达了他的谢意，感谢他们创作了如此之多充满智慧的书籍。[①] 就如希格登一样，卡克斯顿明白，真实的故事不应该是虚构的，而且历史也不是虚构的故事。然而，他们和他们同时代的人实际上似乎都不知道该如何区分历史和虚构的故事，而且说到底也没有什么强烈的动机去区分它们。

六

总而言之，卡克斯顿只是一个代表人物而已。也许在同时代的人当中，还有其他更多的例子。第二代伯纳斯（Berners）公爵鲍彻（John Bourchier）也是一位译者，翻译法语作品。和卡克斯顿一样，鲍彻选择翻译编年史和传奇故事，而且和卡克斯顿一样，他很难把这两者区分开来。鲍彻最精彩的作品是被他翻译成英文的傅华萨（Jean Froissart）那本著名的 14 世纪编年史；鲍彻出版了这本译作，还为它写了一则序言，而这则序言看起来和卡克斯顿为《多面编年史》写的简介如出一辙："在这个世界上，最有益于规范人类生活的就是历史。"[②] 在描述百年战争中发生的

---

① Caxton, preface to *Cantebury Tales* (2d ed., 1483), in Crotch, *Prologues and Epilogues*, pp. 90—91；Painter, *William Caxton*, pp. 132—134. *The Stanzaic Life of Christ* 也使用了《多面编年史》和《金色传奇》，并表明这两者一样真实；ed. Francis A. Foster, Early English Text Society, orig. ser., 166 (London, 1926), p. xix.

② Froissart, *The Chronicle*, trans. Lord Berners, ed. William Paton Ker, 6 vols. (London, 1901), prologue, I, 3—7. 至于伯纳斯（Berners），参见 *The Boke of Huon of Bordeux*, ed. S. L. Lee, Early English Text Society, extra ser., 40—41 (London, 1882—1883), p. xl；N. F. Blake, "Lord Berners：A Survey", *Medievalia et Humanistica*, new ser., 2 (1971), 119—132。

事情时,傅华萨四处游历,和目击者交谈,有时甚至还使用公文。然而,傅华萨的历史读起来常常像虚构的故事。傅华萨没有竭尽全力去仔细检查原始资料的真实性或深究那些故事的真实性,而且,当傅华萨不得不使用前人的作品时,他显得特别无助(在前面一些部分)。现代史学家发现,即使他们不得不使用傅华萨的作品,可傅华萨完全不值得信赖。① 赫伊津哈(Huizinga)曾说,傅华萨用"统治世界的骑士精神来虚构故事",对于一位撰写了诸多传奇故事的诗人(亚瑟式的《梅利亚多尔》[*Meliador*]3 万诗行就放在编年史的前面)来说,持有这样的观点一点也令人不意外。"傅华萨",我们确信,"并不是现代人……在傅华萨的作品里,他总是在现实和想象的世界里来回穿梭;也许他根本就没有区分过这两者"。② 然而,可以肯定的是,伯纳斯男爵把他在编年史中发现的一切都当成真实的事件,对此,卡克斯顿深以为然。如果卡克斯顿的读者想了解那些曾经激发了骑士精神的高尚而充满了德性的举动,那么他也想不出别的更好的建议,除了说"去读读傅华萨的作品"。③

　　伯纳斯和卡克斯顿或许都把傅华萨的《梅利亚多尔》当成了历史。当然,伯纳斯接下来的译作都是没有什么历史基础的传奇故事,然而,伯纳斯看待它们的方式却和他看待编年史的方式差不多。伯纳斯推荐过《波德乌恩》(*Huon of Bordeux*),因为它具有一定价值,能通过描述"高尚而冒险的举动"来解释德性并

---

① 这部作品的第一个部分在很大程度上依赖于贝尔(Jean le Bel)的编年史。至于傅华萨,参见 William Paton Ker, "Froissart", in *Essays in Medieval Literature* (London, 1905), pp. 135—238; F. S. Shears, *Froissart: Chronicler and Poet* (London, 1930); Froissart-Historian, ed. J. J. N. Palmer (Woodbridge, Suffolk, 1981)。

② Huizinga, *Waning*, p. 67; J. W. Sherborne in Palmer, *Froissart-Historian*, p. 50.

③ Epilogue, *Book of the Order of Chivalry*, in Crotch, *Prologues and Epilogues*, p. 83.

激发德性。尽管伯纳斯发现《小不列颠的亚瑟》(*Arthur of Lit-tle Britain*)里充斥着"就人类的理性而言，让人难以置信的艰难而奇异的冒险活动"，但他还是专门为它的历史真实性进行了辩护。翻译"诸多不可能发生的虚构事件"似乎有些荒唐。幸运的是，伯纳斯回想起他曾读过许多包含了骑士事迹的历史书卷，在这些骑士事迹中有"许多奇异而精彩的冒险活动，在某种意义上，这些冒险活动似乎有些超自然。因此，我认为，目前的论述将和其他的一些论述一样，因其真实而驰名；我毫不怀疑，当这本书的作者设计它时，他在一定程度上是诚实的，怀着高尚的目的。"①

当一群尊贵的客人于某天催促卡克斯顿时，无怪乎卡克斯顿想到把《亚瑟王之死》当作历史作品来出版。不可避免地，卡克斯顿选择了那些最著名的传奇故事，对此，他显然也思索了一段时间。《亚瑟王之死》当然是在重述人们所熟知的"不列颠诸事"和亚瑟王及其宫廷的历史，它们均取自前一个世纪的法国传奇故事。马洛礼的其中一个原始资料，或许也是其作品的早期灵感来源，就是哈登(John Hardyng)的编年史；马洛礼发现这部编年史详述了亚瑟王的许多壮举，还一一列举了圆桌骑士。② 卡克斯顿告诉我们，他的作品于 1469—1470 年由一位"寻求解救"、名叫马洛礼的

---

① *The History of the Valiant Knight Arthur of Little Britain*, ed. E. V. Utterson (London, 1814), prologue, pp. liv-lv. Kenneth Oberembt, "*Lord Berners' Translation of Artus de la Petite Bretagne*", *Medievalia et Humanistica*, 5 (1974), 191—199。

② Edward D. Kennedy, "Malory's Use of Hardyng's *Chronicle*", *Notes and Queries*, 214 (1969), 167—170; Kennedy, "Malory and his English Sources", in Takamiya and Brewer, *Aspects of Malory*, pp. 42—48; Robert H. Wilson, "More Borrowings from Hardyng's *Chronicle*", *Notes and Queries*, 215 (1970), 208—210. 在为哈登写的序言中，格拉夫顿(Richard Grafton, 1543)不出所料地否认了对历史的真实性该负的责任，他只主张如实地重现原始资料；*The Chronicle of Iohn Hardyng*, ed. Henry Ellis (London, 1812), p. 10。

骑士——一位设法让自己默默无闻的作者——完成。① 就如前辈
们一样,马洛礼认为自己的故事具有基本的真实性,而且他认为自
己在重写历史。在作品的末尾,马洛礼描述了发生在卡米洛
(Camelot)的一个场景,当时骑士鲍斯(Sir Bors)和亚瑟王重逢了:
"吃完东西后,国王让伟大的牧师们走到他面前,因为他们应该记
录这些伟大的骑士的冒险之旅。"当鲍斯叙述圣杯的故事时,马洛
礼告诉我们,"伟大的著作创造了这一切并把这一切放入索尔兹伯
里(Salisbury)的圣器壁龛里"②(利德盖特在更早的时候就已经描
述过差不多的场景,即牧师们当场记录亚瑟王一干人等的冒险之
旅)。③ 马洛礼不断地参考原始资料——或者缺乏原始资料④——
而且他应该猜到那是一长串的权威原始资料。马洛礼是想完成一
部关于《亚瑟王之死》的自成一体的历史作品,还是想完成许多单
独的作品,一直颇有争议;然而,现代评论家几乎一致同意,历史性
就是马洛礼作品的特征。就像其他人一样,马洛礼也认为他的传

---

①　关于马洛礼的现代文献资料始于 G. L. Kittridge, "Who Was Sir Thomas Malo-
ry?", *Harvard Studies and Notes in Philosophy and Literature*, 5 (1897), 85—
106, 以及希克斯(Edward Hicks)继续进行的详细研究, *Sir Thomas Malory*
(Cambridge, Mass., 1928), and William Matthews, *The Ill-Famed Knight*
(Berkeley, 1966), 而且,在费尔德(P. J. C. Field)写过的诸多文章中,最有趣的或
许是:*Bulletin of the Institute of Historical Research*, 47 (1974), 24—35; *Me-
dium Aevum*, 48 (1979), 213—239; Bulletin of the John Rylands Library, 64
(1982), 433—456。

②　Thomas Malory, *Works*, ed. Eugene Vinaver, 2d ed., 3 vols. (Oxford, 1967),
II, 1036. 兰斯洛特(Lancelot)担心"人们在我之后记录"(II, 1202—1203)。卡克
斯顿的《亚瑟王之死》的文本已经被重新编辑过,参见 James W. Spisak and Wil-
liam Matthews, 2 vols. (Berkeley, Calif., 1983)。

③　Lydgate, *Fall of Princes*, VIII, 2780—2783, ed. Henry Bergen, 4 vols., Early
English Text Society, extra ser., 121—124 (London, 1924—1927), 901. *lai de
Tyolet*, 该序言也提到亚瑟王的骑士们冒险后归来,讲述他们的故事,而牧师们则
立刻写下了这些故事,参见 "*lai de Tyolet*", Margo Vinney 译, *Allegorica*, 3
(1978), 6—41, II, 25—35。

④　Malory, *Works*, III, 1242.

奇故事的原始资料真实可信，而且，正如那些人接受他们的传奇故事一样，马洛礼只限于重写和重新理解那些传奇故事。马洛礼的主要关注点是赞美那曾经被赞美过的骑士文化，促进骑士文化的复兴。[1] 在这个过程当中，马洛礼似乎已经把从前的事件融合到最近的事件中。[2]

　　卡克斯顿说自己开始从事这项工作是因为一些贵族和绅士来拜访他，问他为什么不出版9位英雄中最著名的同时也是唯一一位英国人的故事；关于这个问题，出版商回答说，尽管他时常思考这个问题，但是有些人认为那样的亚瑟王并不存在，而且"所有关于亚瑟王的类似书籍都是虚构的，都是寓言，因为（正如他们所说的）有些编年史并没有提及或记载关于亚瑟王和他的骑士的任何事情"。幸运的是，对于这个令人惊异的建议，卡克斯顿还是给予了答复，他后来说，这个答复足以让自己消除对英雄的历史真实性的疑虑并开始从事这项工作。不幸的是，卡克斯顿没有识别出怀疑论者，这至少使得一位现代读者想知道卡克斯顿的回忆录是否压根不是虚构的历史故事。[3]

---

[1]　Eugene Vinaver, *Malory* (Oxford, 1970), pp. 64, 90; Malory, *Works*, III, 1617n.; Vida Scudder, *Le Morte D'Arthur: A Study of the Book and Its Sources* (London, 1920), p. 185; D. S. Brewer, "The Hoole Book", in *Essays on Malory*, ed. J. A. W. Bennett (Oxford, 1963), pp. 49—50; Mark Lambert, *Malory: Style and Vision in Le Morte D'Arthur* (New Haven, Conn., 1975), pp. 126, 134—135; Larry D. Benson, *Malory's Morte D'Arthur* (Cambridge, Mass., 1976), pp. 8—9, 73, 137, et passim.

[2]　在诠释方面有一个悠久的传统，那就是认为，尽管《亚瑟王之死》旨在描述亚瑟王的世界，但是它反映了15世纪的事件。Nellie S. Aurner, "Sir Thomas Malory——Historian?", *PMLA*, 48 (1933), 362—391; Vinaver, in Malory, *Works*, I, xxxi—xxxii; R. r. Griffith, "The Political Bias of Malory's *Morte D'Arthur*", *Viator*, 5 (1974), 355—386; and the Field articles cited in n. 93 above.

[3]　N. F. Blake, "Caxton Prepares His Edition of the *Morte D'Arthur*", *Journal of Librarianship*, 8 (1976), 272—285. 可以在以下文章中找到卡克斯顿的序言：Crotch, *Prologues and Epilogues*, pp. 92—95。

　　当然,怀疑主义不期而至,而且还有些特别。正如我们看到的,提出一个事实问题(question of fact),仔细研究这个问题且将这个问题看得很重要似的,并不是中世纪时常存在的冲动。为什么那些不知名的怀疑主义者会突然提出这个问题呢? 对此,人们只能猜测,但看起来,这似乎源自从一开始就伴随着亚瑟王的历史出现的那些特殊情形。

　　幸运的是,我们没有必要在此处详述一个漫长而复杂的故事,而这个故事就是,许多世纪以来,编年史和传奇故事是如何描述和逐步展现亚瑟王和圆桌骑士的;我们只能说,中世纪史中的亚瑟,就像布鲁图斯及其继承者一样,差不多就是 12 世纪的创作,尤其是拉丁文编年史学家杰弗里(Geoffrey of Monmouth)的创作,杰弗里说他的素材来自"英国的一本古书"。[①] 也许是因为这个故事出现得太突然,一些人立刻对此产生了怀疑,尤其是威廉(William of Newburgh),他不厌其烦地驳斥这个故事,而且他注意到,以前的作家沉默得令人惊讶,很显然,这些作家对亚瑟的那些英勇事迹一无所知。然而,威廉的怀疑主义很快就被众多的编年史学家和传奇故事作者淹没了,他们开始讨论这个故事,扩充它,给它润色,

---

① 现代的大多数观点对此书持反对意见,书中的任何事件都说不上十分古老。关于近期为复兴杰弗里的原始资料而付出的努力,参见 Geoffrey Ashe, "A Certain Very Ancient Book: Traces of an Arthurian Source in Geoffrey of Monmouth's *History*", *Speculum*, 56 (1981), 301—323。在浩瀚的文献资料中,请参考 E. K. Chambers, *Arthur of Britain* (London, 1927); J. S. P. Tatlock, *The Legendary History of Britain* (Berkeley, Calif., 1959); John Edward Lloyd, "Geoffrey of Monmouth", *English Historical Review*, 58 (1942), 460—468; John J. Parry and R. T. Caldwell, "Geoffrey of Monmouth", in *Arthurian Literature in the Middle Ages: A Collaborative History*, ed. Rogers S. Loomis (Oxford, 1959), pp. 72—93; Stuart Piggott, "The Sources of Geoffrey of Monmouth", *Antiquity*, 15 (1941), 269—284; Valerie Flint, "The *Historia Regum Britanniae* of Geoffrey of Monmouth: Parody and Its Purpose, A Suggestion", *Speculum*, 54 (1979), 447—468; Neil Wright, "Geoffrey of Monmouth and Gildas", *Arthurian Literature*, 2 (1982), 1—40。

让它变得愈发难以反驳。① 希格登和《多面编年史》让怀疑主义再次浮出水面。

在这个方面，希格登如今是一个例外，他证明了这个法则。作为新的世界编年史的编者，希格登不辞辛劳地重新为早期的历史收集权威典籍——古代和现代的；正如我们看到的，希格登试图把这些权威典籍装订在一起，形成一部连贯的记述。希格登剪刀加浆糊的方法，就像威廉一样（希格登没有提到威廉的作品），足以引发一些相同的问题。比较各种权威典籍并致力于年代学，揭示了杰弗里的故事中一些特别的疏漏之处和矛盾之处。在诸多编年史编者之中，为何只有杰弗里描述亚瑟征服了包括法国和罗马在内的 30 个王国呢？杰弗里让亚瑟征服了法国国王弗罗洛（Frollo）以及罗马的行政长官卢修斯（Lucius）。然而，弗罗洛并没有在其他任何作品中出现，而且希格登能够找到的唯一的一位卢修斯也生活在许多代之后。在希格登看来，一个民族赞美它的英雄并夸大英雄的功绩似乎是另外一回事，正如希腊人如此对待亚历山大以及罗马人如此对待奥古斯都（Augustus）一样。希格登接受了他在别处发现的关于这个故事的一点东西，然后就匆匆前行了。②

---

① William of Newburgh, *Historia Rerum Anglicarum*, ed. Richard Howlett, Rolls ser., 83 (London, 1884); trans. Joseph Stevenson, in *Church Historians of England*, IV (London, 1856), p. 398. Nancy Partner, *Serious Entertainments*: *The Writing of History in Twelfth-Century England* (Chicago, 1977), pp. 51—140. 堪布希斯（Giraldus Cambrensis）甚至在更早的时候就有所怀疑，但他还是在他的作品中使用了许多精彩的素材。关于传奇式历史的使用和发展，参见 Robert H. Fletcher, *The Arthurian Material in the Chronicles* (1906; reprinted, New York, n. d.); Laura Keeler, *Geoffrey of Monmouth and the Later Latin Chroniclers* (Berkeley, Calif., 1946); J. D. Bruce, *The Evolution of Arthurian Romance*, 2 vols. (Baltimore, Md., 1923); Loomis, *Arthurian Literature in the Middle Ages*。政治功用或许有助于它被接纳，参见 Gordon G. Gerould, Mary E. Griffin, and R. S. Loomis in *Speculum*, 2 (1927), 33—51; 16 (1941), 109—120; 28 (1953), 114—127。

② *Polychronicon*, V, 328—337.

　　希格登的怀疑,就如威廉的一样,有些挑衅意味,却不是十分完整和连贯。希格登不仅渴望利用杰弗里撰写的从布鲁图斯到亚瑟时代的传奇历史,而且他一度更加喜欢它而不是审慎的马姆斯伯里的威廉(William of Malmesbury),希格登把虚构出来的布拉杜德(Bladud)而非尤利乌斯·凯撒当作格洛斯特(Gloucester)的建立者。希格登解释说,威廉并没有利用杰弗里的那本英国古书,或许这纯属猜测![①] 即使如此,特里维萨的约翰——希格登的第一位译者和卡克斯顿的原始资料的直接来源——还是费尽心力地逐一回答希格登的问题并为亚瑟传奇辩护。首先,特里维萨的约翰认为,我们可以无视编年史编者的沉默和他们的记述的矛盾之处,因为据我们所知,福音书记载的耶稣生平甚至也是各不相同的。如果约翰记录了在马太福音、马克福音和路加福音中没有发生的事,那么约翰是不是就应该被忽略? 另外,一些纪事家明明就是亚瑟的敌人。至于“弗罗洛”和“卢修斯”,我们最好记住,在不同的地方,他们的名称也会不一样;特里维萨让我们再次想到,威廉并没有从杰弗里的英国古书中受益。最后,事实是,亚瑟在整个基督教王国(Christendom)声名远播。人们对亚瑟的赞美或许有些过头了;特里维萨本人对亚瑟将于某一天重返英国的故事也是半信半疑,而且特里维萨还意识到,其他神奇的传说也谈到了亚瑟。[②] 然而,特里维萨通常会为杰弗里的故事辩护,对此,他深信不疑。毋庸置疑,我们需要的一般性观点正是特里维萨所持的观点;编年史编者和传奇故事的

---

① Gransden, *Historical Writing*, p. 49.

② *Polychronicon*, v, 337. 至于初步的比较,参见 John E. Housman, "Higden, Trevisa, Caxton and the Beginnings of Arthurian Criticism", *Review of English Studies*, 23 (1947), 209—217。关于特里维萨,参见 Aaron J. Perry, introduction to Trevisa, *Dialogus inter Militem et Clericum*, Early English Text Society, orig. ser., 167 (London, 1925), pp. lv—lxxvii; David C. Flower, "John Trevisa and the English Bible", Modern Philology, 58 (1960—1961), 81—98; Flower, "More about John Trevisa", Modern Language Quarterly, 32 (1971), 243—251。

作者继续赞美这段传奇的历史——哈登(c. 1460)、罗尔斯(John Rous,1486)和马洛礼的《亚瑟王之死》。①

正如我们看到的,卡克斯顿在 1483 年使用的正是特里维萨翻译的《多面编年史》,而且在卡克斯顿着手编辑《亚瑟王之死》之前,他就充分意识到了中世纪存在的那个争论。②《亚瑟王之死》很有可能启发了卡克斯顿记录下的那场讨论,但据卡克斯顿说,他那时听说的、针对怀疑给出的那个答复,远远超出了他的查阅范围。和卡克斯顿谈话的那个人,或许是卡克斯顿的老赞助人瑞夫斯(Rivers)伯爵,③伯爵为卡克斯顿的历史人物亚瑟提供了一长串非同寻常的证据。首先,在格拉斯顿伯里大修道院(Glastonbury Abbey)的墓地,人们发掘出了亚瑟和格温娜维尔(Guinevere)的遗体。④ 其次,在薄伽丘的

---

① 罗尔斯的作品由赫恩(Thomas Hearne)编辑,*Joannis Rossi Antiquarii Warwicensis Historia Rerum Angliae*(Oxford, 1716);关于哈登(Hardyng),参见 n. 92 above;关于两者,参见 Gransden, *Historical Writing*, II, 274—287, 309—327。

② 卡克斯顿的编辑一直是许多讨论和论战的主题。最近为人所知的温切斯特(Winchester)原稿似乎不是马洛礼的主要原始资料,即使他可能已经知道这个稿子;参见 Lotte Hellinga and Hilton Kelliher, "The Malory Manuscript", *British Library Journal*, 3 (1977), 91—113。总体而言,卡克斯顿似乎特别忠实于自己的文本,即使他添加了一些部分和章节;参见 Sally Shaw, "Caxton and Malory", in Bennett, *Essays on Malory*, pp. 114—145。然而,至少在某种情况下,当马洛礼遵循以英文头韵法为特征的《亚瑟王之死》时(见 bk. 2),卡克斯顿却大幅度改动和缩减它,以便把它变成自己的东西。在这个方面,就如马洛礼以这样的方式对待他的原始资料一样,卡克斯顿以同样的方式对待马洛礼;参见 Terence McCarthy, "Caxton and the Text of Malory's Book 2", *Modern Philology*, 71 (1973), 144—152;Tania Vorontzoff, "Malory's Story of Arthur's Roman Campaign", *Medium Aevum*, 6 (1937), 199—221;Michael Stroud, "Malory and the Chivalric Ethos: The Hero of Arthur and the Emperor Lucius", *Medieval Studies*, 36 (1974), 331—353。

③ Painter, *William Caxton*, p. 147; Hellinga and Kelliher, "Malory Manuscript", pp. 154—155; Hellinga, *Caxton in Focus*, p. 89。

④ Prologue to *Polychronicon*, in Crotch, Prologues and Epilogues, pp. 65—66; W. A. Nitze, "The Exhumation of King Arthur at Glastonbury", *Speculum*, 9 (1934), 355—361; Geoffrey Ashe, ed., The Quest for Arthur's Britain (New York, 1968), pp. 126—127。

《王子的陨落》(*Fall of Princes*)中有让人印象深刻的描述,而卡克斯顿熟知的是利德盖特的版本。当然,还有杰弗里的那本英国古书。除了那些证据外,这位伟大的王子和他的骑士们还有许多纪念物分布在英国,例如,人们现在还可以看见威斯敏斯特教堂的那枚印章,印章上刻着"高贵的亚瑟,不列颠、高卢、日耳曼和丹麦的皇帝"(*Patricius Arthurus*,*Britannie*,*Gallie*,*Germanie*,*Dacie*,*Imperator*)。还有其他东西:多佛城堡(Dover Castle)里高文的头盖骨和克拉多克(Craddock)的斗篷;温彻斯特(Winchester)的圆桌;在威尔士的卡米洛,除了其他的东西之外,还有"王室的墓室","仍健在的潜水员曾见过"。在别处,还有兰斯洛特的剑和享有盛名的同伴们的纪念物。怎么会有人怀疑最重要的9位英雄是否存在? 他们声名远播,越过海洋,直达荷兰、意大利、西班牙、希腊和法国。

卡克斯顿很容易被说服。当卡克斯顿侨居国外时,他不就见过许多用法文撰写的关于亚瑟的书卷吗? 卡克斯顿觉得,他最好还是搬出马洛礼的书——马洛礼的书已经根据全部的原始资料把这个故事收集起来——并将其出版,"目的就是让贵族见证并学习高尚的骑士之举"。卡克斯顿在序言的结尾处敦促读者,"所有贵族、贵妇人和其他阶层的人"都要通读《亚瑟王之死》并以此为榜样。"因为在此处,我们可以看到高尚的骑士精神,看到谦逊、仁慈、勇气、爱、怯弱、谋杀、仇恨、德性和罪恶。行善举,弃罪恶,你们将获得名誉和声望。"不管读者是否相信故事里的一切,卡克斯顿都希望他们能因此书而受益,并喜欢此书。最后,卡克斯顿让读者自如地选择把《亚瑟王之死》当作历史或是虚构的故事,或者既将其当作历史又当作虚构的故事,只要读者意识到此书的目的是劝善。就如卡克斯顿在《查理大帝》的结尾处所说的,和其他形式的教导相比,一则好的寓言更可能留在人们的记忆里。①

---

① Crotch, Prologues and Epilogues,p. 97.

　　如此激烈地为历史辩护后竟得出一个出乎意料的结论,这似乎有点让人失望,但毫无疑问,这就是那个时代的特征。卡克斯顿偶然间碰到了关于事实的问题,他竭力弄清楚这个问题。在提出这个问题时,批评亚瑟显得不同寻常,而试图通过系统地收集证据来迎接挑战,则让这场辩护显得更加不同寻常。这场辩护最后还是以失败告终,因为证据寥寥可数,而且也没什么份量。卡克斯顿还能做些什么呢?卡克斯顿受过的教育,接受过的文化,都已累积了几个世纪,可这些都无法帮助他辨别混杂在一起的物体、证据、言语和事物。如果这个问题对卡克斯顿和他的友人来说显得更加重要,那么他们也许会做得更好。就如在别处一样,在此处,区分历史和虚构的故事并不会带来多大的影响。关于这一点,我们需要的是一种全新的文化———一种时刻严阵以待的文化,一种除了其他东西之外将开始深刻改变英国史学编纂的文化。

七

　　在英国,文艺复兴的人文主义姗姗来迟,而且以一种让人难以理解的、缓慢而不稳定的方式出现。当然,在卡克斯顿的时代,人文主义并不常见。在整个 15 世纪,英国和文艺复兴时期的意大利的确偶然间才有联系,然而,这些偶然的联系结出了适量的果实;直到卡克斯顿之后的时代,也就是到了林纳克(Linacre)、格罗辛(Grocyn)、柯里特(Colet)、莫尔(More)和伊拉斯谟(Erasmus)那一代人,他们才开始展示古拉丁文化和古希腊文化。在该世纪之初,当意大利人文主义者波焦(Poggio Bracciolini)造访英国时,英国文字的落后状况让他惊愕不已。[1]"有一位名叫佛罗伦萨的波

---

[1]　Roberto Weiss, *Humanism in England during the Fifteenth Century*, 2d ed. (Oxford, 1957), pp. 13—21.

焦的高尚教士,"卡克斯顿记得,"在佛罗伦萨有一座宏伟的、塞
满了书籍的图书馆,所有外来者……都渴望一睹这个图书馆的
风采,在那里,他们找到了许多优秀而珍稀的图书。"对于那些遗
失的古典作家的作品,波焦有较多发现,但卡克斯顿对此似乎一
无所知,而且他对波焦本人的作品也是知之甚少。① 在卡克斯顿
的时代之后很久,在模仿经典的实践开始在学校生根之后很久,
人文主义者的学识——也就是 15 世纪的意大利人发明的、用来
还原过去的那些文献学和古文物研究技巧——才开始在英国受
到重视。卡克斯顿只出版了一两部意大利人文主义者的作品,
即使它们是出自作者的要求并得到了作者的指导;卡克斯顿出
版了西塞罗的几部作品,即使它们是其他人翻译的——至少有
一部作品译自法文。除此之外(而且来自卡克斯顿的《奥维
德》),在卡克斯顿的作品库中,很难看到古典作品的痕迹。② 在

---

① Prologue to *Caton*(1483) in Crotch, *Prologues and Epilogues*, pp. 77—78. 卡克斯顿的《伊索寓言》包括来自波焦的《笑话集》(*Facetiae*)的选集:R. H. Wilson, "The Poggiana in Caxton's *Aesop*",*Philological Quarterly*,30 (1951),350。卡克斯顿的朋友思格尔顿(John Skelton)根据波焦的拉丁文版木翻译了《狄奥多罗斯》(*Diodorus*)。

② 其中一部意大利作品是塔乌萨格尼(Lorenzo Traversagni)的《新修辞》(*Nova rhetorica*),由卡克斯顿于 1479 年出版(次年出版了 *Epitome*),ed. R. H. Martin and J. E. Mortimer,*Proc. Leeds Phil. and Lit. Soc.*,14 (1971)。墨非(James Murphy)对该作品的文艺复兴特点表示怀疑,不过在这部作品中,他并没有找到比中世纪的《智慧法庭》(*Court of Sapience*,1481?)更加"现代"的修辞学观点,卡克斯顿也出版了《智慧法庭》,此书中的观点或许更接近卡克斯顿本人的观点,参见 "Caxton's Two Choices: 'Modern' and 'Medieval' Rhetoric in Traversagni's *Nova rhetorica* and the anonymous *Court of Sapience*",*Medievalia et Humanistica*,new ser.,3 (1972),241—255。关于塔乌萨格尼(Traversagni),参见 Weiss,*Humanism*,pp. 162—163;Wilbur S. Howell,*Logic and Rhetoric in England* 1500—1700 (Princeton, N. J., 1967),pp. 78—87。斯宾德勒(Robert Spindler)编辑了《法庭》(*Court*),巴赫勒(Curt Buhler)也曾在两期的《英国语文学论文集》(*Beiträge zur Englischen Philologie*,1927,1932)中讨论过它。具有模糊的人文主义特点的其他两部拉丁作品可能都出自同一个作者之手,这两部作品是关于罗素(John Russell)的演说,它们是卡莫尼亚斯(Petrus Carmelianus)的(转下页注)

后来的时代看来，这似乎是一个奇怪而不可原谅的疏漏。"为了迎合读者的恶趣味"，吉本（Edward Gibbon）抱怨说，卡克斯顿完全忽视了希腊和拉丁文作家作品，并且用"圣徒的传奇故事取悦轻信的大众"。[①]

　　总而言之，当卡克斯顿在 1490 年决定翻译《埃涅阿斯纪》时，他使用的是诗歌的法文传奇故事版本而非原作，这一点也不意外。尽管卡克斯顿向所有理解"高贵与科学"的教士和绅士推荐《埃涅阿斯纪》，但他的译文还是让他觉得有点尴尬，卡克斯顿希望青年诗人思格尔顿（John Skelton）能修改一下该译文。思格尔顿对古典作家有一定的了解，他读过或翻译过其中几位古典作家——诗人和演说家——的作品（据卡克斯顿说）；就如这位出版商承认的："我对此一无所知。"[②]对卡克斯顿来说，维吉尔是一位魔法师，而

（接上页注）《约翰·罗素的学说》（*Propositio Johannis Russell*，c. 1477—1478）和《六封书信》（*Sex epistolae*，1483）；参见 Painter，*William Caxton*，pp. 94—95，135—136。西塞罗的作品有《论老年》（*De senectute /Tully of Old Age*，1481），它可能是由斯科罗坡（Stephen Scrope）从皮米菲忒（Laurent Premierfait）的法文版翻译而来，伍斯特（William Worcester）修改过它；还有《交友论》（*De Amicitia/Of Friendship* with *A Declamation of Nobility*，1481），它也许直接来自提普托夫特（John Tiptoft）的拉丁文版本；可参 Painter，*William Caxton*，pp. 111—113，它依据的是巴赫勒（Buhler）为《哲学家的格言》（*Dicts and Sayings of the Philosophers*）（p. xii）写的简介。

① Edward Gibbon，*Miscellaneous Works*（London，1814），III，563—564。John Lewis，*The Life of Mayster Wyllyam Caxton*（London，1737），pp. 63，119；Thomas Warton，History of English Poetry（London，1778），II，123。这个观点也在以下作品中得到认同：John M. Berdan，*Tudor Poetry*（New York，1920），p. 26。

② 卡克斯顿详述了维吉尔、奥维德、西塞罗和"其他我不了解的高贵的诗人和演说家"，参见 *Eneydos*（1490），ed. M. T. Culley and F. J. Furnivall，Early English Text Society，extra ser.，57（London，1890），prologue，pp. 1—4；Crotch，*Prologues and Epilogues*，pp. 107—110。至于思格尔顿（John Skelton）的"人文主义"，参见 William Nelson，*John Skelton Laureate*（New York，1939），pp. 38—39，40—58；R. L. Dunbabin，"Skelton's Relation to Humanism"，*Modern Language Review*，12（1917），129—137；J. Lloyd，"John Skelton and the New Learning"，Modern Language Review，24（1929），445—446。

《埃涅阿斯纪》是充满冒险的骑士传说。① 卡克斯顿使用的法文版本已对这个传说进行了彻底的改编,这个版本更喜欢"自然的"时间顺序,而且它在维吉尔的故事之前和之后都添加了一些已经遗失的、关于特洛伊和罗马史的事件。然而,译者也省去了不少东西,其中包括叙述埃涅阿斯坠入地狱的第六卷。卡克斯顿是这样说的:"我不讨论这个内容是因为它是虚构的,没有得到证实。"② 狄多的片段以另一种方式困扰着卡克斯顿,因为他发现维吉尔的故事与他读过的利德盖特诗歌版的薄伽丘的《王子的陨落》有些矛盾。薄伽丘是如何做到的,对此,卡克斯顿有些茫然,不知道该说些什么;卡克斯顿唯一可以求助的,就是把两个版本都刊印出来(大概是这样),让读者去判断。③ 卡克斯顿和他的前辈们认为他们正在撰写历史,并(正如那个法国人在他的序言中所说的)通过过去的例子来教导众人,这再清楚不过了。

没过多久,卡克斯顿的《埃尼多斯》(*Eneydos*)就显得有些荒谬了。经历了一代人之后,文艺复兴中的苏格兰人道格拉斯(Gavin Douglas)比较了卡克斯顿的作品和原作;道格拉斯抱怨

① Caxton, *Mirror of the World*, ed. O. H. Prior, Early English Text Society, orig. ser., 110 (London, 1913), chap. 13, pp. 157ff. 关于维吉尔的传说,参见 Domenico Comparetti, *Virgil in the Middle Ages*, trans. E. F. M. Benecke (London, 1895); J. W. Spargo, *Virgil the Necromancer*, Harvard Studies in Comparative Literature, 10 (Cambridge, Mass., 1934); "Virgilio nel Medio Evo" (articles by V. Ussano, E. K. Rand, and others), *Studi Medievali*, 5 (1932); John Savage, "Some Possible Sources of Medieval Conceptions of Virgil", *Speculum*, 19 (1944), 336—343。

② *Eneydos*, p. 120. *Livre des Eneides* 是 14 世纪的传奇故事,改编自维吉尔的作品以及薄伽丘的《王子的陨落》,并于 1483 年出版,不过卡克斯顿使用了手稿;参见 Louise B. Hall, "Caxton's *Eneydos* and the Redactions of Virgil", *Medieval Studies*, 22 (1960), 136—147; Painter, *William Caxton*, p. 174。

③ *Eneydos*, p. 23. 利德盖特本的薄伽丘(n. 95 above)(c. 1438—1439)以皮米非式(Laurent Premierfait)(1400)于 1483 年出版的法文扩展版为基础,增加的部分包括从《变形记》和《神谱》选取的许多素材,形成了一种世界史。

道，"就如魔鬼不同于圣奥斯丁一样"，或者就如猫头鹰不同于鹦鹉一样，"这两者大相径庭"。[①] 当道格拉斯尝试翻译《埃涅阿斯纪》时，他使用的是拉丁文原作，另外还借助了其他的古典作品和一些人文主义者最近的评论。因此，在道格拉斯的罗马背景里，他把维吉尔看作罗马诗人，为了赞助人奥古斯都大帝，维吉尔故意赞美英雄埃涅阿斯。[②] 道格拉斯甚至开始做评注，意在向其读者解释卡克斯顿的版本混淆了许多历史典故——人名、地名和习俗。道格拉斯的译本被誉为该语言里最好的译本。[③] 如果道格拉斯还是会犯一些年代错误，并且对古典神明表现出"中世纪"式的矛盾心理，那么他和卡克斯顿的《埃尼多斯》就相差甚远了。

[①] *Virgil's Aeneid*, trans. Gavin Douglas, ed. David Coldwell, Scottish Text Society, ser. 3, 25, 27, 28, 30 (Edinburgh, 1957—1964), I, prologue, II, 143, 262. 译作于 1512—1513 年完成；由科普兰(William Copeland) 于 1553 年首次出版并英译。

[②] 同上，p. 39. "不过，你们应该知道，维吉尔的主要兴趣就是赞美罗马人，尤其是赞美朱利安家族……因为他的作品就是献给来自那个家族的皇帝奥古斯都·屋大维的。"为了阐述他的观点，道格拉斯借用了凯撒、卢坎(Lucan)和托尼乌斯(Suetonius)。道格拉斯也有他个人的政治目标，他的编者和(pp. 33—37)和狄林(Burce Dearing)暗示了这点，参见"Gavin Douglas's *Aeneid*：A Reinterpretation"，*PMLA*，67(1952)，845—862。道格拉斯似乎使用了 *Jodicus Badius Ascensius*(1507)的拉丁文版本，参见 Priscilla Bawcutt, "The Source of Gavin Douglas's *Eneados* IV Prologue 92—99"，*Notes and Queries*, 214 (October 1969), pp. 366—367。关于历史人物维吉尔的复兴，参见 Duane Reed Stuart, "Biographical Criticism of Virgil since the Renaissance"，*Studies in Philology*, 19 (1922)，1—30。

[③] 曾被庞德(Ezra Pound)、路易斯(C. S. Lewis)和其他人翻译过。应该说，路易斯发现这部作品仍是"中世纪风格"(English Literature in the Sixteenth Century [Oxford, 1954], pp. 81—90)，即使他比较的是德莱顿(Dryden)，而非卡克斯顿或乔叟；除了其他人文主义者，道格拉斯还知道弗吉尔(Polydore Vergil)。关于道格拉斯的简介，参见 *Poetical Works*, ed. John Small, 4 vols. (Edinburgh, 1874)，I，clviii—clxii。道格拉斯的评论并没有完成；我们可以在斯漠(Small)的版本(II，283ff.)或格德威(Goldwell)版本的脚注中读到。另参 Louise B. Hall, "An Aspect of the Renaissance in Gavin Douglas's *Aeneid*"，*Studies in the Renaissance*, 7 (1960)，184—192；Robert Fulton, "Douglas and Virgil," Studies in Scottish Literature, 18 (1983)，121—128。

　　道格拉斯有些超前,而且我们也很难看到卡克斯顿还能做些什么。英国人还没准备或者几乎没有准备从古代作品中发现有价值的东西。尽管孕育了骑士文化的封建制度很久以前就开始衰退,但是骑士文化仍十分完整。[①] 当传统的封建制度的凝聚力变得松弛而贵族的军事权逐渐被削弱时,人们会日益怀恋想象中的黄金时代,这种怀恋不仅存在于文学中,而且还存在于宫廷和所有阶层中。人们常常注意到,当骑士的盔甲和奢侈的马上比武在战争中失去其实际意义时,它们变得更受欢迎,更奢华,直到变成纯粹的虚饰——即变成某种滑稽的虚假行为。然而,在马洛礼和卡克斯顿的一生中,类似于沃里克(Warwick)伯爵、波相坡(Richard Beauchamp,他可能是马洛礼的领主)或是瑞夫斯伯爵(他曾在1467年和勃艮第的巴斯塔[Bastard of Burgundy]决斗,而且他还是卡克斯顿最大的赞助人)的游侠骑士所追求的就是骑士的冒险之旅,他们激发了大众的想象力。勃艮第的玛格丽特和大胆的查理(Charles the Bold)大婚之时出现了那个时代最宏大的宫廷盛

---

① 一些一般性的调查,参见 Huizinga, *Wuning*, pp. 67—74, 94, 101; J. H. Huizinga, "Chivalric Ideas in the Late Middle Ages", in *Men and Ideas*, trans. J. S. Holmes and Hans van Marle (London, 1960), 196—206; Raymond L. Kilgour, *The Decline of Chivalry* (Cambridge, Mass., 1937); Arthur B. Ferguson, *The Indian Summer of English Chivalry* (Durham, N. C., 1960); Sidney Painter, *French Chivalry* (Baltimore, Md., 1940); Helen M. Cam, "The Decline and Fall of English Feudalism", *History*, new ser., 25 (1940—1941), 216—233; Richard Barber, *The Knight of Chivalry* (London, 1970); Richard Barber, *Chivalric Literature: Essays in the Relationship between Literature and Life in the Later Middle Ages* (Kalamazoo, Mich., 1980); K. B. McFarlane, "Bastard Feudalism", *Bulletin of the Institute of Historical Research*, 20 (1945), 161—180; G. L. Harris, ed., *England in the Fifteenth Century* (London, 1981). M. G. A. Vale, "New Techniques and Old Ideals: The Impact of Artillery on War and Chivalry at the End of the Hundred Years War", in *War, Literature and Chivalry in the Late Middle Ages*, ed. C. T. Allmand (Liverpool, 1976), pp. 57—72; M. G. A. Vale, *War and Chivalry* (Athens, Ga., 1981), pp. 147—174。

会,卡克斯顿也参加了。[1] 敦促卡克斯顿翻译克里斯汀的《骑兵和步兵的丰功伟绩》(*Fayttes of Armes and Chivalrye*,1489)的正是亨利七世,亨利七世给他的大儿子取名亚瑟,并在重要的仪式中举行马上比武大赛。如果骑士精神对现实政治和那个时代的战争的影响力越来越小,那么那种幻觉至少仍有些可怕。[2]

大家普遍认为,伟大的时代已然消逝。这是马洛礼的观点,当然也是卡克斯顿的观点。1484年,卡克斯顿翻译了卢里(Raymon Lull)的《骑士秩序书》(*Book of the Order of Chivalry*),并在序言中抱怨,当英国的武器统治世界时,人们不再像过去那样遵守骑士规则了。卡克斯顿只渴望回到亚瑟和圆桌骑士的时代,而且他还建议国王查理三世举办格斗大赛,设立奖赏,如果可以的话,复兴"过去尊贵的骑士秩序"。[3] 卡克斯顿似乎并没有意识到,战争和政治形势已经发生变化,难以挽回,而且流逝的岁月似乎越来越

---

[1] *Pageant of the Life and Death of Richard Beauchamp*, *Earl of Warwick* (attributed to John Rous), ed. Viscount Dillon and W. H. St. John Hope (London, 1914); Samuel Bentley, ed., *Excerpta Historica* (London, 1831), pp. 171—222, 223—239. 另可参考约翰于 1468 年 7 月 8 日写给帕斯顿(Margaret Paston)的信,信件描述了布鲁格(Bruges)的竞技和演出(*Paston Letters*, ed. Norman Davis, 2 vols. [Oxford, 1971—1976], I, 538—540)。

[2] Epilogue to the *Fayttes of Armes* (1489) in Crotch, Prologues and Epilogues, pp. 183—184. 关于 1494 年在威斯敏斯特举行的以贺约克公爵诞生的比武大赛,参见 *Letters and Papers of Richard III and Henry VII*, ed. James Gairdner, 3 vols., Rolls ser. (London, 1861), I, 388—404。总体而言,可参 Francis H. Cripps-Day, *The History of the Tournament in England and in France* (London, 1918), pp. 83—108; R. Cotman Clephan, *The Tournament*, *Its Periods and Phases* (London, 1919), pp. 38ff.; Sidney Anglo, *The Great Tournament Roll of Westminster* (Oxford, 1968); Sidney Anglo, *Spectacle*, *Pageantry and Early Tudor Policy* (Oxford, 1969)。

[3] 关于马洛礼的观点,参见 *Works*, III, 1229;关于卡克斯顿,参见 *The Book of the Order of Chyvalry*, ed. Alfred T. P. Byles, Early English Text Society, orig. ser., 168 (London, 1926), epilogue, pp. 121—125; Crotch, *Prologues and Epilogues*, pp. 82—84。卡克斯顿的译文译自 13 世纪卢里(Raymon Lull)法文版的 *Libre del Orde de Cavayleria*。

不可能让骑士抱负成为一种理想的生活方式。修道院的圣徒传的禁欲主义理想似乎也以差不多的方式在宗教改革的前夜逐渐消逝，即使几乎没有人注意到这点。

毋庸置疑，文艺复兴的人文主义起初只吸引了极少数的英国人，这些人如此聪明，以至于明白或感受到骑士理想、修道院生活与新世界——已经悄无声息地到来并将改变旧世界——之间的差异。不用说，这种观点起初只限于一小部分人，它深入人心的过程十分缓慢。卡克斯顿之后紧随而来的就是人文主义者那一代人，即伊拉斯谟等人；起初，他们故意不理会传奇故事和圣徒传，并否定二者的价值和大前提。对维维斯（Juan Luis Vives）来说，伊拉斯谟学派在 16 世纪 20 年代花大部分时间在英国教导玛丽公主，达瑞斯和狄克提斯就是骗子，布鲁图斯及其追随者明显是虚构的故事，而圣徒的生平录——尤其是《金色传奇》——"因捏造而受到污染"。至于传奇故事，人们怎么可能在它们的道德谎言中发现快乐呢？"有一人单枪匹马杀了 20 人，另一人杀了 30 人，还有一人负伤 100 多处并失去知觉，他再次站起来，在第二天变得完好无损和强大，战胜了两个巨人。"维维斯承认自己有时候会读传奇故事，不过，他从未在传奇故事中发现一丝善意；维维斯个人自然是更喜欢西塞罗、塞涅卡（Seneca）、圣哲罗姆和圣经。[1] 下一代的阿沙姆（Roger Ascham）继续

---

[1] Juan Luis Vives, *A Very Fruitful and Pleasant Booke Called the Institution of a Christen Woman* (London, 1557)，译自拉丁原作（1523），sig. Diii；Vives, *De Tradendis Disciplinis* (1531), trans. Foster Watson as *Vives on Education* (Cambridge, 1913), pp. 239, 246, 248—249；Vives, *The Office and Duetie of an Husband*, trnas. Thomas Paynell (London, 1550?), sig. vii. 维维斯（Vives）在一个对话中思考了历史真相和故事的问题，*Truth Dreamed up, or Of Poetic License: To What Extent Poets May Be Permitted to Vary from the Truth* (1522)，参见 *Opera Omnia* (Valencia, 1782), II, 517—531；纳尔逊（Nelson）做过总结，参见 *Fact and Fiction*, pp. 45—48。

猛烈攻击中世纪的虚构故事，而且到世纪末，尽管这种偏见还不十分普遍，但也比较常见了。①

　　正如我们看到的，对卡克斯顿来说，古代史完全来自传奇故事和编年史之类的二手资料，并在很久以前就被转换成了中世纪骑士文化里人们所熟知的东西。在这种背景下，布鲁图斯和亚瑟的故事，或者赫拉克勒斯和特洛伊英雄的故事，似乎全都和亚历山大大帝以及凯撒的故事一样可信了。至于那些可以直接用古老的语言来阅读古代作家作品的人文主义者，以及那些为现代严谨的学风奠定了基础的人文主义者，情况就不一样了。人文主义者认为，古代文化和中世纪文化泾渭分明，他们把这个观点当作起点，因此，对于年代错误，人文主义者十分敏感。正如我们将看到的，人文主义者预测他们将以文献学和古代记录为名创建新的史料编纂科学，而这基于一个信念，那就是，把真理从错误中挑选出来，而且的确值得这么做。几乎不用怎么争论就可以让像弗吉尔

---

① Roger Ascham, Toxophilus (1545), in *English Works*, ed. William A. Wright (Cambridge, 1904), pp. xiv—xv; Ascham, *The Scholemaster* (1570), ibid., pp. 230—231. 关于伊拉斯谟(Erasmus)反对亚瑟王的传奇故事，参见 *The Education of a Christian Prince*, trans. Lester K. Born (1936; reprinted, New York, 1968), p. 200; Peregrinatio religious ergo (1526), anonymous translation, c. 1536—1537(参 *The Earliest Translations of Erasmus's Colloquia 1536—1566*, ed. Henry de Vocht [Louvain, 1928], pp. 101—195)。至于伊拉斯谟派，可参 Robert P. Adams, "Bold Bawdy and Open Manslaughter: The English New Humanist Attack on Medieval Romance", *Huntington Library Quarterly*, 23 (1959), 33—44; *The Better Part of Valor: More, Erasmus, Colet and Vives on Humanism, War and Peace*, 1496—1535 (Seattle, Wash., 1962). 据路易斯 (C. S. Lewis)说，莫尔《乌托邦》中的滑稽军事方法"旨在嘲弄骑士的行为准则" (English Literature, pp. 28—30)。在 *Pasquill the Playne*(1533)中，埃利奥特比较了《新约》和 *Troilus and Criseyde*, 参见 Alice S. Miskimin, *the Renaissance Chaucer*(New Haven, Conn., 1975), p. 156. 最后，可参 Cornelius Agrippa, *Of the Vantie and Uncetaintie of Arts and Sciences*(1530), trans. James Sandford (London, 1575), chap. 4, "Of Poetrie", pp. 13—14. 关于后伊拉斯谟派，参见 Nelson, *Fact and Fiction*, pp. 98—105.

(Polydore Vergil)——他既是人文主义者,又是外国人——那样的人相信英国史都是传说,即使弗吉尔出于礼貌或害怕不会直接这么说。当道格拉斯问弗吉尔如何看待斯科塔(Scota,法老的女儿)建立了苏格兰王国的故事时,弗吉尔用他一贯的怀疑主义态度作答,弗吉尔让道格拉斯相信,我们"总是很容易从虚构的、想象出来的东西中发现真相"![①]

　　幸运的是,在此处,我们没必要追溯,在整个 16 世纪直至新方法获胜以及久享盛名的传说被宣称是虚构的故事之前,人们用了什么方法来攻击和维护传奇历史。再次对这个故事产生怀疑的是威特汉姆斯提德的约翰(John of Wethamstede),约翰是那些围绕着格洛斯特(Gloucester)公爵汉弗莱(Humphrey)的人文主义者中的典型代表;准备立刻丢弃这个故事的是伊拉斯谟学派及其追随者、维维斯、莱尔(George Lily)、忒勒(John Twyne)和埃利奥特(Thomas Ely-ot);最后,列出所有证据并在《不列颠志》(*Britannia*)中彻底放弃这个故事的是卡姆登(William Camden)。[②] 作为对这场争论的一种贡

---

① Polydore Vergil, *English History*, ed. Sir Henry Ellis, Camden Society 36 (London, 1846), p. 107. *The Anglica historia* 开始写作于 1506 年,初稿完成于 1513 年,并于 1534 年在 Basle 以修订版的形式出版,在都铎王朝时期被翻译成其他文字。另可参考埃利斯(Ellis)的版本,pp. 26, 30—32, 48, 60—61, 122, 126;以及 Denys Hay, *Polydore Vergil* (Oxford, 1952), pp. 79—168。

② 好的描述仍是 T. D. Kendrick, *British Antiquity* (London, 1950)。另参 Arthur Ferguson, "John Twyne: A Tudor Humanist and the Problem of Legend", *Journal of British Studies*, 9 (1969), 24—44. 卡姆登的《不列颠志》最早出现在 1586 年,并在后来的版本中得到扩展。据卡姆登说,杰佛里的历史在他那个时代的"学者之中仍然还不具备什么权威性"(preface to 1607ed., trans. Edmund Gibson, London, 1695)。卡姆登评述了威特敏斯德(Wethamstede)以前的所有记述,并总结道:"整个故事就是由不协调和荒谬修补起来的东西"(ibid., p. ix)。在《不同寻常的演讲》(*Curious Discourses*)中,有他的一篇精彩而简短的综述,该综述是他在古文物学会发表的,参见 ed. Thomas Hearne (London, 1771), I, 90—93;另可参考该书第三章。应该说,威特敏斯德仍然接受了杰佛里的大部分故事,英国史还继续拥有追随者,除了卡登姆,参见 Ernest Jones, *Geoffrey of Monmouth 1640—1800*, University of California Publications in English, 5, no. 3 (Berkeley, 1944), pp. 357—442。

献，弗吉尔编辑出版了中世纪早期的一个文本，在这种类型的文本中，它是第一个，不过，将有许多这样的文本出现。①回归原始资料的运动开始了。在世纪初竭力为亚瑟王的故事辩护的是另一位人文主义者里兰德(John Leland)，但从长远来说，里兰德失败了，因为他赞同玩同样的史料编纂游戏：收集所有的考古学、文学方面的原始资料，并确定它们的年代，对它们进行筛选和比较。"如果这些有点可信的证据还不足以支撑大多数和真理相关的知识，"里兰德坚持认为，"那么就没有什么是有用的了。"②经过检测后，一切慢慢变得清晰，那就是，关于英国故事的史实性的一些证据——不仅包括蒙茅思的杰弗里以及中世纪的传奇故事，而且还包括亚瑟的印章、流动的习俗以及格拉斯顿伯里大修道院里的墓碑，甚至还有圆桌——都是站不住脚的。③ 整个工作必须从头再做一遍。

八

在实践中，至少在新方法允许的范围内，历史和虚构的故事

---

① Gildas，De calamitate，*excidio et conquestu Britanniae*（Antwerp，1525）；Hay，*Polydore Vergil*，pp. 29—31；Dennis E. Rhoders，"The First Edition of Gildas"，Library，6th ser.，I（1979），355—360.

② 里兰德，*Assertio inclytissimi Arturii regis Britanniae*（Antwerp，1525），罗宾逊（Richard Robinson）译(1582)，并于 *The Famous History of Chinon of England* 中重印且附有简介，ed. W. E. Mead，Early English Text Society，orig. ser.，165（London，1925)，尤其 p. 39。另参Kendrick，*British Antiquity*，pp. 41—43，78—96；以及现在的 James Carley，"Polydore Vergil and John Leland on King Arhur：The Battle of the Books"，Interpretations，15（1984），86—100。

③ P. J. C. Field，"The Winchester Round Table"，*Notes and Queries*，223（1978），204；Schnolke-Hasselmann，"The Round Table：Idea，Fiction，Reality"，*Arthurian Literature*，2（1982），41—75；Leslie Alcock，*Arthur's Britain*（London，1971)，pp. 73—80；Geoffrey Ashe，ed. *Arthur's Britain*（New York，1968)，pp. 126—127，137，et passim；Antonia Gransden，"The Growth of Glastonbury Traditions and Legends"，*Journal of Ecclesiastical History*，27（1976），352。

开始分道扬镳；而且，传奇故事和圣徒传记逐渐从严肃的编年史中消失。卡克斯顿的《布鲁特》和一个世纪后的斯彼得（John Speed）以及丹尼尔（Samuel Daniel）的作品之间存在的区别可能有助于衡量这种差距：为了古罗马的相对安全，两者都丢弃了具有传奇色彩的英国史。[①]历史和虚构的故事不尽相同，两者都是自发的活动，并都有各自的正当理由，以上观点开始发展，并逐渐在那些坚称自己具有优越性的史学家和诗人之中——如今骄傲地维护自己的作品，并过于高兴，以至于无法享受权威人物给予他们的自由的诗人——变得普遍。和往常一样，意大利人起了带头作用，新发现的亚里士多德的《诗学》（Poetics）让意大利人深受启发，在《诗学》中，他们发现了少量具有启发性的关于历史和诗歌之区别的论述。[②]然而，人文主义史学编纂日益引人注目的呼声及其假装了解过去的真相，让一些批评家无论在古希腊哲学家身上发现什么都忍不住思索一番。然而，大家似乎都同意这个观点：史学家了解过去的特殊能力让他们可以区分历史和诗歌。"实际上，史学家应该只撰写事实和活动，"辛提奥（Giraldo Cinthio）在《论传奇故事》（On Romance，1554）中写道，

---

① Samuel Daniel, *Collection of the History of England*(1612—1618), printed from the 1626 edition in *The Complete Works*, ed. Alexander Grosart (1896; reprinted, New York, 1963), IV, 85—90; John Speed, *Historie of Great Britaine* (London, 1611), pp. 158—170, 316—318.

② 公认优秀的作品有 Joel E. Spingarn, *A History of Literary Criticism in the Renaissance*, 2d ed. (New York, 1908); Bernard Weinberg, *A History of Literary Criticism in the Italian Renaissance*, 2vols. (Chicago, 1961); Baxter Hathaway, The Age of Criticism: The Late Renaissance in Italy (Ithaca, 1962)。坡特（L. J. Potts)最近翻译了《诗学》，译名为 *Aristotle on the Art of Fiction* (Cambridge, 1953)，具有启发性。关于中世纪的《诗学》，参见 W. F. Boggess, "Aristotle's *Poetics* in the Fourteenth Century", *Studies in Philology*, 67 (1970), 278—294;关于都铎王朝(Tudor England)的《诗学》，参见 Myron T. Herrick, "The Early History of Aristotle's *Rhetoric* in England", *Philological Quarterly*, 5 (1926), 242—257。

"诗人并不展示事物本来的样子，而是展示诗歌用于改善生活的样子。"最后，我们要坦率地承认，诗人可以自由地虚构故事，并骄傲地声称这个结果——倘若不是"更加真实"——更有利于道德生活的教导。"诗人，"吉拉多（Ginthio）后来思索到，"并不是在谈论事物本来的样子，而是在谈论它们应有的样子，因此诗人改变历史，让历史成为精彩的创作，实际上这比诗人实事求是地论述事物更有价值。"①比这更激进的是卡斯特尔韦特罗（Ludovico Castelvetro）在 1570 年发表的观点，那就是，诗歌应该丢弃一切虚伪的说教，而只是致力于取悦和娱乐读者。对卡斯特尔韦特罗来说，历史是更优秀的艺术；只有当一个人知道如何查明过去的真相并因此释放创造性时，才可能出现好的故事。卡斯特尔韦特罗的观点给同时代的人提出了警示，他们认真思考了文艺复兴时期的其中一个核心的问题：用海瑟威（Baxter Hathaway）的话说，"如何区分历史的真实性和虚构的故事"。②至少有一个英国人锡德尼（Sir Philip Sidney）从他那儿收获了一些东西。

　　文艺复兴时期的批评家团结在他们的事业周围，这并不让人意外，而且他们要做的就是针对（至少在一定程度上是这样）人文

---

① Giraldo Cinthio, *On Romances*, trans. Henry L. Snuggs (Lexington, Ky., 1968), pp. 51, 167. 辛提奥（Cinthio）对狄奥多罗斯（Diodorus Siculus）（以及卡克斯顿）就历史的优先地位作出的论断进行了回复（pp. 51—52）。该著作于 1549 年完成；辛提奥在 1554 年的版本中添加了评论。

② Hathaway, *Age of Criticism*, p. 163. 海瑟威发现卡斯特尔韦特罗的观点"十分新颖"（p. 177）。Ludovico Castelvetro, *On the Art of Poetry*, trans. Andrew Bongiorno (Binghamton, N. Y., 1984), pp. 3ff., 92ff.。H. B. Charleton, *Castelvetro's theory of Poetry* (Manchester, 1913); Bernard Weinberg, "Castelvetro's theory of Poetics", in *Critics and Criticism*, ed. R. S. Crane et al. (Chicago, 1952), pp. 249—271。马泽尼（Jacopo Mazzonie）给卡斯特尔韦特罗的其中一个回复（1587）摘自 *Literary Criticism：Plato to Dryden*, ed. Allan H. Gilbert (1940; reprinted, Detroit, 1962), pp. 388—391。

主义史学家及新的史学艺术(*artes historiae*)中的诸多诗歌艺术(*artes poeticae*),为虚构的故事的自主性及其想象辩护。① 理论一如既往地支持实践,在英国,锡德尼和普托汉姆(Puttonham)开始从事这项工作,把意大利的启示通俗化。这俩人都为"虚构的历史"辩护,说它是文字史的一次重大改进,而且普托汉姆至少准备为完全虚构的传说辩护,说它们是最好的,"因为诗人可以把传说处理成自己喜欢的样子",而史学家则"必须依据事实"。② 弗朗西斯·培根试图从新哲学的角度重新定义这两者的区别。在《学问的发展》(*Advancement of Learning*,1695)中,培根把历史和记忆联系起来(而且是恢复证据的记忆),并将诗歌归属于想象,"它不受物质法则(laws of matter)的束缚,可以随意加入大自然遵循的法则,割断大自然已经加入的法则,并对事物进行非法的配对或者

---

① 18 篇史学艺术文章包含在沃福思(JohannWolfius)编辑的第二版 *Artes historicae penus*(Basle,1579)中。在英国具有影响力的一些典型例子是 Simon Grynaeus,*De utilitate legendae historiae*(1530),translated and prefixed to English translations of Sallust(1564),Josephus(1603)and Justin(1606);Thomas Blundeville,*True Order and Methode of Wryting and Reading Hystories*(1574),adapted from works by Patrizzi & Acontius,ed. Hugh G. Dick,*Huntington Library Quarterly*,3(1940),149—170;Jean Bodin,*Methodus ad facile historicum cognitionem*(1566),chap. 4,translated as "Of the Choice of History" by Thomas Heywood for his translation of Sallust;参见威伯莱(Charles Whibley,London,1924)的版本,pp. 5—48。布丁曾对布鲁图斯的传说提出了批评,但他在英国很受欢迎,参见 Leonard F. Dean,"Bodin's *Methodus* in England before 1625",*Studies in Philology*,39(1942),160—166。

② Puttenham,*Arte of English Poesie*(1589),ed. G. D. Willcock and Alice Walker(Cambridge,1936),p. 40. 一本来源不明的小册子出现了,我们很难弄清其作者,即使人们总是将其归于乔治(George)或(可能性较低)普顿汉(Richard Puttenham)。尽管锡德尼(Philip Sidney)的《诗辩》(*Defence of Poesie*)是较早时写的,但是它于 1595 年出现的时候有两个版本;*The Prose Works*,ed. Albert Feuillerat(Cambridge,Mass.,1935),pp. 46—83。综合评论(除了斯宾加恩[Spingarn]的《文学评论》[*Literary Criticism*]),参见 J. M. W. Atkins,*English Literary Criticism:The Renascence*(London,1947);其他文本,参见 *Elizabethan Critical Essays*,ed. G. Gregory Smith,2 vols. (Oxford,1904)。

分裂事物".①

　　培根更喜欢事实,但在他的时代,诗人为他们刚刚获得的自由和自主性而欢欣鼓舞。"诗人的眼睛在神奇而狂放的转动中/便能从天上看到地下,从地下看到天上/想象会把不知名的事物用一种形式呈现出来/诗人的笔使它们具有如实的形象/空虚的无物也有了居所和名字。"②马斯顿(John Marston)在1606年声明:"我不会把自己当成史学家,费力去论述事物,而是会把自己当作诗人去放大一切事物。"马斯顿打算做的最后一件事就是"誊抄作家的作品,引用权威典籍和翻译拉丁诗歌"。③迪克(Thomas Dekker)在1607年勇敢宣称:"可能有人会……严厉地指责我搞错了叙述时间,没有根据真正的顺序记录正在发生的事,我想让这些人(精神可嘉的人)明白我是作为诗人而不是作为史学家来写作的,诗人和史学家遵循的不是同一套法则。"④这种寓言模式的确在斯宾塞(Spenser)和哈灵顿(Harington)的作品中继续存在,而且还附有关于奥维德作品的新的评论;不过,这种模式的影响在衰减,而且人们还会问,是否该继续要求在文字层面拥有一个似乎可信的史学意义。我们被告知,洛奇

①　*Advancement of Learning*, in *The Works of Francis Bacon*, ed. James Spedding, Robert Ellis, and D. D. Heath (Cambridge, 1863), VI, 182—183, 189—191, 202—203. Murray W. Bundy, "Bacon's True Opinion of Poetry", *Studies in Phiology*, 27 (1930), 244—264; Leonard F. Dean, "Sir Francis Bacon's Theory of Civil History Writing", *ELH*, 8 (1941), 161—183.

②　*Midsummer Night's Dream*, V. I. 12—17.

③　"Wonder of Women or the Tragedy of Sophonisba", in *The Plays of John Marston*, ed. H. H. Wood (Edinburgh, 1938), II, 5.

④　*The Whore of Babylon*, in *The Dramatic Works of Thomas Dekker*, ed. Fredson Bowers (Cambridge, 1955), II, 497. Ben Jonson, prologue to *Epicoene* (1616) in *Works*, ed. C. H. Herford and Percy Simpson, 11 vols. (Oxford, 1925—1952), v, 164; Timber, ibid, VIII, 609—610, 635; George Champman, The Revenge of Bussy D'Amboise (1613), ed. F. S. Boas (Boston, 1905), p. 168. Nelson, *Fact and Fiction*, pp. 34—35, 98—105。

（Thomas Lodge）在他的《希拉变形记》（*Scillaes Metamorphosis*，1589）中，"首次公开发表了自称没有隐含意义的微型史诗"。①弗朗西斯·培根想知道，最先开始写作的是否是古代的诗人，寓言是否是后来才出现的。②在更早以前，拉伯雷（Rabelais）就在其《巨人传》（*Gargantua*）的开场白中取笑过这种体裁，中世纪的寓言似乎开始了漫长而缓慢的衰落。与此同时，古老的传奇故事对上流社会开始失去吸引力，它们就如上流社会赞美的骑士精神和他们羡慕的骑士身份一样，逐渐被人们无视。③西班牙的新传奇故事暂时替代了古老的传奇故事，但也只是被当作虚构的

---

① Wilkinson，*Ovid Recalled*，p. 416；Douglas Bush，*Mythology and the Renaissance Tradition in English Poetry*（London，1932），pp. 81—85。克拉克（D. L. Clark）谈到了"用例子取代寓言"，参见 *Rhetoric and Poetry in the Renaissance*（New York，1922），pp. 154—161。Myrick，*Sidney*，pp. 194—228。关于寓言持续的重要性，参见 the classical statements of Sir John Harington in "A Brief Apologie of Poetrie"，the preface to his translation of the *Metamorphoses*（1632），ed. Karl Halley and S. T. Vandersall（London，1970）。即使如此，还有一场远离中世纪的寓言观念的运动，参见 Lee T. Pearcy，*The Meditated Muse：English Translations of Ovid* 1560—1700（Hampden，1984）。

② Francis Bacon，*Advancement of Learning*，bk. 2；*De Augmentis*，bk. 2，ch. 8；*De sapientia veterum*，pref. C. W. Lemmi，The Classic Deities in Bacon（Baltimore，1933）。

③ R. S. Crane，*The Vogue of Medieval Chivalric Romance during the English Renaissance*（Menasha，Wis.，1919）；"The Vogue of *Guy of Warwick* from the Close of the Middle Ages to the Romantic Revival"，*PMLA*，new ser.，30（1915），125—194；Mead，*Chinon of England*，p. xxi. To to fair，romance did not die easily；Capt. Cox's list of books（1575）in Robert Laneham's *Letter*，*New Shakespeare Soc.*，6（1890），pp. xii—xiii；Ethel Seaton，"Marlowe's Light Reading"，in *Elizabethan and Jacobean Studies Presented to Frank P. Wilson*（Oxford，1959），pp. 17—35。《亚瑟王之死》（*Morte D'Arthur*）在 1529 年、1537 年和 1585 年重印，而最后一次重印是在 1634 年。无名的编者试图维护这个故事的史实性，但他承认，"在许多地方，寓言和故事相互穿插，这可能是一个缺点，有损于符合历史的那些内容……因此，读者，我建议你像对待自己的房子或衣物那样来对待这本书；如果有某个部分需要稍加修补，你应该不会（疯狂地）推倒整栋建筑"。

故事加以叙述。①当琼森(Ben Jonson)最终注意到古老的传奇故事经过长期的衰落而消失后,他像塞万提斯和《烧火棍骑士》(*Knight of the Burning Pestle*)中的博蒙特(Francis Beaumont)一样,由衷地感到高兴。②自马洛礼和卡克斯顿感到深深的遗憾之后,我们走过了一条漫漫长路。

九

我将用最后一个宣称独立的例子结束本章。诗人德雷顿(Michael Drayton)拥有他称之为"热爱古文物的自然倾向",在德雷顿转而研究耗费了其余生的伟大主题之前,他撰写了许多历史诗歌,并因此声名大噪。③ 1598 年,德雷顿已开始撰写《多福地》(*Polyolbion*),然而,过去了许多年并经历了诸多的挫折之后,德雷顿才出版了其长诗的第一部分。在那时,德雷顿害怕失去自己的读者,实际上,德雷顿的诗歌并不怎么成功。然而,德雷顿还是争取完成它,诗歌的第二部分终于在 10 年后出现。那是一首"地志编写"性质的诗歌,一部分是历史,一部分是地形学,它一个县一个县地描述了从英格兰到威尔士的所有地区。德雷顿是用诗歌进

---

① 例如,可参"Thomas Newton in Commendation of This Book", in *The Gallant Delectable and Pleasaunt Hystorie of Garileon of Englande*(London, 1578); 以及 John Webster, verses to Anthony Munday, in *The Third and Last Part of Palmerin of England*(London, 1602); Henry Thomas, *Spanish and Portuguese Romances of Chivalry*(Cambridge, 1920); Mary Patchell, *The Palmerin Romancesin Elizabethan Prose Fiction*(New York, 1947); Ortegay Gasset as quoted in E. C. Riley, *Cervantes's Theory of the Novel*(Oxford, 1962), p22.

② *Eastward Hoe*(1605), in Jonson, *Works*, IV, 487—619(现在人们认为这个戏剧是由蔡普曼[Chapman]和马斯顿[Marston]共同撰写而成的)。博蒙特(Francis Beaumont)的《烧火棍骑士》(*Knight of the Burning Pestle*, 1613)已由德布勒(John Doebler)编辑出版,并撰写了一则有用的简介(Oxford,1962), p. 22。

③ Michael Drayton, *Works*, ed. J. William Hebel, 5 vols. (Oxford, 1961), IV, vii*.

行表达的卡姆登,"是这种类型中的第一人",他吹嘘道,显然也是最后一个。[①]

德雷顿了解他那代人中的许多古文物研究者,其中包括卡姆登以及卡姆登的译者荷兰德(Philemon Holland);对于他们所做的工作,德雷顿深表钦佩。[②] 与此同时,德雷顿喜爱那些广受批评的古老故事,并有意以诗人的身份进行创作。德雷顿知道并理解这种差异是再平常不过了,因为当他出版自己的作品时,他向卡姆登最聪明、最博学的弟子雪尔登(John Selden)求助,请雪尔登为自己的作品写注。雪尔登对 1610 年的一部拉丁著作中的精彩问题发表了意见,这部著作后来被译为《英国两面神相反的一面或背面》(*The Reverse or Backface of the English Janus*)。[③] 德雷顿花了整整两个章节来揭示布鲁图斯的故事是虚构的,德雷顿指出,诗人喜欢创作那样的东西。德雷顿的想法就是让自己拥有诗人的自由,而且在他创作的过程中,他详述了传奇的英国史,但与此同时,他也附加了一篇有见地的评论性文章,以避免读者把其中任何东西误解成历史真相。"我的朋友们,这位博学的绅士对每一个棘手的历史问题都进行了阐述,对此,你们是可以接触到的,而你们平常可能读不到这些东西,对你们来说,这可能……有些难。"和其他英国人相比,年轻的雪尔登或许能更好地理解新史学编纂,他本可能是一个更好的选择。[④]

---

① 同上,v. 297ff. 。William H. Moore, "Sources of Drayton's Conception of the *Polyolbion*", *Studies in Philology*, 65 (1968), 783—803.

② Bernard H. Newdigate, *Michael Drayton and His Circle* (Oxford, 1941), pp. 92ff. ; I. Gourvitch, "A Note on Drayton and Philemon Holland", *Modern Language Review*, 25 (1930), 332—336. 他也是博蒙特(Francis Beaumont)及其兄弟的朋友(Works, III, 230)。

③ John Selden's *The Reverse or Backface of the English Janus*, trans. Redomon Westcot (London, 1682), pp. 8—12, from the *Jani Anglorum facies altera*, included in Selden's *Opera Omnia*, ed. David Wilkins (London, 1726).

④ Drayton, *Works*, IV, vi, 雪尔登仍未接受一部现代传记,但可参考该书第三章。

　　雪尔登认为自己的工作相当于普通的人文主义评注者的工作，即解释诗意的暗示，恢复隐藏在故事背后的真相。"解释之后，"雪尔登提醒读者，"我常常会大胆地进行调查和责难。"除了其他不太可靠的资源之外，德雷顿还利用了蒙茅思的杰弗里的作品以及《多面编年史》和《亚瑟王之死》，雪尔登的任务就是从每一个点入手，揭示其中"让人难以忍受的年代错误，令人难以置信的记录以及吟游诗人的欺骗"。雪尔登使用的方法就是已在英国发展了近一个世纪的新考证编纂学，"即权衡记录之人的信誉，与更具说服力的权威典籍进行比较，以及对照历史年谱（是此类检验中最好的试金石）"。"我的欲望总是驱使我追寻源头，并据此判断河流本来的状态。"理解了新学问中的这条信息的人会明白，"相信二手的权威典籍并轻率地收集（正如过去一样）别人诠释过的资料"将导致什么样的错误。① 在他的评论中，雪尔登整理了德雷顿关于传奇历史的所有典故，并把它们转变成"吟游诗人传递真相的叙述"。在雪尔登批判的笔法下，布鲁图斯、阿尔比娜、博里勒斯和布雷努斯、亚瑟、梅林、圆桌骑士、圣乌尔苏拉以及 11000 名少女都倒下了。就像弗里吉亚人达瑞斯（Dares the Phrygian）一样，对雪尔登而言，卡克斯顿的马洛礼纯粹就是故事而已。德雷顿也许可以拥有"诗歌自由"，可是没有人可以拥有"历史自由"，而且我们绝不可以混淆这两种自由。②

　　卡克斯顿会被说服吗？ 这很难说。毋庸置疑，卡克斯顿会分

---

① 《什一税的历史》(*The History of Tithes*，1617)："选择证据时不是根据数量，而是根据重要性，以及看界限(margin)是否指向它们，绝不要二手的……只有源头以及能让源头变清澈的东西能让我满意"(Selden，*Opera*，III，1072)。

② Drayton，*Works*，IV，viii*—xii*，以及 pp. 15，46，89，125，155 的脚注。参见 I. Gourvitch，"Drayton's Debt to Geoffrey of Monmouth"，*Review of English Studies*，4 (1928)，394—403。德雷顿也了解《金色传奇》中的圣徒的生平，并且他没有忘记 St. Amphibalus：*Works*，v，242。Alice Haussy，*Polyolbion，ou L'Angleterre vue par un Elisabethain*(Paris，1972)，pp. 52—57。

享雪尔登对中世纪文化的怀旧之情,而且很乐意重述如此之多的、为人所熟知的传说。"这些善变的派别,"雪尔登已经十分了解,"绝不会放弃他们的信念……即使某个伊莱亚斯(Elias)或提洛(Delian)的潜水者会公开人们一直在询问的东西。"①卡克斯顿是一个与其时代步调保持一致的成功商人,而不是一位独立的思想家。我有一种不安的感觉,卡克斯顿已看到,在德雷顿的时代,人们对中世纪虚构故事的需求减少了,卡克斯顿和史学家厮混在一起——或者至少和即将替代传奇故事的新式的虚构故事厮混在一起。我可以看见卡克斯顿印制斯宾塞、合利谢德(Holinshead)的作品,当然还有卡姆登和仰慕他的琼生(Ben Jonson)的作品(经过翻译的作品);至于想以两种方式——即古老的虚构故事和新的历史——进行展示的可怜的德雷顿,我宁愿相信,卡克斯顿会像德雷顿时代的那些出版商一样忽视他。②

---

① Drayton, Works, IV, ix*.

② 比如,德雷顿(Drayton)和德拉蒙德(Drummond of Hawthornden)通信时曾抱怨出版商的冷漠,参见 Oliver Elton, *Drayton* (1905; reprinted, New York, 1966), pp. 120—128。

第二章 皮科克和瓦拉论
《君士坦丁赠礼》

　　揭露《君士坦丁赠礼》(*Donation of Constantine*)是人们耳熟能详的一个故事。在 15 世纪中叶，在英国和意大利彼此独立写作的俩人确凿地表明，这个文献纯属伪造。长期以来，一直有人对它持怀疑态度，而且至少仔细查阅过它，并否定了它。① 完成这场批判的是皮科克和瓦拉。当他们完成这场批判时，即使有可能，人们

① Nicholas of Cusa in his *De Concordantia Catholica* (1432—1435)，III. 2；*Opera* (Basle，1565)，reprinted in Christopher Coleman，*Constantine the Great and Christianity*，Columbia University Studies in History，Economics and Public Law，60，no. I (New York，1914)，pp. 228—237。For the use and criticism of the *Donation* in the Middle Ages，J. J. von Dollinger，*Fables Respecting the Popes*，trans. Alfred Plummer (London，1871)，pp. 89—103；F. Zinkeisen，"*The Donation of Constantine* as applied by the Roman Church"，*English Historical Review*，9 (1894)，625—632；Gerhard Laehr，*Die Konstantinische Schenkung in der abendlandischer Literatur des Mittelalters* (Berlin，1926；reprinted，Vaduz，1965)；V. H. H. Green，"The Donation of Constantine"，*Church Quarterly Review*，135 (1943)，39—63；Walter Ullmann，*Medieval Papalism* (London，1949)；Walter Ullmann，*The Growth of Papal Government in the Middle Ages*，2d ed. (London，1965)；Domenico Maffei，*La Donazione di Costantino nei Giuristi Medievali* (Milan，1964)；Giovanni Antonazzi，"Lorenzo Valla e la Donazione di Costantino nel secolo XV"，*Rivista di Storia della Chiesa in Italia*，4 (1950)，186—223。

也很难继续相信这个文献或这件事。欧洲史学编纂以这种方式向前迈进了一大步,文艺复兴彻底清除了诸多传说中的一个,这个传说胡乱地填满了对过去的理解。

不幸的是,这个版本的传说过于简单。一方面,人们对《君士坦丁赠礼》的坚强信念使它免于攻击。[1] 另一方面,倘若皮科克和瓦拉的批评有什么巧合,那也纯属偶然。[2] 这两人的目的、方法、背景和影响力都没有什么共同之处。他们的成果也绝不是递进式的;他们所期待的现代结论(因为《君士坦丁赠礼》实际上是伪造的)揭示了一个事实,那就是,他们的史料编纂技巧深深地植根于他们的时代并远离了现在。该文旨在消除其中一些困惑。当这样做时,我不会提出任何令人讶异的观点;我只会努力展示,对《君士坦丁赠礼》提出批判的两位现代批评家基本上属于不同的智力世界,而且在解决实际问题的时候,他们使用的方法也具有各自的特点:皮科克使用的是经院派逻辑,瓦拉使用的是人文主义的文法和修辞。众所周知,在文艺复兴时期,人们常常反对三艺(trivium)的不同要素;而且,它们和史学编纂的关系也常常是相反的,或许也没那么严重。不管在什么情况下,比较皮科克和瓦拉都会为我们提供一个难得的机会,那就是,详细比较经院派逻辑和文艺复兴时期的文献学家在处理一般的历史问题时使用的方法有什么不同,并对这些不同一一进行阐释。这偶尔允许我们把某件事和现代史学编纂的发展联系起来。最后,正如我们将看到的,皮科克用

---

[1] 人们维护过《君士坦丁赠礼》,例如,Augustinus Steuchus, *Contra Laurentium Vallum in Falsa Donatione Constantini*(Lyons, 1547),而在 *Institutes*, IV, xi, 12 中,卡尔文(John Calvin)对此作出了回应。关于延续至 17 世纪的辩护,参见 Richard Crakanthorpe, *The Defense of Constantine*(London, 1621)。其他例证,参见 Maffei, *La Donazione*, pp. 321ff., 以及 L. D. Ettlinger, *The Sistine Chapel before Michelangelo*(Oxford, 1965), p. 111n. 。

[2] 例如,我们没有理由认为皮科克曾读过瓦拉的文章,正如史密斯(H. Maynard Smith)所说,参见 *Pre-Reformation England*(London, 1938), p. 42。

逻辑三段论证实了人们对现代性感到陌生，瓦拉的新文献学方法给未来带来了许多希望，可也只是指明了道路而已。[1]

一

关于皮科克的生平，无需赘述。实际上，皮科克的大部分生平，其中包括具体的出生、逝世日期和具体的情形，都不甚了了。[2]我们只知道，大约在 1409 至 1424 年间，皮科克进入牛津大学，大约 20 年后，他在那里获得了神学博士学位。不幸的是，这所大学风光不再；格罗斯泰斯特（Grosseteste）、罗吉尔·培根（Roger Bacon）、司各脱（Scotus）、奥卡姆（Ockham）甚至威克利夫（Wyclif）早已远去，即使他们的作品在他们逝世后继续以不同的方式存在。学生稀少，优秀的教师更是如此。课程原封不动：为人所熟知的中世纪大学的经院教育旨在训练精通神学和法学的牧师，而且几乎只以逻辑学和辩证法为基础。修辞学、文法和其他类似的三艺学科要么被忽略，要么居于次要地位。1431 年的章程曾明确指出，

---

① 关于所谓的皮科克的现代性，可参最近的 Arthur-B. Ferguson, "Reginald Pecock and the Renaissance Sense of History", *Studies in the Renaissance*, 13 (1966), 147—165. 弗格森（Ferguson）谈到了皮科克思想的"中世纪"特征，但并没有坚持他对文艺复兴人文主义的期望。关于《君士坦丁赠礼》，弗格森所述不多。至于极端的老观点，即"甚至对生活在 20 世纪的人来说，皮科克都太现代了"，参见 E. M. Blackie, "Reginald Pecock", *English Historical Review*, 26 (1911), 448—68; Reginald Pecock, *The Book of Faith*, ed. J. L. Morison (Glasgow, 1909), pp. 76—79. 关于更新的文献，参见 E. F. Jacob, "Reginald Pecock", *Proceedings of the British Academy*, 37 (1951), 144; V. H. H. Green, "Bishop Pecock and the English Bible", *Church Quarterly Review*, 129 (1940), 281n. 。

② 关于皮科克生平的细节，参见 John Lewis, *The Life of Reginald Pecock* (London, 1744); Reginald Pecock, *The Repressor of Over Much Blaming of the Clergy*, ed. Churchill Babington, Rolls Series, 19 (London, 1860), I, introd.; V. H. H. Green, Bishop Reginald Pecock (Cambridge, 1945); Jacob, "Pecock"; A. B. Emden, *A Biographical Register of the University of Oxford* (Oxford, 1959), III, "Pecock"。

其主要目标只是训练学生,"让他们学会分析和细化,了解每个论点的正反两面,以及学会在辩论、提出问题和回答问题时保持警觉"。① 这里不需要一般文学,尤其不需要介绍古典作家。② 史学研究,不管是古代史还是现代史,在这里都没有立锥之地。显而易见,皮科克十分精通牛津的课程:皮科克的作品表明,他在多大程度上专注于逻辑学和辩证法,那么他就在多大程度上忽视了拉丁和希腊文学。

　　皮科克的职业生涯不如他的求学之路那么有代表性。一离开大学,他就成了格洛斯特(Gloucester)教堂的教区长,接着又成为惠廷顿(Whittington)大学的教师(1431)、圣阿萨菲斯(St. Asaph)的主教,并最终成为奇切斯特(Chichester)的主教(1450)和枢密院(Privy Council)的成员(1454)。不幸的是,皮科克的晋升是由兰开斯特(Lancastrian)党促成的,随着约克党人(Yorkists)的增加,他的贬黜比晋升来得更为迅猛。不过,皮科克的失败并非仅源于政治;一个庞大的教士团体多年来一直致力于指控他的异端学说,世俗和宗教反对派的双重压力最终导致了一场公开的抵制(1457—1458),皮科克的书籍被焚毁,他本人被撤销职务,后来被监禁在一所修道院,并在那里度过了余生。

　　这是一个具有讽刺意味的结局。皮科克终其一生都自命为正统的拥护者,直面威克利夫(Wyclif)和罗拉德派(Lollardy)的挑战。皮科克在大学时代就十分熟悉异端邪说,即使采用了许多措施试图将它连根拔起,可是它依然坚挺,尤其是在皮科克待在伦敦的那段日子里。20 年间,皮科克可能撰写了 50 部辩护书(尽管只有 5 部保存了下来),其意在维护教廷——即使他发现了教廷的诸

---

① 　Charles Mallet, *A History of the University of Oxford* (London, 1924), I, 186.

② 　除了亚里士多德之外,几乎总是这样,学生十分熟悉亚里士多德作品的译本。即使是这样,他们只学习亚里士多德在逻辑学、科学和形而上学方面的作品,《修辞学》和《诗学》则被撇在一旁。

多不完美之处。正如我们看到的,皮科克就是在这种情境下写下
了《过度谴责神职人员的阻挠者》(*Repressor of Over Much Bla-
ming the Clergy*);在这期间,皮科克揭露了《君士坦丁赠礼》。那
些指责皮科克的人发现,"皮科克那该死的学说以及邪恶的宗派在
其恶毒和可怕方面超越了迄今为止为人所知的其他一切学说和异
端宗派"。在某种程度上,为正统辩护使这位主教走向了异端。①

　　皮科克的职业生涯之所以存在这种矛盾,其根源在于皮科克
对被他称之为"理性的判决(doom of reason)"所持的态度。罗拉
德派曾争辩,人类的理性是"人类命中该有的,而判断常常出错"。
对于每一个真理,罗拉德派坚持引证圣经;对于每一个观点,罗拉
德派只会问一件事:"你能在圣经中找到依据吗?"②皮科克的回复
旨在为理性辩护,把理性当作一种独立而正当的途径,用于掌握与
神圣事件相关的知识。然而,这样一来,皮科克似乎过于拔高了理
性,让它居于圣经之上,居于教会神父和传统之上。为此,针对皮
科克的控诉接踵而至,后来,皮科克就放弃了。③

　　实际上,皮科克的学说更加复杂。在此处,皮科克的学说无疑
值得关注,因为他的学说提供了唯一的背景,有助于我们理解他对
《君士坦丁赠礼》进行的抨击。充分利用皮科克流传下来的作品和
《阻挠者》有益于我们弄清皮科克的立场。事实上,皮科克本人用
精巧的体系敦促我们交叉引用他的作品。很显然,皮科克希望我

---

① *Repressor*,I,ivn. 当下个世纪的英国新教徒把皮科克当作先驱并将其归于罗拉德
　　派时,这种矛盾依然存在。John Foxe, *The Acts and Monuments*, 4th ed., ed. Jo-
　　seph Pratt (London, 1870), III, 731—34. 马德里(Madrid)的《教廷禁书目录》
　　(*The Index Expurgatorius*)甚至将其描述成牛津的路德教授(Smith, *Pre-Refor-
　　mation England*, p. 287)。

② *Repressor*,I,73,6.

③ Thomas Gascoigne, *Loci e libro veritatum*, ed. James E. Thorold Rogers (Ox-
　　ford, 1881), p. xlii. *An English Chronicle*, J. S. Davies, Camden Society (Lon-
　　don, 1856), p. 77; *Brief Latin Chronicle* in *Three Fifteenth Century Chronicles*,
　　ed. J. Gairdner, Camden Society (London, 1880), p. 167.

们把他的作品当作一个整体，就像某种神学大全（*Summa Theolo-giae*）一样，任何事物都可以在其中找到自己的逻辑位置。[①]皮科克还说，他曾同时撰写过几部专著，而不断的改写使得我们很难断定这些著作的具体日期。因此，不管是在《阻挠者》或《信仰之书》（*Book of Faith*）中——这两者似乎都写于皮科克被贬黜之前——还是在《基督教规则》（*Reule Of Crysten Religioun*）中，皮科克的学说几乎保持了一致。

　　皮科克如何理解理性和信仰之间的关系呢？在经院文学中，这个问题司空见惯。通过彻底区分这两者，皮科克解决了这个问题。理性和信仰（哲学和神性），皮科克写道："是两种不同的能力，有各自的界限和标记……真理和结论。"[②]两者都没被用来证明另一方所包含的真理。当皮科克赞美理性涵盖的范围和拥有的能力时，他把信仰的结论限定在一定范围内。这两者都合理而有价值，但"理性的判决"更加宽泛，更值得信赖，而且在某种意义上，也比圣经里的知识更有价值。我们似乎很难把皮科克归于某个学派；圣托马斯（St. Thomas）和司各脱（皮科克熟知并引用过这俩人的作品）以及其他许多中世纪的思想家都把皮科克的思想剔除了。[③]对理性的信念让皮科克显得与众不同，也赋予了皮科克（至少一些）现代气息。

　　关于理性，皮科克指的是逻辑三段论。皮科克不厌其烦地称赞理性是通往真理的途径。给皮科克两个可信赖的前提，他就可以推导出第三个真的前提，"即使天堂的天使会说或认为那些结论

---

① William C. Greet, ed., in his preface to Reginald Pecock, *The Reule of Crysten Religioun*, Early English Text Society, org. ser., 171 (London, 1927), p. xiii; Elsie V. Hitchcock, ed., in her preface to Reginald Pecock, *The Donet*, Early English Text Society, orig. ser., 156 (London, 1921), p. xvii.

② *Repressor*, I, 49—50.

③ Green, "Bishop Pecock", pp. 84—87; Jacob, "Pecock", pp. 149—150; Greet, *Reule*, pp. xiv—xv.

并不是真的"。① 就如对基督徒来说，三段论的推理显得真实而令人着迷一样，对穆斯林或犹太人来说，它也是如此。实际上，当逻辑足够充分而正式时，逻辑"绝不会失败，而且任何时候都不会犯错"。当人们失去耐心，无法把一场辩论缩减为三段论时，或者当这个前提还不够充分时，他们就觉得自己被推理欺骗了。皮科克相信，20 种三段论涵盖了论证的所有可能性，可他没有时间一一阐述它们。皮科克希望普通人都去学习逻辑学——逻辑学的价值是如此普遍——并期望某天能撰写一本通俗手册。② 皮科克从未声明他的大多数作品是用英文撰写的。毋庸置疑，这不太容易，而且以前也没有这种先例，即把系统的经院哲学（拥有复杂的专业术语）变成易读的 15 世纪的英文。

三段论的价值取决于它的前提，并且这些前提要么是确定的，要么是可能的。当一个前提是不证自明的，那这个前提就是确定的。在此处，皮科克不是那么有帮助。确定性只是被定义成一种情境，即当"充满智慧的经验或理性"是如此"真实"以至于没人会犯错时。③ 当一方的论证无法压倒另一方时，当前提"看上去如此真实以至于人们认为它是真的而非不真的"时，这个前提只是可能的。因此，辩证法，即是与非，就是一个可以在此处使用的工具，而且在论证的每个阶段，都可以用来确立一个可能的真理。④ 辩证法和三段论一起提供了一种方法，这种方法足以应对任何异端邪说。皮科克对理性的力量是如此乐观，以至于他倡导忍耐。他敦促说，我们应该让一切观点变得足够安全，以便任何人都可以"来来往往，可以诉说、争辩和回答，并且不会因此遭受身体上的伤害

① *Repressor*，I, 8；*Book*，pp. 125—126. 三段论让我们"接近人知道而动物不知道的一切事物"（E. V. Hitchcock, ed., *The Follower to the Donet*, Early English Text Society, orig. ser., 164 [London, 1924], p. 9）。

② *Reule*，pp. 428—29；*Repressor*，I, 76.

③ *Repressor*，I, 76.

④ *Reule*，pp. 425—426；*Reule*，I, 42, 97.

或者财富、名誉方面的损失"。① 这让我们再次想起了皮科克充满
讽刺的职业生涯。

理性并不熟悉所有的真理;世上还有信仰的真理。这些真理
为人所知是源于"一个人的主张或证言,而这不可能欺瞒或作
假"。② 皮科克的主要关注点是为圣经辩护。即使如此,皮科克还
是发现,求助于理性有助于证明信仰的知识(knowledge of faith)
的合理性。这样的知识并非来源于理性,可是将由理性来判定它
是知识。如何才能知道圣经是否可信? 怎样才能决定圣经有多真
实? 圣经里的文章涵义又是什么? 不同于罗拉德派,皮科克认为,
这些并不是那么显而易见,而且也不是信仰者的善造就的。它们
是难题,而只有智者和"理性的判决"才能解开这些难题。因此,
"如果《圣经》中的言语和理性的判决不一致……那么,那些言语应
该得到详细的阐述和解释,让它们和理性的判决保持一致",而从
来不是相反的情况。③ 就是这种信念最终让主教控诉异端。

皮科克相当详细地发展了他的解经学(scriptural exegesis)。
对我们来说,这十分有意思,因为解经学有助于定义皮科克的历史
观,它让皮科克和瓦拉形成了对比。圣经,皮科克认为,囊括了三
种事物。首先,在理性之外,存在超自然的信息,例如,关于三位一
体的知识。在这里,理性能做的就是表明圣经不可能撒谎。④ 其
次,存在和理性相宜的东西。最后,还存在那样的历史,即"造物

---

① *Repressor*, I, 99;*Book*, p. 139.

② *Repressor*, I, 131.

③ "理性的判决不应该被阐述、解释和理解,不应该要求它和圣经中的言语保持一
   致";可塑性很强的是圣经,而不是理性(*Repressor*, I, 25—26; *Follower*, p. 10;
   Book, p. 126; *Reule*, p. 464)。然而,还是有为信仰所知而不为理性所知的真理
   (*Reule*, pp. 202ff.)。参见 Everett H. Everson, "Reginald Pecock, Christian Ra-
   tionalist",*Speculum*, 31 (1956), 235—42。

④ *Reule*, p. 461. 皮科克建议评注者坚持字义解经法,还特别建议使用那些"智慧、神
   圣而有才学,生活在使徒时代,并聆听过使徒教诲的教士"的注释。

(creature)的节日、作品和行为——那样的王获得了那样的胜利，以及那样的人起源于那样的父，并拥有那样的子孙"。在这里，知识依赖于"我们对启示者和讲述者的信赖，我们知道应该要信赖他，而且相信他讲出了真相"。至于圣经，这则意味着两种考验：首先，把它和其他的圣经证言进行对照，确定没有矛盾之处；其次，确定它不和理性冲突。至于人类的证言，则是"故事叙述、编年史、人类的言语或人类的信使的口头语言"；知识也是充满信仰的行为，它依赖于理性。① 在此处，皮科克的阐述没有那么详细；毕竟，他不是真的那么关心世俗的历史。不过，我们还是可以轻易推测出皮科克使用的方法；毫无疑问，皮科克对一些典籍进行了比较，通过其中人物的完整性来考察这些典籍的"可信性"，然后根据理性的判决来衡量结果。实际上，对于《君士坦丁赠礼》，皮科克用的就是这种方法。

　　一个更能说明皮科克的历史方法的例子就是他对《创世记》进行的阐释。《信仰之书》(Book of Faith)中的一场父子对话出现了问题。② 儿子为一个事实所困扰，而这个事实就是，在摩西之前，圣经并不存在。对儿子来说，这意味着在摩西之前，口头传统就足够了。儿子想知道它是否不再是这样？为什么摩西必须通过神灵感应和预言书才能得到它？

　　父亲把这个问题当作一个辩证的问题加以回复。如果一个人可以证明，在摩西之前，关于信仰的文字极可能不存在，那么我们可能会疑惑，为什么会需要一部用文字撰写的《圣经》呢？实际上，与之相反的情况的可能性更大。当我们阅读《大师的故事》(Master of the Stories，即 12 世纪的作家康姆斯特[Peter Comestor])时，我们发现，七门学科的知识都是在诺亚时代之后不久被创造出来的。在大

<hr>

① 　*Reule*，pp. 261ff.

② 　*Book*，pp. 261ff.

洪水之后,多半就已经有了关于信仰的文字(writing of faith),因为文字(writing)已经存在,并且存在充满信仰的人(men of faith)。有证据表明,甚至在大洪水之前,以诺(Enoch)就已经发现了文字(权威又是康姆斯特)。因为圣经说以诺是生活在亚当时代的圣人,在那时,他可能就已经书写了一些神圣的事件。身为圣人的诺亚有可能在船上保护了这些文字。诺亚劝世人弃恶扬善,这显然也受益于诸如"可怕的东西的诡诈之处"的文字。另外一个可能性就是,以诺已把文字传给了儿子玛土撒拉(Methuselah),而玛土撒拉又把它传给了诺亚。诺亚必定把文字传给了儿子,而他的儿子又把它传给了亚伯拉罕、以撒、雅各等人,毋庸置疑,他们各自添加了一些叙述。"最后,摩西把这些收集起来,形成了一本名为《创世记》的书。"①

　　对皮科克来说,这一系列的可能性也许比神灵感应的故事更依赖奇迹。实际上,对皮科克来说,相信奇迹只是最后的手段,因为我们不应该"捏造、伪造、引用、表述、相信或支持任何奇迹,除非我们不得不这么做"。急着用奇迹来进行解释让寻找证据变得毫无意义。② 在这种情况下,至少还有一个选择貌似可信。我们拥有的证据表明,在摩西之前,手写圣经就已经存在了,经过一代又一代人后,手写圣经逐渐得到发展,直至摩西对其进行校订。

　　令人吃惊的是,皮科克希望现代高等考证的结论可以变成一种潮流。这和皮科克处理《君士坦丁赠礼》的方式十分相似。皮科克的一系列推论来自 12 世纪的原始资料,这让他形成了一个关于《创世记》的创作的观点,这个观点和一个产自现代文本批评却缺乏根据的观点有些相似。毋庸讳言,结论中的巧合之处没有告诉

---

① *Reule*,pp. 431ff. 关于皮科克的原始资料,参见 S. R. Daly,"Peter Comestor:Master of Hisotories",*Speculum*,32 (1957),62—73.

② "否则,就辩论的力量,也许就不可能攻克任何观点,这个观点是有多假,以至于他都不觉得反感了,例如,上帝不可能通过奇迹行事"(*Book*,p. 270)。关于皮科克对奇迹的厌恶,另参 *Book*,p. 294;*Repressor*,II,353—54。

我们关于皮科克的现代性或是关于他如何理解历史批评的任何东西。以下这个观点开始有点靠不住了，这个观点就是，皮科克拥有"一种历史感，这在一个多世纪以来的英国是无与伦比的，这是一种拥有科学视角的能力"。[①] 主教只是不太理解现代社会对原始资料和考证的痴迷。

关于口述传统，皮科克有另一个更具概括性的论点。请注意，父亲告诫儿子，"一个故事，经四五个人口口相传后，人们听到的就是一些零零散散的东西，而且好些地方都不一样了，它变成了谎言，而这完全是因为缺乏文字记录"。很难想象，这么多世纪以来，长篇累牍的圣经经文可以通过口述的方式准确地传播。当我们意识到，语言会一直随着时空变化直到另一个国家的人和另一个世纪的人根本无法理解这种语言时，这更难以想象了。对于口头证言的局限性，皮科克显然十分敏感；另外，皮科克暗示，口头证言不适合现代事件。[②] 皮科克显然没有意识到，书面文本在传播的过程中同样也会发生变化，也有不准确的地方。毋庸置疑，逻辑学家接受的训练并没有暗示这个问题。皮科克明白，在某种意义上，《圣经》就是另一部文献。"《圣经》，"皮科克留意到，"可能被当作公开的文字，各种各样的人会在羊皮纸和牛皮纸上书写和发展这些文字。"从这个意义上看，皮科克继续说道："《圣经》并不比其他拥有类似的好文笔或精巧的作品更神圣或更优秀。"[③]然而，让皮科克感兴趣的并不是这个；皮科克关心的是由理性而非文本考证规则所支配的内在涵义，他还把这点应用到了其他事物上。相反，人文主义者认为，文本问题变得特别突出，而且切中要害。瓦拉很快就明白了，在时间的长河里，《新约》出现了一些讹误，而且抄写员和译者的错误掩盖了其含义；正如我们看到的，瓦拉试图进行修补。

---

① Morison, introduction to *Book*, p. 76.

② *Book*, p. 252(re the Hundred Years War).

③ *Repressor*, I, 81.

　　《君士坦丁赠礼》是一个很好的例子，它更能揭示皮科克的史学编撰技巧的适用范围和局限性。罗拉德派曾抨击教廷滥用很多东西，其中包括财富和赠礼。罗拉德派急于抨击教廷，皮科克则不遗余力地反驳他们。除了其他事情，罗拉德派还控诉"教廷日益自大，而德性却在消减"，他们在《君士坦丁赠礼》中发现了一个终极原因。那个文献旨在描述君士坦丁大帝送了一些礼物给拥有大量财富的教皇。罗拉德派重复了一个故事，那就是，在赠礼的时刻，他们听到了天使的呐喊，"今天，毒液流入上帝的教堂！"①换言之，把领土当作赠礼是"行为不端，是邪恶的"。为了反驳这种控诉，皮科克认为他必须驳斥那个关于天使呐喊的故事，为此，他首先驳斥了《君士坦丁赠礼》。对皮科克来说，更大的问题在于那个次要问题的解决方法；驳斥《君士坦丁赠礼》就是要采取经院辩论的方式。

　　皮科克这样做是有点奇怪。《君士坦丁赠礼》已经被使用了几个世纪，实际上，人们最初创造它，目的就在于证明罗马教皇要求赠礼是合理的。人们以前和后来批评它，在很大程度上就是为了攻击教皇的特权。皮科克打算为了同样的目的来驳斥《君士坦丁赠礼》，而这个目的也是创造出来的，也就是说，证明教皇的要求的合理性。只有在理性方面高度自信的逻辑学家才能策划这样的任务。

　　皮科克以"天使的呐喊"这个故事开始。他首先说，这个故事源自12世纪的威尔士编年史学家堪布希斯（Giraldus Cambrensis）。皮科克发现，《杰拉尔德》（Gerald）曾提及，那个天使不是一个好天使，而是一个邪恶的天使。很显然，人们几乎不会相信一个"魔鬼"的呐喊。对此，皮科克觉得不太满意，接下来，他又攻击了《杰拉尔德》的可信性。"当在口口相传的《杰拉尔德》之前没有更

---

① *Repressor*，II，322—23，350ff. 关于现代的其他参考资料，参见 Babington，*Repressor*，II，323n.；关于抨击教会的赠礼，参见 John Wyclif，*Dialogus*，ed. A. W. Pollard，Wyclif Society（London，1856）。

古老的用文字记载的故事或编年史时"，要人们相信这个故事是很难的。① 皮科克已经对天使的呐喊产生了怀疑，他接着攻击了这个故事的依据。皮科克现在开始挑战君士坦丁赠礼，即所谓的天使的挑衅。

皮科克承袭了这个故事，在皮科克的时代，人们普遍相信这个故事，这个故事的叙述简明扼要。君士坦丁，西边的皇帝，再次开始迫害基督徒，罗马主教西尔维斯特（Sylvester）不得不四处躲避。麻风病折磨着皇帝，但他最后找到了治病的法子。皇帝拒绝异教牧师的治病法子（即在婴儿的鲜血中沐浴），皇帝因此受到了奖励，有俩人出现在他的梦中，这俩人承诺，如果皇帝找到了西尔维斯特，听从他，他们就减轻皇帝的痛苦。君士坦丁做到了。西尔维斯特向皇帝展示了彼得（Peter）和保罗（Paul）的相似之处，而君士坦丁却以为他们是想象出来的人物。教皇指引君士坦丁斋戒并接受洗礼，十分神奇的是，君士坦丁顷刻之间便痊愈了。作为回报，皇帝让整个帝国接受了基督教，教堂得到了相当多的赠礼。皇帝为主教建造了拉特兰宫（Lateran Palace）和朝拜之地并大肆整修，为教皇提供了仪式用的服装和王杖。最后，皇帝非常慷慨地把罗马城和西方的行省都赠给了西尔维斯特，把自己的王座移到拜占庭。因此，西尔维斯特神奇地治愈了君士坦丁以及君士坦丁最后的赠礼，就是皮科克找到的关于这个故事的两个主要元素，每个元素都有独立的原始资料。尽管两者来源不同，但是长久以来，它们相互联系。② 皮科克

---

① *Repressor*，II，351—52，357—58.

② 关于 *Donation* 的文本，参见 Coleman，*Constantine*，pp. 228—37，来自 Karl Zeumer，*Festgable für Rudolf von Gneist*（Berlin，1888），pp. 39ff；关于 *Vita Sylvestri，Coleman*，pp. 217—227，来自 B. Mombritius，*Sanctuarium seu Vitae Sanctorum*，ed. H. Quentin and A. Brunet（Paris，1910），II，508—31.《生平》（*Life*）继《赠礼》（*Donation*）之后出现，明显可以追溯到 5 世纪末期；参见 W. Levison，"Konstantinische Schenkung and Silverlegende"，*Miscellanea Francesco Ehrle*（Rome，1924），II，181ff.，239ff.。

不相信其中任何一个元素，他把其中一个元素当作驳斥另一个元素的可信性证据。皮科克的论证方式不太好理解，尤其是它们的经院形式以及15世纪的英语。只要人们频繁地误解它们，那么把它们重述一遍还是值得的。

皮科克最先调查的是君士坦丁的洗礼和痊愈。皮科克强调了证据的必要性。一般来说，我们不应该相信那样的故事，除非一些"讲故事的人或史学编撰者确实撰写过"那些故事。这就是皮科克论证方式的优点之一，即一直坚持提供证据。"没有了它，我们的理性"，皮科克辩论道，"可能不了解什么真理以及支持什么，理性是在拥有了证据之后才会支持什么"。① 史学家的任务就是发现"基本的、不容置喙的证据"，为每个事件找到证据。在这种情况下，碰巧两者都有证人。如果结论显示君士坦丁没有在罗马接受洗礼，那么证实这件事的证人就不可信（而且天使呐喊的故事也必然不可信）。简而言之，我们既不能相信也不能不相信君士坦丁曾在罗马受洗；我们必须调查各自的证据后选择更可信的那个故事。至于摩西的证言，皮科克将其当作一个辩证的问题。然而，在此处，直到最后，皮科克收集证据和可能性时所使用的准则并不比他确定对《创世记》的看法时所使用的准则更有说服力。

皮科克有什么证据呢？关于这个神奇的故事，皮科克发现了两个原始资料——作者不详的《西尔维斯特生平录》(*Life of Sylvester*)和《教宗名录》(*Liber Pontificalis*)里的故事。皮科克确定，其他的历史故事和编年史中的叙述皆来自这些资料。另外，皮科克在该撒利亚的尤西比乌斯(Eusebius of Caesarea)的作品和《三分历史》(*Tripartite History*)中发现了一个非传统的故事。在这个故事里，君士坦丁据说只是在晚年接受了洗礼，而给他洗礼的是尼科米底亚(Nicomedia)城内的一位普通主教。显而易见，关

---

① *Reule*，p. 426. 另参 Lewis，*Life of Pecock*，p. 68 引用的手稿残篇。

于这两个，人们可能一个都不信。

　　皮科克的选择很明确：尤西比乌斯是值得信赖的权威。关于
君士坦丁受洗的情境，没有人比尤西比乌斯更了解了，因为尤西比
乌斯"曾和君士坦丁住在一起，与之交谈，和君士坦丁私交甚密"。
圣哲罗姆(St. Jerome)以及《三分历史》的作者都赞扬了尤西比乌
斯的《教会史》(*Ecclesiastical History*)。皮科克宣称，除了《圣
经》之外，《教会史》就是基督徒所了解的最著名和最可信的故事
了。尤西比乌斯的《君士坦丁生平录》也是他和皇帝"亲密无间的
交往"的成果。那部作品成了最见多识广之人最信赖的典籍，它值
得信任。① 至于《西尔维斯特生平录》，"无人知晓是谁写下了这部
作品，也没人知道它从何而来或将去向何处"。对于在圣贤生活中
发生的奇迹，皮科克再次表达了自己的怀疑："人们在传说中找到
了许多虚假的故事。"至于《教宗名录》中的记述，则是在这些事情
过去后很久由教皇达玛苏(Damasus)撰写的，不完全可信。

　　关于西尔维斯特的传奇故事，皮科克添加了另外两个论据。
首先，皮科克留意到，安波罗修(Ambrose)和哲罗姆都相信尤西比
乌斯的选择。可以确定的是，倘若没有充分的证据，他们不会追随
他反对达玛苏。另外，那些其"可信度仅次于"尤西比乌斯的编年
史以及《三分历史》的作者们也见证了君士坦丁去世前在尼科米底
亚城接受洗礼。这些证据加起来肯定比其他证据更有价值，而且
讲述了一个更加可信的故事，因此那必定是一个"伪造的文献
(apocrif)"。

---

① *Repressor*，II，352—53.《三分历史》是苏格拉底、索者门(Sozomen)和狄奥多勒
　　(Theodoret)的《教会史》的拉丁版本，由埃皮法尼乌斯(Epiphanius)在卡西奥多罗
　　斯(Cassiodorus)的指导下翻译而成。人文主义者雷纳努斯(Beatus Rhenanus)似
　　乎曾在 1523 年首次批判过《三分历史》。M. L. W. Laistner，"The Value and In-
　　fluence of Cassiodorus' Ecclesiastical History"，*Harvard Theological Review*，41
　　(1948)，51—67，reprinted in Chester G. Starr, ed., *The Intellectual Heritage of
　　the Early Middle Ages*(Ithaca，1957)，pp. 22—39.

　　现在,皮科克攻击《君士坦丁赠礼》的依据比较清晰了。必须消除"天使的呐喊"这则故事最后的支柱。君士坦丁并没有赠予那些人们认为他赠予了的东西。皮科克的下一个论据暗示了,在君士坦丁之前很久,教廷就接受过一次赠礼。皮科克列举了两个例子,第一个例子是在100多年前教廷曾接受过赠礼,教皇乌尔班(Urban)在《教令》(Decrees)对此有所记载;另一个是例子是,在更早前,教皇爱德雷(Eleutherius)曾赠送东西给英国国王卢修斯(Lucius)。关于这两次赠礼,"古老的故事和编年史(著名、有价值、可信且并非伪造的文献)都有提及",皮科克接着驳斥"君士坦丁的赠礼很丰厚"这一观点。归于君士坦丁的丰厚赠礼其实是很久以后的丕平(Pepin)、查理大帝、鲁德维克(Ludovic)和马迪达(Matilda)捐赠的。在此处,未指明出处的编年史和故事再次充当了证据。①

　　人们普遍接受的那个故事列举了详细的礼物清单,怎样才能消除这些清单呢? 皮科克再次整理了许多证据。首先就是无声的证据。如果真的有赠礼,那么肯定就有人"在一些可信的故事和编年史中……提到过"。事实上,并没有谁提到过,除了《西尔维斯特生平录》,还有以此为基础的故事和编年史。我们明白,这些文献拥有的价值是多么微乎其微。其次还有关于更可信的典籍的一些记述。例如,在《三分历史》中有记载,君士坦丁把他的王国,其中包括西方领土,留给了他的三个儿子,最大的儿子继承了罗马。君士坦丁很快决定东迁并建造拜占庭的说法和《三分历史》相矛盾,《三分历史》讲述了君士坦丁打算把都城建在另一个地方,而且当他建造了一部分的时候,他在梦中受到警示,为此搁置了该计划。

　　皮科克最详尽的证据来自罗马史,这些证据都和《君士坦丁赠礼》中的故事相左。例如,在大约250年后,教皇卜尼法斯四世

---

① *Repressor*,II,357—59. 大多数证据就如《君士坦丁赠礼》一样让人生疑。

(Boniface IV)想把罗马的万神殿(Pantheon)移到一个教堂。不过,卜尼法斯四世不得不要求东方的皇帝福卡斯(Phocas)"移驾"。如果罗马和周围的国家已然为他所有,卜尼法斯四世为什么还要这么做呢? 编年史再次表明,从君士坦丁到查理大帝,皇帝们相继统治了东方和西方。在查理大帝的时代,帝国分裂,也就是在那时,教皇开始统治罗马(先后受查理和鲁德维克之邀)。最后,皮科克断言,在西尔维斯特逝世后的几百年,教皇的选拔必须经过皇帝首肯,"大量可信的编年史和故事都可以证明这点,马丁(Martyn)的编年史尤其可以证明这点,马丁在编年史中提到了教皇维达(Vital-ian)"。[①] 皮科克并没有否认君士坦丁曾赠予少量物品的可能性;皮科克相信他的证据可以驳斥其中一个主要的观点,即君士坦丁曾赠送大量的土地和领土给教皇。如果君士坦丁不曾这么做,那么天使就无需谴责这件事。皮科克的证据很完整。

我们该如何评价皮科克的表现呢? 根据现代学术标准,皮科克的主要结论是正确的。天使的呐喊、令人惊叹的皈依和《君士坦丁赠礼》都不具有历史真实性。皮科克就是以这种方式获得了现代性的名声。这必然会掩盖一个主要的问题,即皮科克得出结论的方式。实质上,皮科克所做的就是比较各种典籍,并从中进行挑选。然而,正如柯灵乌(R. G. Collingwood)提醒过的,只是对典籍进行比较就决定哪部是真的,哪部是假的,其实是一种剪刀加浆糊的史学编纂法,现代史学家发现这种方法不再够用(但对逻辑学家来说,这是个诱惑,因为除了确定或否认一系列的陈述是否一致外,他们没有其他的方法)。现在,关于原始资料,我们想了解的是

---

① *Repressor*,II, 374. 这是 13 世纪的编年史学家波罗勒斯(Martinus Polonus),大多数的信息似乎都是他提供给皮科克的。他的作品就是一部世界简史,从创世纪到 1277 年。可参马修(William Matthews)最近撰写的文章,发表于 *Medieval Lit-erature and Civilization*:*Studies in Memory of G. N. Garmonsway* (London,1969),pp. 275—288.

其涵义,而不仅仅是其正确与否。我们不需要全盘否定或接受这些原始资料。如果我们知道这些原始资料的目的和意图,那么就可以理解它们对当前这个问题的用途。然而,皮科克并没有问这些问题,甚至对他最喜欢的尤西比乌斯也没有,更不用说那些非正统的描述了。如果《西尔维斯特》和《君士坦丁赠礼》并不是它们看上去的那样,那它们是什么呢? 人们为什么要撰写它们,撰写的目的是什么呢?

皮科克的方法并没有完全取得成功。皮科克的权威资料太少了。① 经院派逻辑没有为历史研究提供什么动机或留下什么技巧。例如,我们有可能会发现,天使呐喊的故事在杰拉尔德之前很久就存在了。我们可能还会发现关于君士坦丁的统治及其前后的教廷的一些信息,这些和皮科克的论证都有关系。对皮科克来说,对著名的拉丁典籍一无所知以及无法阅读任何希腊作品,最终成了他无法逾越的障碍。在这里,当代的人文主义者瓦拉就显示出了他的优势。仔细查阅皮科克本人的证据并不让人更满意。例如,编年史学家"马丁",即波罗勒斯(Martinus Polonus),是 13 世纪的一位作家,现在人们认为他极不可信;他的价值相当于康姆斯特对圣经的价值。为什么对皮科克来说,马丁却"足够可信"呢?教皇乌尔班和爱德雷赠与教廷的礼物和君士坦丁赠与的礼物一样,都很神秘,并且都依赖于不可信的典籍。把意大利的土地赠予教廷的也不是查理大帝。对典籍进行攻击也于事无补。除了更加

---

① 大量的权威资料来自 Ernest C. Richardson, trans., *Eusebius*, *Constantine*(Oxford, 1890), pp. 336—344, 445ff., 以及 Coleman, *Constantine*, pp. 25ff. 。关于原始资料的大量描述包含在 Norman H. Baynes, "Constantine the Great and the Christian Church", *Proceedings of the British Academy*, 15 (1929), 341—442。很明显,皮科克的权威资料中缺少一些重要的文学作品,尤其是拉克坦缔(Lactantius)的作品《论迫害者之死》(*On the Deaths of the Persecutors*),这个作品总是被看作最可信的文学记述(参见 J. Moreau[Paris, 1954]的版本),而且它还是法律、硬币和铭文的证据。

确信典籍之间存在相互矛盾的地方之外,是什么原因让我们假定《西尔维斯特生平录》、《教宗名录》(Libre Pontificalis)①或《君士坦丁赠礼》——更不用提诸多确定的编年史记述——都是假的呢?对于令人惊叹的故事,我们的确需要谨慎地接受。尤西比乌斯不是也没告诉我们那个奇迹(即君士坦丁改变了信仰)?我们为什么更倾向于《君士坦丁》(Vita Constantini)而非《西尔维斯特》(Vita Sylvestri)呢?②实际上,如果我们把皮科克的怀疑主义掉头,那么他的论证也可以用来驳斥尤西比乌斯,就如它们可以用来驳斥《君士坦丁赠礼》一样。教皇达玛苏的故事出现得的确有点晚,然而,皮科克如此倚重的《三分历史》也是如此,尤其是皮科克唯一知道的版本,即卡西奥多罗斯(Cassiodorus)的拉丁文缩写版本。到底有多晚呢?它们的意义和目的是什么呢?最后,皮科克的历史证据观和历史可能性的观点——就像他的反对者罗拉德派的观点一样——更多的是由他的偏见而非他的诡辩方法决定的。皮科克的论证也许为15世纪提供了具有独创性的逻辑训练,但遗忘了这些文献的涵义、可信性以及他的主题史,皮科克就是在这些主题中发现这些论证的。因此,皮科克的努力并没有影响中世纪的史学编

①　关于《教宗名录》的问题,参见以下有用的简短的讨论:E. H. Davenport, The False Decretals(Oxford, 1916), pp. 64ff. ; L. Duchesne, Le Liber Pontificalis: Texte, introduction et commentaire(Paris, 1886), I, cix—cxx (text, 170—201)。Louise R. Loomis 的英文译本:The Book of the Popes(New York, 1916)。

②　Coleman, Constantine, pp. 139, 154ff. ; Edward Gibbon, The History of The Decline and Fall of the Roman Empire, ed. J. B. Bury (London, 1897—1900), II, 305n. ; Baynes, "Constantine", pp. 396—98, 430—31。关于释读这一作品所涉及的复杂问题,可参 H. Gregoire in Revue de l'Universite de Bruxelles, 36 (1930), 231—72, 以及 Byzantion, 13 (1938), 561—83, 还有 Bulletin de la Classe des lettres et des sciences morales et politiques, 39 (1953), 462—78。G. Downey in Dumbarton Oaks Papers, 6 (1951), 57—66. For recent accounts favoring Eusebius, 参见 Andrew Alfoldi, The Conversion of Constantine the Great, H. Mattingly 译(Oxford, 1948); A. H. M. Jones, Constantine and the Conversion of Europe(New York, 1962), pp. 73—90。

纂之路。

简而言之,皮科克不是现代史学批评家。然而,他的成就不会因此就被忽略。对典籍进行比较实际上是很关键的一步,即使这只是第一步。如果皮科克没有发明新的方法,那么,说他至少发现了此后很难避免的一个问题还是很公平的。在这个有局限性的方法里,当皮科克解决这个问题时,表现出了巨大的才能——只要把皮科克和 15 世纪同时代的批评家相比,我们就可以看出,皮科克多么富有才智。在 15 世纪,和皮科克同时代的批评家无一例外(至少在英国是这样)仍满足于传统故事。在某种情况下,皮科克至少直接进行了答复。威特汉姆斯特修道院院长约翰(The Abbot John of Wethatmstede)试图在他的《文史仓庾》(Granarium,和《阻扰者》[Repressor]同时代的一部作品)中全面驳斥那些针对《君士坦丁赠礼》的怀疑性论证,不过他没有切中要害。[①] 因此,他用沉默应对皮科克的证据,但没有提供新的证据——一些可能给主教留下印象的证据——而是和福音书进行类比。当耶稣抵达埃及时,圣像倒下了,约翰暗示,这个故事并非来自马太福音或马克福音,可圣哲罗姆却讲了这个故事,而且没有把它当作传闻。在福音书的概要里,也不乏一些让人怀疑圣约翰故事真实性的东西。因此,沉默就是不辩驳。至于君士坦丁改信仰的故事,典籍颇多,威特汉姆斯特提供了一长串作家名来证明此事——很明显都出现得很晚。至于修道院院长,对典籍进行比较或许会让他有所收获,因为他没有找到评判真实性的标准。一个被重复多次的谎言——很显然对皮科克来说次数够多了——并没有进入皮科克的脑海,而且皮科克似乎已经感觉到,一个不可思议的故事不需要现代资

---

① British Museum *Ms Cotton Nero* G. vi. Fs. 51—58v, described by E. F. Jacob, "Florida Verborum Venustas", Bulletin of the John Rylands Library, 17 (1933), 274—78. 另一个对皮科克作出回应的是波利(John Bury),此回应以摘录的形式出现在巴比顿(Babington)版本的《阻扰者》(*Repressor*,Ⅱ,567ff.)中。

料来证明它是否真实。在这种情境下，皮科克显得十分老道而审慎。不过，这不是 15 世纪提供的唯一情境。

二

　　和皮科克相比，瓦拉的生平和成就更广为人知，足以让人们想起其中一些主要的事件。[①] 令人好奇的是，就其外部特征而言，皮科克的生平和这个英国人形成了鲜明的对照。这两人抨击的传统观点都不止一个，这两人的傲慢和他们的思想都激起了别人的反对，这两人都被控告是异端。然而，其中一人被政治联盟毁灭，而另一人却因此得救。当其中一人被迫放弃自己一直捍卫的且被他当作正统的东西时，另一人，也就是瓦拉，却因教皇的任命巩固了自己更加异端的观点——或者至少是改良的观点。

　　瓦拉大约要年轻 10 岁。瓦拉所接受的教育立刻把他和皮科克之类的人区分开来。负责教导瓦拉的是那个时代的两位人文主义的领头人——奥里斯帕（Giovanni Aurispa）和布伦尼（Leonardo Bruni），瓦拉所学的东西完全超出了经院课程的范围。这意味着，瓦拉要学习拉丁、希腊经典作品及其语言，从本质上说，要学习文法和修辞——在 15 世纪的英国，人们不可能接受这种教育。[②] 从

---

① G. Mancini, *Vita di Lorenzo Valla* (Florance, 1891)；L. Barozzi & R. Sabbadini, *Studi sul Panormita e sul Valla* (Florence, 1891)；Franco Gaeta, *Lorenzo Valla* (Naples, 1955).

② 关于 15 世纪的学校忽视文法，例如，可以参考以下证据：William Bingham, *Cal. Pat. Rolls Henry VI*, III, 295. 关于《文法从属于逻辑学，参见 H. Rashdall, *The Universities of Europe in the Middle Ages*, ed. F. M. Powicke & A. B. Emden (Oxford, 1936), III, 346；J. B. Mullinger, *The University of Cambridge from the Earliest Times to...*1535 (Cambridge, 11873), I, 361；Gordon Leff, *Paris and Oxford in the Thirteenth and Fourteenth Centuries* (New York, 1968), pp. 120—22. Brother Bonaventura, "The Teaching of Latin in Later Medieval England", *Medieval Studies*, 23 (1961), 1—20.

一开始乃至其整个职业生涯,瓦拉都在与经院学者亚里士多德式的逻辑做斗争。在大学任教时,瓦拉讲授了一门新的科目"雄辩术"。[1] 就如其他许多意大利人文主义者一样,瓦拉发现自己的职业就是当一名教师和拉丁语秘书;尽管瓦拉成为了一名牧师,可是它本质上是世俗的事业——甚至后来可能在教廷任职。从皮科克的意义上看,瓦拉既不是哲学家,也不是神学家,但瓦拉对这两者出现的问题很感兴趣。然而,瓦拉的兴趣并不那么具有逻辑性,而是充满了哲思。瓦拉认为,伦理学和基督教形而上学里的问题更容易得到解决,那就是通过严格检查它们的源头和语言,而不是通过辩证法或三段论。加林(Garin)说过,瓦拉力图"准确掌握语词最初的涵义,这个涵义超越了由传统逻辑讨论确立的涵义。为了找到一个语词最古老的涵义,瓦拉着力于确定此语词的内涵和外延。因此,他希望能找出语词所蕴涵的思想的源头所在"。[2]

瓦拉首先是一位文法家。他最大的成就可能就是他的文法作品《论拉丁语之优美》(*On the Elegancies of the Latin Language*)。瓦拉曾写过并说过,要为古罗马人恢复古罗马的语言,要让它重拾野蛮堕落前的荣光和纯净。这个举措十分可取,没有人文主义者会对此表示怀疑;古人是今人模仿的楷模,而惟妙惟肖的模

---

[1] Hanna Gray, "Valla's *Encomium of St. Thomas Aquinas* and the Humanist Conception of Christian Antiquity", in *Essays in History and Literature Presented to Stanley Pargellis*(Chicago, 1965), pp. 37—51. Villa's works have been reprinted by Eugenio Garin in *Monumenta politica et philosophica rariora*, ser. I, nos. 5—6 (Turin, 1962). 除了《颂词》(*Encomium*)之外,尤其相关的是《辩证的争论》(*Dialectical Disputations*)和《论拉丁语之优美》(*Elegantiae*),以及一些零星的讨论;cf. Francesco Adorno, "Dialcune orazioni e prefazioni di Lorenzo Valla", *Rinascimento*, 5(1954), 191—225。

[2] Eugenio Garin, *Philosophy and Civic Life in the Renaissance*, trans. Peter Munz (Oxford, 1965), p. 54; Gaeta, *Valla*, chap. 3, "La nuova filologia e il suo significato", pp. 77—126. 关于瓦拉的哲学及其历史观之间关系的最有用的最新讨论,参见 Donald R. Kelley, *Foundations of Modern Historical Scholarship*(New York, 1970), pp. 19—50。

仿取决于准确的知识。瓦拉着眼于提供知识，取得了前人未曾取得的成就。瓦拉表示，准确的拉丁语不是由规则决定的——当然，也不是像经院哲学家偶然提到的那样是由理性决定的，而是由经典作家作品的实际使用情况决定的。因此，文法学习不受逻辑学的限制；在瓦拉的手中，文法学习变成了历史学科。瓦拉足够聪明，他明白，拉丁语从一开始就是一门变化着的语言——正如我们所看到的，对皮科克来说，这有另外一层含义；然而，瓦拉更聪明的地方在于，他展示了古典作家和"粗俗"的中世纪作家在风格上的不同之处。根据一些用法上的证据，瓦拉不仅可以纠正中世纪的文法家，而且还可以纠正类似于普里西安（Priscian）的古典作家。①

《论拉丁语之优美》让整个欧洲明白了古典风格的涵义。作为文法家，瓦拉的作品显得更加多样化。瓦拉以典型的人文主义方式编辑、翻译和评论了古典作家，有希腊语作家，也有拉丁语作家。瓦拉对史学家特别感兴趣——希罗多德、修昔底德和李维（Livy）。瓦拉最典型也最不同寻常的是关于《新约》的一些作品。瓦拉和皮科克之间的差异再明确不过了。这俩人都意识到，文献就是一张"羊皮纸或牛皮纸"，是容易犯错的抄写员的作品。对皮科克来说，这无关紧要，可是对瓦拉来说，这举足轻重。如果一个人不依赖眼前的这种语言，他怎能明白圣经的涵义呢？皮科克毫不含糊地回答："通过理性的判决"；实际上，在一次讨论中，皮科克用一个观点明确地否定了文法对神学的价值。"文法和神学"，皮科克写道，"是两个相互分离的学科，它们有各自的界限和标准，彼此很难渗透"。② 当瓦

---

① 相关摘录可以在 Eugenio Garin, ed., *Prosatori latini del quattrocento*（Milan, 1952），pp. 594—631 查阅到；相关评论，参见 V. Rossi, *Il Quattrocento*（Milan, 1938）。在意大利之外，瓦拉被尊为"拉丁语的复兴者"（*linguae latinae restaurator*），参见 Franco Simone, *The French Renaissance*, H. G. Hall 译（London, 1969），p. 97。

② *Repressor*, I, 32—33.

拉声明自己的意图时,他可能就回答了这个英国人:"有些人否认神学应该受文法规则的支配,可是我要说,神学家应该遵守语言的规则,不管是口头语言,还是书面语言。"瓦拉说,可理解性面临着考验。在恢复圣经的真正涵义之前,必须先确定文本,消除抄写员和译者带来的变体和错误。瓦拉开始了这项工作。他校对了三份拉丁文手抄本和三份希腊文手抄本,如果可以的话,他会指出其中的语法错误和令人不快的翻译——甚至连哲罗姆也没逃过他的批评。瓦拉把《罗马书》(*Romans*)1.17中的"义人因信得生"修订成"义人必因信得生",这表明有多少东西正面临着危险。伊拉斯谟找到了瓦拉的笔记并于 1505 年出版;它们有助于启发下一位伟大的人文主义文法家处理这个问题。①

　　瓦拉首先是一位寻找错误的文法批评家。对语言的史实性的天然嗅觉让瓦拉可以异常感应到年代错误。瓦拉很快在各种意想不到的地方发现了年代错误,这是不是有点令人意外?就像皮科克一样,瓦拉质疑了《使徒信条》(*Apostles' Creed*)的作者身份;②和皮科克不同,瓦拉质疑了亚略巴古的狄奥尼修斯(Dionysius the Areopagite)的作品中的教义权威。至于耶稣写给国

---

① E. Harris Harbison, *The Christian Scholar in the Age of the Reformation* (New-York, 1965), p. 46. Gianni Zippel, "Lorenzo Valla e le origine della storiografia umanistica a Venezia", *Rinascimento*, 7 (1956), 103n.; A. Morisi, "La filologia neotestimentaria di Lorenzo Valla", *Nuova rivista storica*, 48(1964), 35—49. 这个文本最近被重新编辑过,参见 Alessandro Perosa, *Istituto nazionale di studi sul Rinascimento*, *Studi e testi*, I (1970)。关于瓦拉对古代史学家的批评作品,尤其可参 R. Westgate, "The Text of Valla's Translation of Thucydides", *American Philosophical Society Transactions and Proceedings*, 67 (1936), 240—51; G. Billanovich, "Petrarch and the Textual Tradition of Livy", *Journal of the Warburg and Courtauld Institutes*, 14 (1951), 137—208.

② *Book*, pp. 304—305, 以及在一部遗失的名为《挑衅者》(*The Provoker*)的作品中;参见 Gascoigne, *Loci*, pp. 104, 209。

王阿布加鲁斯（Abgarus）的信的真实性，瓦拉也不太满意。瓦拉的理智告诉他，《君士坦丁赠礼》明显是伪造的，他详细驳斥了那个文献，而该作品成了瓦拉的批判性杰作。不同于皮科克——他的作品陷入一场复杂而有难度的哲学论述，瓦拉的小册子是新古典风格里一部独立的作品。这部作品很快就引起共鸣，广为人知，影响巨大，就如人们所期待的，它在下个世纪的清教徒中的影响尤其惊人。

　　《关于君士坦丁赠礼的声明》（*Declaration on the Donation of Constantine*）不仅仅是一个关于文法的例子，同样也是人文主义骂战的代表作，是体现雄辩价值的一个极好例子。[1] 皮科克放弃了修辞学，就如他在《阻扰者》的一篇简短文章中放弃了文法一样。[2] 除了求助于逻辑学之外，皮科克的作品不曾试图通过其他的东西来说服读者。然而，瓦拉却发现皮科克——就如瓦拉发现其他经院作家一样——粗俗而荒谬。对瓦拉而言，求助于意志和情感是必要的，就如他曾求助于理性一样。雄辩，尤其是通晓历史的雄辩，要远远胜过任何哲学。"在我看来"，瓦拉在他的历史作品《阿拉冈国王斐迪南》（*Ferdinand of Aragon*）的前言中写道，"史学家的语言更严谨，而且和哲学家相比，史学家的箴言更具洞察力，也更有智慧"。[3] 瓦拉的《声明》既是一部修辞学作品，也是一部

---

[1]　Hanna Gray, "Renaissance Humanism：The Pursuit of Eloquence", *Journal of the History of Ideas*, 24（1963），497—515.

[2]　"从古至今，人类不仅习惯了用言语和文字来表达真理，而且也习惯了用言语和文字来表达收获的心情，表达美和美味。为了达到这个目的，人类开始使用修辞，有了修辞，他们的语言将变得更加生气勃勃。"然而，这只是为肉加入香料和调味汁，皮科克说，于哲学而言，不太合适（*Repressor*, I, 255）。

[3]　Valla, *De rebus a Ferdinando Hispaniarum rege et majoribus ejus gestis*, in Valla, *Opera omnia*（Basel, 1540），II, 6；参见 Garin, *Philosophy*, p. 55；Adorno, *Orazioni*, p. 194. 相反，皮科克专门驳斥了一个行为，那就是把历史上的例子当作装饰道德智慧的工具——这对人文主义修辞学家而言司空见惯。哲学的唯一工具是理性，而不是例子（*Ruele*, pp. 449—450）。

文法作品,两个学科的研究方法都用于一个特殊的历史问题。①

　　这本小册子一开头就一鸣惊人,它声明真理比死亡和教皇的职位更重要;这位人文主义者马上对自己的论述进行了概括。论述分为几个不同的部分。首先关注的是《君士坦丁赠礼》的貌似合理性。然后是讨论历史证据。接下来就是仔细阅读文献,揭示文本中的诸多错误和不一致的地方。最后就是用法律和道德论述结束这项工作。瓦拉是这样说的:读了《君士坦丁赠礼》,你就会明白,甚至只看表面,它就十分不可信。如果不怕麻烦,你就会发现,它完全没有证据支撑。另外,《君士坦丁赠礼》中充满了许多拙劣的错误,这些错误久足以表明它是伪造的。如果这还不行,那么你必须得承认,即使《君士坦丁赠礼》在历史上一直存在,它的不合法性和非道德也让人们无法接受它。

　　当论证不断展开时,它们在很大程度上明显依赖于广泛涉猎古典历史。关于可能性的论证——修辞学家最喜欢的武器——甚至也依赖于作者把自身放在君士坦丁或西尔维斯特的角度来思考某些行为的可能性及其可能带来的后果。瓦拉为每一个会对此作

---

① 瓦拉的小册子,*De falso credita et ementita Constantini Donatione declamation*,ed. W. Schwahn (Leipzig, 1928),首次出现在 1440 年。它由哈顿(Ulrich von Hutton)于 1519 年出版,这个版本曾于 1534 年重印格德福里(Thomas Godfray)的 *A Treatyse of the Donation Gyven unto Slyvester*(*Shot-Title Catalogue* 1475—1640, ed. A. W. Pllard and G. R. Redgrave [London, 1926], no. 5641)时用于英文翻译。译者似乎是玛西尔(William Marshall),他大约在同一时间翻译过 *Defensor Pacis*。参见 James K. McConica, *English Humanists and Reformation Politics*(Oxfor, 1965), pp. 136—37。我曾用过这个译本,这个译本是照字面翻译的,除了稍微有些添加之外,要优于最近由科尔曼(Christopher Coleman, New Haven, Conn., 1922)翻译的英译本。当我使用皮科克的文章时,我使用了现代的拼读方法,以便更好地比较这两个作者。至于哈顿的版本,参见 Hajo Holborn, *Ulrich von Hutten and the German Reformation*(New Haven, Conn., 1937), p. 81。关于克姆威尔(Tomas Cromwell)在英国宗教改革中使用的格德福里的作品,参见 *the Letters and Papers Foreign and Domestic of the Reign of Henry VIII*, ed. James Gairdner, VII (London, 1883), nos. 422—23。

出回应的人准备了一系列的说辞。在任何情况下,瓦拉说,他们都应该否定《君士坦丁赠礼》。更有说服力的是,瓦拉那时设想了赠礼具体会带来什么后果,设想了这件事是否真实发生过,并想找到相关的证据。例如,如果教廷真的已经得到了赠礼,那么接下来应该会发生一些事情:皇家庆祝会、周游行省,诸如此类。瓦拉问道:教皇为各个行省和城市挑选了什么样的管理者和统治者呢? 是否年老的地方行政官会被免职,而新的会走马上任? 发生了什么战争,又是谁领导了这些战争? 然而,并不存在什么证据,除非"一切都是在夜晚进行的,没人看见"。如果西尔维斯特曾掌权,那么又是谁把他撵走了? 因为西尔维斯特的继承者都没有控制罗马。"这是一个多么绝妙的机会啊,洒落了无数汗水和鲜血后才得到的罗马帝国终于获得了和平与宁静,不会落入基督教牧师之手……没有人知道或者可以说出是谁干了这些事。"①瓦拉问道:谁在那里? 谁会对帝国发生的事一无所知("如果他们熟知历史故事")? 关于帝国故事的记录保存得十分完好,是它的执政官、护民官和审查员吗? 在愤怒之中,瓦拉向《君士坦丁赠礼》的作者提出这样的要求:"关于那些事,你能提供什么记录或者作家作品呢?"显而易见,什么都没有,因为仅从表面来判断,《君士坦丁赠礼》根本就不可信。

瓦拉为一个更有说服力的故事(即君士坦丁持续的统治)提供了证据,以填补证据缺失的问题。有个叫欧脱罗比厄斯(Eutropi-us)的人,"见过君士坦丁和他的儿子";另外还有一些在君士坦丁改变信仰后铸造的印有其头像的金币,金币上还刻着历任皇帝的拉丁文名(不是希腊文)。为教皇铸造的钱币在哪里呢? 另外,那些享有盛誉的历史记录在谈及君士坦丁时,都说他自孩提时代起就是基督徒,远在西尔维斯特之前。"其生活的时代十分靠近君士

---

① Marshall trans., sig. f ii.

坦丁的时代"的尤西比乌斯和鲁菲努斯(Rufinus)也证实了这点，另外还有西尔维斯特的继任者，即教皇梅其阿狄斯(Melchiades)。①瓦拉不理会格拉蒂安(Gratian)的证据和《西尔维斯特生平录》，前者是后来篡改的，本不足信，后者总的来说是伪造的。当瓦拉后来回过头来思考《生平录》时，就像皮科克一样，他对《圣徒传》提出了质疑，但没有彻底怀疑它。关于圣人的生平并非全都是伪造的，"可是我不能忍受那些事件与寓言、谎言混合在一起"。真正的基督教不需要虚假的奇迹来支持它。然而，即使随意查看一下《西尔维斯特生平录》，也可以发现它是那个类型中的一个糟糕的例子。例如，《西尔维斯特生平录》讲述了一个故事：一条巨蟒用它呼出的毒气毁灭了罗马，只有吞下年轻的女子才能让它平静下来，最后，西尔维斯特把这条巨蟒困在它的洞穴里。这个故事可信吗？瓦拉用他所了解的关于龙的全部知识——古典知识和圣经里的知识——来否定这个貌似合理的故事。然而，这个故事只是《西尔维斯特生平录》中诸多令人难以置信的故事之一，这样的文献显然不可信。

瓦拉现在准备分析文本本身，他首先从文献学的角度大肆攻击了这个文本，一页接一页地批评，揭示《君士坦丁赠礼》中充满了语言错误和年代错误。有几个例子可以说明瓦拉的方法。礼物的名称，即"关于殊荣的大事记"(*paginam privilegii*)，本身就比较古怪。"你会把世俗的赠礼称作殊荣吗？"②在这样的文献里，人们会这样写吗？如果这个名称很荒谬，那我们该如何想象其余的名称呢？我们很快就听说了帝国的"总督"。有谁听到人们在罗马人的政务会上提到他们吗？纵使瓦拉遍览群书，他也不记得有什么罗马"总督"或行省"总督"。然而，在此处，我们可能会发现，他们

---

①　此处，瓦拉屈服于一部伪作，它从头至尾都和《君士坦丁赠礼》一样明显；参见 Coleman, trans., p. 73n.。

②　Sig. g. ii.

甚至比元老院还重要。有一些"贵族"（*Optimates*）以一种几乎不符合帝国习俗的方式被提及，有这样一个表述"服从罗马教廷的人"（*Romanae ecclesiae subiacens*），而不是"罗马人民"。瓦拉一篇接着一篇揭露了这个文献的语言错误。

在关注写作风格时，瓦拉揭露了这部作品里蹩脚而又不恰当的拉丁文。我们得知，君士坦丁挑选了一些使徒，"使他们成为他的仲裁者"，而不是"作为他的仲裁者"。瓦拉不禁疑惑："在那个时代，皇帝的抄写员（因为我不会说是马夫）是用这种方式说话的吗？"抄写员必定加入了不定式，让语词放一起时显得更加整齐！还有这样的表述"我们的帝国的力量"（*nostra terrena imperialis potestas*），"在那里，他加入了两个形容词而没有用连词连接它们"。而且，他用了"我们的帝国宁静而温和"，而不是"伟大而庄严"；用了"chief over the priest"，而不是"chief of the priests"。[①]

瓦拉拥有关于古罗马的卓越知识，这有助于他揭露其他类型的错误用法。因此，王冠是由黄金打造的，但本应该是由布做成。《君士坦丁赠礼》提到了罗马教皇的三重冠（Phrygium）："这些词用得多粗俗啊，有谁见过在拉丁文里用三重冠这个语词的？"因此，这个文献不仅站不住脚，而且有人揭露它是后来伪造的一个文献。瓦拉问道："这种粗俗的说话方式不就是最好的证明吗？圣歌不是在君士坦丁那个时代就伪造出来的，而是在很久以后才伪造出来的。"[②]关于瓦拉的论证还有很多，但他最后做了一个总结：即使《君士坦丁赠礼》是真的，它也是非法的，不道德的，因而是无效的。

据说，瓦拉撰写《关于君士坦丁赠礼的声明》的目的在于支持与教皇陷入领土纷争的拿坡里（Naples）国王。瓦拉为这部作品的修辞感到自豪。它是一部关于雄辩和修辞的作品，可是很显然，它

①　Sigs. g iv et seq. 关于时代错误还有其他例子，就如瓦拉在别处揭露了之前提到过的君士坦丁堡是主教的教区。瓦拉还批评了伪造品中的地理错误。

②　Sig. j ii.

也是一部一流的历史批评著作。瓦拉那时还没有掌握现代史学家
才能掌握的原始资料,但他掌握的资料范围远远超过了皮科克。
除了从希腊文和拉丁文文学典籍中获得的更广泛的知识外,瓦拉
还添加了来自钱币和铭文的信息。瓦拉十分熟悉 4 世纪的习俗、
法律形式和语言,这足以让他立刻断定《君士坦丁赠礼》是伪造的。
对人文主义者来说,古代的方方面面都十分有趣,从各种来源获取
信息已成为可能。现代研究思想就诞生于古典文献学家对文本阐
释的关注,对文本理解的关注。瓦拉将他一身的技能都用于《君士
坦丁赠礼》。历史问题驱使瓦拉核查所有的相关原始资料,而不只
是比较手头的原始资料。瓦拉蔑视那些作者不详的伪造作品,这
在一定程度上是源于他对修辞的态度;这也正是人文主义者面对
作者的无知及其蹩脚的拉丁文时的真实反应。无声的证据以及后
来的事件的矛盾之处比皮科克的证据更有说服力,因为瓦拉掌握
的知识更广博、更权威。瓦拉对原始资料进行了比较,这显得更可
靠,即使他把某些论证视作理所当然,即使他也会犯一些重大的错
误。最后,瓦拉最重要和最具说服力的论证还是"文法"论证,它给
了《君士坦丁赠礼》致命的 击。瓦拉回到文本,让它们屈从于系
统的文献批评。通过思考原始资料的语言,并把它们置于当代的
情境中,瓦拉重新理解了它们的涵义和意图——这至少足以断言
《君士坦丁赠礼》犯了年代错误。事实表明,文艺复兴的文法比经
院派逻辑更有利于解决历史问题;和其竞争对手(即专业的神学
家)相比,人文主义者是更优秀的史学家。①

　　瓦拉还有很多事情要做,可是他并没有做。现代史学家并不
满足于毁灭性的论证。如果《君士坦丁赠礼》并非它声称的那样,

① 可参另外一个例子,瓦拉嘲弄教皇职权的正当性,皮科克和许多人也提出过,塞法
斯(Cephas)是别人给彼得(Peter)加的名字(Babingtong, *Repressor*, I, xxiv)。关
于这个错误的源头,参见 Walter Ullmann, *The Individual and Society in the
Middle Ages* (Baltimore, Md., 1966), p. 9n. 。

那它到底是什么呢？这部作品是什么时候写的，又为什么而写？[1]瓦拉突然中止的原因显而易见。瓦拉不是在撰写历史，而是在论战。瓦拉已经满足了其赞助人的要求，满足了修辞学的要求，也满足了辞藻华丽的雄辩术的要求。[2] 以细致而审慎的方式讲述君士坦丁的统治或教皇短暂的任期，这个任务似乎要留给后人了。实际上，这个任务超出了瓦拉及其同时代人的能力范围，或者他们至少对这个任务不怎么感兴趣。雄辩术限制了学术技巧的使用；在书写历史时，修辞和文法长期处于矛盾的状态。史学家过了很久才学会系统地使用人文主义文献学的技巧重建过去。在大多数情况下，人文主义者对中世纪并不感兴趣，只是对它抱有一丝同情。从古代到中世纪乃至文艺复兴，文化发生了诸多变化，人文主义者对这些变化很敏感，这种敏感唤醒了历史敏锐性而又限制了它。鉴于古典复兴不仅包括理解变化，而且包括评判变化，这种评判会产生一种效果，即它会限制人们对古代之后漫长岁月的兴趣，限制人们对它的理解。[3]

我们不应该太过急于用现在的标准来评判过去。如果皮科克和瓦拉以不同的方式且在不同程度上没有达到现代史学编撰的标准，那么，我们就不应该像那些更加肤浅的批评家赞扬他们具有现

---

[1]　至于现代社会在建设性证据上付出努力的例子，可参 Paul Scheffer-Boichorst, "Neue Forschungen uber die Konstantinische Schenkung", in *Mitteilungen des Instituts fur osterr. Geschichtsforschung*, 10 (1890), 128ff. 。通过仔细检查其写作风格、词汇和思想，他认定斯蒂芬二世(Stephen II)或保罗一世(Paul I, 752—767年)的教皇法庭是伪造的，现在人们普遍支持这个结论。其他的观点可参 Maffei, *La Donazione*, pp. 7—9; Ullmann, *Growth*, p. 74n. 。

[2]　多林格(Dollinger)这样描绘瓦拉的著作："是艺术作品，是一场辞藻华丽的雄辩，而不是平淡的历史研究。"正因为如此，他更喜欢皮科克(*Fables*, p. 175)。

[3]　例如，凯莱(Kelley)曾评论，瓦拉用技巧分辨几种古典风格和时期(并揭示真正的历史相对主义)，可是轮到中世纪时，"他的分辨能力随着厌恶感的增加而降低"。罗马的衰落对瓦拉而言，就只有衰退和瓦解。因此，他不愿意用任何方式去确定《君士坦丁赠礼》的日期或讨论它，除了表明它不是经典之外(Kelley, *Foundations*, p. 37)。

代性一样去谴责他们。我们不应该把他们使用的不同技巧或者他们对待历史的不同态度混为一谈,它们在本质上没有什么相似之处。关于这两点,很显然,我们更接近瓦拉;未来的历史方法属于文艺复兴时期的文献学,而不是中世纪的逻辑学。至于瓦拉的技巧是如何从文献学和论战转变成系统而具建设性的史学编撰方法的,仍不为人所知。无论如何,我们可以确定的是,直到《君士坦丁赠礼》被揭露后很久,它才实现这种转变。

第三章 古文物研究事业(1500—1800)

一

历经二十载,最终出版了6册四开本著作后,吉本考虑对《罗马帝国衰亡史》做一次总结。吉本记得,意大利人文主义者波焦(Poggio Bracciolini)坐在古罗马遗迹卡彼托山(Capitoline)上,思考着命运的无常。波焦写道:"卡彼托山曾是罗马帝国的龙头,是尘世的堡垒,是国王们的恐惧……一道世界奇景,它怎么就衰落了! 改变了! 被损毁了!"吉本记得,波焦的第一反应就是立刻为肉眼可见的遗迹列一份清单,好像在某种程度上,他可以扭转那次可怕的衰落并恢复原来的宏伟奇观的某个部分,即根据他的想象重建古罗马的桥梁、拱门、庙宇、浴室、剧院、纪念柱、坟墓、城墙和大门。① 大约300年后,当一个年轻的英国人在那里憩息时,他自

① Edward Gibbon, *The History of the Decline and Fall of the Roman Empire*, 7 vols., ed. J. B. Bury (London, 1900), VII, lxxi, 302; Poggio Bracciolini, *Ruinarum urbis Romae description*, composed about 1431 and printed in *De varietate fortunae* (1723; reprinted, Bologna, 1969), pp. 5—39. 参见 Angelo Mazzocco, "Petrarcha, Poggio and Biondo: Humanism's Foremost Intepreters of Roman Ruins", in *Francis Petrarch*, *Six Centuries Later*, ed. Aldo Scaglione (Durham, N. C., 1975), pp. 353—363。

然而然地也被同样的思绪所触动,当然,也就是在那里,他构思了自己伟大的作品。如果波焦不是第一个而吉本也不是最后一个从那些萧索的废墟中获得灵感的人,那么他们的日期(约 1447—1764 年)几乎标示了相同的时间间隔,在这期间,关于古代的研究得到蓬勃发展,并开始在西欧衰落。[①]

　　古文物研究的冲动源自复兴古代。人们对古典文学充满仰慕之情,这种仰慕之情首先在意大利文艺复兴中苏醒,随后在几代人当中蓬勃发展,并成为了欧洲教育和文化的基底;而古文物研究的冲动就是这种仰慕之情的副产品。[②] 人文主义者创造了它,滋养了它,另外,正如我们所看到的,十分矛盾的是,也限制了它。关于古典复兴的发端,所述颇多,但关于它历经了几百年的各种不同情境则所述较少。如果我们很难理解为什么欧洲人在错过 1500 多年后仍认为有必要羡慕和模仿古典作家,那么,我们就更难理解为什么在那么长的时间里,欧洲人还是保留了人文主义文化。毋庸置疑,从波焦在文艺复兴时期的佛罗伦萨接受严格的训练,到吉本在英国的乔治亚州接受非正规的教育,真正重要的其实只是经典的拉丁和希腊文作品。15 世纪的意大利人和 18 世纪的英国人自然拥有相同的抱负,他们通过追随古人而在文学上享有盛誉,即使其中一方用拉丁文写作,而另一方用拉丁化的英语和法语写作。

　　简而言之,我认为,古典文化在早期现代社会的延续性并没有得到足够的重视。吉本和波焦之间的联系根本不是想象出来的,

---

① Edward Gibbon, *Memoirs of My Life*, ed. Georges A. Bonnard (London, 1966), pp. 133—34. 吉本的文学灵感直接来源于 Conyers Middleton, *Life of Cicero* (London, 1741);参见 Melvyn New, "Gibbon, Milddleton and the 'Barefooted Fryars'", *Notes and Queries*, 223 (1978), 51—52。

② Jacob Burckhardt's chapters in pt. III of *The Civilization of the Renaissance in Italy*(1860), S. G. C. Middlemore 译(New York, 1929),仍具有参考价值,但现在还可参 Roberto Weiss, *The Renaissance Discovery of Classical Antiquity* (Oxford, 1969);Arnaldo Momigliano, "Ancient History and the Antiquarian", in *Studies in Historiography*(New York, 1966), pp. 1—39。

18 世纪始终对文艺复兴心存感激。甚至连《书之战》(*War of the Book*)中的"现代人"——他们想让英国文学摆脱对古代的过度依赖——也为始于莫尔、伊拉斯谟时代的语言和文化方面的新古典主义改革而喝彩,他们继续蔑视中世纪,觉得(就如吉本)中世纪十分野蛮,因为他们认为在那个时期,没有人理解或欣赏优秀的拉丁文作品。倘若现代人对当下和未来而不是对"古代人"更有信心,那么他们会犹豫要不要轻视古代并继续利用来自古典作家的提示——人文学科。①

　　毋庸置疑,教育建立了这种联系;一旦学校在 16 世纪修改了课程,并且对拉丁和希腊文作家产生独一无二的依赖,那就不会有进一步的改变了。每一个有教养的欧洲人将用这两种古典语言和大量的古典学识开始他们的生活。如果莱尔(Lyly)的拉丁文法已在 16 世纪初由圣保罗学校的创立者编辑过,那么在 18 世纪,人们仍将其当作一流的文法加以利用。如果阿沙姆的《校长》(*School-master*)已详细阐释了维多利亚时代古典模仿的理论和实践,那么在两个世纪后,它仍值得再次出版,并由约翰逊(Samuel Johnson)为其作序。②接受过古典教育的绅士的理想实际上得到了几乎完美的延续,从亨利八世时期的埃利奥特到乔治三世时期的沃波尔(Horace Walpole)和查斯特菲尔德(Chesterfield)伯爵,但或许只是在伯克(Burk)、彼得(Pitt)和福克斯(Charles James Fox)的黄金时期得到了最好的体现。尽管偶尔会出现模棱两可的情况(在很大程度上源于宗教异见),尽管在作者(从西塞罗到塞涅卡[Seneca],从荷马到维吉尔,循环往复)的选择上出现过波动,可是

---

① Joseph M. Levine, "Ancients and Moderns Reconsidered", *Eighteenth Century Studies*, 15 (1981), 72—89.

② 在阿沙姆的英文著作中,由本尼特(James Bennet, 1771)编辑。厄斯托普(William Elstop)在 1773 年印制了阿沙姆的拉丁信函;James Upton, *the Schoolmaster* in 1742. 沃德(John Ward)在 1732 年修正了莱尔的文法,后来又在 1758 年为伊顿公学(Eton College)修订了一次。

几代人表现出他们的知识逐渐得到了深化,他们更加熟练地掌握了古典风格,并坚持不懈地献身于这样或那样的古典理想。

毫无疑问,支撑他们献身古代的其中一个因素就是信念,这个信念在那个时期比较普遍,那就是,古典作品对统治阶级的生活和工作具有实际价值。根据文艺复兴时期的人文主义者的教导,对政治家来说,最有用的训练就是精通古代文学和历史中的修辞及政治范例;在那时,务实的政治家都毫不犹豫地接受了这个建议,从亨利八世、克伦威尔——这俩人负责自己的孩子的教育——到英国文学全盛时期的伟大议会演说家。他们乐意为新知识付出代价(尽管老师对此从来都不怎么满意),并把自己等同于古代的统治阶级,这些统治阶级不仅为自己吟诗作赋提供模板,而且还为自己的生活、政治活动乃至征服一个地方后该建什么样的房子提供模板。和意大利及欧洲大陆相比,英国较晚才重现古代,但英国做了一些修正,并最终迎头赶上。根据这个优势,18世纪的英国新古典主义不能只被看作一种特殊风格的名称,而应该被看成在许多代人以前就已开始的某种趋势已然走向了成熟。

长期专注于古典作品和古代文学的教育价值,就是数个世纪以来古文物研究思想和活动的背景。当它首次在意大利出现时,对古典作品的钦慕之情就激发了人们对古代遗迹的兴趣。彼特拉克把关于意大利和罗马的古代地志学的注解写在李维和尤西比乌斯抄本的空白处;坍塌的城墙、拱门、浴场和圆形露天剧场触动了彼特拉克——就像后来的波焦和吉本一样。[①]当彼特拉克于1337年首次造访罗马时,他写下了一篇令人难忘的信件,在该信件中,

① Robert Weiss,"Petrarch the Antiquarian", in *Classical*, *Medieval and Renaissance Studies in Honor of B.L.Ullman*, ed. Charles Henderson (Rome, 1964), II, 199—209; Weiss, *Renaissance Discovery*, pp. 30—47; Pierre de Nolhac, *Petrarque et l' humanisme*(Paris, 1382), pp. 263—266; Angelo Mazzocco, "The Antiquarianism of Francesco Petrarch", *Journal of Medieval and Renaissance Studies*, 7 (1977), 203—24.

彼特拉克描述了他的城市之旅,试图确定一些重大历史事件发生的地点。① 如果彼特拉克常常把他看到的东西弄错,缺乏现成的向导,那么当他尝试在他的史诗《阿非利加》(*Africa*)中重构罗马共和国时,他应该会有些力不从心,即使这有望成为未来最伟大的古文物研究活动之一。彼特拉克对古币和铭文十分感兴趣,并曾常常用它们来阐述和解释他的读物中的引语,他的兴趣预示了那些醉心于古典作家的人文主义者的研究方向。彼特拉克的朋友黎恩济(Cola di Rienzi)最先看到古罗马古迹的政治用途,在他的想象中,这些古迹和古罗马共和国的文学一样栩栩如生,即使上一代的人几乎无法理解它们。②

　　到了波焦的时代,人文主义不再只局限于几个人,它已成为一场生机勃勃的思想运动,成为拥有强大支持的正规教育体系。恢复古典作家作品的努力全面展开,尤其是波焦发现了西塞罗、昆体良、普劳图斯等人遗失的作品。当人们阅读和模仿这些手稿时,关于这些手稿的真正涵义以及如何阐述它们变得更加紧迫,文艺复兴时期的文献学由此诞生了。每个文本都必须得到修复、破译、校对、编辑和阐述。人们立刻明白了,古时的实物遗存(material remains)应该有助于阐述古典作家,反之亦然:事物可以用来解释语词,古代文学可以用来解释古代世界的遗迹。波焦不满足于只进行描述,他开始交叉考证古代遗迹和书面原始资料。波焦发现了弗朗提努(Frontinus)在蒙特卡西诺(Montecassino)的珍稀手稿,对于观察罗马的沟渠而言,这份手稿显然颇有价值。波焦甚至设法充分利用古希腊作家——现在突然向文艺复兴的佛罗伦萨人

---

① Petrarch, *Rerum familiarum*, VI. 2, trans. Aldo Bernardo (Albany, N. Y., 1975), pp. 290—295.

② "Modern epigraphy starts in the political sphere." so Fritz Saxl, "The Classical Inscription in Renaissance Art and Politics", *Journal of the Warburg and Courtauld Institutes*, 4 (1941), 19—46.

开放的古希腊作家。波焦的考古学仍然缺乏体系,而且还不断犯错,然而,他十分了解古文物研究的诸多可能性。

它们是什么? 首先,正如我们所看到的,历史遗迹可以用来重现古代文学和历史事件中的场景。当吉本攀登卡彼托山的台阶时,他曾回想"每个令人难忘的地方,例如,罗慕路斯曾站立的地方,塔利(Tully)发表过演说的地方或者凯撒倒下的地方,都呈现在我面前,在进行冷静而详细的调查前,我会享受几天醉人的时光,或者这种时光也会消失"。[1]适用于卡彼托山的东西也可以延伸至整个古代世界,例如,坎帕尼亚大区(Campagna),波焦和吉本试图在那里寻找西塞罗的旧宅;[2]还有古罗马帝国的所有行省,其中包括罗马不列颠(Roman Britain);当旅行变得更容易时,甚至还会包括希腊和东方。近代早期这些直观的想象不只是由眼前的古文物激发的,正如我们所知道的,艺术家和建筑家(还有他们的资助人)再次受到相同欲望的指引,而这种欲望就是去模仿曾经支配了人文主义者的古代社会。自波焦那一代人开始,这个故事一直持续着;据说,那时,为了复制历史遗迹,布鲁内勒斯基(Brunelleschi)和多那太罗(Donatello)特意参观了罗马,不久后,曼帖那(Mantegna)在嘎达湖(Lake Garda)完成了他的古文物研究之旅,[3]直到文艺复兴的巅峰及以后,直到每一位艺术家都可以找到一种方式、每一位绅士都有钱去罗马带回一包皮拉内西(Piranesi)的印刷品或类似之物,并将

---

[1]　Gibbon, *Memoirs*, p. 134.

[2]　Piggio to Niccoli, Sept. 27, 1430, *Two Renaissance Book Hunters: The Letters of Poggius Bracciolini to Nicolaus Niccoli*, trans. Phyllis Gordon (New York, 1974), pp. 167—170.

[3]　H. W. Janson, "Donatello and the Antique", in *Donatello e il suo tempo* (Florence, 1968), pp. 77—96; Isabelle Hyman, ed., *Brunelleschi in Perspective* (Englewood Cliffs, N. J., 1982), pp. 15—19; Richard Krautheimer, *Lorenzo Ghiberti* (Princeton, N. J., 1982), pp. 277—305; Millard Meiss, *Andrea Mantegna as Illuminator* (New York, 1957), pp. 55—56.

其放在工作室或图书馆,而脑海里也依然会保留着年轻时读到过的场景。

最先对古罗马历史遗迹进行系统性调查的是与波焦同时代的比昂多(Flavio Biondo,1453 年的《修复的罗马》[*Roma instaurata*]),比昂多也是第一个对意大利进行系统研究的人(《修复意大利》[*Italia restaurata*],1457—1459),以此为基础,一代又一代人为修复工作添砖加瓦。古代地理学家斯特拉波(Strabo)和鲍桑尼亚(Pausanias)为如何把地质描述和古迹研究结合起来提供了一种粗略的模式,而托勒密(Ptolemy)和《安东尼的行程》(*Antonine Itineraries*)则为古代城市和道路的下落提供了诱人的线索。在 18 世纪,吉本十分倚重纳尔迪尼(Nardini)关于罗马的"精巧论述",吉本花了 16 天时间读完这些论述,他十分钦佩论述所展示的学识和准确性;关于意大利,吉本倚重的就是克卢维里厄斯(Cluverius)了,"克卢维里厄斯是博学的本地人,徒步丈量了每个地方,领会了古代作家的每篇文章"(吉本甚至一度想效仿斯特拉波和克卢维里厄斯,撰文描述意大利)。[①] 如果在复兴之初,彼得拉克只能悲叹古代历史遗迹被损毁,[②]那么,比昂多及其继承者则相信他们至少可以恢复关于历史遗迹的记忆。即使古文物研究者对典雅的文字几乎没有什么渴求,他们也绝不会忘记,文学复兴和新的学术研究之间存在直接的联系。"因为这个世纪",比昂多写道,"见证了艺术尤其是雄辩术和文学艺术的崛起,因为这些研究让我们产生了强烈的

---

① Edward Gibbon, *Le journal de Gibbon a Lausanne* 1763—1764, ed. Georges Bonnard (Lausanne, 1945), pp. 42ff., 89ff.,以及 *Memoirs*, p. 132. 关于 Biondo,参见 Bartolemeo Nogara, ed. *Scritti inediti e rara di Biondo Flavio* (Rome, 1927); Denys Hay, "Flavio Biondo and the Middle Ages",*Proceedings of the British Academy*, 45 (1959), 99—128; Dorothy M. Robathan, "Flavio Biondo's *Roma Instaurata*",*Medievalia et Humanistica*, n. s. 1 (1970), 203—16。

② 参见彼特拉克的 *De remediis utriusque fortunae*,在英国名为 *Physicke against Fourtune*, Thomas Twyne 译(London, 1579), p. 148v。

理解过去的愿望,所以我决定尝试一下……尝试恢复古址和古人,重新发现现有城市的起源,让已被损毁的城市恢复生机,让人们记得它们,换言之,就是阐述意大利历史上晦暗不明的部分".[1]

其次,古代的实物遗存可以提供具体的与过去相关的信息,可以用来阐述日常活动(习俗、习惯、服饰等等),重现一些已经消逝的时间和人物,并澄清文学作品中某些语义含糊的篇章的真正涵义。在此处,古代的瓦罗就是一个例子,人们间接地了解他撰写的关于古代的部分作品。[2] 古代世界的铭文和钱币,其中很多是拉丁语和希腊语,被雕刻和铸造出来就是为了收获它们该收获的东西。波焦尽力收集这两样东西,吉本准备参观罗马,调查关于这个主题的现有知识。[3] 波焦的朋友安科纳的希瑞科(Ciriaco of Ancona,1391—1453)实际上创造了新科学,他游历了地中海——不管是东边还是西边,并在他的手稿里收集、记录关于铭文的评论,这可用来发现古代的生活。[4] 我们得知,在 1421 年,当希瑞科在思考图拉真(Trajan)拱形头饰上的文字时,他下定决心终身从事这项事业。希瑞科的评论类似于旅行日记(预测即将到来的诸多东西),在旅行日记

---

[1]　Flavio Biondo,*Italia illustrata*,bk. Viii(1474),Gerald Strauss 译,in *Sixteenth-Century Germany*,*Its Topography and Topographers*(Madison,Wis.,1959),p. 18. 另可参乔康达(Fra Gioconda)写给美第奇(Lorenzo de' Medici)的一封声情并茂的信,格林尼(T. M. Greene)曾引用过,参见 *The Light of Troy*(New Haven,Conn.,1982),p. 9。

[2]　*Antiquitates divinae et humanae* 似乎为科学起了名字;这个语词在 15 世纪就启用了,据莫米利亚诺(Momigliano)说,只有罗斯拉斯(Rosinus)接受了其最初由瓦罗赋予的涵义,参见 *Antiquitatum romanarum corpus absolutissimum*(1583),"Ancient History",pp. 5—6。

[3]　Piggo,*Two Renaissance Book Hunters*,pp. 114—15,127—33;Gibbon,Memoirs,pp. 132—132。

[4]　Bernard Ashmole,"Cyriac of Ancona",*Proceedings of the British Academy*,45(1959),25—41;Paul Mackendrick,"A Renaissance Odyssey:The Life of Cyriac of Ancona",*Classica et Medievalia*,13(1952),131—45;Edward W. Bodnar,*Cyriacus of Ancona and Athens*,Collections Latomus,43(Brussels,1960). 波焦还收集了铭文:Mazzocco,"Petrarcha,Poggio and Biondo",p. 358。

中,他记录了和古代遗址相关的描述、来自古典作家的文章,还有废墟的轮廓,而记录得最多的也许是铭文的副本,其中许多直接来自纪念碑。希瑞科说他的目的和比昂多一样,即"唤醒死去的人",在活着的人中间恢复古代人的生活。尽管希瑞科本人的拉丁语比较笨拙而对希腊语的反应也比较迟缓,可他从随身携带的古典作家作品中找到了灵感;人们相信(即使这个片段不足为凭),1452年,在拜占庭的城墙下,希瑞科向苏丹(Sultan)朗诵了李维的作品。就像比昂多一样,希瑞科所付出的努力为那些想为其工作添砖加瓦的人和想改善其方法的人奠定了基础。①

最后,实物遗存仍然有吸引力,它可以被当作艺术目标,成为那些受过古典教育的人的房子或图书室的装饰品。就如在其他地方一样,在此处,古代有先例。波焦让美第奇(Lorenzo de'Medici)在《论高贵》(*On Nobility*)里的一则对话中说道:

> 即使古代最博学的人也会花时间和精力学习雕刻和绘画。西塞罗学了一样,瓦罗和亚里士多德以及其他古希腊人和古罗马人⋯⋯用艺术装饰他们的图书室和花园,让它们变得十分高雅,以展示他们不俗的品味和他们为之付出的努力。他们相信,把那些追求荣誉和智慧之人的形象摆在面前,就可

---

① Julian Raby, "Cyriacus of Ancona and the Ottoman Sultan Mehmed II", *Journal of Warburg and Courtauld Institutes*, 43 (1980), 242—46. 至于文艺复兴铭文学后的历史,参见 Weiss, *Renaissance Discovery*, pp. 145ff. 。Charles Mitchell, "Archaeology and Romance in Renaissance Italy", *Italian Renaissance Studies*, ed. E. F. Jacob (London, 1960), pp. 455—83; Charles Mitchell, "Felice Feliciano Antiquarius", *Proceedings of the British Academy*, 47 (1961), 197—221; Erna Mandowsky and Charles Mitchell, *Pirro Ligorio's Roman Antiquities* (London, 1963), pp. 1—49; F. de Zulueta, *Don Antonio Agustin* (Glasgow, 1939). 关于追随比昂多的人,参见 Roberto Weiss, "Andrea Fulvio antiquario romano(c. 1470—1527)", *Annali della Scucla Normale Superiore di Pisa*, ser. 2, 28 (1959), 1—44。

以让灵魂变得高尚，唤醒灵魂。①

　　波焦竭力为自己的花园寻找古代雕像，这有助于形成一种足以延续几个世纪的时尚。如果英国人在这方面有点落后的话，那么到了 17 世纪，他们便开始占有失去的阵地；当克顿（Robert Cotton）爵士决定把自己宏大的图书室的各个部分隔开时，他用的就是古罗马皇帝的半身像（这后来变得很普遍了）。②另外，亚伦道尔（Arundel）伯爵不得不和白金汉公爵（Duke of Buckingham）以及国王一较高下，以确保来自东方的大理石以他的名字命名，而这些都并非偶然。

　　这些活动带来的后果就是，直至 1500 年，意大利人文主义者发现了许多问题，他们发展了在接下来的 200 年间让欧洲古文物研究者为之着迷的大部分技巧。当波焦在 1418—1422 年走访英国时，他发现英国社会仍然处于中世纪，并在很大程度上漠视古典作家，而且也没有意识到古典遗迹的存在。③当卡克斯顿（William Caxton）于 50 年后在威斯敏斯特支起了印刷机时，他几乎没什么了解古代的直接通道（即使期间断断续续地有些活动）；卡克

---

①　Poggio, *On Nobility*, trans. Renee N. Watkins, in *Humanism and Liberty*(Columbia, Mo., 1978）, pp. 122—23, 146—47, 166—67. 参见赫恩（Thomas Hearne）:"古希腊人和罗马人很喜欢古文物，他们过去常常把它们看得很神圣，用它们来装饰自己的房子和宫殿。因此，古希腊和罗马人用盔甲、武器、奖杯、雕塑、瓮、桌子和铭文装饰他们的神庙和楼宇的门厅及走廊。他们不惜一切代价接触它们；而且……罗马的公民谨慎地模仿了他们的祖先"(May 15, 1712, *Remarks and Collections*, Ⅲ, ed. C. E. Doble. Oxford Historical Society, 13〔Oxford, 1889〕, 419）。

②　J. A. W. Bennett, *Essays on Gibbon*(Cambridge, 1980）, p. 27n. ;关于 Gotton,参见 Kevin Sharpe, *Sir Robert Gotton* 1586—1631(Oxford, 1979）, p. 72;关于 Poggio,参见 Weiss, *Renaissance Discovery*, pp. 183—184;Poggio, *Two Renaissance Book Hunters*, pp. 117—118。

③　Roberto Weiss, *Humanism in England during the Fifteenth Century*(Oxford, 1957）,pp. 13—21。

斯顿认为古罗马人是充满传奇色彩的骑士,和他那个时代的人没有多大的区别。最棒的古罗马指南就是奥古斯丁修会会士开波格拉乌(John Capgrave)撰写的《朝圣者的慰藉》(*Ye Solace of Pilgrimes*)。① 直到英国第一代真正的人文主义者诞生后,英国的古文物研究故事才真正开始。古典作家的读物和用古典修辞术培养统治者,像以往一样,唤起了人们对古代历史遗迹的强烈兴趣。

二

英国第一位有影响力的古文物研究者是里兰德(John Leland)。的确,在 15 世纪或之前的一些时候,人们对早期遗迹表现出了兴趣,不过这种兴趣具有偶然性,有些随意,明显没有章法,没有对过去和现在的文化进行文艺复兴意义上的区分,另外也没有产生直接的影响。② 里兰德非常骄傲地为自己冠上古文物研究者的称号,在这个方面,里兰德让英国朝着文艺复兴前进了一大步,就如几年前,伊拉斯谟、莫尔和他们的那个圈子让整个国家明白了古典作家的价值一样。③ 早期的人文主义者培育

----

① John Capgrave, *Ye Solace of Pilgrimes*, ed. G. A. Milles (London, 1911); cf. the twelfth-century *Mirabilia Urbis Romae*, Francis M. Nichols 译(London, 1889),以及格利高里(Master Gregorius)的相似作品,由詹姆士(M. R. James)发表于 *English Historical Review*, 32 (1917), 531—54。

② 关于威廉(William of Worcestre,1415—1482)和罗尔斯(John Rous,1411—1491)先前的断言,参见 T. D. Kendrick, *British Antiquity*(London, 1950), pp. 18—33; K. B. McFarlane, "William Worcestre, A Preliminary Survey", in *Studies to Hilary Jenkinson*, ed. J. C. Davies (Oxford, 1957), pp. 196—221; John H. Harvey, ed. *William of Worcestre*: *Itineraries* (Oxford, 1969), pp. ix—xii; Antonia Gransden, *Historical Writing in England II*(Ithaca, 1982), pp. 308—341。

③ Kendrick, *British Antiquity*, pp. 45—64; [William Huddesford], *The Lives of Those Eminent Antiquaries John Leland*, *Thomas Hearne*, *and Anthony a Wood*, I (Oxford, 1772). 关于里兰德"古文物研究者"的称号,参见 Momigliano, "Ancient History", pp. 27—28。

了里兰德,里兰德先是在圣保罗学校读书——那时,克里特(John Colet)刚刚通过了一套规章对学校做了一些调整,并把中世纪的作者排除在外,后来,他又进入了两所大学。里兰德在用拉丁文撰写的隽语里①阐述了这些学校的历史,赞美了它们的教学,而且也特别表达了自己对莱尔(William Lyly)先生——圣保罗学校的第一任校长——的感激之情,就像其他许多人一样,这位校长去过意大利,他的足迹远至希腊(这点超越了其他人),并在那里完成了学业。里兰德在巴黎住过一段时间(1526—1529),随后来到北方人文主义中心,在那里,里兰德遇见了许多伟大的人物并向他们虚心求教,其中包括令人敬畏的布德(Guillaume Bude)——那个时代的古希腊研究泰斗和钱币收藏家。② 里兰德似乎从未去过意大利,即使他似乎曾考虑过去一趟。也许这并不重要,就像先前的伊拉斯谟一样,里兰德在伦敦和巴黎遇到了给他留下深刻印象的学者,他们让他发现,他需要学习经典拉丁和希腊语作品。里兰德本想成为诗人,可是回到英国时,他已然成为了一名成功的古典学家。在巴黎,里兰德初次尝试了古文物研究,并开始搜寻古代的手稿。在那里,里兰德发现了中世纪的拉丁诗人埃克塞特的约瑟夫(Joseph of Exeter),这激励里兰德去寻找更多的诗人。

　　一回到英国,里兰德就在教会得到了晋升,并最终得以为亨利八世工作。自那以后,里兰德不断得到国王的赞助,他还协助修建了皇家图书馆。里兰德一直坚持撰写并发表拉丁诗歌,他手法熟

---

① 里兰德的许多赞美辞首先出版于 1589 年,并重印于 Hearne, *Remarks*, v. 81—167;尤可参见 "Instauratio bonarum literarium", p. 137,以及 Hoyt H. Hudson, "John Leland's List of Early English Humanists", *Huntington Library Quarterly*, 2 (1939), 301。

② James P. Carley, "Leland in Paris", *Studies in Philosophy*, 83 (1986), 1—50;关于布德的钱币收藏学,参见 L. Delaruelle, *Guillaume Bude* (Paris, 1907), pp. 139ff. 。

稔,假如没有很大差异的话。① 随着修道院的解散,里兰德承担了他的第一项严肃的考古任务:彻底检查老图书馆里的古代手稿,为国王挑选一些,为他自己也挑选一些,并为余下的诸多手稿列个清单。② 里兰德欣然接受了这个变化,但对于已失去的东西,他也有些哀恸;对里兰德和后来的几代人来说,修道院有点像古代遗迹:换言之,像遗失的时代的历史遗迹。③ 即使中世纪时代不是黄金时代,即使野蛮和迷信毁掉了它(在文艺复兴时,这司空见惯,吉本继承了这点),可它还是构成了英国史的主体,我们不能剥夺一个王国的过去。在 16 世纪,民族情感迅速滋长,为古文物研究兴趣提供了强大的动机;宗教、政治起到推波助澜的作用。里兰德知道如何利用历史为亨利王朝和古罗马的决裂辩护。1540 年左右,里兰德撰写了一篇旨在支持宗教改革的拉丁论文 *Antiphilarchia*,不过目前只有原稿。

对英国古文物研究而言,把古典教育和爱国、宗教结合起来不愧是一剂良方。人文主义者彻底粉碎了中世纪的一个观点,即过去是持续而无差别的,人文主义者呼吁人们关注手稿和历史遗迹中那些预示了变化的证据。④ 在意大利,比昂多已经从古文物

① Leicester Bradner, *Musae Anglicanae* (London, 1940), p. 30; "Some Unpublished Poems of John Leland", *MLA*, 71 (1956), 827—36; James P. Carley, "John Leland's *Cygnca Cantio*: A Neglected Tudor River Poem", *Humanistisa Lovaniensia*, 32 (1983), 225—41. 里兰德在 1542 至 1546 年间发表了 7 首拉丁诗歌。

② J. R. Liddeli, "Leland's Lists of Manuscripts in Lincolnshire Monasteries", *English Historical Review*, 54 (1939), 88—95; 格雷(James P. Garley)曾许诺出版带注解的版本。

③ Margaret Aston, "English Ruins and English History: The Dissolution and the Sense of the Past", *Journal of the Warburg and Courttauld Institutes*, 36 (1973), 231—55。

④ Theodor E. Mommsen, "Petrarch's Conception of the 'Dark Ages'", in *Medieval and Renaissance Studies*, ed. Eugene Rice (Ithaca, 1959), pp. 106—29; Erwin Panoisky, *Renaissance and Renascences in Western Art* (Stockholm, 1960).

研究的角度看到了审视中世纪和古文物的价值；比昂多最雄心勃勃的一部著作《罗马帝国衰亡以来史》（*Historiarum ab inclina-tion Romanorum imperii decades*）似乎预见了吉本的《罗马帝国衰亡史》。[①] 在北欧，古代遗迹没那么明显，和现在也没有那么直接的联系，古典时期前后的遗迹在召唤人们，法国和德意志展开了关于它们的考察。至于里兰德在多大程度上了解这个活动，仍不太明确，但在一首生动的讽刺短诗中，里兰德把自己为英国所做的一切等同于雷纳努斯（Beatus Rhenanus）为德意志所做的一切；[②]里兰德的一位友人把他比作赛尔蒂斯（Conard Celtis）、安尼乌斯（Annius of Viterbo）以及古代的地理学家。[③] 回到英国后不久，里兰德设想了他史诗般的计划，那就是为英国的所有古文物——古罗马、凯尔特、撒克逊以及后来的古文物——列一个详细的清单。里兰德似乎得到了国王的支持，开始认真着手这项工作。当然，里兰德的雄心壮志遭遇了挫折，当他陷入疯狂并在1548 年左右不得不放弃这项工作时，他的敌人嘲笑他。然而，里兰德留下了这个计划以及一套精彩的手稿，这足以激励后来的工作。"里兰德"，18 世纪的人们毫不夸张地说，"自宗教改革开始，就是古文物研究的基石"。[④]

1546 年，当里兰德向亨利八世进献新年礼物时，他公开了这个计划，几年后，贝尔（John Bale）发表了这个计划以及关于它的

---

① 很久以前，布克哈特（Burckhardt）在其 *Civilization of the Renaissance in Italy* 第八章就指出了这点。

② Leland，*Instauratio Britannicae antiquitatis*，in Hearne，*Remarks*，v. 120.

③ 关于打算写一部 *Germania illustrata* 的赛尔蒂斯（Celtis）和弟子阿文提斯（Aventinus）——此人像极了里兰德，参见施特劳斯（Gerald Strauss）的以下作品："Topo-graphical-Historical Method in Sixteenth Century German Scholarship"，*Studies in the Renaissance*，5（1958），87—101；*Historian in an Age of Crisis*：*Johannes Aventinus 1477—1534*（Cambridge，Mass.，1963），*Sixteenth Century Germany*：*Its Topography and Topographers*（Madison，Wis.，1959）。

④ Thomas Hearne，*Remarks*，VI，83.

一篇评论。① 贝尔承认,里兰德"十分自负",而贝尔则赞扬了里兰德的雄心壮志。贝尔坚称,倘若里兰德完成了他的工作,那么他"本可以充分地描绘、刻画或详尽地解释这个领域、这个领域里的一切事物及其所涉及的范围和人们所做的事"。首先,精通过去的语言和文学是很有必要的,因此里兰德"不仅专注于希腊文和拉丁文方面的知识——在这方面,我可以说,里兰德十分博学;而且还专注于不列颠语、撒克逊语和威尔士语"。② 文献学一如既往地处于首要地位,里兰德留下了一些初级词汇表,这些词汇表证实了里兰德的兴趣所在,也开启了恢复撒克逊、凯尔特语言和文化的工作,后代也为此付出了很多努力。③

　　此时此刻,不止一位学者想这么做。与此同时,里兰德向亨利承诺,他会借助这个领域的所有图书馆来继续他的研究,以便恢复本国的古代文学。英国历史有些模糊不清是因为英国古代有些模糊,它们埋没在被遗忘的手稿和不起眼的历史遗迹中;然而,一旦英国的过去得到恢复,那么就足以和其他任何国家的过往匹敌。里兰德还向亨利承诺了四卷《论名人》(De viri illustribus),它们描述并列举了那些曾撰写过有价值的东西的英国人的生平和作品。④ 里兰德试着为英国史的原始手稿提供一份指南,并提供了传记、参考文献和词汇表,这为后来的工作奠定了实际的基础,即使他未完成的手稿直到 18 世纪才出版。

---

① *The Laboryouse Journey & serche of John Leylande for Englanders Antiquitees*··· *with declaraoyons enlarged by Johan Bale* (London，1549).

② 同上，sig. [C3]。

③ Leland, *De rebus collectanea*, ed. Thomas Hearne, ad ed. (London，1774)，IV，122—25，134—36，136—48；Ronald E. Buckalew，"Leland's Transcript of Aelfric's *Glossary*"，*Anglo-Saxon England*，7 (1978)，149—64. 18 世纪还出版了 Leland，*Commentarii de scriptoribus Britannicis*，ed. Anthony Hall (Oxford，1709).

④ *Laboryouse Journey* [sig. F3].

里兰德的雄心壮志还不止这些。里兰德解释说,当他阅读过去时,他是如此"热切地"想要参观这个王国的每个地方,因此,他四处游历多年,在旅行指南中记录下了他看到的一切。"你们会发现",贝尔准确地预测,"当里兰德描述这个国家时,他对于我们的价值不亚于斯特拉波、普林尼(Pliny)、托勒密(Ptolemy)和其他地理学家之于他们的读者",[①]他的描述性注释再次被后代阅读和抄录,直到它们在 18 世纪出版。在里兰德的《旅行指南》中,他把地理和地形描写结合起来,详细记录了各个时期的古文物。里兰德打算撰写"描述了第一不列颠(first Britain)"的《英国原始地形图》(*Liber de topographia Britanniae primae*)和《英国古文物》(*Liber de antiquitate Britannica*),他充分利用各郡拥有的书籍,试图"展示这个国家的主要城镇、城堡的兴起、发展及其法令"。[②] 里兰德的计划不止这些。然而,不幸的是,里兰德只留下了注释,但这些注释就足以让古文物研究工作继续进行下去。

里兰德的成就难以尽述,然而,里兰德从未真正得到他理应得到的东西,即使几代古文物研究者承认或隐藏了他们对里兰德的感激之情。大家一致同意,里兰德是"第一个让王国的注意力转向此类学识的人",[③]他似乎也是英国第一个明白该做什么以及该使用什么方法的人。当里兰德在不列颠游历时,他用好奇的眼光打量着一切,他记录钱币、铭文、古老的建筑以及历史遗迹的价值。里兰德的朋友塔波忒(Robert Talbot)的作品更加晦暗不明,他和这位好友一起看到了依据文字证据(例如,《安东尼的行程》)来确定古罗马的各个地方的可能性。塔波忒是最早收集

---

① 同上,sig. H.

② 同上,sig. I.

③ Edmund Gibson,"Life of Camden",它被放在吉本版本的卡姆登(Camden)之《不列颠志》(*Britannia*)(London,1695) 的前面。另参 Huddesford,*Lives*,I,32,48。

盎格鲁-撒克逊手稿的英国古文物研究者之一,他把其中一些手稿借给了里兰德。[1] 里兰德彻底明白了语词和对象之间的关系,他相信,对凯尔特和撒克逊古文物的研究可以以古罗马的先例为模板。里兰德特有的才能让他发现如何把古典学问里的技巧延伸到中世纪。简而言之,领先其他英国人,里兰德清晰地了解到,意大利人文主义的许多新方法不仅可以用来恢复古代文物,而且还可以恢复英国的过去。当里兰德需要一位助手时,他要求那是一个和他一样的年轻人,"精通拉丁文,擅长作诗,而且还可以用希腊语'不需要他人帮助'(sine cortice natare)"。[2]

三

在里兰德之后发生了什么呢? 我曾暗示,古典冲动首先形成并接着孕育了古文物研究事业。当古典作者出现在课程中并广泛流行起来时,人们对古文物的热情越来越明显。把古文物引入课程并将其当作阅读古代作家作品的基本背景,学校起到了推动作用。在最早也最受欢迎的罗马古文物指南中,有戈德温(Thomas Godwin)老师为阿宾顿学校(Abingdon School,1622)撰写的一本指南,该指南旨在"更好地研究古典作家"。[3] 该指南描述了古罗马的生活和布局,并分成几个标题,讨论了地

---

[1]　Leland,*Collectanea*,IV,121;Leland,*Itineraries*,ed. Thomas Hearne,2d ed. (London,1745),III,123—72. N. R. Ker,"Medieval Manuscripts from Norwich Cathedral Priory",*Transactions of the Cambridge Bibliographical Society*,1 (1953),3;May McKisack,*Medieval History in the Tudor Age* (Oxford,1971),pp. 8,24.

[2]　Leland,*Itineraries*,IV,151—52;Huddesford,*Lives*,I,20—21.

[3]　Thomas Godwin,*Romanae historiae anthologia…An Exposition of the Roman Antiquities for the Use of Abingdon School* (London,1622). 我引用的 1655 年版本的第 20 页。

形、宗教和政治制度以及战争——实际上是瓦罗用过的旧的论题式标题。该小作品总是和牛津教师撰写的其他两部作品联系在一起：一部关于古以色列，旨在阐释《圣经》；另一部关于古希腊人，目的是帮助那些"要把希腊演说家的作品读给缺乏经验的学者听"的教师。^① 这些都是宏大的学术作品的摘要及其通俗化的表现，例如，罗斯拉斯（Johannes Rosinus）令人印象深刻的《古罗马人》（*Antiquitatum Romanorum*），它在阿宾顿的那本指南之后出现，随后的版本长达 1000 多页，而且还是双栏的。每部作品都经过多次改版直到它们得到更充分的和更好的编辑，有些就可以说明这点，例如，肯尼特（Basil Kennett）的《古罗马札记》（*Romae antiquae notitia*，1969）以及波特（John Potter）的《古希腊考古学》（*Archaeologia Graeca*，1696—1697）。这些新文本一直在重复发行，甚至持续到 19 世纪，即使它们面临诸多的竞争。

古文物进入绅士的生活。当赫比（Thomas Hoby）爵士于1548 至 1549 年间参观意大利时，他有意搜寻了历史遗迹，并用日记记下了自己的发现，详尽地抄录了铭文。罗马不可避免地成为了最精彩的部分，在贝尔韦代雷（Belvedere）看到的那些雕塑、石头和铭文让赫比沉醉不已；让他沉醉不已还有万神殿，"万神殿是古罗马最好、最完美的古文物"；另外，还有凯旋门、竞技场等等，不胜枚举："我抛弃那些搜寻者，转而接受弗拉斯（Lucius Faunus）、马蒂安（Martian）和比昂多的指导。"^②赫比的其中一个同伴是巴卡（William Barkar，色诺芬的译者），他回去后就出版了一部拉丁

---

① Thomas Godwin, *Moses and Aaron*: *Civil and Ecclesiastical Rites Used by the Ancient Hebrewes*(London, 1624); Francis Rous, *Anthologiae Atticae libri septem*(London, 1937). 我引用的是后者的第四版前言。

② *The Travels and Life of Sir Thomas Hoby Kt*, ed. Edgar Powell, Camden Miscellany, 10 (London, 1654).

铭文集,以纪念这次访问。① 在差不多的时期返回英国并教导年轻的爱德华六世的另一位英国游人是威廉·托马斯(William Thomas),托马斯于 1549 年出版了最初的《意大利史》(*History of Italy*),在此书中,他也把古文物、地形学、个人观察以及古人(例如,弗朗提努和普林尼)和今人(例如,比昂多和福尔维奥[Andrea Fulvio])的作品结合在一起。就像波焦和吉本一样,当托马斯看到古代遗迹时,他不禁潸然泪下,陷入深思。"想象一下,当这一切都还兴盛的时候,这城市该是多么庄严啊!如今看到宝石、镜子、女主人和尘世之美变得如此荒凉,受损如此严重,我十分痛心。"②托马斯提供了一份关于历史遗迹的清单,其中大量提及了古代的事件和人物——没有什么原创性的东西,但彻底代替了类似《朝圣者的安慰》(*Solace of Pilgrimes*)的中世纪指南。

然而,欧洲大陆之旅却因反宗教改革以及与西班牙和教皇的斗争暂时搁浅了。要想出行,就必须获得枢密院的许可,而要获得许可去参观天主教阴谋的中心——罗马——几乎是不可能的。伟大的旅行是一位绅士所受的教育的巅峰,但不得不搁置了,即使想法还在。亚伦道尔伯爵(Earl of Arundel)是第一位在 17 世纪参观罗马的伟大贵族,这个事件意义更重大,因为当王政复辟之后,旅行再次变得频繁时,它带来了一种风尚,而且被广泛接受。③

---

① William Barkar, *Epitaphia et inscriptions lugubres* (London, 1566). 更早的版本(1554)似乎已经消失了;George B. Parks, "William Barkar, Tudor Translator", *Papers of the Bibliographical Society of America*, 51 (1957), 126—40。

② William Thomas, *The Historie Italie* (London, 1549), p. 22. 还有个现代的删减版,George B. Parks (Ithaca, 1963)。

③ Mary F. S. Hervey, *The Life, Correspondence and Collections of Thomas Howard, Earl of Arundel* (Cambridge, 1921); D. E. L. Haynes, *The Arundel Marbles* (Oxford, 1975); Francis C. Springell, *Connoisseur and Diplomat: The Earl of Arundel's Embassy to Germany in 1636* (London, 1963). 参观罗马时,沃顿(Hnery Wotton)和莫里森(Fynes Morrison)都不得不乔装改扮;Logan P. Smith, *Life and Letters of Sir Henry Wotton* (Oxford, 1907), 1, 17—18。

　　亚伦道尔是古老的天主教家族即霍华德(Howard)家族的子孙,他是一座宏大的图书馆和绘画集的继承人,其实亚伦道尔在年轻时就已经开始收集这些东西了。亚伦道尔似乎进入了卡姆登的威斯敏斯特学校,后来和卡姆登成为挚友;这位伟大的英国古文物研究者可能把他的个人兴趣传给了这位有才华的年轻人。1612年,亚伦道尔不得不因为健康问题前往国外,翌年,他带着一大群随从回到意大利,其中包括建筑学家琼斯(Inigo Jones)。亚伦道尔花了18个月的时间欣赏意大利的风光,远至那不勒斯和被禁的罗马,他收集了其双手能触及的一切事物,其中包括把一些雕塑从地里挖出来——即使看上去似乎是有些人故意以这种方式把雕塑放在那里。一回到英国,亚伦道尔就把这些雕塑放在伦敦的亚伦道尔之屋——第一座真正意义上的意大利风格长画廊,是后来许多画廊的先例。亚伦道尔的朋友鲁斯勋爵(Lord Roos)也曾去过意大利,或许是和琼斯一起,鲁斯勋爵把他收集的雕塑交给了亚伦道尔,这位伯爵"一下子"发现自己拥有了欧洲最伟大的博物馆之一。[1]

　　到目前为止,亚伦道尔得到了各方的帮助,尤其是来自欧洲几个宫廷的英国大使的帮助,而且还时常有人帮他运送古代雕塑。有一次,亚伦道尔花了一万多英镑的巨资买下了莱斯(Daniel Nys)的整个陈列室——宝石、钱币和勋章。当罗伊爵士(Sir Thomas Roe)作为大使访问了土耳其的宫廷后,迈向东方的机会之门就打开了,亚伦道尔立刻看到了属于自己的机会。[2] 在接下来的几年里,他一直忙着收集古希腊文物。他的特别代理人贝狄

[1]　Edward Sherburn to Dudley Carleton, July 13, 1616, in W. Noel Sainsbury, *Original Papers...of Sir Peter Paul Rubens*(London, 1859), pp. 272—273.

[2]　Adolf Michaelis, *Ancient Marbles in Great Britain*, trans. C. A. M. Fennell (Cambridge, 1882), pp. 6—41, based largely on *The Negotiations of Sir Thomas Roe to the Ottoman Porte*(London, 1740). 关于 Roe,参见 Michael J. Brown, *Itinerant Ambassador*(Lexington, Ky., 1970)。

(William Petty)甚至可以提供一整船的雕塑和碑铭,这着实让古文物研究者们激动不已。当货船抵达伦敦时,克顿(Robert Cotton)爵士立刻叫醒他的朋友雪尔登,请他着手解密希腊铭文。彼时,雪尔登已声名远播,在英国被认为是他那代人中最博学的人,而且他还精通欧洲人文主义知识;在两位学者朋友——帕里克·杨格(Patrick Young)和詹姆士(Richard James)——的帮助下,雪尔登立刻着手干起来。其成果就是 *Marmora Arundeliana* (1628),它誊抄并评论了 29 篇希腊铭文和 10 篇拉丁铭文,其中一篇就是著名的《帕罗斯大理石》(*Parian Marble*),该文是古希腊的编年史作品,这是后来几代学者最喜欢的消遣方式之一。①

亚伦道尔雄心无限,倘若罗伊和贝狄稍微幸运一些,或许就已经带着君士坦丁的凯旋门浮雕离开了——就是所谓的金门(Porta Aurea),起初是为了狄奥多西斯一世(Theodosius I)而立的;或许他们还因此预测了 200 年后的埃尔金勋爵(Lord Elgin)和帕特农神庙(Parthenon)的大理石。还有一次,亚伦道尔试图从罗马拿走 50 英尺的花岗岩方尖碑,但失败了。亚伦道尔的收藏十分引人瞩目。当弗朗西斯·培根在 1626 年参观亚伦道尔之屋时,"他来到亚伦道尔伯爵的花园,那里有男子和女子的裸体雕像,他停了下来,吃了一惊,大声喊道,复兴"!② 几年后,亚伦道尔就拥有了 37 座雕塑、128 座半身像、250 座石刻和许多樽石棺,还有许多零碎的东西,更不用提那些古代手稿、钱币和勋章了。不幸的是,亚伦道尔的收藏被他的继承人瓜分了,一直被忽略,直到伊芙林(John Evelyn)说服牛津大学找回一些放进博物馆;在博物馆里,它们重新赢得了古文物研究者的注意,这些古文物研究者创造了新的 *Marmora Oxoniensia*

---

① Humphrey, Prideaux, *Marmora Oxoniensia* (Oxford, 1676); Michael Mattaire, *Marmora Arundellianorum* (London, 1732—1733); Richard Chandler, *Marmora Oxoniensia* (Oxford, 1763).

② Haynes, *Arundel Marbles*, p. 7.

来描述它们,如今人们还可以在博物馆看到它们。

亚伦道尔的意大利之旅和他的收藏品给同时代人留下了深刻的印象。他似乎引发了白金汉公爵和年轻的查理一世之间的较量,曾有一段时间,可怜的罗伊爵士发现自己陷入了困境,因为这两位贵族都向他讨要珍奇古玩。与此同时,亚伦道尔的友人和顾问琼斯正充分利用他待在罗马的大好时机。在那里,琼斯买下了帕拉迪奥(Palladio)的《论建筑》手抄本,其第四卷着重描绘了古罗马的建筑,琼斯亲临实地,检查古迹上的石刻。琼斯或许是第一个对历史遗迹怀有如此兴趣的英国人,也是第一个把历史遗迹充分利用到自己的建筑工作中的英国人,他因此开创了一种新的风格。① 琼斯让人震惊的举措,即把巨石阵变成经典的罗马遗迹(在死后出版的作品中),也许更能说明古文物对英国人的想象力产生的影响。②

亚伦道尔的另一位仰慕者就是多才多艺的作家兼教师皮查姆(Henry Peacham);在《彻彻底底的绅士》(*Complete Gentlemen*,1634)第三版中,皮查姆专门用了一个章节来纪念这位伯爵的所有活动。原著(1622)是为了伯爵的儿子——即年轻的霍华德(William Howard)　　而作的,旨在教导这位绅士什么是好的生活,这是文艺复兴时期众所周知的一种体裁,这种体裁来到了英国,至少是来到里兰德的朋友埃利奥特那里。③ 那个新的章节"论古文物"试图告诉读者,收集和研究雕塑、铭文和钱币是这位绅士比较

---

① Bruce Allsopp (Oxford,1970) 编辑的摹本复制了琼斯(Inigo Jones)在帕拉迪奥的 *Quattro libri* 中所作的注释;另参 John Summerson, *Architecture in Britain*,1530—1830(Baltimore, Md.,1963),p. 67。

② John Webb,"Memoirs of Inigo Jones",in *The Most Notable Antiquity of Great Britain* (London,1655);参见 Richard J. Atkinson,"Stonehenge and the History of Antiquarian Thought",in his *Stonehenge*(London,1956),pp. 181—204。

③ 可参里兰德写给埃利奥特的诗歌,见《文选》(*Collectanea*),v,144。埃利奥特的《地方长官之书》(*Book of the Governor*)于 1531 年首次问世。科尔索(Ruth Kelso)曾对这种体裁进行过概述,参见 *The Doctrine of the English Gentleman in the Sixteenth Century*,Illinois Studies in Language and Literature,14 (Urbana,1929)。

常见的消遣:"没有什么东西比关于古时的人和事的手抄本及纪念碑更令人愉悦、更有价值了,它们的出现足以让读者觉得自己目睹了 2000 年前的历史。"①皮查姆描述了他那个时代的新的收藏品,也为他的读者提供了参考文献。

　简而言之,对一位逐渐成为古董收藏家的绅士来说,见到少量的古文物已是常事。王政复辟后,旅行变得更加容易,社会环境变得更有利,文物的类型很快得到了完善。为了启发这位绅士,大众文学如魔幻般形成,浩瀚的学术著作迅速积累起来,教导和指引他前进,其中包括类似的高雅作品:伊芙林和艾迪森(Addison)的论钱币,阿布斯诺特博士(Dr. Arbuthnot)的论古代度量衡,斯彭斯(Joseph Spence)的论雕塑。② 新的国外旅游指南开始出现,其中充斥着古文物信息,例如,斯科特(Francois Schott)的《意大利旅程》(Itinerario d'Italia)就被译成了英文,英文名是 Italy in its Original Glory, Ruine and Revival(1660)。③

　随着游人如潮水般涌入,导游逐渐成为一门职业,专门引导外国人参观古代遗迹,例如,意大利的福克罗尼(Francesco Ficoroni)就曾带领艾迪森参观罗马,经过一代人之后,苏格兰人拜阿斯(James Byers)曾照顾过吉本。④ 正如我们将看到的,这位博学的

---

① Henry Peacham, *The Complete Gentleman*, ed. Virgil B. Heltzel (Ithaca, 1962), p. 117; Alan R. Young, *Henry Peacham*(Boston, 1979).

② Joseph Addison, *Dialogues upon the Usefulness of Ancient Medals*(1703—1705), in *Works*(London, 1721), I; John Evelyn, *Numismata*(London, 1697); Joseph Spence, *Polymetis* (London, 1747); Dr. John Arbuthnot, *Tables of Ancient Coins*, *Weights and Measures*(London, 1705, 1727).

③ E. S. de Beer, "Francois Schott's *Itinerario d' Italia*", *Library*, 4th ser., 23 (1942), 57—84.

④ 福克罗尼曾写过一本很受欢迎的指南,即 *Le vestigia e rarita di Roma antica* (Rome, 1744)。关于拜阿斯,参见 Brinsley Ford, "James Byers, Principal Antiquarian for the English Visitors to Rome", *Apollo*, new ser., 99 (1974), 446—61。艾迪森(Addison)的《关于意大利几个地区的评论》(*Remarks on Several Parts of Italy*)于 1705 年在伦敦问世。

绅士最终成为了一个矛盾体,因此,佩雷斯格(Nicholas Peiresc)在《高贵之镜》(*The Mirror of the True Nobility*,1657)中为伽桑狄(Pierre Gassendi)设计的生活模式已经超出了具体实现(practical realization),但为了完成这位绅士的教育并提高他的品味,适当接受古文物鉴赏教育是有必要的。[①]

在接下来的几代人中,像威尔顿的彭布罗克(Pembroke at Wilton)伯爵和霍克汉姆的雷斯特(Leicester at Holkham)那样伟大的绅士继续引领着人们收集古文物和资助古文物活动;后来诸多著名的"陈列室",最炫目的就数亚伦道尔的直系后裔唐拉力(Charles Townley)的陈列室了(如今放在大英博物馆中),其中的珍奇古玩琳琅满目,据说是复制了普林尼家宅中的陈设。[②] 实际上,到后来的18世纪,这些活动已变得十分有特色,以至于《绅士的杂志》(*Gentlemen's Magazine*)很难给"古文物研究者"下定义;我们发现,这个术语更多被用来形容"一个喜欢收集和评估古文物的人,而不是一个有志于从事一项更重要的工作的人——即阐释历史、法律或诗歌"。[③]

如今,所有这些不过是在欧洲逐渐得到发展的一项学术事业很大众的一面而已,它提供了观众、赞助和有利的知识环境,这对它的持续发展很有必要。不可避免地,就像过去作为古典学者的英国人比较迟钝一样,作为收藏家的英国人也比较迟钝,但在这里,英国最终还是赶上了欧洲其他国家。谭斯托(Cuthbert Tunstall)——里兰德在一首拉丁讽刺短诗将其与布德联系在一起——和那位欧洲大陆的人文主义者几乎不在一个层次上,即使

[①] Pierre Gassendi, *The Mirrors of True Nobility and Gentility*, trans. W Rann (London, 1657); Linda van Norden, "Peiresc and the English Scholars", *Huntington Library Quarterly*, 12 (1949), 369—89; Georges Cahen-Salvador, *Un grand humaniste Peiresc*, 1580—1637(Paris, 1951).

[②] John Nichols, *Literary Anecdotes of the Eighteenth Century*(London, 1812—1815), III, 721—46.

[③] *Gentlemen's Magazine*, 58 (1788), pt. 2, supp., p. 1149.

他了解他的作品并对同样的东西也很感兴趣。[1] 我们发现,直到
16 世纪末才有人认真地阐述古典作家,那时,萨维尔(Henry Sa-
vile)翻译了塔西佗(Tacitus)的作品并添加了注释,另外还加上了
《与罗马战争相关的军事观或评论》(A View of Certain Military
Matters or Commentaries Concerning Roman Warfare,1591)。
即便如此,萨维尔也许还是比不上欧洲大陆那个和他较为相似的
人物利普西阿斯(Juisus Lipsius)。在英国,詹姆士宫廷先后出现
了卡索邦(Isaac Casaubon)、杰勒德(Gerard)和沃西斯(Isaac Vos-
sius),他们的出现有助于弥补这种差距。在新世纪余下的岁月
里,英国人为从欧洲收集古文物学识做出了一些贡献,还为类似年
代学、古代度量衡和埃及古文物学之类的深奥问题做出了贡献。[2]

　　总而言之,英国学者被其他事情吸引了,首先是教会史和一
些论争,其次是国家的古文物,纵然其中的许多学者同时从事着
欧洲大陆的工作;英国人购买了一整船的荷兰集注本和法国王
储的经典作品,直到英国出版社(以及编辑)迎头赶上。18 世纪
初,摆在宏大的私人图书馆书架上的以及总结了 3 个世纪后的
古文物研究知识状态的仍然是荷兰人格拉维阿斯(Graevius)和
戈隆维阿斯(Gronovius)的伟大汇编。不过,到那时,欧洲最伟
大的古典学者将是英国人宾利(Richard Bentley),"新古典时代"
即将到来。

---

[1] Cuthbert Tunstall,*De arte suppulandi*(London,1522);Charles Sunge,*Cuthbert Tunstell*(London,1938). Thomas Smith,"Tables of Money",in John Strype,*Life of Sir Thomas Smith*(Oxford,1820),pp. 263—273.

[2] 应该提一下李迪特(Thomas Lydiat,1572—1646),在年代学方面,他敢于挑战斯加格(Scaliger)。还要提一下格里维斯(John Greaves,1602—1652),他已经丈量了罗马的历史遗迹,并前往埃及亲自参观和丈量金字塔;他的《埃及金字塔探秘》(*Pyramidographia*,1646)以及《论罗马脚》(*Discourse on the Roman Foot*,1647)就包含在他的《杂文集》(*Miscellaneous Works*)中,后者由伯奇(Thomas Birch)分两卷出版(London,1737),并增添了生平。布里乌德(Edward Brerewood,1614)和伯纳德(Edward Bernard,1688)用拉丁的量来标识度量衡。

四

即使英国人更愿意致力于国内的古文物研究,他们也常常从罗马不列颠(Roman Britain)着手。里兰德本人曾努力记述他看到的一切,描述一眼可见的古罗马遗迹——就像它们在巴思一样——以及一路上发现的钱币和铭文。① 里兰德的其中一份手稿包含了一系列来自古典作家的且和罗马不列颠相关的摘录,还有一些关于最近编辑的托勒密地理学的注释,它是个作品集,它让贝尔认为里兰德打算撰写一部独立的作品《不列颠古文物》(*Antiquitates Britanniae*)。② "几乎没有谁",里兰德曾抱怨,"可以在那些被古典史学家使用过的古代名字——凯撒、斯特拉波、塔西佗、托勒密以及其他——的阴影下进行猜测"。"我相信,打开了这扇窗,就可以看见灯光⋯⋯著名的不列颠的古老荣光将在全世界再次繁荣。"③里兰德的朋友塔波忒实际上在查找古罗马道路和城市位置方面获得了进展。为了达到这个目的,塔波忒弄到了《安东尼的行程》的副本——就像托勒密一样重新获得并进行了编辑——并开始为它做注,但把另外一个手稿留给了后来的古文物研究者,让他们细读并完善它。④

利用古代地理学家当然是欧洲运动——该运动旨在绘制古

---

① Leland,*Itineraries*,1,140—41.

② T. C. Skeat, "Two 'Lost' Works by John Leland",*English Historical Review*, 65 (1950), 506—7。

③ *Laboryouse Journey*, sig. [H3v].

④ Leland,*Itineraries*,III,162;Kendrick,*British Antiquity*, pp. 135—36. 随后付出努力且雇佣了塔波忒(Talbot)和里兰德的是 William Burton, *A Commentary on Antoninus His Itinerary*(London, 1658);在我们这个时期的末尾,还出现了 Thomas Reynolds, *Iter Britanniarum with a New Commentary* (Cambridge, 1799)。参见 F. Haverfield, *The Roman Occupation of Britain*,George Macdonald 校 (Oxford,1924),pp. 67—75。

典世界——的一部分；几年后，塔波忒的注解传到国外，并帮助了荷兰人奥特利乌斯（Abraham Ortelius），他把这些注解应用到他的《地理同义词》（*Synonyma geographica*）以及著名的地图集中，对于这种帮助，奥特利乌斯给予了回报，他鼓励伊丽莎白时代的几位古文物研究者从事同样的工作，尤其是鼓励了里哈德（Humphrey Lhuyd）、罗格斯（Daniel Rogers）以及卡姆登。[1]里哈德已着手为威尔士做点事，他展示了威尔士语对古代地名的价值。[2] 罗格斯是一位拉丁诗人和外交家，是那个时代最优秀的人文主义学者的融合，他似乎有意探寻罗马不列颠的版图。[3] 罗格斯深知钱币、铭文以及文学典籍的价值，他把另外一个有用的记录集留给了他的继承者。其他一些英国人，例如，哈里森（William Harrison）和兰伯德（William Lambarde），也为鉴别地名付出了类似的努力，他们明白这需要精通凯尔特语和撒克逊语；直到 1586 年，《不列颠志》才由卡姆登完成，先前所有的准备工作对此都十分有用。

中世纪的古文物并没有被忽略。在里兰德和卡姆登之间，一群学者（他们都是优秀的古典学者）聚集在新坎特伯雷大主教帕克（Matthew Parker）的周围，开始恢复盎格鲁-撒克逊遗迹，其主要目的是阐述早期教会并为英国国教（Anglican）的定居点辩护。帕克和他的秘书约瑟林（John Joscelyn）起到了带头作用，他们重

---

[1]　史威斯特（Francis Sweerts）出版了奥特利乌斯的《寰宇大观》（*Theatrum orbis terrarium*，1606）的伦敦版本，附加了其生平。关于奥特利乌斯和英国人的通信，参见 *cclesiae Londino-Batavae Archivum*，ed. J. H. Hessels（Cambridge, 1887）。

[2]　关于里哈德，参见 Theodore M. Chotzen, "Some Sidelights on Cambro-Dutch Relations", in *Transactionsof the Honourable Society of Cymmrodorion*（London, 1937）, pp. 129—44；Kendrick, *British Antiquity*, pp. 136—38。里哈德给奥特利乌斯的书信（1568）附于《寰宇大观》中。

[3]　F. J. Levy, "Daniel Rogers as Antiquary", *Bibliotheque d'Humanisme et Renaissance*, 27（1965）, 444—62。

新展开里兰德和贝尔当初的工作,即努力收集并保护用拉丁语和英语撰写的、可以帮助他们实现目标且具有价值的古代手稿。一位助手声称他一人就在 4 年内带了 6700 卷手稿给帕克。[①] 帕克的信件里充斥着募捐信和表示感谢的回信,这表明,在这种热情中,他不是孤身一人(和他一起分享这种热情的是帕克的朋友威廉·塞西尔[William Cecil])。[②] 另外,帕克可以实现贝尔的愿望(还是弗吉尔的榜样),他实际上见证了相当多的作品的出版,其中的一部是盎格鲁撒克逊风格的,还有几部是非常著名的拉丁文编年史。[③] 自那以后,出版关于中世纪史的叙事性原始资料就成了古文物学识的一项持续练习。倘若编辑方法远远落后于古代史学家所使用的最优秀的人文主义方法,那么就需要付出一些努

① Stephen Bateman, *The Doome of Warning* (London, 1581), pp. 399—400; C. E. Wright, "The Dispersal of the Monastic Libraries and the Beginnings of Anglo-Saxon Studies: Matthew Parker and His Circle", *Transactions of the Cambridge Bibliographical Society*, 1 (1947—1953), 208—37; John Strype, *The Life and Acts of Matthew Parker* (London, 1691), esp. pp. 528—40. 我们不应该忘记,贝尔是里兰德和帕克这个圈子的纽带,参见 Honor McCusker, "Books and Manuscripts Formerly in the Possession of John Bale", *The Library*, 4th ser., 16 (1935), 144—65. Honor McCusker, John Bale: *Dramatist and Aantiquary* (Bryn Mawr, Pennesylvannia, 1942); H. R. Luard, "A Letter from Bishop Bale to Archbishop Parker", *Cambridge Antiquarian Society Communications*, 17 (1878), 157—73。

② Matthew Parker, *Correspondence*, ed. J. Brace and T. T. Perowne (Cambridge, 1853), esp. pp. 253—54, 407, 424—26; W. W. Greg, "Books and Bookmen in the Correspindence of Archbishop Parker", *The Library*, 4th ser., 16 (1935), 243—79.

③ The Testimonie of Antiquitie (1566), Parker to Cecil, May 9, 1573, in Parker *Correspondence*, pp. 424—26. John Bromwich, "The First Printed Book in Anglo-Saxon Type", *Transactions of the Cambridge Bibliographical Society*, 3 (1962), 265—91; Theodore H. Lunbaugh, "Aelfric's *Sermo de Sacrificio* … in The Sixteenth and Seventeenth Centuries", in *Anglo-Saxon Scholarship: The First Three Centuries*, ed. Carl T. Berkhout and Milton Gatch (Boston, 1982), pp. 51—68.

力来复制人文主义的文献学方法,以便校对和修订手稿,以及理解一些晦涩文章的涵义。不幸的是,人们对中世纪的态度仍有些模棱两可,撒克逊人也极少被理想化到罗马人的那种程度,或者没有得到同样的崇敬或尊敬。恢复中世纪古文物的工作因此展开了,但同样的注意力并没有放在细节上,而且工作的开展还是一阵一阵的。[①]

在帕克的诸多朋友中,最先明白那些要求的就是有点神秘的劳伦斯·劳威尔(Lawrence Nowell),其作品最近才得到恢复。就如他可能认识的里兰德一样,劳威尔并没有出版和古文物有关的任何作品,他的所有计划都流产了。像里兰德一样,劳伦斯是一位博学的古典学者,精通拉丁语和希腊语。在 15 世纪 60 年代,劳威尔得到了里兰德的地形学诗歌《天鹅之歌》(*Cygnea Cantio*)的复印版,里兰德在这首诗歌的某些地方附上注释,而劳威尔则添加了一些来自里兰德以及劳威尔本人的注释。劳威尔决定从里兰德和塔波试停止的地方重新开始,不管劳威尔从盎格鲁-撒克逊和威尔士语中得知了关于不列颠古代地理的任何内容,都会将其添加到他收集的希腊知识中。这意味着劳威尔必须学习两种语言,他认真着手编辑一部盎格鲁-撒克逊词典,后来还留下了手稿,以便其他人以此为基础继续编写。这也意味着要把中世纪的编年史结合起来,劳威尔抄录了其中许多内容并附上评注,他的继承者兰伯德和卡姆登还印刷

[①]　第一次出版的类似资料是弗吉尔(Polydore Vergil)版本的 *Gildas* (1525):Dennis E. Rhodes, "The First Edition of Gildas", *The Library*, 6th ser., 1 (1979), 355—60.关于出版的中世纪编年史,可以列举的仍是彼得里(Henry Petrie)和 夏普 (John Sharpe)介绍的《不列颠历史遗迹》(*Monumenta Historica Britannica*, London, 1848)。关于帕克及其同时代人的编辑方法的批评,参见关于"罗尔斯系列丛书"(Rolls Series volumes)的简介,例如,H. R. Luard to Matthew Paris, Chronica majora, 2 (1874), pp. xxiii—xxviii; 4(1876),pp. xvii—xviii; *Flores historiarum*, 1 (1870), pp. xliii—xlv; Frederic Madden, *Historia Anglorum*, 1 (1866), pp. xxxiii—xxxv; William Stubbs (for Henry Savrie) to Williamof Malmeshury, De gestis regum Anglorum,1 (1887), pp. xoin—xovii.

了其中一些。① 劳威尔还把里兰德的英国地形-古文物描述观传给了新一代,这种观点后来发展成为兰伯德的《地形学词典》(*Topographical Dictionary*)。② 劳威尔甚至还用中世纪的地名起草了一份盎格鲁-撒克逊地图,这份地图夹在克顿的藏品中,一个世纪后被希克斯(George Hickes)发现。劳威尔对盎格鲁-撒克逊诗歌颇有兴趣,并拥有《贝奥武夫》的手稿。1586 年,劳威尔突然停止工作,前往法国,他的工作就不得不留给别人来完成。

　　关于盎格鲁-撒克逊的后续内容我在其他地方讲过。③ 一言以蔽之,在整个 17 世纪,宗教和政治论争使这种兴趣得到了延续,④即使蔑视中世纪的一切事物仍是人文主义教育中的普遍现象。从帕克的圈

① Robin Flower, "Lawrence Nowell and the Discovery of England in Tudor Times", *Proceedings of the British Academy*, 21 (1935), 47—73; Albert H. Marckwardt, "*The Sources of Lawrence Nowell's Vocabularium Saxonicum*", *Studies in Philology*, 45 (1948), 21—36; Albert H. Marckwardt, *Lawrence Nowell's Vocabularium Saxonicum* (Ann Arbor, Mich., 1952); Ronald E. Buckalew, "Nowell, Lambarde and Leland", in Berkhout and Gatch, *Anglo-Saxon Scholarship*, pp. 19—50.

② William Lambarde, *Dictionarium Anglae Topographicum et Historicum. An Alphabetical Description of the Chief Places in England and Wales* (London, 1730). 关于劳威尔(*Lawrence Nowell*)是否是著名的主任,可参 *Retha M. Warnicke*, "*Note on a Court of Requests Case of 1571*", *English Language Notes*, 11 (1974), 250—56;另参 Paula Black, "Lawrence Nowell's Disappearance in Germany", *English Historical Review*, 92 (1977), 345—53。

③ John Petheram, An Historical Sketch of the Progress and Present State of Anglo-Saxon Literature in England (London, 1840); Eleanor N. Adams, *Old English Scholarship in England from 1566—1800* (New Haven, Conn., 1917); Rosamund Tuve, "Ancients, Moderns and Saxons", *ELH*, 6(1939), 165—90; J. A. W. Bennett, "The History of Old English and Old Norse Studies in England from the Time of Francis Junius till the End of the Eighteenth Century" (Ph. D. diss., Oxford University, 1938); "The Beginnings of Runic Studies in England. " *Viking Society for Northern Research: Saga Book*, 13 (1950—51), 263—83; Berkhout and Gatch, *Anglo-Saxon Scholarship*.

④ David G. Douglas, *English Scholars*, 1660—1730, 2d ed. (London, 1951), p. 19.

子到希克斯的圈子,其间取得了一些进步,但过程并不顺利。然而,每代人都有一个优势,那就是他们可以以前人为基础。1638 年,斯伯曼(Henry Spelman)爵士在剑桥大学设立了首个盎格鲁–撒克逊讲师职位,以便研究"和教堂相关的国内古文物以及复兴撒克逊语",①这是划时代的事件,但并没持续多久。为此设立的基金被用来出版了索姆乐(William Somner)的《撒克逊–拉丁–盎格鲁词典》(*Dictionarium Saxonico-Latino-Anglicum*,1659),这为世纪末的中世纪研究的绽放铺平了道路。斯伯曼本人留下了各种各样有影响力的古文物研究作品,其中包括关于中世纪法律和教会的词汇表及评论,即《考古学词典》(*Archaeologus*,1624—1664)。② 斯伯曼密切接触先进的大陆知识,人们认为,正是他"发现"了英国封建制度是一个完整的法律和习俗体系,类似于欧洲的封建制度,在英国中世纪史中占据了重要的章节。这个观念收效显著,在后来的斯图亚特王朝的古文物研究者中引起了诸多论战。③ 就如那个时代把法律和古文物结合起来的其他人,以及那些忙于权利的先驱一样,斯伯曼发现了宪章、名单和其他文献的价值;斯伯曼在伦敦塔、教区、教区记录和其他地方找到了这些新材料,它们成为了 17 世纪史学知识特有的原始资料。④

---

① Henry Spelman to Abraham Wheloc, September 28, 1638, in *Original Letters of Eminent Literary Men*, ed. Sir Henry Ellis, Camden Society (London, 1843), pp. 154—155.

② 关于文献学对斯伯曼(Spelman)的重要性,参见 F. M. Powicke, "Sir Henry Spelman and the *Concilia*", *Proceedings of the British Academy*, 16 (1930), 353, 363—66. 关于没有帮助就很难学习盎格鲁–撒克逊,莱斯利(Wilaim L'lsle)在他的 *Saxon Treatise Concerning the Old and New Testament* (London, 1623) sig. d 的序言中生动地描述过。

③ I. G. A. Pecock, The Ancient Constitution and the Feudal Law (1957; reprinted New York, 1967), pp. 91—123, 182—228.

④ H. A. Cronne, "The Study and Use of Charters by English Scholars in the Seventeenth Century: Sir Henry Spelman and Sir William Dugdate", in *English Historical Scholarship in the Sixteenth and Seventeenth Centuries*, ed. Levi Fox, Dugdale Society (Oxford, 1956), pp. 73—91. 关于道格戴尔(Dugdale),参见 the *Life*, *Diary and Correspondence*, ed. William Hamper (London, 1827).

　　索姆乐是最先拥有当代传记的英国古文物研究者之一（斯伯
曼和雪尔登后来很快也有了传记）。① 索姆乐最初在坎特伯雷的
国王学校求学，在那里，他像其他人一样，"学习古罗马和古希腊
的基础知识"。索姆乐在附近找了一份差事，这份差事促使他研
究当地古文物并发表了处女作《坎特伯雷的古文物》(The Antiq-
uities of Canterbury, 1640)。索姆乐在这座城里发现了"房屋、
墙壁和灰尘的系谱"；在城外，索姆乐一边散步，一边"考查英国
的砖头、罗马的道路、丹麦的山头和工事、撒克逊的修道院以及
诺曼的教堂"。当人们挖地基并深入地下时，索姆乐就会调查那
些工人，从他们那儿购买一些钱币、勋章和其他埋在地下的遗
物。② 索姆乐是他的同胞兰伯德的忠实信徒，他翻译了兰伯德版
本的撒克逊法律并试图详细阐述肯特(Kent)县史。索姆乐留下
了一份手稿，不过只有其中一部分出版了，书名为《论肯特的罗
马港口和要塞》(A Treatise on the Roman Ports and Forts in
Kent, 1693)。"索姆乐最持续的快乐"，有人告诉我们，"就在于
古典史学，在于古代手稿、分类账簿、名单和记录"。③ 索姆乐理
解兰伯德和斯伯曼关于撒克逊语之重要性的观点，"没有撒克逊
语，英国的古文物就不会被发现，或者至少人们不会如此了解它
们"，因此，索姆乐编辑出版了他最著名的词典。④ 索姆乐在晚年
享有盛誉，成为当代中世纪研究者的资料来源，并且促成他们撰
写了许多作品。对索姆乐的朋友和传记作者来说，他是英国古文
物研究者的模范和榜样。

　　很显然，这些人上了古典学识的第一堂课，那就是，对过去的

---

① 肯尼特(White Kennett)为索姆乐写的传记就放在索姆乐的 Treasure on the Ro-
　man Ports and Forts in Kent (Oxford, 1693)之前。

② 同上，pp. 5, 10。

③ 同上，p. 11。

④ 同上，pp. 23—24；William Sommer, Dictionarum Saxonico-Latino- Anglicum
　(Oxford, 1659)。

正确理解依赖于对过去语言的掌握,而语言本身具有历史性,因此只能在特定的背景下加以理解。他们学习盎格鲁-撒克逊语,编辑手稿,力图依照人文主义的方法进行校对,提高文本的质量(比较具有代表性的是编辑了昆体良[Quintilian]作品的年轻人吉布森[Edmund Gibson],他尝试编辑了《盎格鲁-撒克逊编年史》[Anglo-Saxon Chronicle])。[1] 最后,他们发现,核查纪念碑、铭文和同一时期的钱币也很有帮助。希克斯(Gorge Hickes)的浩瀚巨制《词库》(Linguarum veterum septentrionalis Thesaurus,1703—1705)首先就是关于北方语言的一套语法和词汇丛书,[2]同时也是盎格鲁-撒克逊文学中有价值的选集,此外,还是关于中世纪早期生活和文化的信息宝库,是一项真正的瓦罗式(Varronian)事业。其中有一部专著致力于论述古董收藏家方顿(Andrew Fountaine)爵士的撒克逊钱币,另一部让人印象更深刻的著作则对才华横溢的古文书学家以及书志学家文瑞(Humfrey Wanley)的撒克逊手稿进行了归类。在这套巨制的其他部分,希克斯描述了古代北欧的铭文和撒克逊十字架,详细解释了盎格鲁-撒克逊宪章。希克斯在评估中世纪资料、发现年代错误和揭露赝品时所展示的技能是那个时代的奇迹,和文艺复兴时期人文主义者对拉丁文本提出批评十分相似,瓦拉的《君士坦丁赠礼》

---

[1]　吉本合并了几个版本:在写给唐勒(Thomas Tanner)的信件中,吉本描述了他的方法。吉本的代表作是Godex juris aclesiae anglicanae(1713),在该书中,他用典型的古文物研究方法驳斥了"肤浅的二手知识",支持印刷原始资料。参见 Norman Sykes, Edmund Gibson(London, 1926), pp. 10, 13。关于批评,参见 Charles Plummer, introduction to Two of the Saxon Chronicles Parallel(Oxford, 1899), pp. cxxiv, cxxix—lxxxi;关于欣赏,参见 Douglas, English Scholars, pp. 69—71, 211—13。

[2]　希克斯的语法初次出版时题为 Institutiones grammatical Anglo-Saxonicae(Oxford, 1689)。J. A. W. Bennett, "Hickes's Thesaurus: A Study in Oxford Book Production", in English Studies, ed. F. P. Wilson(London, 1948), pp. 28—45; Douglas, English Scholars, pp. 77—97。

就是一个例证。① 当希克斯的作品面世时,伟大的法国学者、历史文献科学的编纂者马比荣(Mabillon)对它提出了表扬,即使希克斯同样也受到了批评。

　　撒克逊史学家故意模仿古典学者,投身语词和事物的研究,努力重现过去的生活。威尔士人为了他们的古代文化也试着做了同样的事,从伊丽莎白一世时代的里哈德到英国文学全盛时期的里韦德(Edward Lhwyd),凯尔特研究几乎经历了与古罗马、撒克逊研究一样的道路,即从词典转向古文物分类词汇汇编。② 这个模式和共同的基础就是古典学识。不过,这种联盟并非总是有用。在近代早期,人们对中世纪语言和文学的兴趣——不管是拉丁、盎格鲁-撒克逊,还是威尔士语——总是要面临与经典作品进行比较的命运,几乎每一位中世纪学者都觉得有必要为自己的兴趣辩护,以反抗泛滥的人文主义(和新教)偏见,那个偏见就是,中世纪必定是野蛮的、迷信的或者是更糟糕的。③ 打动了里兰德及其朋友的修道院文化同样也让他们感到不快,对于修道院的解散,他们表示赞同,即使他们在努力保护古老的图书馆时也是如此。当严肃的研究继续进行时,古老的人文主义和清教徒禁令仍然保存了下来。"大家都知道,"唐勒(Thomas Tanner)在 17 世纪末写道,"卡姆登先生和威伍(Weever)先生因极少提及修道院而不得不道歉,大家也知道人们是如何呼吁出版那本光辉著作

---

① 参见本书第二章。

② Edward Lhwyd, *Archaeologia Britannica* (1707; reprinted, Menston, Yorkshire, 1969). 第一卷是"汇编",旨在介绍古文物的另一方面,并介绍希克斯的模式;可参此书中的提议,见 *The Life and Letters of Edward Lhwyd*, ed. R. T. Gunther, *Early Science in Oxford*, 14 (Oxford, 1945), pp. 41—42。

③ "我感觉描述这样陈旧的语言是粗俗和乏味的事"(Lhwyd to Hans Sloane, July 26, 1707, British Museum MS. Sloane 4041, f. 3). 努力维护撒克逊人的是 Richard Verstegen, *A Restitution of Decayed Intelligence: In Antiquities* (Antwerp, 1605), chap. 2. 截至 1673 年,这个作品有 5 个版本;Samuel Kliger, *The Goths in England* (Cambridge, Mass., 1952), pp. 115ff. 。

《修道院》(*Monasticon Anglicarum*)的。"①王政复辟后,那种古老的情感也许变得更加坚定了。

对中世纪长期的偏见带来了一个结果,那就是,类似于希克斯的撒克逊史学家——他们发现了其主题的内在优点——被迫对撒克逊文学、诗歌和拉丁、希腊文经典作品进行比较,并对撒克逊语言和古典语言进行比较,而且一如往常地,比较的标准由古典学者制定。尽管偶尔有免责声明,人们一般还是认为希腊语或拉丁语是高级语言,拉丁语是现代英语的最佳模板;当斯威夫特(Jonathan Swift)努力改革盎格鲁-撒克逊语并使之标准化时,他批评这种语言是再自然不过了。希克斯的学生埃尔斯托布(Elizabeth Elstob)努力迎合斯威夫特的观点,"以便向我们时代的文明人展示,他们先祖的语言既不像他们说的那么贫乏,也不像他们说的那么粗野"。尽管埃尔斯托布倾尽了全力,可是要做到还是不容易。文明人就需要使用文明的语言。倘若斯威夫特发现盎格鲁-撒克逊语很原始,而且还是单音节,那么埃尔斯托布必会去证明,"合成的和可以发出声音的单词以及具有多样性的词汇……几乎不比希腊语差"。斯威夫特也许能更好地捍卫单音节的优点和简洁之处,假使她可以举一些比较明显的例子。总体而言,传统礼节对她和中世纪学识来说是不利的。其结果就是,当宗教和政治冲突在 18 世纪平息下来时,追寻中世纪古文物的冲动也严重衰减,而独自留下了新古典主义的偏见。如今,当绅士们到国外游历时,他们会重新"痴迷于古希腊和意大利的勋章、雕塑、画作和古文物,但对于更粗糙的大不列颠作品则缺乏兴趣"。② 过了 100 多年,盎格鲁-撒

---

① Thomas Tanner, *Notitia Monastica* (London, 1695),前言;参见 Douglas, *English Scholars*, pp. 161—164。《修道院》收录于由杜兹沃斯(Roger Dodsworth)和道格戴尔(William Dugdale)编的 3 册书中(1655—1673);Douglas, pp. 30—61。

② William Borlase, *Antiquities Historical and Monument of Cornwall*, 2d ed. (London, 1769), p. v. 参见 Elizabeth Elstob, *An Apology for the* (转下页注)

克逊学识才重获动力，希克斯和他的朋友们的作品才得以重现。

五

　　我已经超出了我要讲的故事的范围。在古文物研究事业的中世纪部分抵达高潮并逐渐衰退前很久，关于英国过去的各个层面——先是古罗马人，后来是撒克逊人、凯尔特人、丹麦人和诺曼人——逐渐得到了区分和描述。里兰德试图将它们合成一体的宏伟计划并没有被遗忘。劳威尔和兰伯德两人都朝着那个方向努力，但最终取得成功并实现里兰德宏愿的是另一位更年轻、更伟大的学者卡姆登。[①]卡姆登早先在圣保罗学校求学，后又受教于莫德林学院（Magdalen College）人文主义者库珀（Thomas Cooper）——即拉丁词典的作者或编者（1573），该词典试图鉴别古罗马的许多地方。在牛津大学，在朋友锡德尼（Philip Sidney）及其兄弟乔治和卡努（Richard Carew）的鼓励下，卡姆登对古文物表现出了浓厚的兴趣。1571 至 1575 年间，卡姆登远行，四处游历，寻找

（接上页注）*Study of Northern Antiquities*（1715），ed. Charles Peake，Augustan Reprint Society，61（Los Angeles，1956），pp. iii，x；另可参考埃尔斯托布（Elstob）的口述，见《英语-撒克逊语讲道词》（*English Saxon Hmily*，London，1709）。斯威夫特（Jonathan Swift）的《关于纠正英语之倡议》（*Proposals for Correcting the English Tongue*）问世于 1712 年。Irvin Ehrenpreis，*Swift*（Cambridge，Mass.，1967），II，542—49. 关于埃尔斯托布，可参 Margaret Ashdown，"Elizabeth Elstob，the Learned Saxonist"，*Modern Language Review*，20（1925），125—146；Sarah Collins，"The Elstobs and the End of the Saxon Revival"，以及 S. F. D. Hughes，"The Anglos-Saxon Grammars of George Hickes and Elizabeth Elstobe"，in Berkhout and Gatch，*Anglo-Saxon Scholarship*，pp. 107—118，119—147；S. F. D. Hughes，"Mrs. Elstobe's Defense（1715）"，*Harvard Library Bulletin*，27（1979），172—191。

① 关于卡姆登的生活，可参 Thomas Smith，*Camdeni epistolae*（London，169）；William Camden，*Britannia*，ed. Edmund Gibson（London，1695）；William Camden，*Britannia*，ed. Richard Gough（London，1789）。参见 Sir Maurice Powicke，"William Camden"，*Essays and Studies*，n. s.，I（1948），67—84。

自我。最后,卡姆登成为了他以前的学校的一名教师,一位职业的古典主义者,他偶尔会写写拉丁诗歌,还为学生写了一部拉丁语法书,除了莱尔的拉丁文本外,此拉丁语法书被奉为标杆。或许是伟大的手稿收藏家迪尔(John Dee)[①]或罗格斯让卡姆登接触到了欧洲大陆的人文主义者,1577 年,卡姆登在伦敦见到了奥特利乌斯(Ortelius)。卡姆登的通信中充斥着用拉丁文撰写的信件,这些信件让卡姆登和最新的外国学识保持了同步。"是奥特利乌斯",卡姆登回忆道,"那个伟大的古代地理复兴者",敦促卡姆登整理了他的注释并撰写了《不列颠志》,以此让他,用卡姆登的话说,"为了不列颠恢复古文物,为了古文物复兴不列颠"。[②]卡姆登很欣赏帕克那个圈子所做的工作,他认识到自己很有必要学习盎格鲁-撒克逊语和威尔士语;卡姆登发现了里兰德的收藏并看了塔波式、罗格斯和里哈德的注释。[③]卡姆登继续游历,向有识之士请教,他读了那些提到过不列颠的古希腊罗马作家的作品,也读了中世纪许多作家的作品(后来,他编辑了一批编年史)。卡姆登查阅了"公共档案,咨询了教会的记录员,查阅了许多图书馆、城市和教堂档案,还

---

① 迪尔(John Dee)写给伯格利勋爵(Lord Burghley)的信,Oct. 3, 1574, 参见 *Original Letters*(note 82 above), pp. 32—40。迪尔的"Supplication to Queen Mary for the Recovery and Preservation of Ancient Writers and Monuments"由赫恩(Thomas Hearne)印于他那个版本的由格拉斯顿伯里的约翰(John of Glastonbury)撰写的《编年史》(*Cronica*, Oxford, 1726)第 490 页。

② Camden, "The Author to the Reader", in *Britannia*. 关于卡姆登和奥特利乌斯的通信,参见 Hessels, *Ecclesiae*, nos. 71—72, 78, 145; Smith, *Camdeni epistolae*, nos. 9, 21, 25—26, 29, 36, 以及 app., pp. 97—108。德莫任(Richard DeMolen)承诺为历史协会(Historical Society)编一部评论性版本的卡姆登的通信集,参见 "The Library of William Camden", *Proceedings of the American Philosophical Society*, 128 (1984), 327—409。

③ 在卡姆登的《不列颠遗迹》(*Remaines Concerning Britaine*, London, 1627), p. 23, 他请求出版劳威尔、兰伯德、约瑟林和泰特(Francis Tate)的作品。据奥布里(John Aubrey)说,卡姆登让他的威尔士仆人帮助他学习这种语言(*Brief Lives*, ed. O. L. Dick [London, 1950], p. 51)。

观摩了诸多纪念碑和旧的契据"。没有人可以准备得比他更充分，《不列颠志》就是他取得的成就。①

　　翻开《不列颠志》，每个人都可以从中收获一些什么，但最看重它的应该还是那些人文主义者，人文主义者立刻把卡姆登和瓦罗、斯特拉波以及鲍桑尼亚进行了比较。②《不列颠志》是用拉丁文撰写的，当时编译此书并没有直接的古典模板可供参考，卡姆登曾为它的文风感到遗憾。他没有尝试修辞，并说这是因为西塞罗已经指出了这个主题不适合使用修辞。让他感到不快的是，他不得不引用中世纪作家的"粗俗"语言，因为真相需要它。卡姆登写过一些拉丁诗歌，其中包括为阿沙姆写的一首赞美诗，阿沙姆是那个时代最热烈地倡导古典模仿的人。卡姆登认为，"中世纪"的品味总体而言是"阴云密布，或者为无知的黑雾所笼罩，乃至于哪怕一丁点自由学习的曙光，也显得格外美妙"。③因此，《不列颠志》首先是对罗马不列颠的一种纪念；伊丽莎白一世时代的人可能会得到这样的提醒，作为罗马帝国里一个和其他行省差不多的地方，他们直接而亲近的血统并非来自热爱中世纪的、编造的特洛伊-凯尔特史，而是来自经典古

---

① 前言，*Britannia*（Gough edition），I，xxxv．"因此，同样的一双手清除了垃圾，打好了地基，并立起了建筑。古老的路线确定下来，不列颠和撒克逊语征服了这里，我们古代的史学家详细考察了一番，对英格兰的几个地方进行了调查，如今他考虑把他把他的收藏按某种方法和秩序进行整理"（Edward Gibson，*Britannia*，sig．[b2]）．卡姆登的编年史在这本书中，见 *Anglica*，*Normannica*，*Hibernica a veteribus scriptis*（Frankfurt，1603）．

② F. J. Levy，"The Making of Camden's *Britannia*"，Bibliotheque d' Humanisme et Renaissance，26（1964），70—97；Stuart Piggott，"William Camden and the *Braitannia*"，*Proceedings of the British Academy*，38（1951），199—217；Rudolf B. Gottfried，"The Early Development of the Section on Ireland in Camden's *Britannia*"，ELH，10（1943），117—30．

③ Camden，*Remaines*（London，1674），p. 407．关于英国早期使用"中世纪"这个术语，可参 George Gordon，*Medium Aevum and the Middle Ages*（Oxford，1925）．卡姆登的诗歌，可参 Smith，Camdeni epistolae，app．，pp. 97—108；尤其可参赞扬阿沙姆（Roger Ascham）的那首诗（1590），它描述了早期英国人文主义的发展过程（pp. 97—98）．

文物。不用说，卡姆登知道比昂多和雷纳努斯。① 实际上，自卡克斯顿的《多面编年史》以来，我们还有很长一段路要走。

时间和不断的入侵改变了大不列颠；作为关于它的一个评论，《不列颠志》值得一读。卡姆登的基本文本保留在《安东尼的行程》中。"这是一份有价值的观察报告"，福勒（Thomas Fuller）写道，"卡姆登不辞辛劳地寻访古迹，为许多消逝的城市奔走呼喊，试图通过某些标志和记号找到这些城市，例如，通过罗马的公路状况、它们和其他城市的距离、一些地名之间的密切联系、居民的传统、挖掘出来的罗马钱币，以及古老遗迹的外观等等"。② 在一份初稿里(1579—1580)，卡姆登对罗马行省的描述所占比重最大，他终其一生都未停止为《不列颠志》及其诸多版本添加各种材料。就如卡姆登的其他事情一样，关于这件事，他得到了国内外诸多朋友和善意之人的帮助。③ 最后就出现了成堆的钱币和名副其实的《古碑文集》(corpus inscriptionum，这是英国最早印刷的一批古文物图解)。④ 卡姆登用里兰德游记中的地形设计和许多信息把英国后来的古文物也塞进这个框架。就像这位前辈一样，卡姆登继续游历，亲眼去见证。⑤

---

① Levy, "Camden's Britannia", p. 76n.

② Thomas Fuller, *The Holy State and the Profane State*, ed. James Nichols (London, 1841), p. 135.

③ 来自英国北部的两个例子，可参 F. Harverfield, "Cotton Julius F VI: Notes on Reginald Bainbrigg of Appleby, on William Camden, and on some Roman Inscriptions", *Transactions of the Cumberland and Westmorland Societies*, n. s., 11 (1911), 343—78; *Selections from the Household Books of the Lord William Howard*, Surtees Society (Durham, 1878), app., pp. 412, 506—7, 其他许多引用自《不列颠志》。

④ Kendrick, *British Antiquity*, p. 151n.

⑤ 亲眼见证的重要性在于它是错误和轻信的解药，是基本的古文物洞见，并且一遍又一遍地被重复，正如斯特雷普（John Strype）刻画斯图（John Stow）并将其置于他新出版的斯图的《伦敦调查》(*Survey of London*, London, 1720)中，1, xx。

自卡姆登被控剽窃后（这不太公平），里兰德的计划得到了实施，结果是，它实施得太好了。[①] 当兰伯德读到这份手稿时，他立刻听从了这位年轻人的建议，放弃了尝试，自此之后，他囿于肯特县并发明了一种新的古文物研究方法，即县志和地方志。[②] 大家都很清楚，卡姆登是新古文物研究学科的大师，而且他比其他英国人更明白这门学科在批判性和建构性方面的可能性，卡姆登很快成为了新成立的古文物研究协会的核心成员以及志趣相投的一代人的导师。[③] 卡姆登对蒙茅斯的杰佛里（Geoffrey of Monmouth）、对充满传奇色彩的特洛伊史的批评，以及他对早期基督教史的怀疑，得到了如此充分的论证，以至于他把文艺复兴时期人

---

① 控诉来自一位充满嫉妒的报信人，参见 Ralph Brooke, *A Discoverie of Certiane Errours*（London，1827），pp. 20ff. Nicholas Harris Nocolas, *Memoir of Augustine Vincent*（London，1827），pp. 20ff。争吵有助于强加一些准确性的标准给传信人和古文物研究者。

② William Lambarde to Camden，July 29，1585，in Smith, *Camdeni epistolae*，pp. 28—29。兰伯德的《肯德勘查录》（*Perambulation of Kent*）于 1576 年首次面世。在第二版的结尾处（1596），他解释了他和卡姆登的关系。关于地方志的大量涌现有一个非常好的例子和描述，参见 William Nicolson, *The English，Scotch and Irish Historical Libraries*（London，1736），pp. 10—27；W. G. Hoskins, *Local History in England*（Edinburgh，1959），pp. 15—24。关于后来的一些作品，参见 *English County Historians*，ed. Jack Simmons（London，1978）。还有传记，参见 Wilbur Dunkel, *William Lambarde*（New Brunswick，N. J.，1965），以及 Retha M. Warnicke, *William Lambarde：Elizabethan Antiquary*（London，1973）。

③ 关于古文物协会，参见诺顿（Linda van Norden）的作品："The Elizabethan College of Antiquaries"（Ph. D. diss.，University of California，1946），其中一些出现在"Sir Henry Spelman and the Chronology of the Elizabethan College of Antiquaries"，*Huntington Library Quarterly*，13（1950），131—60 和"Celtic Antiquarianism in the *Curious Discourse*"，in *Essays to Lily B. Campbell*（Berkeley，Calif.，1950），pp. 63—70。另参 C. E. Wright, "The Elizabethan Society of Antiquaries and the Foundation of the Cottonian Library"，in *The English Library before 1700*，ed. Francis Wormald and C. E. Wright（London，1958），pp. 176—212；Joan Evans, *History of the Society of Antiquaries*（London，1956），pp. 1—14。这个协会的有些论文由赫恩（Thomas Hearne）收集并编为 *A Collection of Curious Discourses*，new ed.（London，1775）。

文主义的新批判性史学编纂发展成一个和过去相关的全新领域。在卡姆登的一生中，《不列颠志》有过 5 个版本，每个新版本相对上一个版本而言都有所改进，另外还有一个英译本。1695 年，在吉布森的带领下，另一个学术团队更新、扩充、修改和重新翻译了《不列颠志》。18 世纪末，《不列颠志》再次得到了更新，而最后更新它的是高尔（Richard Gough）——那代人中最优秀的古文物研究者，高尔完成了这项工作，为我们的时代提供了延续性。从里兰德的计划到高尔的对开本 4 卷书，几乎持续了 3 个世纪，《不列颠志》让英国古文物研究事业成形，并为它注入了活力。

我们可以把这些劳动看成一项伟大的集体活动，在这次活动中，英国历史的各个层面逐渐浮出水面并得到区分，接着又被重建成一个全新的结构，而这个结构是按照卡姆登放在《不列颠志》前言的那篇非同一般的文章里的路线重建的。古典文献学和古文物为其他研究提供了初步认知、模式和支撑，它们贯穿了整个时期。其中一个最好的例子就是威伍的作品，威伍是受到卡姆登启发的众多人之一。那时，威伍已在国外游历，参观罗马。回国后，威伍立刻投身于古文物研究，他在英国各地旅行，为他的作品《古代墓碑集》（*Ancient Funerall Monuments*，1631）寻找铭文。《墓碑集》的灵感，威伍说道，来自"意大利、法国、德国和其他国家的碑文"，威伍在欧洲大陆的人文主义者的作品中发现了这些碑文。卡姆登曾鼓励威伍四处搜索大教堂和教区的教堂。威伍从"那位可敬的遗迹修复者"克顿那里借来了书籍和手稿，另外还得到了斯伯曼和雪尔登的帮助，他们是"在世的最博学的古文物研究者"。[1] 其成果就是一部厚达 900 页的中世纪铭文集——不过其中许多部分现已遗失，它是按照最初的正字法仔细抄录的；针对那些随着一代又

---

[1]　Weever，"The Author to the Reader"，in *Ancient Funerall Monuments*（London，1631）.

一代人而不断增加的古典铭文,正字法是一种典型的古文研究合作方法,也是有价值的铭文编辑方法。

　　不幸的是,即使这项伟大的收集事业在 18 世纪前就进行得如火如荼,可是在高尔版的卡姆登或吉本的《罗马帝国衰亡史》之前很久,这项事业就开始衰退了。不可避免地,首先衰退的就是中世纪的古文物,而其中原因不难找到。我们已然了解,中世纪学识的主要动力来自宗教和政治的争论,这些争论使得各个党派的英国人依据过去进行辩论。希克斯和帕克一致认为,关于撒克逊的古文物研究应该"表明盎格鲁-撒克逊教会的信仰及主要教义和我们是一样的,而且它们完美回答了那个永不止息的问题:在路德之前,你们的教会是什么"?① 合法的古文物收集者以差不多的方式回到中世纪,以便解决他们之间的冲突,由于怀疑其政治动机,他们甚至迫使詹姆士一世关闭了古文物协会,并让查理一世没收了克顿图书馆。② 雪尔登曾写信给好友克顿,为自己撰写的《什一税史》(History of Tythes)道歉,并后悔"自己对空洞而枯燥的古文物怀有如此热情,这项工作并没什么,无非是为了一堆无所谓的东西忙碌而已"。雪尔登更渴望"这项工作富有成效而且珍贵,让它照亮现在"。雪尔登的古文物研究论文既不是激起这种令人痛苦的争论的第一篇文章,也不是最后一篇。③ 当宗派之争平息下来,纯粹的"好奇心"将独自面对人们日益高涨的蔑视之情。事实是,中世纪的作家作品和受损的遗迹不仅读起来有难度,而且对"文雅的"绅士来说,它们还有些令人反感。④ 感到气馁的不只是撒克逊

----

① Hickes to the Bishop of Bristol,May 22,1714,in *Douglas*,*English Scholars*,p. 19.

② Sharpe,*Cotton*,pp. 28—29,80;Wright,"Society of Antiquaries",p. 207.

③ Selden to Cotton,April 4,1618,dedication to *The History of Tythes*,in Selden,Opera Omnia,ed. David Wilkins (London,1726),III,1067.

④ 大主教帕克为沃尔辛厄姆(Walsingham)的风格感到遗憾,参见"crasso et levidensi",McKisack,*Medieval History*,pp. 43—44.

史学家,甚至连威尔士人也发现,在英国文学全盛时期的均质化
(homoogenizing)氛围下,他们很难对过去保持那种激情。①

在 18 世纪,只有经典的考古研究继续兴盛。总体而言,古典
学识的卓越地位毋庸置疑。赫恩(Thomas Hearne)曾说,倘若不
遵循以下个方法,那么没有谁有望成为一名"彻底的古文物研究
者",而这个方法就是:"我们的古文物知识如此依赖于希腊文和拉
丁文,以至于不把这些结合起来,英国的古文物研究者就无法成为
彻底的古文物研究者,里兰德先生、萨维尔爵士、克顿爵士和卡姆
登先生就是例子……还有其他许多例子。"②那些无法取得如此成
就的人,例如,斯图(John Stow)或巴格福特(John Bagford),通常
会受到嘲弄。赫恩本人当过很长时间的学徒,在承担中世纪编年
史这份让他青史留名的工作前,他编辑了西塞罗和李维的作品,还
把波德雷安图书馆(Bodleian Library)的钱币进行了分类。关于
罗马的新发现,不管出自偶然,还是其他——例如,开垦伦敦时出
现的那些东西,时不时在乡下出土的棋盘格人行道,或是出现在伍
德沃德(Woodward)博士的五金店的那块盾牌,所有这些都很快
受到了在 18 世纪复兴的古文物协会或是其他机构的关注与研
究。③ 罗马不列颠的地形、古代道路和城市的遗址仍受到特别的
关注。④

---

① 参见 Evan Evans, *Some Specimens of the Ancient Welsh Bards*(London, 1764)的
前言。埃文斯(Evans)的研究具有启发性;参见 Edward D. Snyder, *The Cletic
Revivalin English Literature*, 1760—1800(Cambridge, Mass., 1923),第二章。

② Hearne in Leland, *Collectanea*, VI, 60.

③ Joseph M. Levine, Dr. Woodward's *Shield*: *History*, *Science*, *and Satire in Au-
gustan England*(Berkeley, Calif., 1977), pp. 133ff.

④ 托马斯·吉尔(Thomas Gale)的 *Antonini iter Britannicarum commentarius*(Lon-
don, 1709),由其子罗格·吉尔(Roger Gale)编辑,后者关于四条罗马大道的论述
由赫恩增添进里兰德的《旅行日程》(*Itineraries*, vi)。至于吉尔,也有许多关于罗
马古文物的通信,参见 *Bibliotheca topographica Britannica*(London, 1781), II;
Stukeley Family Memoirs, Surtees Society, 73 (Durham, 1882)。

在这种情境下,霍斯利(John Horsley)创作了新世纪最伟大的考古作品。[①] 在《罗马不列颠》(*Britannia Romana*)的 3 卷巨著里,每一卷都是一个完整的论述,并且都得到了充分的阐释。通过实地考察,霍斯利把目前为止关于罗马不列颠的一切发现聚集到了一起:会议记录、历史遗迹、钱币和铭文,还有地名和古代地理。霍斯利在前言中提出了一个长期存在的问题:"那些没有为人类带来真正利益的知识到底意味着什么?"罗马城墙朝哪里倒下或铭文上说了些什么又有什么关系呢? 霍斯利不费吹灰之力地向我们展示了"关于时间、地点的一个细微调查"对历史是必要的支撑,他还证实了古代史的价值,当"一个文明国家的青年致力于获得研究古罗马语、罗马古文物和习俗方面的技能时,那么熟悉这些东西对通识教育来说就显得十分必要了"。[②] 霍斯利长年累月、孜孜不倦地工作,以至于时至今日,他的作品仍是行业标准,现代的学生发现它仍然十分有用。实际上,我们很难看出怎样才能更好地完成这些工作,除非使用现代考古学的系统挖掘法,这种调查方法在很大程度上还不为早期现代欧洲的古文物研究者所知。

有那么一段时间,把大批历史遗迹弄到地面上来显得十分诱人而又困难重重。当与赫库兰尼姆(Herculaneum)古城和庞贝古城(Pompeii)相关的一些发现在这个世纪中期公之于众时,大规模挖掘的可能性才变得十分明显(即使关于那些遗址的工作仍缓慢而杂乱)。很快,那些发现就在英国得到了报道,至少通过那不勒斯的英国大使汉密顿(William Hamilton)爵士传到了英国,汉密顿本身就是一位严肃的古文物学习者,一个伟大的艺术

---

① 关于接下来的发展,参见 R. G. Collingwood,"John Horsley and Hadrian's Wall",*Archaeologia Aeliana*, 4th ser., 15 (1938), 1—42; John Bosanquet,"John Horsley and His Times",ibid., 10 (1933), 58—81; Sir George Macdonald,"John and John Hodgson",ibid., 26 (1958), 1—46。

② John Horsley, *Britannia Romana* (London, 1732), p. iii.

资助人。① 那些发现给人们留下了深刻的印象,显而易见,地下的宝藏浩瀚而富有启发性("在世界上,这类东西还不为人所知",当沃波尔在 1740 年谈到赫库兰尼姆古城时,他这样感叹,"我指的是那个时代的一座罗马城,是那种还没有因现代的修缮而被毁掉的罗马城")。② 汉密顿出版了一部精彩的希腊花瓶集,韦奇伍德(Josiah Wedgwood,他于 1780 年加入古文物协会)开始在他的工厂仿制这些花瓶。在本世纪末,随着莱森(Samuel Lysons)进行系统地挖掘,罗马不列颠的搜寻工作出现了新的转折。那些古文物研究者最终给现代考古学家让道了。③

与此同时,在东方,机会悄然来临。威勒(George Wheler)曾和他的导师希克斯一起游历欧洲,他决定尝试那时还未得到大面积开发的希腊,并于 1675 年和一位法国同伴斯布恩(Jacob Spon)一同出发了。回国后,他们各自出版了一本游记,仔细描述了他们看到的历史遗迹,激发了整个欧洲的兴趣,他们还带回了一些大理石和铭文。④ 在英国,有一段时间,利凡特公司(Levant Company)和小亚细亚保持着最紧密的联系;英国和东地中海的贸易还为此提供了一个渠道,书籍、手稿和古希腊文物通过这个渠道远道而

---

① 参见关于 1754 年 5 月 23 日的报道,*Society of Antiquaries Minute Book*,VII,129;其他的报道,参见 Evans,*History of the Society*,pp. 119—20,153,158—59。汉密顿(Hamilton)的博物馆得到了 P. F. Hugues[d' Hancarville]的阐述,参见 *Collection of Etruscan*,*Greek and Roman Antiquities from the Cabinet of the Hon. Wm. Hamilton*,4 vols. (Naples,1766—1767)。关于汉密顿 的生平,参见 Brian Fotheringill (New York,1969)。

② Horace Walpole to Richard West,April 16,1740 N. S.,*Walpole Correspondence*,ed. W. S. Lewis (New Haven,Conn.,1937),1,222—24.

③ 该书第四章叙述了这个故事的一部分。1800 年前的大部分挖掘就是在搜寻宝物,就如汉密顿在 1769—1771 年挖掘哈德良(Hadrian)宅邸一样。参见 David Irwin,"Gavin Hamilton: Archaeologist,Painter,and Dealer",*Art Bulletin*,44 (1962),87—102.

④ Jacob Spon,*Voyage d' Italie*,*de Dalmatie*,*de Grece* (Lyons,1678);George Wheler,*A journey into Greece* (London,1682).

来。类似于卡乌(John Covel)和科里萨尔(Edmund Chishull)的居民——前者在 1670—1676 年间生活于君士坦丁,后者在 1698—1702 年间生活于士麦那(Smyrna)——寻到了那些历史遗迹,并描述了他们发现的东西。1721 年,科里萨尔出版了一部关于希腊早期铭文的拉丁文评注作品。[①] 然而,直到 18 世纪 40 年代,源于兴趣和机缘巧合,才出现搅动了整个欧洲的一系列活动,为"复兴希腊"铺平了道路。

1748 年,正在罗马工作的两位英国年轻艺术家拟定了一些环游希腊的提议,并四处寻求资助。斯图尔特(James Stuart)和瑞威特(Nicholas Revett)投身于那个世界——即长期以来在艺术领域接受古代优先的那个世界,不过,他们注意到,作为罗马发源地的雅典竟然被忽略了。为什么呢? 答案很简单:"自艺术复兴以来,希腊就被野蛮人占领;那些有能力从事这项工作的艺术家,不管是为了名还是利,都已经(不)可以满足自己,不需要像土耳其人一样冒险让自己成为艺术的敌人。那些没受过教化的人的无知和嫉妒也许阻碍了此类工作的开展,它看起来仍具有危险性。"[②]

一个新成立的贵族俱乐部——业余爱好者协会(the Society of Dilettanti)——为斯图尔特和瑞威特提供了资助。"1734 年",据一则当代的报道回忆,"一些曾前往意大利游历的绅士想鼓励国

---

① Edmund Chishull, *Inscriptio sigea antiquissima* (London, 1721); Edmund Chishull, *Antiquitates Asiaticae* (London 1728). 至于更早的参观者,参见 Warner G. Rice, "Early English Travellers to Greece and the Levant", *University of Michigan Essays and Studies in English and Comparative Literature*, 10 (1933), 205—60. 后来有一位参观者也撰写了一篇很受欢迎的文章,参见 Richard Pococke, *Description of the East* (London, 1743—1748)。

② 斯图尔特和瑞威特的提议,参见 *The Antiquities of Athens* (London, 1762), I, V. 至于希腊的复兴,总体而言,可参 M. L. Clarke, *Greek Studies in England*, 1700—1830 (Cambridge, 1945); John Buxton, *The Grecian Taste* (New York, 1978); Dora Wiebenson, *Sources of Greek Revival Architecture* (London, 1969); J. M. Crook, *The Greek Revival* (London, 1972)。

民尝试一下那些给他们的国外生活带来无限乐趣的东西",他们聚在一起,鼓励人们追寻古文物。① 一如往常,罗马是分别的地方,也是古文物研究的模板。当斯图尔特住在那时,他接受了古典教育,甚至还出版了一本讨论战神广场(Campus Martius)方尖碑的拉丁文小册子。② 至 1751 年,斯图尔特一直待在雅典,用以前不为人知的精确和细致描绘了——瑞威特负责丈量——这个古代城市里一切肉眼可见的历史遗迹。③ 几乎在同一时间,伍德(Robert Wood)和达金斯(James Dawkins) 也踏上了相似的探险之旅,他们前往希腊,并在机缘巧合之下在雅典邂逅了斯图尔特和瑞威特。伍德起初是一名教师,也是一位优秀的古典学者。一回到英国,伍德就在业余爱好者协会的鼓励之下出版了两部配有精美插图的著作,让年轻的吉本和其他许多人着迷不已,这两部作品分别是《帕尔米拉的废墟》(*The Ruins of Palmyra*)和《巴尔贝克的废墟》(*The Ruins of Balbec*,1757)。伍德还设法让协会为斯图尔特和瑞威特的《雅典古文物》(*Antiquities of Athens*,1762)提供经济支持,这部作品深刻地影响了欧洲的品味。④ 他还为瑞威特和常德

---

① Lionel Cust and Sidney Colvin, *History of the Society of Dilettanti* (London, 1898).

② James Stuart in A. M. Bandini, *De obelisco Caesaris Augusti* (1750). 参见 Leslie Lawrence, "Stuart and Revett: Their Literary and Architectural Careers", *Journal of the Warburg and Courtauld Institutes*, 2 (1938—1939), 128—46; David Watkin, *Athenian Stuart: Pioneer of the Greek Revival* (London, 1982)。

③ 他们不可避免地犯了错,参见 Jacob Landy, "Stuart and Revett: Pioneer Archaeologists", *Archaeology*, 9 (1956), 252—54。他们模仿的可能是法国人德哥迪斯(Antoine Desgodests),他丈量了罗马(1676—1677)并于 1682 年出版了作品 *Les eedifices*;其英译本在 1771 年出版。W. Herrmann, "Antoine Desgodets and the Academie Royale d'Architecture", *Art Bulletin*, 40 (1950), 25—53。

④ 在出版时,斯图尔特和瑞威特动作缓慢,因此被罗伊(J. D. Le Roy)的《希腊最美建筑的废墟》(*Les ruins de plus beaux monuments de la Grece*,1758)抢占了先机,此书被译为 *The Ruins of Athens* (London, 1759)。Marcus Whiffen, "An English Le Roy",Architectural Review, 126 (1959), 119—20。

勒(Richard Chandler)的另一次探险撰写了内容说明,这次是帮助拟定计划,丈量士麦那的历史遗迹,绘制浅浮雕和装饰品,并撰写"详细的游记"。

与此同时,伍德也决定进一步向东挺进,并在阿喀琉斯(Achilles)战斗过、尤利西斯(Ulysses)游玩过以及荷马曾高歌过的国家读一读《伊利亚特》和《奥德赛》;这是古典文学持续的灵感来源,隐藏在古文物追寻之路的背后。当蒙塔古[Montages]于1718年从君士坦丁回来,伊丽莎白·沃尔特利·蒙塔古(Elizabeth Wortley Montagu)夫人写了一封充满喜悦的信,在信中,她描述了自己是多么感动,因为"看了阿喀琉斯被埋葬的地方……在那个山谷,我想象着墨涅拉俄斯(Menelaus)和帕里斯那场著名的决斗……当我参观这些著名的田地和河流时,我由衷钦佩荷马精准的地理知识"。1767年,伍德出版了《特洛阿古时和现在之状况对比》(*A Comparative View of the Ancient and the Present State of the Troade*)和《论荷马的天赋》(*An Essay on the Original Genius of Homer*),并在欧洲学者当中掀起了两场争论。[1] 常德勒年轻时编辑过希腊的哀歌,当大学收获了更多的来自阿伦德尔的大理石后,他又重新编辑了 *Marmora Oxoniensia*。自东方回国后,伍德在几部新作品中展示了他的成果:《爱诺尼亚的古文物》(*The Ionian Antiquities*)和《阿提卡的铭文》(*Inscription of Attica*,1774),还有两本游记(1775—1776)。截至那时,在英国,似乎每个人都在建立新的希腊古典风格。

---

[1]　Lady Montagu to Abbot Conti, July 31, 1718, in Lady Montagu, *Letters and Works*, ed. W. Moy Thomas (London, 1893), I, 374—84. 关于两场争论,参见 J. B. Spencer, "Robert Wood and the Problem of Troy in the Eighteenth Century", *Journal of the Warburg and Courtauld Institutes*, 20 (1957), 75—105。另参 C. A. Huttton, "The Travels of 'Palmyra' Wood in 1750—1751", *Journal of Hellenic Studies*, 47 (1927), 102—28。

六

当中世纪古文物的搜寻工作踟蹰不前时,古典文化的复兴却在持续进行并出现了新的形式。搜寻希腊古文物并对古希腊进行新古典主义的模仿实际上成为了古文物复兴的必然结局,而这在意大利文艺复兴前很久就已经开始了。① 就如在文学和艺术领域一样,在学识研究领域,新古典主义和人文主义学识一起持续发展。如果在大多数情况下英国只满足于追随欧洲,那么到了18世纪,它们就不止打个平手了。这些行为背后隐藏着某种悖论;事实是,相同的新古典主义冲动首先激发了古文物研究,接着又维持了这种研究,到最后又限制甚至抑制了这种研究。

我竭力展示古文物研究是如何帮助其他某些目标得到实现的:或者是古典模仿,或者是宗教和政治。我们已经看到对"文雅"文化的关注是如何限制人们追寻中世纪古文物的;出乎意料地,它还阻碍了(即使程度不同)人们追寻经典古文物。麻烦之处就在于,控制着文雅世界的古典教师几乎不怎么欣赏、有时甚至还会嘲笑这种纯粹的好奇心和对细节的热爱。在意大利文艺复兴初期,教育家维罗达(Guarino da Verona)这样描写波焦的朋友尼克里(Niccolo Niccoli):

> 谁会忍住不笑呢? 为了阐述建筑规则,这个男人赤着胳膊探测古代建筑,调查古代的城墙,卖力地解释被毁灭的城市

---

① 我认为,我们不应该过分重视那些把古罗马追随者(就如帕拉第安[Palladians]和后来的钱伯斯[William Chambers])与古希腊的追随者区分开来的那些不同之处。Nicolaus Pevsner and S. Lang, "Apollo or Baboon", *Architectural Review*, 104 (1948), 274; Rudolf Wittkower, "Piranesi's Parere sa Architecttura", *Journal of the Warburg and Courtauld Institutes*, 2(1938—1939), 147ff.

的废墟和坍塌的拱顶,调查被毁坏的剧院有多少台阶和多少柱子……地基有多少英尺宽,方尖碑的尖顶有多高。实际上,凡人是被无知摧毁的。他觉得他会让人们高兴,可是人们却在取笑他。①

人文主义实际上是一种实用的文字教育,旨在吸引上流社会的人;人文主义并不鼓励人们掌握一些超越当下直接需要的知识。在这方面,人文主义留下了一笔遗产,这笔遗产一直困扰着英国史学家,直至我们的时代。② 在 17 世纪,正如皮查姆认识到了一知半解的古文物知识对绅士的价值一样,和他同时代的恩利(John Earle)——他也是一位绅士和优秀的古典学者——正竭尽全力把古文物知识变成讽刺作品,以确保人们对它仍是一知半解。古文物研究者们沦为了笑柄:

> 他的病不同寻常,迷恋旧时代和褶皱,他热爱古老的东西(就如荷兰人喜欢奶酪一样),那些东西更适合变腐朽或者被虫子啃掉……他欣赏古老的历史遗迹中的锈迹,并且只喜爱阅读那些已经被时间啃光了字母的文字……他的财产就是那些希伯来钱币和罗马钱币,而且他拥有的凯撒画像要多于詹姆士或伊丽莎白的画像……在他的研究中,他会为了手头上的古罗马书本的封面和塔利的六行诗翻遍所有书籍(全部都很稀有)。③

---

① 引自 E. H. Gombrich, *The Heritage of Apelles*(Ithaca, 1976), p. 103。
② 参考来自哈乌菲德(F. Haverfield)的抱怨,见 *The Roman Occupation of Britain*(Oxford, 1924), pp. 86—87。
③ John Earle, *Microcosmography*(1628), ed. Haraold Osborn (London, n. d.), pp. 20—21.

　　1641 年,一场名为"古文物研究者"的戏剧也上演了相同的主题,在下一个世纪,这个主题将继续发展和无限重复。关于古文物铁锈的故事也会无限重复。[①]

　　"有些人,"卡姆登抱怨道,"全盘贬低古文物研究。"[②]当古文物研究者变得越来越博学,而英国的绅士也变得越来越有礼貌时,这样的人也许会更多,每年都是如此。当分歧变得越来越明显时,批评和讽刺就变得愈加辛辣。当然,古文物研究充满了快乐,也有利于寻找快乐,即使人们常常用某些东西或其带来的附加值来证明它的合理性:"没有什么研究比古文物研究更有趣了",格拉维斯(Richard Graves)告诉赫恩,同时他也注意到古文物研究对法律研究大有裨益。[③]关于快乐或学识的作用,即使大家的意见不尽相同,这种结合也并非不同寻常。

　　如果在那个时代,有一个人因古文物本身而欣赏它们,那么这个人也许就是赫恩;赫恩代表了那个时代的某一类人,作为学者,他因一点小过失被那代人中的"才智之士"无情地批判——总的来说,他不该受到这样的批判。赫恩以里兰德和卡姆登的继承者自居,没有人比他更努力了,赫恩曾在日记中这样写道:"古文物……实际上才算真正的学识,倘若有人问我什么是学识?我的回答是古文物。"[④]赫恩的朋友及工作伙伴托马斯·贝克(Thomas Baker)认为,赫恩逝世是因为他操劳过度,"赫恩是古文物研究的殉道者"。[⑤]蒲

---

①　马米恩(Shackerly Marmion)的戏剧于 1641 年登台;至于那个关于铁锈的永久笑话,参见 Levine, *Dr. Woodward's Shield*, pp. 246, 250;关于后世重复这个古老的讽刺作品,参见 *Monthly Ledger*, 1 (1773), 138。

②　Camden, *Britannia*, preface.

③　Hearne, Remarks, X, 299. 关于赫恩称赞格拉维斯(Graves)是古文物研究者,参见 Nichols, *Literary Anecdotes*, II, 467—69。

④　Hearne, Remarks, VII, 371. 关于赫恩,参见 Levine, *Dr. Woodward's Shield*, chap. 10。

⑤　Baker to Ballard, Dec. 6, 1735, in Hearne, *Remarks*, XI, 463.

柏（Alexander Pope）发现古文物研究十分有趣，他把赫恩放入《愚人记》（*Dunciad*），在《愚人记》中，在这个世纪余下的时间里，赫恩一直没得到维护。甚至连更博学的吉本也是摇摆不定，他试图在笑声和感激之间找到平衡。这和赫恩谈到伍德时是一样的，"实际上，伍德是一个纯粹的学者，因此必然有相当多的人不尊敬他"。[①]一个以古董收藏家的身份开始其职业的古文物研究者，不知怎地就变成了一个无用的书呆子。

有了这个想法，我们就很容易明白，在《书之战》中，古典学识是如何成为焦点的。[②]双方都受惠于经典，然而，当"现代"的沃顿（William Wotton）公布现代文献学在理解过去这方面取得了持续进步时，"古代"的汤普（William Temple）却十分吃惊。汤普想让那些编辑经典作品的第一批人文主义者了解批判式的学习，但他确信，那批人文主义者一直在从事那项工作，而且就要完成了。汤普更喜欢简单朴实的文本（例如，牛津版的《费尔和奥列里其》[*Fell and Aldrich*]），而不是荷兰集注里杂乱的学识。汤普不明白，学者拥有的那些包围并矮化了原作的浩瀚知识或者那些用厚得不太合理的巨著堆积在一起的浩瀚知识怎么能帮助人们阅读文雅的文学并进行文雅写作呢；也就是说，如何把经典作品利用起来。对汤普和 18 世纪的许多人来说，拥有太多的学识是件危险的事，这样更容易混淆原作或者（更糟糕的）让原作看上去和现代生活毫不相干。当汤普撰写英国的早期历史时，他不用费过多的心思去研究或核实事实的准确性。就如汤普钦佩的古代典范一样，他把所有的注意力都放在了写作风格和政治教训上。尽管汤普的作品涵盖了英国的早期历史，可是他没有着眼于古文物，也没有学习盎格鲁-撒克逊语。沃顿发现汤普犯了一些令人震惊的错误，然

---

① 引自 Anthony Wood，*Life of Wood*，Ecclesiastical History Society，3（Oxford，1848），p. 33。

② 参见本书第六章。

而,整个世界还是在为汤普喝彩。我们发现,沃顿对史学的贡献(衰退的罗马史期盼吉本)及其丰富的古文物知识通常会被忽略,而且很快被遗忘。[1]

公平地说,汤普的前辈并不比他优秀多少——当然不是指丹尼尔或弥尔顿(John Milton),这两者都曾撰写过相同的主题。事实是,古文物和历史在很大程度上是不同的事物,而且在现代早期,它们也是单独活动的。从理论上说,弗朗西斯·培根已经明白,其中一个可以被用来支持另一个,但这种想法有些不同寻常,而且当培根决定撰写关于亨利八世的统治史时,他避开了资料研究,只是简单地改写前辈们的作品——就如那个时代任何优秀的史学家一样。[2] 总体而言,史学家不会使用或编辑古文物,而古文物研究者也不会撰写历史。当他们两者都尝试时——正如当卡姆登撰写一篇关于伊丽莎白女王统治的文章或当沃顿撰写后来的罗马皇帝史时——他们清醒地意识到了不同的问题有不同的要求,并尽量避免把这两者混淆。卡姆登对文献的使用到了异乎寻常的程度,然而,他并不打算使用新知识、脚注、批判式论述或古文物研究史的题外话来破坏他的叙述——在《不列颠志》中,他对这些东西可谓是驾轻就熟。[3] 在任何情况下,关于当代学识的作品并不是检验古文物研究方法的最佳工具。在这方面,沃顿的罗马史比卡姆登的更有趣,其撰写的罗马史有详尽的批判性注释,而且会系

---

[1] 参见本书第七章。

[2] 关于培根的观点,参见其《学问的发展》(*Advancement of Learning*)第二卷关于"国内"历史的那部分;关于培根的实践,参见 Wilhelm Busch, *England under the Tudors*, Alice M. Todd 译 (London, 1895), I, 416—23。至于历史和古文物之间的区别,参见 Momigliano, "Ancient History"；Eric Cochrane, *History and Historiography in the Italian Renaissance*(Chicago, 1981), p. 444。

[3] F. S. Fussner, *The Historical Revolution*(London, 1962), pp. 247—249. 卡姆登的《伊丽莎白时期英国事务年鉴》(*Annales rerum Anglicarum Elizabethae*)分两次于 1615 年和 1625 年面世;它由赫恩根据 1717 年的手稿编辑而成。关于作品,参见 H. R. Trevor-Roper, *Queen Elizabeth's First Historian*, Neale Lecture (London, 1971)。

统地使用铭文和钱币,将其当作证据,但罗马史没能满足当代的一个标准:文雅的叙述,沃顿本人似乎也意识到了这点。然而,似乎很难把这两者成功地结合起来。①

实际上,只有编年史学家一直努力把古文物研究的成果运用到编年史的编译中,付出的代价就是再次疏远了那些文雅的读者,因为编年史学家不关注写作风格和叙事的技巧。尽管这些编年史学家继续撰文,例如,理查德·贝克(Richard Baker)的大众化叙事在 1643 年至 1733 年间历经了 12 版,布莱迪(Robert Brady)、泰尔(James Tyrrell)和艾查德(Lawrence Echard)撰写出了更宏大的作品,但是人们总觉得他们有一点粗俗且有失历史的威严。直至休谟(Hume)在 18 世纪完成了他的作品,人们才普遍认为英国尚未接受英国本应具有的那种文雅叙事,就如那些关于古罗马或(以它们为典范)现代法国和西班牙的叙事一样。②

古希腊、古罗马的史学家重修辞而轻学识,因此为早期的现代欧洲开创了新风尚。人们如此崇拜那些作家以至于到了 18 世纪,即使新知识让学问取得了长足的进步,也没人敢重写古代世界史。③ 最博学的英国学者,例如,雪尔登、斯伯曼、道威尔(Dodwell)

---

① 尼克森(William Nicolson)是其中一个对此仍抱希望的人,但他的古文物研究癖好致使他严厉斥责大多数的史学家;可以参考他在《历史文库》(*Historical Libraries*,n. 110 及以上)对汤普的评论。

② 休谟在研究方面的缺陷(也就是说,他不依赖古物研究技巧)受到了吉本的怀疑,而彼得里(Petrie)和夏普(Sharpe)则在《历史遗迹》(*Monumenta*,p. 6n.)中对之进行了展示。对以前的历史的抱怨始于萨维尔(Henry Savile)献给伊丽莎白的《关于英国事务的作家》(*Rerum anglicarum Scriptores*,1596),接着是雪尔登的"Letter to Mr. Augustine Vincent",*Opera Omnia*,III,1693—1694,直至《全史》(*Complete History*,London,1706)的简介,第六章也对之进行了讨论。关于编年史学家,参见 Douglas,*English Scholars*,pp. 134—135; J. G. A. Pocock,*The Ancient Constitution and the Feudal Law*(New York,1967),pp. 182—228。

③ 艾查德(Lawrence Echard)在他撰写的《罗马史》(*Roman History*,3d ed.,London,1697)前言中吹嘘道:"在我们的语言中,从没有出现过这类事情",引自 Momigliano,"Ancient History",p. 9。

和宾利,仍不太愿意撰写古代或现代"史"。"浩瀚的历史事件",雪尔登曾抱怨,"关于我们的教堂和国家的历史事件,就隐藏在财政部几个办公室的记录里,隐藏在教堂里,隐藏在造纸室里……隐藏在议会的议事录中,隐藏在坎特伯雷大主教的登记册以及温彻斯特、林肯(Lincoln)和其他更偏僻的角落里;在我们的历史中,并没有那么多关于那些东西的记忆"。没有材料就去撰写历史,相当于是"把时间和成本全花在粉刷一栋危房上,而这些时间和成本本应该用于购买木材和各种储备,以便加固和扩充这栋房子"。① 雪尔登,"那个无与伦比的古文物研究者",②一生大部分的光阴都致力于出版和抢夺这些材料,并把它们运用到他的鸿篇巨著中。不过,雪尔登从未撰写过叙事,他也不曾努力打磨或阐述自己的写作风格,以至于到了今天,人们能够读到的也只是他的席间漫谈。

毋庸置疑,宾利是 1500 至 1800 年间英国最博学多才的古典主义者。宾利的作品表现出他熟知古代的原始资料——钱币、铭文、语言和手稿——而且他还掌握了一项少有人掌握的重要技能。宾利也许比那个时代的任何人都更了解古代世界史。然而,宾利的全部学识都投注在对古典作家的评论之上,甚至是著名的《关于法利拉书的论述》(*Dissertation on the Epistles of Phalaris*,1699)也是如此,从这本书中,人们可以学到相当多的关于古希腊的文化知识。宾利从未撰写过历史或假装为文雅世界写些什么东西,当他觉得自己受到了恶意的攻击时,他才会为自己辩护。然而,英国文学全盛时期的"智者们"对宾利的学识和方法的攻击长达两代人之久。

---

① Selden, "A Letter to Mr. Augustine Vincent", *Opera Omnia*, III, 1694.

② 参考当代对他的赏识,来自 Harold D. Hazeltine, "Selden as Legal Historian", in *Festschrift Brunner*(Weimar, 1910), pp. 579—630; W. S. Holdsworth, *Sources and Literature of English Law*(Oxford, 1925), pp. 148—149; Fussner, *Historical Revolution*, pp. 275—298。

古典学者和古典绅士就此分道扬镳。当卡姆登晚年决定在牛津首次设立史学讲座时，他的指导方针就是，讲座应该致力于阅读和阐述古典史学家弗洛罗斯(Lucius Florus)的作品[1]（史学讲座的第二个教席设在剑桥，主讲人是荷兰人文主义者德瑞罗斯[Isaac Dorislaus]，他选择了塔西佗）。[2] 最先任职的是威尔(Degory Wheare)，他花了8年的时间才讲完了第一本书，他比较了古代和现代事件，速度比较缓慢。当威尔把自己和历史方法相关的一些想法集中起来时，他也只是重复了文艺复兴艺术史中为人所熟知的普通事件，而威尔本人也只限于进行叙述。[3] 后来的一位任职者道威尔(Henry Dodwell,1688—1689)成为了博学时代最博学的人，然而，道威尔繁冗的文字里充斥着过多细节，以至于后来的人（尤其是吉本）更多的只是记住了道威尔头脑混乱、迷糊，而不是他为古典和基督教古文物研究做出的真正贡献。[4] 难怪反抗出现，智者们占了上风。在18世纪博学开始受到质疑，叙述性历史从未学习如何从古文物研究者的知识积累中受益。[5]

除了沃波尔之外，我们很难找出更好的例子来展示这种矛盾的情绪。沃波尔是一位伟大的绅士，一位业余爱好者和古董收藏家，他曾和格雷(Thomas Gray)一同前往罗马，归来时，他已成为审美方面的内行和权威。沃波尔至少还是普通意义上的古文物研究者（有时候他自己也是这样评价的），并在1753年加入协会。沃波尔收集古文物，为了古文物去乡间游历，在草莓山庄(Strawber-

---

[1] H. Stuart Jones, "The Foundation and History of the Camden Chair", *Oxoniensia*, 8—9 (1943—1944), 169—192.

[2] Norman Farmer, Jr., "Fulke Greville and Sir John Coke: An Exchange of Letters on a History Lecture", *Huntington Library Quarterly*, 33 (1969—1970), 217—236.

[3] Degory Wheare, *De ratione et methodo legend utrasque historias civilis et ecclesiasticas* (Oxford, 1623; Eng. Trans. Edmund Bohun, 1694).

[4] Levine, *Dr. Woodward's Shield*, pp. 200—215.

[5] Richard Gough, introduction, *Archaeologia*, 1 (London, 1770), ii.

ry Hill)用"哥特"方式修缮他的名宅,撰写并出版了一些颇受欢迎的古文物研究作品:《皇家和贵族出身作家目录》(*the Catalogue of Royal and Noble Authors*,1758)以及《绘画界的奇闻轶事》(*the Anecdotes of Painting*)等等。[①]

不可否认,沃波尔没付出什么艰辛的劳动,他依赖别人给他提供的信息;对于古文物研究者引入的与准确性和细节相关的新标准,沃波尔也持随意的态度。沃波尔是这样向他一生的挚友科尔(William Cole)解释的:"作为一名古文物研究者,我拥有一个恶劣的品质,这种品质毁灭了精髓;也就是说,我无法养成那种习惯,即对无关紧要的东西也做到十分精确。"[②]沃波尔曾吹嘘,他是"第一个竭尽全力把审美引入古文物研究的人,而且他还说服世界不要嘲笑赫恩们(Hearnes)和赫林西德们(Holingsheads)"。"我热爱古文物",沃波尔承认,"但我几乎不曾认识一位知道如何撰写古文物文章的古文物研究者,古文物研究者对废墟的理解似乎和他们所描述的东西一样多"。[③]当他撰写的与查理三世相关的作品受到协会里的古文物研究者批评时,沃波尔火冒三丈;他立马辞职了,开始讥讽协会成员以及他们的新刊物《考古学》,用尽了充满智慧的古老幽默。

---

① Walpole to Lady Ossory, January 19, 1775, in Walpole, *Correspondence*, 32, 223—24; Walpole to William Cole, June 15, 1777, ibid., 2, 50ff. Joan Evans, *History of the Society*, p. 120; W. S. Lewis, "Horace Walpole, Antiquary", in *Essays to Sir Lewis Namier*, ed. Richard Pares and A. J. P. Taylor (London, 1956), pp. 178—203; W. S. Lewis *Horace Walpole* (New York, 1960), pp. 121ff.

② Walpole to Cole, February 15, 1782, in Walpole, *Correspondence*, 2, 300—303. 科尔(Cole)早先撰文,承认他至少保留了"古文研究的成见,即希望看清一些不重要的细节和一些不值得公众关注的事情,我一生都在收集这种碎片"(同上,I, 359)。他的大量藏品如今就陈列在不列颠图书馆。沃波尔很仰慕他,并没有因为他没有出版任何东西而批评他(同上,II,115ff.)。

③ Walpole to Mason, July 10, 1775, ibid., 28, 210—14; Walpole to Cole, January 8, 1773, ibid., I, 292—94.

然而，当几年后苏格兰新古文物研究协会投标时，沃波尔很快就接受了此协会的邀请。"赫恩们的精神"不会消亡。[①]

问题在于，沃波尔的新古典主义偏见干扰了他在古文物研究方面的爱好，就如新古典主义偏见在某种程度上限制了他的哥特式雄心一样。"我对古墓、丹麦的防御工事、撒克逊的野蛮和腓尼基人的文字一无所知，简而言之，我对那些蒙昧的时代一无所知。"对沃波尔来说，关于撒克逊和丹麦的发现就如关于霍顿督（Hottentots）的发现一样，不值一提。[②] "利特尔顿（Lyttleton）大主教过去常常缠着我，让我处理古墓、古罗马营地以及地下的那些东西……不过，说实话，当一切艺术臻于完美时，我热爱一切艺术……而且我不那么关心那些没留下什么艺术痕迹的遗迹。"[③]非常典型的是，新古典主义的沃波尔甚至对英国的罗马古文物都持犹豫态度。1780 年，沃波尔给坚持搞古文物研究的朋友科尔写了一封信，在信中，沃波尔描述了自己阅读哈钦森（William Hutchinson）的《诺森伯兰郡》（*Northumberland*）后的感受：

> 我阅读的速度不快，作者偏好的是罗马古文物，其中有些古文物是在这个岛上发现的，这些古文物比较普通，几乎没法引起我的好奇心。一个野蛮的国家，远离帝王的宝座，被几个几乎决定不了什么大事的军团所左右，这样的国家比较无趣，即使它是某个人的国家。我毫不关心记载了某个分队的拥有者名字或者记载了某位上校女儿名字的石头。我没有耐心去读那些古文物研究者的无聊争论，他们争论怎么确定一些消

---

① Walpole to Lady Ossory, June 25, 1776, ibid., 32, 295—99. 沃波尔很喜欢 *Nabob*(Walpole to Cole, ibid., July 7, 1772, I, 264—65)中的幽默。沃波尔 的 *Historic Doubts on Richard III* 于 1766 年首次面世。

② Walpole to Cole, April 27, 1773, 同上，I, 108—10; September 1, 1778, 同上，II, 115—18。

③ Walpole to Cole, April 25, 1775, 同上，I, 366—69。

失的城市的名字,以及《安东尼的行程》里的某个村庄应该拥有另一个名字。我并不是说我喜欢的哥特式古文物就更重要,但它们至少真实存在。除了一个河岸就什么也没留下的罗马营地位于哪里,这真的引不起我一点兴趣。[①]

七

当吉本踏上卡彼托山的台阶并思考古罗马的遗迹时,情况就是如此,或者类似于此。就像沃波尔一样,吉本是一位怀揣文学梦并拥有一份收入的绅士,他很崇拜古典风格和修辞学。然而,和沃波尔及其同代大多数人不同的是,吉本知识渊博,对3个世纪以来的古文物研究事业的欣赏之情坚定不移。青年时代,吉本就曾尝试解决文献学和年代学中的一些深奥问题。在吉本出版的第一部著作中,他捍卫学识,驳斥智者和哲学家对学识的轻蔑之意。[②]当吉本为与卡彼托山相关的那个伟大时刻做准备时,他阅读了他可以找的关于古代和中世纪罗马的一切欧洲作品。废墟激发了吉本非凡的事业,吉本的目的就是让破碎的东西恢复原状,让文学与学识、历史与古文物紧密结合起来。因此,《罗马帝国衰亡史》只能被当作一部达到了300年的古典模仿和古代学识之高潮的作品加以欣赏,它是那个时代绝无仅有的一部作品。[③]

当《罗马帝国衰亡史》面世时,德国的质疑之声不绝于耳,在那里,一种新的历史方法和历史专业形成了。现代的"科学"历史和考古学即将诞生,即将接管并改变现代早期的丰富遗产。在这个

---

① Walpole to Cole,March 13,1780,同上,II,203—6. 哈钦森(William Hutchinson)的《诺森伯兰郡景观》(*View of Northumberland*)于 1776—1778 年出版了两卷。

② Edward Gibbon, *Essai sur l'etude de la litterature*(London, 1761)。

③ 关于吉本的方法,参见 Giuseppe Giarrizzo, *Gibbon e la cultura europen del sette-cento*(Naples, 1954); Arnaldo Monmigliano, "Gibbon's Contribution to Historical Method",in *Studies in Historiography*, pp. 40—55;以及本书第七章。

过程中,首当其冲的必然是古典叙事以及新古典主义对专业研究和准确细节的蔑视。主要受益的是新方法和不加限制的主题。[①]当一切发生时,古文物事业最终摆脱了那些长期阻碍它发展的东西。有了重现过去的新动机和新刺激,古文物事业在某种程度上转变成了近代学识史。至于那是如何发生的以及为什么会发生,当然超出了我们目前的范围,但有一点是十分明确的:没有古文物研究者的伟大协作和竭力准备,没有他们对回归源头和亲身考察的倔强坚持,没有他们撰写的一部部巨著积累起来的学识,我们今日所了解的现代史学编纂就永远不会出现。

---

① 参考吉本在《哥廷根学术通报》(*Göttingische gelehrte Anzeiger*)中的重要评论,莫米利亚诺(Momigliano)引用了"Gibbon's Contribution", p. 40; Herbert Butterfield, "The Rise of the German Historical School", in *Man on His Past* (Cambridge, 1955), pp. 32—61。

第四章　斯通菲尔德大道：英国文学全盛时期的英国考古学

　　人们几乎不曾尝试探究考古学史,考古学的早期历史显得尤其模糊。人们一般认为,考古学始于意大利文艺复兴,后来发展至更广阔的领域,形成了更加系统化的现代科学调查技巧。在意大利人最初努力恢复和罗马相关的材料证据之后、在人们熟悉的谢里曼(Schliemann)、雷亚德(Layard)以及埃文斯(Arthur Evans)爵士之类的现代人带来启示之前,在这一长达数世纪的酝酿期里,究竟发生过什么事呢? 古文物研究是如何转变成考古科学的呢?为了回答这个问题,我们需要恢复中间时期的面貌,不仅包括发现庞贝古城和赫库兰尼姆古城这类最激动人心的事件,还包括学者和古文物研究者经过更加审慎而持续的努力后发现的一些东西;那些年,他们一直试图恢复非文字的古代遗迹并对其进行归类,如此一来,他们或许可以实现那个古老的目标,即理解过去的生活。英国文学全盛时期的人们对此做出了贡献,他们打造了通向现代科学比较重要的一环。我想通过追寻在 18 世纪英国发生的一个典型却完全被遗忘的关于古文物事业的例子来阐述这个观点。我从不觉得 1712 年发现斯通菲尔德(Stonesfield)大道可以和发现庞贝古城以及赫库兰尼姆古城相提并论,更别说和当代的新古典主义事件——例如，艾迪森（Addison）的《卡托》（*Cato*）、宾利的《贺拉斯》（*Horace*）或者蒲柏的《荷马》——相提并论了；然而，这一发现也掀起了一阵热潮，并同样留下了值得关注的遗产。①

我的故事始于 1712 年的冬天，当时，一位农夫正在犁地，他碰到了泥地里一些巨大的石头。② 农夫把石头翻过来，发现了一个古瓷，接下来，让他激动不已的是，眼前呈现的似乎是一条平铺的大道。类似的事情以前也发生过，可是现在，此事很快在学识界引起了震动。消息一传到国外就掀起了一股热潮。人们纷纷涌入那片空地，邮件把这股浪潮带到了英国各地，甚至是国外。为了这个发现，学者们开始了激烈的争论，艺术家们争相评价这个辉煌的作品。出现一条新的棋盘格罗马大道——事实证明的确如此——绝

---

① 根据丹尼尔（Glyn Daniel）最近撰写的关于这个主题最棒的一部作品，"还没有出版过权威而确定的考古学史"（*A Hundred and Fifty Years of Archaeology* [Cambridge，Mass.，1976]，p. 401）。唯一一部与之类似的作品似乎也只限于最近的时期；参见 A. Michaelis，*A Century of Archaeological Discoveries*，Bettina Kahnweiler 译（London，1908）；C. W. Ceramm，*Gods，Graves and Scholars*，E. B. Garside 译（New York，1952）；Glyn Daniel，*The Idea of Pre-history*（London，1962）；Robert F. Heizer，ed.，*Man's Discovery of His Past*（Englewood Cliffs，N. J.，1962）。人们普遍认同的观点仍是来自克劳福德（O. G. S. Crawford）的一个观点："19 世纪前的考古学史是前科学（pre-scientific）的考古学"（*Archaeology in the Field* [London，1953]，p. 21）。然而，1900 年前的考古学史——当它尚属于"古文物研究者"时——对于理解 19 世纪取得的成就依然重要，而且它比人们普遍认为的更有意义，我希望斯通菲尔德的例子可以证实这点。关于英国的背景知识有用的少之又少，除了 T. D. Kendrick，*British Antiquity*（London，1950），以及 Joan Evans，*History of the Society of Antiquaries*（London，1956）。还是有一些关于古文物研究者的论述，例如，皮戈特（Stuart Piggot）在 *Proceedings of the British Academy*，37（1951）中论述卡姆登，他还论述过斯塔克里（William Stukeley[Oxford，1950]），但这个领域在很大程度上仍是一个未知。我在本书第六章以及 *Dr. Woodward's Shield：History，Science，and Satire in Augustan England*（Bereley，Calif.，1977）中陈述了自己关于史学编纂背景的观点。

② 现代对此唯一的记叙似乎来自 M. V. Taylor，"The Roman Tesselated Pavement at Stonesfield，Oxon."，*Oxoniensia*，6（1941），3—8；*Victoria County History，Oxfordshire*（London，1933），I，315—16。

不是稀疏平常的事。它毕竟有 35 英尺长，20 英尺宽，色彩绚丽，设计精美。它最生动而直接地证明了罗马人曾待在英国，它远远超越了其他数量巨多却没那么起眼的遗迹——钱币、铭文、半身像和浮雕——它们塞满了古文物研究者的陈列室。除了另外一两条大道之外，在英国几乎很难看到规模如此宏伟的大道；如果人们想看到类似的，就只有去国外。无怪乎英国文学全盛时期的人们那么激动了。

这条大道于 1712 年 1 月 25 日星期五在一个叫切斯提尔(Chesthill Acre)的农场被发现，该农场靠近斯通菲尔德村，离伍德斯托克(Woodstock)2 英里远。没过几天，消息就传到了牛津，据说，人们在那里发掘出了大量的罗马钱币；2 月 1 日，这条大道的某个部分吸引了圣艾德蒙学堂(St. Edmund Hall)年轻的古文物研究者赫恩。第二天，赫恩就亲自前去查看，并（根据他的习惯）在随身携带的笔记本上草草记下了自己的观察结果。赫恩注意到，这个地点非常靠近一条古老的称作艾肯尼德大道(Ikenield Way)或阿曼街(Akemanstreet)的罗马大道，该大道一直延伸至巴思。有人告诉赫恩，这条大道上有一幅图，"图上有一条龙或蟒蛇，有阿波罗，另外还有几个装饰性形象，例如，一只雄鸟，一只雌雉，以及几个花盆"。瓷砖颜色各异，恰好有 9 平方英寸大小。据说，有人故意放了几小张罗马钱币在那儿，以便给游客留下深刻的印象。实际上，当赫恩四处参观时，他的怀疑精神又冒头了。赫恩对那个瓮持怀疑态度，有人告诉他，那个瓮已经碎了，在其他地方看不到。赫恩曾寻找过罗马砖，不过徒劳无功，最后，他觉得自己被愚弄了；这里根本就没有罗马的历史遗迹，"有的只是某个地位较高之人的装饰品"，或许就如通常所说的，这里只是庄园主的宅邸而已。至于阿波罗，其形象粗俗，赫恩宁愿认为那是身上缠着一条蛇的圣迈克尔(Saint Michael)。"他左手拿着矛，鞋子没有后跟，是后诺曼(post Normannic)的样式。"然而,赫恩保留了他的意见。[1]

与此同时,整个牛津躁动不安。赫恩参观后的几天,万灵学院(All Souls)的学监加德纳(Gardiner)博士向赫恩展示了他画的关于那条大道的一副草图。加德纳认为,这是罗马人的作品,而其中的人物应该是拿着神杖的酒神巴克斯,"至于那头野兽,他也不知道该叫它什么"。那天过后,那时正忙于出新版本的乔叟的古文物研究者厄里(John Urry)带来了另外一幅由基督教堂一位叫福特(Ford)的牧师提供的草图。厄里也认为那是拿着神杖的酒神巴克斯,而且他还相信,那个动物是只老虎。"关于这件事存在各种不同的意见,"赫恩在日记中吐露心声,"它给大学和其他地方带来了欢乐,可就我本人而言,我还未向任何人发表我的意见。"[2]那个月末,牛津代表团前来参观该历史遗迹,由天文学家兼几何教授哈雷(Edmund Halley)带队,其中还包括副首相和议会的几位头脑。

消息传得越来越快,传播的范围也越来越广。首先得知这一发现的是伟大的政治家兼藏书家的牛津伯爵哈利(Robert Harley)。一周之内,哈利两次收到关于这个发现的来信,第一封信来自植物学家博瓦尔特(Tilleman Bobart),第二封信来自厄里,厄里还附上了他画的草图。[3]博瓦尔特的描述特别充分,的确出自习惯了科学观察之人的手笔。博瓦尔特在信中讲述了人们怎么发现那条大道,如何确定它的尺寸以及如何注意到它的图案。"在靠近地板的南端,"博瓦尔特写道,"有一个大圈,圈里有一个人,一手拿

---

[1] Thomas Hearne, *Remarks and Collections*, III, ed. C. E. Doble, Oxford Historical Society, 13 (Oxford, 1889), pp. 296, 297, 395—96.

[2] Hearne, *Remarks*, III, 397. 神杖是一根棍子或棒子,和狄俄尼索斯(Dionysus),还有酒神巴克斯的庆典,以及巴克斯本身有关。奥维德(Ovid)把神杖描述成"用葡萄藤包裹着的长矛"(*Metamorphoses* III, 667)。

[3] Boart to Harley, Febuary 11, 1712 (copy), British Muuseum Add. MS. 4253, ff. 54—54v; Urry to Harley, February 11, 1712, Historyical Manuscript Commission Reports, *Portland MSS.*, V. 142.

着杯子，一手拿着长矛，他骑在一条龙或类似于龙的动物身上，旁边有两只雄鸟和两只雌雉……有点像野鸡。"就如赫恩一样，博瓦尔特对钱币产生了怀疑。"每天都有许多人前去参观，关于它以前的用处，人们意见不一。有人猜测它曾是罗马的一座庙，也有人猜测它是一位将军的住处，还有一些人认为（或许有更多理由）那是焚烧尸体的地方，因为在那里发现了一些人类的骨头和烧掉的麦子。"赫恩确定那条大道曾堆满了垃圾、石块、石板、巨大的砖头、煤和谷物。①

厄里的信件包含了福特画的草图，不过厄里提醒哈利，那块地的主人不会让他在地里进行丈量，"除非付给他5英镑"，因此厄里只能根据记忆绘制那幅草图。实际上，这位"主人"充分利用了他发现的东西。这位主人叫韩德思（Handes），寂寂无名，赫恩发现他实际上只是个佃户。显而易见，韩德思很早就发现了这条大道，但他一直保守着这个秘密，直到可以重新协商租约，他非常巧妙地引入了一个附加条件，即可以"进行地下挖掘"。当租约生效后，"韩德思找到了那些他过去就发现了的宝藏，并说将花不到500英镑找到这宝藏"。② 该土地真正的主人威胁要诉诸法律，至于他最后是否取得了成功，我们不得而知。厄里似乎没有为他的返程支付任何费用；他那幅新的草图也许是偷偷摸摸画的，因此有些差强人意。厄里希望一位更加出色的画家可以重新描画一下那条大道，"因为就我而言（但我以前从未见过类似的东西），它似乎很美"。当厄里待在那里时，他说他目睹一位来自伦敦的画商盗窃了大道的另外一幅草图，他向哈利承诺设法把那幅草图弄到手。③

关于斯通菲尔德的新闻，谁能说出有多少不同的传播渠道呢？

---

① Hearne, *Remarks*, III, 401.

② 同上，pp. 400—401，402。

③ Urry to Harley, February 17, 1712, *Portland MSS.*, v, 144—45.

赫恩的友人,那个不肯宣誓效忠的学者彼得福特(Hilkiah Bedford)在3月给赫恩写了一封信,在信中,彼得福特说自己已经收到了两封关于这个消息的信件,"而且其中一封来自正待在那里的一个人,但关于此事的叙述不太尽如人意"。彼得福特恳求赫恩透露一些消息给他。[①] 一位众议院议长,即那位不知疲倦的八卦王查理特(Arthur Charlett),甚至在他亲自造访那里之前就把那个消息——即"它是古文物中的名品"——传给了好友主教劳埃德(William Lloyd)。[②]我们知道,在令人敬畏的皇家协会(Royal Society)通过各种渠道——其中包括其秘书斯隆(Hans Sloane)爵士——得知那个消息之前,哈利就知会了协会的全体人员。[③] 到2月底,每一个关心类似事件的人必定都知道了这个新发现。

最有激情的还是皇家协会。皇家协会秘书的职责就在于了解类似事件,协会秘书在2月14日针对该发现做了报告,但秘书提供的信息还不够完整。秘书获得了正确的尺寸,但数字仍让人存疑。在随后的讨论中,"有意见称那是罗马总督府的大道,不过只有骨头和麦子似乎不足以支撑这个假设"。[④] 看起来有点奇怪的是,一个科学协会居然会关注那样的问题,而其成员几乎都是古玩家,并发誓要恢复物质和人性的本质。他们的"好奇心"(这是他们最喜欢的语词)没有止境,在那个团体里,极少有人连罗马钱币都

---

① Bedford to Hearne, March 11, 1712, Bodleian Library MS. Rawl. Letter 13, f. 119.

② Charlett to Lloyd, February 9, 1712, in Lloyd Letters, Hardwick Court MSS., Box 74, f. 27(我十分感激如今的所有者贝克[O. K. Lloyd-Baker]女士,还想感谢劳埃德·贝克[Col. A. B. Lloyd-Baker]允许我查看和使用这封信)。查理特(Charlett)于2月1日得知这条大道,他即刻把这个消息传给了斯隆(Hans Sloane)和其他人,参见 Charlett to the Rev. Thomas Isted, February 1, 1712, British Museum Sloane MS. 4065. ff. 18—19; William Bishop to Sloane, February 12, 1712, ibid., f. 21.

③ February 14, 1712, Royal Society MSS., Journal Book 10, p. 362.

④ 同上。

没有，他们极其渴望拥有和罗马相关的东西。皇家协会仍是英国唯一拥有一份期刊和一座博物馆的学术团体；它是进行各种学术讨论的自然论坛。

在这方面，哈利显得特别典型。哈利一生醉心于古代史、天文学和数学，他曾向这个协会的汇刊（*Transactions*）投过这方面的论文稿件。一位名叫迪威（Dewe）的人引起了哈利对那条大道的强烈兴趣，迪威于 2 月 20 日向哈利递上了一篇绘声绘色的文章。[①]"它真的很值得一观，"迪威写道，"我认为，整个棋盘格的工艺和色彩就如当初一样鲜活。"然而，迪威也提到，大道的设计显得有点模糊不清；里面的人物，在迪威看来，就像一个"不列颠人手持长矛插向一条龙一样，这条龙尾巴长长的，还长着脚蹼"。在附带的草图中，迪威是这样描述他的："一个男人坐在一头豹子上（就如女人坐在马背上一样），但方向坐反了；他左手持酒神杖，右手握着一只酒杯或花瓶（豹子没有翅膀不过有脚）。"迪威发现，关于那人是罗马人还是撒克逊人，古文物研究家颇有争议。就如其他参观者一样，迪威并没有看到一些据说在那里被发现的钱币。

2 月 28 日，整个协会阅读了迪威和其他几个人的来信并展开了热烈的讨论。"关于那条大道的尺寸及相关描述，他们持一致意见，"斯隆这样记录，"只是一些人认为图中的鸟是野鸡，而其他人则认为那是公鸡或母鸡。"[②]哈利彼时已亲自见过那条大道，他相信那是"两只野公鸡和野母鸡"。哈利认为图上的那个人物就是酒神，而那个动物就是一只老虎；哈利还注意到，人们在那里发现的麦子"软而脆"。哈德伍德（John Hardwood）博士对类似的问题特别感兴趣，他向协会成员展示了围绕那条大道而建的一座城墙的

① Royal Society MSS., Classified Papers, 16 (1660—1740), no. 41.
② Royal Society Journal Book 10, pp. 366—67.

碎片（"就是一块粗糙的约一英尺高的石头"）。[1] 一周后，一位名叫拉维（Edward Loving）的先生向协会展示了"一股颜色正常的气流"，他提议把它刻在铜盘上，"它似乎是一个耗费了诸多劳力和财力的作品"。当它的花样被印出来后（在 5 月），协会还吩咐人另外印了一份，框起来，并悬挂在管理区。[2]

　　斯通菲尔德大道由此在这片土地上驰名。即使人们如此激动，可还是没人确定到底发现的是什么。它属于罗马，还是属于大不列颠？属于撒克逊人，还是属于诺曼人？建造它的目的是什么？作为设计的一部分，那些奇怪的形象代表了什么？人们有这种疑惑是再自然不过了。正如厄里承认的，这条大道是他平生所见首屈一指的大道，不进行比较，就很难鉴别它并对它进行阐释。然而，并不是所有人都会因此裹足不前。当讨论继续向前推进时，有一点变得十分明显，那就是，还存在对之进行比较的一些可能性。其他的大道或者大道的碎片，已经在英国的其他地方出土，而且，在当时浩瀚的古文物文献里，已经有关于大道的相当多的描述和阐释。通过查阅这些文献，即使还有一些不易解决的问题存在，我们也可以很快得出一个结论，那就是，那条大道是一条古罗马大道。例如，赫恩很快就被说服了。"出于更加成熟的考量，"赫恩写道，"我不再有当初的那种疑虑了，并相信它就是古罗马总督府，我可以驳斥一切反对意见。"[3]

　　事实上，在英国，已被发现的大道比人们想象的要多。只要哪里进行了认真的挖掘，总是会有消息透露出来。不幸的是，一个新

---

① 哈德伍德于 1701 年提交了一些关于新发现的古罗马火坑供暖系统的评论（Philosophical Transactions 25［1701］，2228—30）。

② Royal Society Journal Book 10，pp. 369，396.

③ Hearne, *Remarks*, III, 297. 在别处，赫恩曾否认大道来自罗马，但他在一旁写下如下话语："这是我匆忙写下的；不过，我后来很快发现，这条大道就是罗马人的，因此，我当时根据第一印象和收到的关于它的最早报道作出了如此推测"（同上，395n）。另参 pp. 318—19，397。

发现通常只是偶尔得到报道;意外被发现的历史遗迹也常常会一不小心就被破坏,或者被人故意重新埋进土里,以便挖掘工作可以继续进行。偶尔也会有人尝试保护这些历史遗迹。在蒙茅斯郡(Monmouthshire),一位主人努力挽救还没有完全被他的仆人毁坏的部分,他把它们一片一片搬到他的花园。尽管人们的兴趣与日俱增,可是似乎仍没有人列一个发现清单。最近做出尝试的也许是卡姆登的《不列颠志》,它是一个关于古代事物的浩瀚宝库,在1695 年得到了更新;人们或许可以发现,在那些"附件"之中混杂着无数关于其他历史遗迹的记录,以及最近发现的一些报道,偶尔甚至还混杂着一些小型的阐述。①

如果还没有人想过为这些遗迹列一个详细的清单,那么还是有迹象表明,在 1712 年前的那些岁月里,当几条新的大道凸显出来时,人们在这方面的兴趣还在持续增长。在林肯郡(Lincoln-shire)的洛克西(Roxy),一位修缮篱笆的农夫偶然发现了一条大道,临近的一位古文物研究者德拉皮姆(Abraham De la Pryme)匆忙赶往现场。②在当地学童破坏这些发现之前,德拉皮姆和他的朋友们开始着手清理这条大道。这条大道有六七平方码或七平方码那么大,呈几何状,装饰着瓮、鲜花和绳结,"格外漂亮"。德拉皮姆旋即向一位十分博学的朋友、约克大学的主任托马斯·吉尔(Thomas Gale)汇报了这一发现,托马斯转而又把这个消息传给了皇家协会,最后这个消息出现在《哲学汇刊》(*Philosophical Transactions*)中。德拉皮姆竭力把这条大道变成他的收藏品,但结果却让他十分懊恼。德拉皮姆期望"通过恳求而得到它或是把

---

① William Camden, *Britannia* (London, 1695), fig. 7, p. 697. 蒙茅斯郡的大道在 p. 607 得到了描述;另参 pp. 247,451,558,607。

② 关于接下来的情况,参见 *Diary of Abraham De la Pryme*, ed. Charles De la Pryme, Surtees Society, 54 (Durham, 1870), pp. 209—10; *Philosophical Transactions*, 22 (1700), 561—67。

它买下来,不管怎样,设法让这条大道成为一个整体,给它配个框,然后放在位于哈特菲尔德(Hatfield)的家里;我把收集到的古文物和稀有物品都放在那里"。在这件事上,德拉皮姆被迫把发现的东西放回原处,重新用土掩埋起来。

　　和斯通菲尔德大道更为接近的是大众关注的雷斯特(Leicester)大道。显而易见,这条大道于1675年左右为人们所知,并且声誉日隆,成为值得一观的古文物。1694年初,理查森(Richard Richardson)给里韦德写信时提到了这条大道:"在雷斯特城的市场附近,有一条完整的罗马大道,它也许是英国最好的大道;这条大道刻画了一只比例完整的牡鹿以及一个拿着弓和箭筒的男孩。"理查森认为这条大道描绘了亚克提安(Actaeon)的寓言。① 新版《不列颠志》也同意这一说法。"这条大道十分罕见,而且(正如大多数人所推测的)属于罗马古文物……经过那条大道的游客没有几个不会去一饱眼福。"②甚至像斯威夫特(Jonathan Swift)这样没有同理心、基本上很鄙视古文物研究家和学者并觉得他们不过是一群书呆子的人,也忍不住一睹为快。1709年,斯威夫特写信给彭布罗克(Pembroke)伯爵,告诉伯爵自己已为他们共同的好友方顿爵士(还有彭布罗克,当时最伟大的收藏家之一)送去了一份关于那条大道的"十分精深的描述","它将出售给一个叫本尼沃斯(Pennyworth)的人"。关于购买那条大道,彭布罗克持两个反对意见,"首先,要把它挖起来,势必会把它弄碎;其次,它太重了,不容易运输"。③ 与研究钱币和铭文相比,此类学识的进展十分缓慢,而这就是阻碍它前进的主要因素之一。翌年,当牧师卡特(Reverend Samuel Carte)在《哲学汇刊》中对这条大道进行充分的

---

① February 13, 1694, Bodleian MS. Ashmole 1817a, ff. 246—47.

② Additions to Lancashire, Camden, Britannia, p. 451.

③ *Correspondence of Jonathan Swift*, ed. Harod Williams (Oxford, 1963), I, 139—41.

描述和阐述后——他重申了那个传统的观点(即这条大道描绘了亚克提安的寓言),该大道得到了进一步的宣传。①

不管怎样,即使进行深入考察的障碍依然存在,人们还是越来越容易获得关于一些大道的信息,甚至是关于在国外发现的一些大道的信息。在国外古文物研究者编辑的作品里,②甚至在国内编辑的自然珍品目录里,例如,在波尔蒂(Robert Plot)的《牛津郡的自然史》(*Natural History of Oxfordshire*,1677 和 1705)和莫顿(John Morton)关于北安普敦郡(Northamptonshire,1712)的类似作品中,出现了一些描述和图片。③只要人们着手于此,就可以为批判性研究打下坚实的基础。对类似赫恩的人来说,古文物研究的不解之谜着实有趣,而解决这些不解之谜的方法即将出现。赫恩离大道不远,走路就可以到达那里,在接下来的几个月,他一次又一次地前去参观那条大道。赫恩在波德雷安工作,在那里,他是助理管理员,这也便于他阅读最深奥的学术作品。赫恩也十分了解那里的钱币,实际上,他已经对它们进行了归类。赫恩对过去充满激情,他把时间平均分配给自己的两大爱好:罗马史和英国史。有什么可以比来自罗马不列颠的事物更贴近这个呢?赫恩早因编辑各种史学作品尤其是李维的作品而名声在外,另外,他还撰写了一本很受欢迎的介绍指南《史学导引》(*Ductor Historicus*)。

---

① John Nichols, *The History and Antiquities of the Country of Leicester* (London, 1795), I, pt. 1, 8; *Philosophical Transactions*, 27 (1710—1712), 324—25; Royal Society Journal Book 10, p. 247.

② 例如,德拉皮姆(Abraham De la Pryme)和赫恩(Thomas Hearne)都引用了 Joannis Ciampini, *Vetera monumenta*。大家似乎都了解斯布恩(Jacob Spon)在他的 *Recherches curieuses d'antiquite* (1683)中对莱昂(Lyons)大道的典型讨论。莫米汉诺(Arnaldo Momighano)曾抱怨还没有人描述过这个文献("Ancient History and Antiquarian", in *Studies in Historiography* [New York, 1966], p. 17)。

③ 参见 Robert Plot, *Natural History of Oxfordshire* (Oxford, 1677), pp. 327—28; John Morton, *Natural History of Northamptonshire* (London, 1712), pp. 527—29。大英博物馆的副本里有莫顿(Morton)的笔记以及关于那些大道的附录。

赫恩将着手编辑伟大的中世纪编年史系列,这个系列让他闻名遐迩。1712 年,赫恩仍旧忙于两个项目:一个是新西塞罗,但该项工作不幸陷于困境;另一个是重新编辑里兰德(16 世纪的古文物研究者),这项工作有望获得巨大的成功。

一切都在促使年轻的学者着手撰写和新发现相关的论文。赫恩的笔记迅速累积起来,他的这个信念更加坚定了。"斯通菲尔德大道上的粗陋形象显然表明它不属于更早期的罗马时代。棋盘格的工艺比较好,远远超过了撒克逊、丹麦时代或自那以后的时代的水平。"赫恩认为,这个作品应属于罗马后期,而且地板应该来自某位将军的宅邸。或许,我们还可以将其追溯至公元 369 年,那年,皇帝狄奥多西斯造访了不列颠。大道上的人物,赫恩如今认为,应该是射手座的阿波罗(Apollo Sagittarius)。赫恩的观点和大多数参观人相左,后者仍认为那个人物是巴克斯。然而,通过广泛查阅典籍,赫恩发现了更多可支撑自己观点的东西。赫恩意识到,他的小册子需要一份说明,但小册子的主人坚持收费。牛津画家韦伯(Webb)也曾描画过这条大道,赫恩想让韦伯临摹一份,可是赫恩觉得他要价过高。3 月末,关于那条大道的论述完成了,但赫恩觉得有些沮丧,暂时将其搁置。①

至于赫恩如何解决了报酬的问题,我们不得而知,但在 4 月 2 日,赫恩第六次前往斯通菲尔德,这次,赫恩带上了大学的雕刻家布格斯(Michael Burghers),其目的就是准确地画出这条大道。赫恩的目标就是在他编写的里兰德的第六卷(也是最后一卷)中放入这条大道的雕刻图以及他的相关论述。在作品完成之前,他们几次参观这条大道。布格斯在 6 月末完成了这项工作,赫恩很高兴他的雕刻图将纠正以前所有的透视图,尤其是恶名昭彰的韦伯的透视图。"还有许多人前去瞻仰这个珍品",赫恩在他发表的期刊文章中开心

---

① Hearne, *Remarks*, III, 297, 319, 321, 324, 326.

地写道。赫恩给厄里写信时说，布格斯的整页插图得到了强烈的认可，以至于它将和赫恩的论述一起单独出售。赫恩或许发现自己不同于"一般的参观者"，但至少没人谴责他对工作漫不经心。[①]

《论斯通菲尔德棋盘格大道》(*Discourse concerning the Stonesfield Tesselated Pavement*)是一本小册子，收录于一部包罗万象的巨著里。[②] 赫恩承认他起初尝试确定那条大道源自后罗马时代，不过随后的一个发现说服了他，那就是，没有证据证明那样的作品曾在中世纪出现过。赫恩以典型的英国文学全盛时期式的嘲讽语气说道："那个时候的建筑师没有受过教育，对不同寻常的工艺一无所知，更不用说假装了解马赛克工艺了。"[③]如果工艺表现出了粗鄙的迹象，那也是因为那条大道产自罗马后期；赫恩重申了他的猜测，即大道产自 369 年。赫恩的作品大部分属于描述性作品(其中有一些典型的题外话)，不过赫恩也曾尝试解决两个主要的阐述性问题。赫恩有段时间认为，曾经使用过的大道应该是一个大型私人住宅的地板，"极有可能是……一个餐厅，由某个好奇而富有的绅士建造；而不是(因为我曾经这样猜想过)一位罗马将军的帐篷"。[④] 经过进一步的思考，赫恩回到他最初的那个猜测：那条大道是为狄奥多西斯手下的某位将军建造的。有些人认为房间是用来洗澡的，对此，赫恩表示反对，他解释说，大道外的通道不是用来抽水的，而是用来供热的。赫恩认为这座房子一直都在，直到罗马占领结束时才被烧毁。至于上面的肖像画，赫恩重申

---

① 同上，pp. 403，408，369，425。

② *The Itinerary of John Leland*，ed. Thomas Hearne，9 vols.（Oxford，1710—1717），VII（1711），ix—xxxix. 它也分开发行了。

③ 同上，p. xi. 关于"museum opus[马赛克工艺]"这个术语，参见 R. P. Hinks，*Catalogue of the Greek*，*Etruscan*，*and Roman Paintings in the British Museum*（London，1933），p. xlv.

④ 赫恩私底下注意到，在制定军事假设时，波尔蒂(Plot)对"民众的富足"产生了影响，参见 *Remarks*，III，309，311。

了自己的想法,即那就是阿波罗,阿波罗跨在一头野兽身上,手持飞镖或标枪(不是酒神杖)。赫恩非常谦逊地提出这些建议,说"这不过是一个无名之辈的猜测而已"。①

　　论述和布格斯的整页插图都受到了热烈的欢迎。赫恩显然把原画送给了皇家协会,对此,协会表示了衷心的感谢。② 伦敦艺术家伍德沃德(Woodward)博士被赫恩的论证说服,放弃了那个人物是巴克斯的观点。约克郡的古文物研究者索雷斯比(Raph Thoresby)写道:"有些人极力支持棋盘格大道上的神是巴克斯,而不是阿波罗,关于这点,你的论述让我十分高兴。"③非常典型地,赫恩继续为自己的结论积累证据,他变得越来越自信。④ 不管人们是否接受赫恩的论证,他们都很难反驳塞缪尔·盖尔(Samuel Gale)的观点,塞缪尔赞扬赫恩对这个发现进行了宣传:"学术界非常感谢你默默保存了这么多古代遗迹,要不然它们在很短时间内就会消亡。"⑤

　　然而,并不是每个人都很开心。皮恩特(John Pointer)是默顿学

---

① Leland, Itinerary, III, preface, p. lv.

② "它得到了充分的认可,而且超越了那些伪造的片段,或者我称之为它们以前的故事。你的旅行日程很值得推荐"(Rawlinson to Hearne, June 19, 1713, Bodleian MS. Rawl. Lett. 16, f. 344)。另参 Royal Soceity Journal Book 10, p. 501.

③ Woodward to Hearne, August 19, 1712. Bodleian MS. Rawl. Lett. 18, f. 146; Thoresby to Hearne, August 20, 1712, Rawl. Lett. 17, f. 7.

④ Hearne to Richard Richardson, August 12, 1712, J. Nichols, *Illustrations to the Literary History of the Eighteenth Century* (London, 1817—1858), I, 302. Hearne to Joas Tillard, October 23, 1712; January 18, 1713, *Remarks*, III, 473—74, and IV, 49—50; Hearne to a friend, Febuary 15, 1713, *Remarks*, IV, 79—80. 早在 2 月 8 日,赫恩就已经开始反驳那是巴克斯(那时基督教堂的人也认为那是巴克斯)并概括了自己的立场,参见 *Remarks*, IV, 298。

⑤ Samuel Gale to Hearne, November 15, 1712, Bodleian MS. Rawl. Lett. 15, f. 20. 吉尔(Gale)的 "Tour through Several Parts of England"包含了关于斯通菲尔德大道的一篇描述,参见 "Reliquiae Galeana", in the *Bibliotheca Topographica Britannica* (London, 1790), III, 13。罗格·吉尔(Roger Gale),托马斯的另一个儿子,也对这条大道很感兴趣,可参他于 1712 年 9 月写给赫恩的信,见 *Letters from the Bodleian*, ed. J. Walker (London, 1913), I, 238—42。

院(Merton College)的牧师,迄今为止,除了不断收藏"古玩"之外,他在其他方面都不怎么出色。[1] 对于一个喜欢罗马钱币的人而言,大道自然很有吸引力,即使尚不清楚皮恩特决定何时公布它。皮恩特的机会来了,因为赫恩继续坚持认为——在这点上,他和大多数人不一样——大道描绘的是阿波罗,而不是巴克斯。在大部分情况下,赫恩是一位优秀的学者,到目前为止,更博学、更勤奋、更严肃。赫恩知道该如何处理这项工作;他明白,必须把大道上的形象和古典神话中其他已得到认证的形象——硬币上的、浮雕上的以及其他地方的形象——进行系统的比较;进行比较时,赫恩使用了描述性文献,包括古代的文献资料和现代古文物研究者提供的文献。然而,赫恩缺乏批判性判断,此处,就和在其他地方一样,赫恩相信的东西实际上决定了他将发现什么。此外,他更依赖的是自己掌握的浩如烟海的书本知识,而不是有限的和事物相关的知识,因为他很少冒险远离牛津。

　　困难之处在于,简易的马赛克图确实容许了各种可能性的存在,例如,它到底描绘了什么动物,或人物手中到底拿着什么,这一点都不太明显。正如赫恩向伍德沃德博士解释的,艺术家像古文物研究者一样,往往只看到他们希望或期望发现的:"伦敦的草图纯属虚构。雕刻家被告知那是巴克斯和一只老虎,因此他就把一个快乐的大小伙子放在了老虎身上。"[2]不幸的是,赫恩错了,包括皮恩特在内的大多数人反而是对的:越是进行比较,就越明显地知道被描画的人物就是巴克斯。

　　皮恩特的小册子在 1713 年完成。这是一项有益的工作,有利于对赫恩进行总结和批评。关于那个发现以及大道,皮恩特的描述完整而清晰,他依靠他的竞争对手证明了这个作品出自罗马人之手,他还添加了很多令人印象深刻的古代和现代权威资料来描

---

[1]　关于皮恩特(John Pointer)的收藏的分类,可参 R. T. Gunther, *Early Science in Oxofrd* (Oxford, 1713), p. 24。

[2]　Hearne to Woodward, August 25, 1712, *Remarks*, III, 435.

述罗马人的活动。

皮恩特很尊敬赫恩,可是在几个观点上,他和赫恩意见不一,其中包括作品的日期及来源,皮恩特认为最好将之归于皇帝阿勒克图斯(Allectus)的随行人员——皇帝的确曾于公元287年来过牛津郡——而不是狄奥多西斯。皮恩特认为这个作品远非粗鄙,"这是迄今为止在全英国发现的最精致的罗马工艺之一,同时也是最棒的棋盘格大道之一"。[1]在赫恩的观念里,那位画家应该是一名士兵,对此,皮恩特表示怀疑;最重要的是,在阿波罗这个问题上,皮恩特和赫恩也存在异议。皮恩特借用国王威廉(William)的《异教神的历史记录》(*Historical Account of the Healthen Gods*)来描述阿波罗,并对比了他们与大道里的形象。竖琴、盾牌、弓箭、优雅的长发、长袍和镶有金子的凉鞋在哪里?"伟大的神永远不会……如此堕落,不会手无寸铁,不会不着一缕,等等。"[2]赫恩对这个神秘动物的描述也不尽如人意。

另一方面,所有权威资料都一致认为巴克斯年轻,没有胡子,赤身裸体,头戴常春藤冠,一手拿着金丝雀或杯子,另一手拿着酒神杖,并挎着装饰着藤枝和常春藤的长矛(皮恩特的一长串权威资料以奥维德[Ovid]和马克罗比乌斯开始,并以斯潘海姆[Spanheim]关于古钱币的伟大的现代论述结束)。证据似乎指向皮恩特的结论。

对于和皮恩特同时代的大多数人而言,大致也是如此。和往常一样,赫恩在他的个人日记里对皮恩特进行了口诛笔伐。让一个才智有限的人给自己纠错的确有点恼火,赫恩直接谴责皮恩特接下来的作品无足轻重,皮恩特撰写的关于斯通菲尔德大道的文章"愚蠢,没有文化,而且粗俗"。[3] 赫恩在朋友面前为自己辩护,

---

[1]　John Pointer, *An Account of a Roman Pavement Lately Found at Stonefield* (Oxford, 1713), p. 24.

[2]　同上,p. 21.

[3]　Hearne, *Remarks*, IV, 212, 253—54, 388, 401; VI, 206—7.

其中至少有一些朋友站在赫恩这边，并最终出现在赫恩编辑的里兰德《文选》(*Collectanea*，1715)序言中。① 关于这一切，皮恩特只是在一次公开的宣传中进行了回复；那次，皮恩特印制了许多推荐书目，这些推荐书目是皮恩特在自己的书出版之后积累的，其中包括两本受损特别严重的书，分别来自莫顿和穆斯格雷夫(William Musgrave)博士。② 最后，在和艺术家的共同努力下，皮恩特的作品大获全胜。③ 赫恩唯一值得安慰的是，多年后，他的竞争对手在默顿陷入困境，并被迫提前退休(虽然显然是暂时的)。④

没有什么比争论更激动人心了，争论会带来一个效果——倘若没有带来其他效果的话，即让人们进一步关注历史遗迹，关注如何阐释历史遗迹的问题。这个争议甚至在国外也为人所熟知；荷兰学者瑞兰德斯(Hadrianus Relandus)得到了雕刻品并将其传给了彼得修斯(Samuel Pitiscus)，后者在他的《古罗马词汇》(*Lexicon antiquitatum Romanarum*，1713)中将其作为卷首插图。自那时起，它又出现在蒙福孔(Bernard de Montfaucon)的权威作品《古文物阐释》(*Antiquity Explained*)中，由此引起了欧洲的关注。⑤ 斯通菲尔德大道在国际上赢得了名声。

有点奇怪的是，斯通菲尔德大道很快就被人们忽略了。谁在那里照看这个历史遗迹呢？对大道的保护耗资颇多，大道的主人

---

① *Joannis Lelandi Antiquarii de Rebus Britannicis Collectanea*，6 vols.（Oxford，1715），I，V；Browne Willis to Hearne，February 18，1715，*Remarks*，V，24—25.

② Bodleian MS. Rawl. J. ff. 4，224—27v. 皮恩特(Pointer)保留了相关的通信并期待出版它，参见 Bodleian MS. Eng. Lett. d。

③ 例如，参见 John Waterman to Pointer，May 15，1721，Bodleian MS. Eng. Lett. d. 77，f. 25。

④ Hearne，*Remarks*，XI，133.

⑤ Taylor，"Roman Pavement"，pp. 5—6. Samuel Pitiscus，*Lexicon antiquitatum Romanarum*，最初在利奥迪亚(Leovaridia)出版(Leeuwarden，1713)，后来又出版了几次。蒙福孔(Bernard de Montfaucon)的汇编于 1719 年和 1722—1724 年在巴黎先后问世。它被汉佛莱斯(David Humphries)译成英语，书名为 *Antiquity Explained*，15 vols.（London，1721—1725）。参见 I，153，pl. 34。

或承租人必定发现这超出了自己的能力范围,而且这也不是他们的兴趣所在。[1] 移动大道十分困难,而且花费较多。至于机构,也几乎没有参与此事。考古学仍然被排斥在大学课程之外,甚至连史学也几乎没得到认可。阿什莫林(Ashmolean)博物馆和波德雷安图书馆发现它们很难跟踪调查它们的钱币。英国皇家协会实际上是英国唯一的学术机构,然而,无论协会的成员多么感兴趣,它能触及的东西还是微不足道,因为它的实际业务在其他地方。几年后,古文物协会成立,可是该协会最初付出的努力自然也是有限的。直到很久以后,才可以想象得到机构的支持。直到那时及后来很长一段时间,游客才比较容易带走一些瓦片,并将其纳入个人收藏中。因此,类似于索斯比(Ralph Thoresby)的个人,甚至类似于皇家协会这样的机构——他们都收到了作为礼物送给他们的大道碎片——的考古兴趣促成了历史遗迹的研究,同时也导致了研究的解体。严寒天气以及所有者和租户之间的争吵似乎完成了其余的事情。

　　暴露在外不到一年,宏伟的马赛克就受到了影响。"我最后一次看到它时,它遭受了严重的破坏,"赫恩写信给他的朋友理查森,"而这还是在入冬之前;我害怕它会遭受更多的破坏。"[2]很久以后,古文物研究者高尔回忆说:"当拒绝付钱参观它的暴徒或是租

---

[1]　当罗格·吉尔(Roger Gale)得知哈顿勋爵(Lord Hatton)也许成为了刚在威尔顿(Weldon,1739)发现的一条新大道的赞助人时,他写信给斯塔克里,说他将成为"英国第一人,并且会因痛苦而被称作疯子"(*The Family Memoirs of the Rev. William Stukeley*, ed. W. C. Lukis, 3 vols., Surtees Society [Durham, 1882—1887], III, 41—42)。在 1778 年,切普斯托的刘易斯(Lewis of Chepstow)在一条刚刚出土的大道上蓝立起了一座石头砌成的建筑,以保护它不因参观者或其他因素而受损,很显然,此举获得了成功(Society of Antiquaries MSS., Minute Book 16, pp. 31—33)。

[2]　March 1,1713,in Niclos,Illustrations,I,303,在 1713 年 2 月 20 日回复了理查德·理查森(Richard Richardson)对严寒天气的关注,参见 Bodleian MS. Rawl. Lett. 16, f. 360。

金上涨的租户把大道拆除后,大量的碎片被带走,散落在邻近的村庄。"①然而,人们对大道的兴趣并没有消失。在 1725 年的某个时刻,维尔特(George Vertue)为古文物协会(其早先收到了一些原件)重新雕刻了人行道。② 1735 年,老艺术家布罗姆(William Brome)告诉记者,一位女性朋友被他制作的人行道复制品吸引,她根据这个样式,用大道上原有的颜色绣了一张 9 英尺的地毯。③

尽管关于斯通菲尔德大道的记忆已开始消退,可是人们并没有完全忘记它。随着岁月的流逝,其他的大道陆续被发现、报道并最后淡出人们的视野,而关于其性质、构成、用途和图像的证据在古文物研究者的作品中慢慢积累下来。在任何情况下,英国文学全盛时期的人们对罗马的过去的迷恋引发了广泛而普遍的兴趣,即使某种程度上,结果有点差强人意。就像斯通菲尔德大道,人们从未尝试进行彻底的挖掘,也没有人对现存的遗迹进行系统的清点,即使古文物协会曾做过一次尝试;因此,还不可能对这些大道进行彻底的比较。④因此,犯类似赫恩的错误是不可避免的。⑤一言

---

① William Camden, *Britannia*, ed. Richard Gough, 3 vols. (London, 1789), II, 296n. 斯塔克里(Stukeley)说道:"这个珍品值得更优秀的人拥有;因为地主和租户对于如何分配展示大道所得的利益争吵不休,后者恶意地把大道毁成碎片"(*Itinerarium Curiosum*, 2d ed. [London, 1776], p. 47)。

② *Society of Antiquaries Minute Book* 1, pp. 50, 133.

③ Brome to Rawlins, December 22, 1735, Bodleian MS. Ballard 19, ff. 61—62.

④ 1737 年 11 月 3 日,古文物协会支持维尔特(Gorge Vertue)尽可能地准备一些关于大道的画作,以便协会的成员可以选择其中最好的画作,并把它们雕刻出来(*Society of Antiquaries Minute Book* 3, pp. 62, 63—64, 130)。

⑤ 赫恩可能对刻画了巴克斯骑在老虎身上的其他大道知之甚少,例如,可参 Hinks, *Catalogue*, nos. 32a, 35; D. J. Smith, "The Mosaic Pavements", in *The Roman Villa in Britain*, ed. A. L. F. Rivet (London, 1969), pls. 3, 9, 15, 27。最早的系统性尝试来自 Thomas Morgan, *Romano-British Mosaic Pavements* (London, 1886)。关于为了阐述那些大道而进行的系统对比,可参 D. J. Smith, "Three Fourth-century Schools of Mosaic in Roman Britain", in *Colloques internationaux du Centre national de la recherche scientifique: La mosaic Greco-romaine* (Paris, 1963), pp. 95—115。据史密斯(Smith)所言,仅在英国,就有 600 块古罗马马赛克。

以蔽之,尽管许多动机和一些技巧已开始为之铺路,但现代"科学"的考古学还有待被创造出来。

斯通菲尔德大道是体现考古热情的一个早期例子。虽然实现热情的机会只有一半,但其重要之处在于加速了兴趣的增长和知识的积累,并最终导致更系统的现代学科的出现。我认为,如果我们认为这种转变是突然到来的或者是通过某个事件甚至某些特定事件产生的,那么就是错误的。据我们所知,和史学编纂的其他分支一样,现代考古学的发展源于许多情形汇合在了一起,尤其源于人们对古文物漫长而持久的痴迷,这种痴迷始于文艺复兴,然后在英国文学全盛时期达到高潮;其结果就是,在整个欧洲古文物研究者的集体劳动下,古文物研究的技术和经验得到了缓慢而从容的发展。当斯通菲尔德大道于1779年再次被发现时,那种进步就多少有点明显了。

事故起到了一定的作用,在考古发现中,这是常事。在斯通菲尔德大道进行挖掘的一些工人似乎又偶然发现了大道的遗迹,人们对它的兴趣再次被唤醒。在接下来的几年里,或许是在马尔堡(Marlborough)公爵的赞助下——公爵的布伦海姆(Blenheim)庄园就在附近,一系列雄心勃勃的挖掘工作随之展开,工作进程会汇报给古文物协会。副总统巴林顿(Daines Barrington)于1780年对现场进行了检查,并让协会成员了解情况。巴林顿惊讶地发现,"由赫恩雕刻的房间和大道处于可接受的保存状态"。在不远处,工人们挖掘出另一个带有棋盘格的房间:"房间确实不大,但和赫库兰尼姆古城的几个房间差不多"①(到1780年,意大利的挖掘工作在英国已众所周知)。② 房间旁边是一个完整的浴室,"距离这些遗迹不远的地方有明显延续下去的迹象"。巴林顿希望挖掘它

---

① *Society of Antiquaries Minute Book* 17, pp. 158, 163—68; ibid., 18, p. 11.
② 早在1737年,就有人向古文物协会展示了一条来自罗马附近的镶嵌大道的图片(同上,3,p. 13)。

们，并妥善清理；他认为这不会花多少钱，"可以把整个大道用栅栏围起来，防止那些可能参观这些古文物的人进行掠夺"。与此同时，巴林顿向社会展示了一些在现场发现的砖、玻璃、陶器和水泥。①关于主道上的人物形象，巴林顿毫不犹豫地将之视为阿波罗。

不管是谁在负责，这项工作都进展得比较缓慢。当当地的校长托马斯·沃顿（Thomas Warton）于 1782 年起草牛津郡的简短历史时，他对新发现进行了描述；据沃顿推测——这点与赫恩相反——这座建筑必定是"一个显赫的罗马人的宅邸"。沃顿回忆道，罗马人占领了英国 400 多年，为英国带来了和平与安宁。沃顿认为这座房子很可能是由一个富裕的家庭建造的，甚至可能是一个英国家庭，因为凯尔特人最终采用了罗马的建筑风格。据沃顿所言，斯通菲尔德大道的许多新发现都被拆除了，即使有"得到精心的保护"。马尔堡公爵的一位审计员，伍德斯托克的沃克（Walker of Woodstock）先生拥有大道的大块碎片，他正在仔细绘制这些棋盘格。②

1784 年，古文物协会的成员恩格尔菲尔德（Henry Engle-field）爵士向协会详细报告了挖掘结果。③ 在大会上，恩格尔菲尔德展示了关于那个地方的 6 幅彩色图画。它们是由莱辛顿（William Lethington）设计的，为此花去了协会二十几美元。如今，人们仍可以在伯林顿展览馆（Burlington House）看到它们以大型红色组合的方式呈现，它们是当时日益扩张的令人印象深刻的考古

---

① 如今在古文物协会的博物馆里也可以看到这些镶嵌物。韦尔（Albert Way, London, 1847）在目录的第 12 页对它们进行了描述。

② Thomas Warton, *Specimen of a Parochial History of Oxfordshire*, n. d., pp. 41—42. 古物协会的图书管展示了它的复制品，此复制品可以追溯到 1782 年 1 月 28 日；第二个版本于 1783 年出现。关于沃顿（Warton），可参下文第八章。

③ Society of Antiquaries Minute Book 18, pp. 397—99; 19, p. 193.

品味的见证。它们还揭示了除最初的那条大道外,人们又发现了3
条规模更大的大道,另外还有一个发汗室和蓄水池。"据赫恩先生
所说",那里还有"铺好的入口或门口,就在两侧"。① 现在人们还
可以追踪到大道下方的烟道,看看建筑物是如何被加热的。一切
都被准确地绘制和测量过。1712 年,人们第一次看到了古建筑的
整体布局,理解了 1712 年的斯通菲尔德大道的位置和功能。

斯通菲尔德大道的挖掘并不是一个孤立的事件。几乎在同一
时间,古文物协会重拾了对雷斯特大道的兴趣,正如我们所看到
的,世人对它的了解已超过 100 多年。南华克的布莱克本(Black-
burn of Southwark)先生向协会展示了他在雷斯特酒窖中制作的
草图,他追溯到原件,然后将其复制出来。② 尽管人们普遍认为它
描绘了亚克提安意外发现正在沐浴的戴安娜的场景,但还是存在
其他的观点——例如,它描绘了年轻的赫拉克勒斯。③协会后来得
到了另一张图,那张图更精确;在另一次独立的会议上,协会重新
审阅了整个主题。除了其他事件之外,人们注意到,卡特于 1715
年完成的旧雕刻把主题弄颠倒了,并且也没有提到它。现在,我们
至少可以这样说,这个碎片得到了精心保存,其所有者的"善意和
礼貌允许它展示在任何渴望看到它的人的面前"。大道如今陈列
在雷斯特博物馆,人们认为大道的主题就是库帕里索斯(Cyparis-
sus)和牡鹿的故事。④

我们一直都在追寻的考古热情和技术发展也许在本世纪末的

---

① Red Portfolio, Oxfordshire, f. 38. 那里总共有 6 幅大型的图画,其中一幅是重新
创作的,参见 VCH, *Oxfordshire*, I, pl. 24, fig. 32.

② December 12, 1782, Society of Antiquaries Minute Book 18, pp. 271—72.

③ June 9, 1783,同上, pp. 95—99(这条大道在 1766 年前就受到了关注:同上,10,
pp. 196—97);另参 Nichols, *County of Leicester*, pp. 9—11。

④ C. E. Fox, "Notes on Roman Architectural Fragments Found in Leicester and Now
in the Town Museum", *Archaeological Journal*, 46 (1889), 46ff. ; Victoria
County History, *Leicestershire*, I (1907), 188—97.

伍德切斯特(Woodchester)才得以实现。赫恩已然知晓了那里的一条大道,1724 年,他首先向古文物协会做了汇报,后于 1730 年再次做了汇报,不过,这次用了彩色图画。① 据说,那条大道有 160 英尺长,16 英尺宽,很显然,它是最重要的一条大道,也是英国发现的令人印象最深刻的罗马历史遗迹之一。即便如此,这条大道仍需要经历很多年才能得到合理的检查和研究,部分原因在于它位于墓地下方,不太方便。协会观看了一幅 1783 年的画作,可是直到 1797 年,莱森(Samuel Lysons)才对它进行了准确而完整的报道,甚至连现代考古学家也对这个报道颇为满意。② 始于 1793 年的挖掘工作使得莱森首次精确地测量了那条大道。直接地观察它,并使用以前的画作和描述提供的证据,莱森就可以重建大道,并确定大道的核心人物形象是弹奏七弦琴的奥菲斯(Orpheus);在此处,把这条大道和在斯通菲尔德大道之后被发现的几条大道进行对比,让莱森收获颇多。在伍德切斯特,挖掘工作首次得到描述,一切都得到了恢复。另外,一些特殊的沟渠也被挖掘出来,以确定各个房间之间的关系。莱森得到了很多帮助,甚至有一些来自王室的帮助。"我有一个巨大的营地",莱森在写给班克斯(Joseph Banks)爵士的信中愉快地说道,"3 个帐篷,1 辆炮车和 220

① Hearne, *Remarks*, VIII, 1—2; *Society of Antiquaries Minute Book* 1, pp. 111, 64. 布兰德利(R. Bradley)的画被送到了国外著名的比尼翁(Abbe Bignon)那里;后来,柯鲁斯(Count de Cayluus)将其印刷出来。原作在 B. M. Add. MS. 5238, f. 3 中。可参 Smith, "Three Fouth-Century Schools", p. 108n. 。在 1722 年,斯隆(Sloane)向斯塔克里(Stukeley)展示了这条大道的一幅画(Society of Antiquaries MS. 265, f. 13)。

② D. J. Smith, *The Great Pavement and Roman Villa at Woodchester* (Dursley, Glouc., 1973), p. 5. ; F. Haverfield, *The Roman Occupation of Britain* (Oxford, 1924), pp. 80—81. 巴德利(St. Clair Baddeley)详细叙述了 18 世纪发生在这条大道身上的故事,参见"The Roman Pavement at Woodchester", *Transactions of the Bristol and Gloucestershire Archaeological Society*, 48 (1927), 75—96. 巴德利在莱森的作品中发现了几处错误。

头骡子"。①"后来,只要哪个地方有可能发现建筑构造,哪个地方
的地面就会被挖开。"②为了解关于罗马建筑的每一条信息,古典
作家的作品理所当然地也被开发出来,现在可以直接将其与庞贝
古城新出土的宅邸进行比较,其中最重要的是 40 幅精彩的彩色
插画,它们描画了场地、周围的环境、建筑平面图和地层等。国王
乔治三世也亲自前来参观挖掘工作,挖掘结果给国王留下了深刻
的印象。③

　　莱森继续向更重要的考古成就靠近,其中一些涉及到其他古
老的大道。然而,我们必须把这个故事留到另一个场合进行讨论。
在新世纪,斯通菲尔德大道的工作并没有被遗忘。不幸的是,在
1801 年,一个围场把庄园划分给三个不同的所有者,"因此",人们
担心,"遗留下来的罗马遗迹将所剩无几"。④ 自学成才的绘图人
兼古文物研究者福勒(William Fowler)——莱森的老对手——开
始再次雕刻大道,并在 1802 年对地面进行了挖掘。福勒发现路面
的一部分仍然保存完好,在阿什莫尔博物馆(Ashmolean Muse-
um)的一幅画和博物馆里一些碎片的帮助下,福勒发表了关于这
一作品的一幅新画,给人留下了深刻的印象。⑤ 到了 1813 年,即
使那时候再次尝试进行新的挖掘工作,人们也还是认为它已被村
民摧毁。这个主意旨在更全面地了解"建筑的形式和范围……以

①　October 20，1797，in Lindsay Fleming, *Memoir and Select Letters of Samuel Ly-sons*，1763—1819，privately printed (Oxford，1934)，pp. 25—27.

②　Samuel Lysons, *An Account of Roman Antiquities Discovered at Woodchester* (London，1797)，p. 15.

③　Fleming, *Memoir and Letters*，pp. 17，18—20，21—22，23—25，25—27.

④　New Description of Blenheim，7th ed. (1806)，引自 Taylor，"Roman Pavement"，p. 7.

⑤　其日期是 1803 年 8 月 5 日。关于和莱森之间的竞争,可参 Fleming, *Memoir and Letters*，p. 27。关于福勒,参见 W. H. Ball, *Notes on Mr William Fowler* (Hull，1869),以及 Joseph T. Fowler, ed., *The Correspondence of William Fowler*，pri-vately printed (Durham，1907)。

及可以进一步说明其原始居民的家庭习惯的准确平面图"。虽然调查人员第一次确定了整个地区的面积，且第一次将地面定为195×152 英尺大小，但是挖掘工作并没有走得太远；调查人员被引向了附近新发现的位于诺斯利（North Leigh）的一栋住宅。[1]赫恩知道那条大道，这一点也不令人意外，即使赫恩把斯通斯菲尔德大道和那条大道混为一谈。[2]考古学的进步是缓慢的，而且最近为人所知的只有诺斯利。在 1933 年，人们注意到，在牛津郡发现的三十处罗马遗址中，只有两处完全开放，只有一处得到了"科学的"解释。[3]

至于斯通斯菲尔德大道，它在 19 世纪中叶再次消失，现在，人们甚至很难知道它最初的位置在哪里。在大道上耕种了 1000 多年的田地再次覆盖了这个地方。然而，我们仍要心存感激，即使原始的作品早已消失，我们仍然可以在赫恩和皮恩特的书中，在布格斯、维尔特和福勒的插图中，以及几代古文物研究者的大量通信中看到它们，它们让我们想起了它们对英国文学全盛时期的知识分子是多么重要，以及对现代考古学的发展是多么重要。

---

[1] Henry Hakewill, *An Account of the Roman Villa Discovered at Northleigh Oxfordshire in the Year* 1813, privately printed (London, 1826)；他的记叙被收录于 Joseph Skelton, *Engraved Illustrations of the Principal Antiquities of Oxfordshire* (Oxford, 1823), pp. 9—15。

[2] Hearne, *Remarks*, ix, 55；VCH, Oxfordshire, 1, 318.

[3] VCH, Oxfordshire, I, 306—7. See also M. V. Taylor, *The Roman Villa at North Leigh* (Oxford, 1923).

第五章　自然史和新哲学:培根、
哈维和两种文化

在很长一段时间里,没有谁比弗朗西斯·培根更受后代尊重了。在 17 世纪,培根几乎是每个撰写政治题材的人或者思考自然的人最直接的灵感来源。对启蒙时代的人来说,培根是"哲学家中最伟大、最普及和最擅于雄辩的人"。① 在 19 世纪,尽管书虫已开始转向,可培根仍被尊为现代社会第一人。如今,因为命运的离奇转折,这位伟人的声誉总体而言似乎在下滑,即使在英国的散文风格史中,培根仍不容忽视。作为政治家,培根被认为是一个失败者;作为科学家,他一般会被嘲笑;而作为哲学家,他几乎不参与任何课程。这一切是怎么发生的?

乍一看,这似乎是大家比较熟悉的具有历史性时代错误的一个问题。如果培根的崇拜者们已经准备把培根融入到自己的观点中,并将其视为先知,那么最近批评培根的人似乎是急着谴责培根,因为他们偏爱科学的本质或哲学的本质,对此,培根并不符合。双方似乎都以相同的方式犯错,他们过于直接地把培根的观点与

---

① Jean Le Rond d'Alembert, echoing Diderot, in the *Preliminary Discourse to the Encyclopedia* (1751), tans. Richard N. Schwab and Walter E. Rex (Indianapolis, 1963), pp. 74—76.

他们自己的观点进行比较和混合。在"辉格式的历史阐述"中,第一个反面人物"很可能就是那个自称麦考莱(Thomas Babington Macaulay)的人,在一篇著名的文章中,麦考莱故意虐待政治家培根,培根的传记作者斯佩丁(James Spedding)试图用两本厚重而大体上不那么成功的书对这篇文章作出回应。最近的反面人物可能是科学史学家,像麦考莱一样,他们用同样的蔑视对待知识分子培根。[①]就像麦考利认为议会将大获全胜一样,科学史学家认为现代科学是进步的、必要的且无法回避的,他们相应地做出了选择。要理解培根的思想,并领会他为什么失去了声誉,似乎需要掌握适量的知识史,努力恢复培根原有的地位,以及恢复对他的关注。只有那样,我们才可能公正地批评培根的思想,并把他的思想置于合适的、连续的统一体中。

简而言之,史学家的第一个任务(在这里,一如既往),如果可能的话,就是发现培根正在干什么,以及发现当培根第一次动笔写东西,并成为一名自然哲学家而非科学哲学家时(当然,甚至是这个术语也不太合时宜)他试图解决什么问题。不幸的是,这个任务并不简单。其复杂之处在于,培根的作品极其庞杂,零零散散,不太完整;关于培根早年的信息很少,而且(在一定程度上因为这些)现代仍然没有关于培根的像样的传记。斯佩丁一生的工作,12卷的作品集和7封信,就是19世纪一座不朽丰碑,它们已有100多年的历史,而且从未整合在一起。如果说自那以后极少出现关于培根的新信息,那么关于培根所在的世界和时代的知识却成倍增

---

① 关于杰出的科学史学家的一个很好的例子,可参 Morris R. Cohen, *Studies in Philosophy an Sciencee*(New York, 1949), pp. 99—106;更近更微妙的例子,可参 Mary Hesse, "Francis Bacon's Philosophy of Science" (1964), in *Essential Articles for the Study of Francis Bacon*, ed. Briian Vickers (Hamden, Conn., 1968), p. 138。麦考利的文章最初出现在 *Edinburgh Review*, 1837;斯佩丁的回应是 Evenings with a Reviewer, or a Free and Particular Examination of Mr. Macaulay's Article on Lord Bacon, ed. C. S. Venables, 2 vols. (London, 1881)。

加了。关于培根的许多独立活动有一些值得注意的现代研究:作
为律师、政治家、演说家、修辞学家、散文家和有远见之人的培
根。① 尽管如此,还是有一个核心问题有待我们解决:在构思自己
的哲学生涯时,培根在忙些什么? 问题仍在于找到关键之处,以便
理解这个从事多种多样活动的人,此人通过恢复他的目标而为他
所在的省份带来了知识。我们希望,通过这样做,不仅可以向培根
妥协,而且还可以了解他所在的时代,尤其是了解那个时代的哲学
和史学之间的特殊关系。

一

在某个时刻,可能是在 1380—1381 年的冬天,剑桥大学三一
学院创作了一部新拉丁喜剧《佩丹提斯》(*Pedantius*)。大厅里挤
满了大学生,学生们似乎已经发现这个讽刺作品令人捧腹。旁听
生哈林顿(John Harington)爵士 10 年后依然记得自己曾和艾塞
克斯(Essex)的年轻伯爵一同出席。② 虽然模特们的表演实属一
流,可是情节略显简单。该讽刺剧把矛头指向了主人翁佩丹提斯;
佩丹提斯是一位修辞学家,人们不怎么理解他,佩丹提斯的朋友、
哲学家多莫多脱斯(Dromodotus)也拥有自己的风格,可是同样很
难得到人们的理解。随着故事的展开,佩丹提斯开始追求让人费
解的丽迪娅(Lydia),而丽迪娅早已心有所属。丽迪娅和男朋友一
起,不费吹之力就欺骗了佩丹提斯,骗到了佩丹提斯的爱、金钱和
自尊。在这个过程中,作者极力嘲弄这位人文主义者和他那位一

① 最有用的一般性作品就是 Paolo Rossi, *Francis Bacon: From Magic to Science*
(London, 1968)。我已经努力在下文注释中向那些专门学科暗示我的感激之情。
② *Ludovico Ariosto's Orlando Furioso*, trans. Sir John Harington(1591), ed. Rob-
ert McNulty (Oxford, 1972), Bk. XIV, p. 163n. 哈林顿爵士在他著名的前言中
为其"无伤大雅的欢乐"鼓掌(p. 9)。

身学究气的同事天真而不切实际的性格——实际上,这就是统治剑桥大学的两种文化。①

剑桥的两种文化相互影响的故事如今已广为人知,人们至少知道大概的情节。② 在 16 世纪初,中世纪的大学仍然完好无损;逻辑学和亚里士多德的哲学在课程中仍处于支配地位,神学如女王般统治着科学。高等教育的主要目的仍然是培训神职人员。然而,在人文主义开始取得进展前不久,伊拉斯谟和克罗克(Richard Croke)就引入了希腊语;关于"人性"的讲座和修辞学开始出现。③ 正如科珀斯克里斯蒂学院(Corpus Christi College)的校规所说的,其思想就是"彻底消除所有的野蛮行为"。④ 随着宗教改革的开展,教会法研究被清除,修士们消失了,斯科特斯(Scotus)和他的同伴们从讲

---

① 《佩丹提斯》的文本已经被编辑过并附有一篇评论,参见 G. C. Moore Smith, *Materialen zur Kunde des alteren Englischen Dramas*, VIII (Louvain, 1905)。它于 1631 年首次付样。关于《佩丹提斯》的一幅画显示他站在人文主义文本的书架下,参见 Cicero, Nizolius 等。可参 Frederick Boas, *University Drama in the Tudor Age* (1914; reprinted, New York, 1971), pp. 148—56, 他关于史密斯版本的评论参见 *Modern Language Review*, 1 (1905), 235—38。

② 到目前为止,文献资料比较广博。我发现的比较有用的是 James BassMullinger, *The University of Cambridge*, 3 vols. (Cambridge, 1873—1911); Mark Curtis, *Oxford and Cambridge in Transition*, 1558—1642(Oxford, 1959); H. C. Porter, *Reformation and Reaction in Tudor Cambridge*(Cambridge, 1958); Joan Simon, "The Social Origins of Cambridge Students, 1603—1640", *Past and Present*, 26 (1963), 58—67; Joan Simon, "Education of the Aristocracy in the Renaissance", *Journal of Modern History*, 22 (1950), 1—20; Lawrence Stone, "The Educational Revoolution in England, 1540—1640", *Past and Present*, 28 (1964), 41—80; Lawrence Stone, *The Crisis of the Aristocracy*, 1558—1641 (Oxford, 1965), chap. 12; Hugh Kearney, *Scholars and Gentlemen* (Ithaca, 1970)。

③ Erasmus to Henry Bullock, August 1516, *Opus epistolarum*, ed. P. S. Allen (Oxford, 1910), I, 43—54; *The Correspondence of Erasmus*, trans. R. A. B. Mynors and D. F. S. Thomson (Toronto, 1977), IV, 43—54. 伊拉斯谟于 1511 年开始在剑桥教授希腊语,克罗克(Croke)也许是在 1518 年。

④ Thomas Fowler, *The History of Corpus Christi College*, Oxford Historical Society (Oxford, 1893), p. 39n.;关于福克斯(Richard Foxe)的法规,参见 pp. 37—59。

座转移到图书馆,并且(正如他们在牛津所说的那样)被放逐到了波卡多(Bocardo)。[1] 更重要的是,大学开始向新式学生敞开大门,那些付费的绅士或贵族并不想要或并不需要专业的培训,他们不能获得学位,他们只想学习一些超出其目前水平的东西,即"文雅学识"的入门知识,也就是古典文学、诗歌、历史和演说。逐渐在大学校园兴起的新方法——主要是辅导课——与大学讲座和辩证的比赛之类的旧方法相比,更能满足这种需求。随着时间的推移,大学的重心发生了变化,尽管旧有的东西大部分保持完好甚至得到了恢复,可是人文主义与经院主义以一种不太舒适、不太自然却又注定要长期共存的方式齐头并进,取代了旧有的东西。

在本世纪初,当英国引入人文主义时,这两种文化之间爆发的竞争暗示了这种不太舒适的同行关系。例如,牛津大学的新任校长莫尔(Thomas More)不得不在 1518 年代表希腊人对"特洛伊木马"进行干预,他请求人们重新学习;[2]在剑桥大学,伊拉斯谟和与他敌对的经院哲学同事就一系列的小规模冲突进行了斗争。[3] 在《愚人颂》中,伊拉斯谟善于利用一切东西,他特别热衷于控诉逻辑学家和哲学家的愚蠢行为。伊拉斯谟嘲弄逻辑学家和哲学家的行

---

[1] Charles Edward Malet, *A History of the University of Oxford*, 3 vols. (1924; reprinted, New York, 1968), II, 62.

[2] *The Correspondence of Thomas More*, ed. Elizabeth Rogers (Princeton, N. J., 1947), no. 60, pp. 112—20.

[3] 伊拉斯谟对经院哲学的攻击始于 1488 年的作品 *Antibarbari*,该作品在 1520 年被重印,并且终其一生重印了 9 次之多;可以参考这个版本:Craig Thompson in the *Collected Works*, XXIII (Toronto, 1978)。至于理查德(Richard)反对经院哲学家,可参 J. T. Sheppard, *Richard Croke* (Cambridge, 1919), p. 17; Mullinger, *Cambridge*, I, pp. 530ff. 。近代在英国发生的较受欢迎的一次攻击来自 Juan Luis Vives, *Adversos Pseudo-Dialecticos*(1520),莫尔在写给伊拉斯谟的信中,高度赞扬了这篇文章,他注意到"作者在文中论述某些问题时,运用了我曾经使用过的一些论据"(Allen, *Opus epistolarum*, IV, no, 1106, pp. 266—69)。参见 Rita Guerlac, ed. and trans., *Juan Luis Vives against the Pseudo-Dialecticians*(Dordrecht, 1979); Vives, *In Pseudo-Dialecticos*: *A Critical Edition*, ed. Charles Fantazzi (Leiden, 1979)。

话,取笑他们的怪癖、性格、拘谨等等,还嘲笑他们只有"言语上的冲突";伊拉斯谟发现,逻辑学家和哲学家讨论的主题以及他们提出的问题是荒谬的,无关紧要的。伊拉斯谟对当代哲学的厌恶,就如在其他方面一样,显示出他是意大利人文主义者——例如,彼得拉克或瓦拉——的真正信徒,而且在伊拉斯谟浩如烟海的作品中,我们很难发现显示伊拉斯谟对逻辑、形而上学、数学和自然哲学感兴趣的迹象。[①] 对于比较正式的神学,伊拉斯谟也不怎么关心,正如他对路德(Luther)所说的,他宁愿把关于简单模仿基督生活的一切形而上学的争论(比如意志的自由问题)放在一边。就像伊拉斯谟之前的彼特拉克一样,伊拉斯谟更喜欢无知而不是教条式的主张,更喜欢纠正生活而不是纠正信仰。人们也许会夸大 16 世纪的英国对这两种文化的反感程度,但它是真实的,是潜在的。

即使在这方面,古代的先例也产生了影响。哲学与雄辩、自然科学与文学之间的争吵和西方文明一样古老。一方面,文艺复兴通过柏拉图和亚里士多德的作品明白了这点,在那些作品中,智术师因自己用知识混淆了传统和观点、为了权宜之计而牺牲真理、颠覆道德、让实用而短暂的东西凌驾于理论的和永恒的东西之上而感到懊悔。另一方面,文艺复兴通过伊索克拉底(Isocrates)的作品——他是率先为自己辩护以便让自己免受这些指控的人——以及他的精神后代西塞罗和昆体良明白了这点。通过这些作者,文艺复兴明白了那些主张教条式确定感(dogmatic certainty)的哲学的不足之处和自命不凡。从这个角度看,自然科学和哲学似乎基本上与现实世界的实践无关,对政治家来说,实际上是毫无用处。通过这些作家,文艺复兴明白了古代选择逻辑学和辩证法的价值所在,也再次发现了修辞、诗意和(尤其是)史学——这三者被古代哲学家鄙视并

[①] Paul O. Kristeller, "Erasmus from an Italian Perspective", *Renaissance Quarterly*, 23 (1970), 5。

总体上在中世纪学校的课程中居于从属或被忽视的地位。

　　幸运的是，我们没有必要在这里复述这个古老的竞争产生的背景，或者复述它在意大利文艺复兴时期复苏并于 16 世纪时再次在英格兰和其他地方复苏。揭示了古典论证的耶格尔（Jaeger）和马禄（Marrou）（还有其他人）对古代进行了充分的描述。[①] 事实是，哲学智慧的理想与实用的雄辩术的确有一点不相容；尽管古人和现代人都付出了极大的努力，但二者还是很难和解。这有点令人遗憾，而想出一个补救措施也并非易事，即使总是有一些人渴望找到一个补救措施。不久前，斯诺（Snow）勋爵再次希望在这两种文化之间搭建一座桥梁，他感叹，如今几乎没有人能同时解释热力学的第二定律和狄更斯的小说。一个不知悔改名叫李维斯（F. R. Leavis）的人的野蛮回复让斯诺勋爵惊愕不已，李维斯没有表现出哪怕一丁点的和解与妥协的意愿。

　　就如 20 世纪的剑桥一样，在 16 世纪的剑桥，局面也不太令人舒适，但至少有临时的妥协；这两种文化可以共存，每一种文化都可以为混杂的学生群体提供该文化所特有的技巧和价值观，学生也会根据自己的目的对这两种文化加以选择。用莫里森（Samuel Eliot

①　Werner Jaeger, *Paideia：The Ideals of Greek Culture*, trans. Gilbert Highet, 3 vols. (Oxofrd, 1944)；Henri Marrou, *A History of Education in Antiquity*, trans. George Lamb (London, 1956), and *Saint Augustin et la fin de la culture antique*, Bibliotheque des ecoles francaises d' Athenes et Rome, fasc. 145 (1938—1949)；Everett Lee Hunt, "Plato and Aritstotle on Rhetoric and Rhetoricians", in *Studies in Rhetoric and Public Speaking in Honor of James Albert Winans* (New York, 1925), pp. 3—60. 关于文艺复兴，参见 John Monfasani, *George of Trebizond* (Leiden, 1976), pp. 242—99；以及 Quirinus Breen 的文章："Giovanni Pico della Mirandola on the Conflict of Philosophy and Rhetoric", *Journal of the History of Ideas*, 13 (1952), 384—426；"The Subordination of Philosophy to Rhetoric in Melanchthon", *Archiv fur Reformations Geschichte*, 43 (1952), 13—28；*Christianity and Humanism*, ed. N. P. Ross (Grand Rapids, Mich., 1968)。另参 James H. Overfield, "Scholastic Opposition to Humanism in Pre-Reformation Germany", Viator, 7 (1976), 391—420。

Morison)的话来说，这是"文雅和学识之间不太情愿的妥协"。① 如果这似乎让大多数学生和研究员感到满意，那么就如现在一样，他们中的少数人感觉受到了伤害；正如我们将看到的，在他们当中，至少会有一人想从头开始着手整个问题，彻底想清楚这个问题。

必须强调的是，尽管人文主义进入大学的时候，和解的问题已变得具有学术性，但是问题的根源仍在于外部条件。尤其是新文化受到了最近才得到探索的新的社会和政治环境的鼓舞。可以说，"贵族的崛起"和都铎王朝的"政府革命"——无论有多大的问题——是 16 世纪的现实，足以激发人们对一种技能和训练的需求，而这种技能和训练可以让他们适应新的生活方式。骑士精神慢慢死去，对像阿沙姆这样的人文主义者来说，封建贵族的文化似乎不再与现实生活息息相关，它必须被取代。② 因此，英国的人文主义是一场文化运动，旨在为新社会的领导者服务——这些领导者意识到了自己的需求；③由于得到了领导者的帮助，人文主义取

---

① Samuel Eliot Morison, *The Founding of Harvard College* (Cambridge, Mass., 1935), pp. 56—57. 斯诺(C. P. Snow)的《两种文化》(The Two Cultures)首次出现在 *The New Statesman*, October 6, 1956, 后来在《两种文化和科学革命》(*The Two Cultures and the Scientific Revolution*, New York, 1961)中重印。李维斯在《两种文化? 斯诺的重要性》(*Two Cultures? The Significance of C. P. Snow*, London, 1962)中作出回应。随后出现了巨大的争议，而且据我所知，这个争议还在继续。

② "In our fathers tyme nothing was red, but books of fayned chevalrie, wherin a man by redinge, should be led to none other ende, but onely to manslaughter and bawdye" (Roger Ascham, *Toxophilus* (1545), in *English Works*, ed. William A. Wright [Cambridge, 1904], p. xiv). Cf. Ascham's *Scholemaster* (1570), where the sentiment is repeated (*English Works*, p. 231).

③ 关于佩斯(Richard Pace)有一个非常著名的故事，而这个故事和一次宴会上的一位绅士相关，该绅士脱口而出："该死的，我宁愿我儿子被吊死，也不愿看到他成为一名学生。贵族的儿子就应该吹号角，像行家一样狩猎，优雅地训练鹰并带着它。"对此，佩斯回应道："我觉得你这样说不对，老兄。因为如果某个外国人来到国王和一位皇家大使面前，并需要对方作出回应时，那么你的儿子就只能吹号角了，倘若他是按你建议的方式被养大的话。"(*De fructu qui ex doctrina percipitur* [1517], ed. and trans. Frank Manley and Richard Sylvester, Renaissance Society of America: Text Series, 2 [New York, 1967], pp. 23—25.)

得了成功。从亨利七世到伊丽莎白女王的都铎王朝率先接受了教育，贵族和绅士紧随其后。当埃利奥特在1531年确定了他作为地方长官的理想时，它恰好反映了新阶层在新形势下的文化抱负，在两代人中的受欢迎程度无可争议。《地方长官之书》(*The Book of the Governor*)赞扬了新人文主义者的理想——成为演说家和政治家，复兴以雄辩为目的的古典目标，将其不打算提及的中世纪哲学和神学完全排除在外。该书只包含道德哲学，至于道德哲学，伊利奥特指的是为生活提供实际指导，为此，西塞罗、色诺芬所提供的和柏拉图一样多。至于剩下的，就是模仿优美的书信、古典诗歌、修辞和史学，这些为公共生活提供了基本的训练。自然界不可能为实际的目的而存在，科学和神性被完全排除在外。

在伊拉斯谟来了又走的一些岁月里，迅速占领文法学校并进入大学的正是这种类似于文化理想的东西。由于只学了一些拉丁语和较少的希腊语，都铎时代雄心勃勃的学生需要（或者人们普遍认为是这样）更多类似的东西。在14岁时，学生几乎还没做好准备要在世界的舞台上扮演什么角色。即使英国都铎王朝文法学校教学改革的故事已广为流传，但也可能还没有完全被理解。从学校的规定、时间表、教科书、教师手册和学生的回忆中，我们清楚地看到了人文主义的胜利和经院主义的黯淡，看到了古典文法和修辞学得到认可是以牺牲中世纪逻辑学为代价的；我们还清楚地看到了伊索克拉底-西塞罗式(Isocratean-ciceronian)理想的复兴，看到了人们对自然科学和哲学实实在在的蔑视。似乎整个世俗社会，或者至少世俗社会的一部分，已做出了一致的决定，即在古老的争吵中选择其中一方而不是另一方，并且由雄辩决定胜负。以亚里士多德和中世纪为基础的神学拒绝完全消失；新教神职人员在身陷和天主教徒的斗争及其内部的斗争时，继续在中世纪的理性和辩证法中寻找武器。如果第一批新教改革者蔑视系统的神学，那么毫无疑问，随着这个世纪向前推进，下一批新教改革者恢复了系统的神学,经院主义也卷土重来。① 无论学校怎么阻止,中世纪的逻辑学和亚里士多德的哲学不会从大学完全消失,斯科特斯(Scotus)和其他人的作品甚至回到了神学学生的书架上。② 最后,在一个因神学方面的争议而分裂的世界里,连外行人也不会对此无动于衷。小学课程或许不会注意这些,可是大学不会。

在 16 世纪 40 年代的剑桥,古典人文主义获得了第一次学术上的胜利。剑桥大学已被文艺复兴、宗教改革、伊拉斯谟的希腊语、廷德尔(Tyndale)的路德、巴恩斯(Barnes)和白马酒馆(White Horse's Tavern)污染了,③剑桥进步的名声似乎吸引了雄心勃勃的一代人,他们想改变这个世界,或者至少享受这个世界带来的好处。1545 年,阿沙姆向坎特伯雷大主教抗议,说新生"在大多数情况下只是富人的孩子,而且这样的学生从来没打算追求学业并在学识方面达到熟练和完美的程度,这只会让他们在州内的某些地方更有从业资格"。拉蒂默(William Latimer,1549)、勒弗(Thomas Lever,1551)以及后来的哈里森(1587 年)对这样的抱怨表示附和。④阿沙姆本人在 1542 年无比自豪地吹嘘道:

> 与普劳图斯在你们的时代很受欢迎相比,我们更熟悉索福克勒斯和欧里庇得斯。与你们那时阅读和讨论李维相比,我们更多的是阅读和讨论希罗多德、修昔底德和色诺芬。西塞罗曾经扮演了什么角色,那么德摩斯梯尼现在就

---

① 例如,可参 Charles Beard, "The Rise of Protestant Scholasticism", in *The Reformation of the Sixteenth Century*(London, 1883), chap. 8。

② William T. Costello, *The Scholastic Curriculum at Early Seventeenth-Century Cambridge*(Cambridge, Mass., 1958)。

③ Mullinger, *Cambridge*, I, 566ff. Arthur Tilley, "Greek Studies in England in the Early Sixteenth Century", *English Historical Review*, 53 (1938), 221—39; 438—56.

④ Mullinger, *Cambridge*, 1, 624; II, 90—95.

扮演着什么角色;过去的学生拥有特伦斯许多作品的副本,
那么如今的学生手中就有更多伊索克拉底作品的副本。我
们不会忽视拉丁作家,我们会热切地研究黄金时代最优秀
的作家。[①]

　　因为阿沙姆同时阅读了柏拉图和亚里士多德的希腊原版作
品,所以哲学没有在阿沙姆的视野内完全消失。然而,让阿沙姆感
兴趣的是亚里士多德的《伦理》、《政治学》和《修辞学》,而非《物理
学》和《形而上学》,更不用说其他的科学作品了。[②]

　　阿沙姆赞扬了他的老学院圣约翰(St. John's)以及他的导师
切克(John Cheke)爵士进行的创新;阿沙姆坚称,切克所做的工作
以及他的模范作用鼓舞了整整一代人,这也是为什么后人对此一
直铭记于心。[③] 显而易见,在大学时代,切克就在宿舍阅读了希腊
经典;"在房间里,切克私下浏览了许多诗人和史学家的作品,其中
包括荷马、索福克勒斯和欧里庇得斯的全部作品,还有希罗多德、
修昔底德、色诺芬、伊索克拉底和柏拉图的作品。根据切克的说
法,当他被召到宫廷去当年轻的爱德华工了的老师时,他正准备解
决关于德摩斯梯尼和亚里士多德的问题。当切克在玛丽女王统治
时期被迫流亡时,他在帕多瓦(Padua)开的店起到了相同的作用;

①　Ascham to Brandesby (Cambridge, 1542—1543), in *The Whole Works of Roger Ascham*, ed. J. A. Giles, 2 vols. (London, 1865), I, 1, 25—27. 关于在一群未来的政治家的推动下,普劳图斯(Plautus)在剑桥的早期表现,可参 Samuel R. Gammon, *Statesman and Schemer: William First Lord Paget* (Hamden, Conn., 1973), p. 17。

②　Ascham to Sturm, April 4, 1550, *Whole Works*, I, 1, 181—93; December 24, 1550, ibid., I, 2, 224—29.

③　Ascham, *Scholemaster* in *English Works*, p. 219; Thomas Nashe, "To the Gentlemen Scholars", Prefixed to Robert Greene's *Menaphon* (1589), Nashe, Works, ed. R. B. McKerrow, 5 vols. (Oxford, 1958), III, 317; John Strpe, *Life of the Learned Sir John Cheke* (Oxford, 1705).

他主持了那里的英文社团,并最后通读了德摩斯梯尼的作品。[1]
当然,辅导课的观念越来越流行。贝雷特(John Beret)还记得,当
他于 1555 年左右在剑桥任教并且拥有"学习拉丁语的学生时,我
常常写信和撰写一些主题,每天把一些英语翻译成拉丁语,以便更
快速而容易地获得相同的东西"。为了加强练习,贝雷特后来撰写
了一部字典,将其命名为《阿尔韦瑞》(Alvearie);很显然,蜂窝仍
然需要清除它的野蛮状态。[2]

切克那代人达成了一个一致意见,那就是,要把注意力放在文
雅学识上,即使他们为此不得不临时创造一些方法来实现这个目
标。正如我们所看到的,由他们管理的希腊文阅读和拉丁文写作
有望为年轻人参与公共生活做好准备;许多人——从切克本人开
始——离开大学、投身公共事业绝非偶然。切克的同事史密斯
(Thomas Smith)爵士就是一个完美的典范。史密斯是仅次于切
克的希腊学者,他先后成为公共演说家(1538)、钦定的民法教授
(1544)以及大学副校长(1544)——这些都在 30 岁前完成。传记
作家把史密斯的一生分成四个阶级:

> (1)在大学里,史密斯的学识让他成名;(2)在爱德华国王
> 统治时期,史密斯成为了朝臣;(3)在玛丽女王统治时期,史密
> 斯隐姓埋名;(4)在伊丽莎白女王统治下,女王聘用史密斯,让
> 他为她效劳,史密斯周旋于国内外的宫廷,后来虔诚地结束了
> 他令人满意的生活。[3]

---

[1] Thomas Wilson, trans., *The Three Orations of Demosthenes* (London, 1570), dedication to Cecil.

[2] "To the Reader", quoted in full in James Shedd, "Beret's *Alvearie*: An Elizabethan Reference Book", *Studies in Philosophy*, 43 (1946), 147—49.

[3] John Strpe, *The Life of the Learned Sir Thomas Smith* (Oxford, 1820), pp. 6—7. 史密斯最近的传记家杜瓦(Mary Dewar)并不那么受待见;可参 *Sir Thomas Smith: A Tudor Intellectual in Office* (Lodon, 1964).

除了其他方面,史密斯是平民、大使和国务卿,他还创作了一些政治散文,堪称那个时期最优秀的政治散文。"你是唯一",阿沙姆 1551 年在写给史密斯的信中说道,"在学习和生活上,切克先生也以你的勤奋、学识、良知、忠言和井然有序为榜样,所有这些在剑桥如雨后春笋般涌现"。① 文学和生活、经典和政治的结合从未被遗忘。切克和史密斯有许多政治事业十分成功的同事,这个名单很长,也让人印象深刻:塞西尔、沃尔辛厄姆(Francis Walsingham)、哈顿(Walter Haddon)、威尔逊(Thomas Wilson)、米德尔(Wlater Mildmay)、赫比和其他许多人——至少还有我们的哲学家之父尼古拉斯·培根爵士。②

令人疑惑的是,在学者变成政治家的一长串名单里,是否有人十分认真地对待了课程学术性的一面。③逻辑学和亚里士多德举步维艰,要提供另一份神职人员在大学接受训练的名单也并不困难,这次是英国国教徒和清教徒,他们确实取得了学位,对他们来说,神学是严肃的专业。④在这些年里,学位要求并没有放松,也没有多少迹象表明正式的课程在很大程度上受到了"人性"的影响。⑤ 因此,

---

① Ascham to Smith (1561),*Whole Works*,I,2,306—7。

② Winthrop Hudson,*The Cambrige Connection and the Elizabethan Settlement of 1559*(Duraham,N. C.,1980),pp. 38—39。

③ 一个典型的抱怨来自哈顿(Walter Haddon),他抱怨的是讲座的出勤率,参见 Mullinger,*Cambridge*,II,96;至于詹姆士一世时为实施校规而付出的努力,可参 Costello,*Cuuriculum*,pp. 8,12。

④ Grindal, Lever, Pilkington, Parker, Ridley, Sandys, Cox, Ponet, Aylmer. Ascham 赞扬了圣约翰大学(St. John's College)的学生:"不管是对神学来说,还是对他们的国王和国家的行政部门来说,他们都已经成为或者就是如今整个领域比较显眼的装饰品(*Scholemaster*,*English Works*,p. 280)。"

⑤ Costello,*Curriculum*,pp. 7—8,不过,受到了贾丁(Lisa Jardine)的挑战:Lisa Jardine,"The Place of Dialectical Teaching in Sixteenth-Century Cambridge",*Studies in the Renaissance*,21(1974),35n。至于校规及其延续性,可参 George Peacock,*Observations on the Statutes of the Unversity*(London,1841),app. A;Mullinger,*Cambridge*,II,427。

我们发现斯克里斯蒂学院有把一天分成两半的惯例——例如，在诺盖特（Robert Norgate，1578—1587）在任时——就不足为奇了，而这两半又分别给了两种文化。学院规定每天要有 3 场讲座，从早上 6 点开始，讲座包括亚里士多德的自然哲学《工具论》（*Organon*）和塞顿（John Seton）的逻辑学；中午通过荷马、德摩斯梯尼、赫西俄德（Hesiod）或西塞罗来讲授希腊语和拉丁语；下午 3 点以更深入地讲授西塞罗的修辞结束讲座。大学生要进行各种辨证训练，在周五下午，学生要奋力完成"神学方面的问题"。①

依据霍尔兹沃思（Richard Holdsworth）的精心教导可以判断出，稍后不久，大学教师层面似乎也发生了类似的事情。剑桥教师《指南》（*Directions*）的日期仍然存疑，但是当霍尔兹沃思于1618—1620 年在圣约翰学院（St. John's College）教导迪威斯（Simonds D'Ewes）时，他似乎就已经在使用它们了（或类似的东西）。②《指南》旨在向大学生说明他们要做些什么，"简要地说，就是教学生读什么书，怎么读书，什么时候读书以及每天花多长时间来读书；在学生获得学士学位之前的整整 4 年，学生该如何利用每个月的时间"。③

随后的教学大纲再次把每天的课程分成上午和下午，上午用来学习逻辑学、物理、形而上学和自然哲学；下午用来学习希腊语、拉丁语、史学、演说和诗歌；下午的学习，如果不比上午的学习更有

① Victoria County History, *Cambridge*, III, ed. J. P. C. Roach (London, 1959), p. 190.

② Eugene E. White, "Master Holdsworth and a Knowledge Very Useful and Necessary", *Quarterly Journal of Speech*, 53 (1967), 1—16; Christopher Hill, *Intellectual Origins of the English Revolution* (Oxford, 1965), p. 307; Kearney, *Scholars*, pp. 103—4.

③ 霍尔兹沃思（Richard Holdsworth）《指南》的文本出现在 Harris F. Fletcher, *The Intellectual Development of John Milton*, 2 vols. (Urban, Ill, 1961), II, 623—64; 参见 p. 624.

用的话,那其必要性也不亚于上午的学习,尤其是拉丁语演讲,没有了它,其他的学习,即使从未如此杰出,在某种程度上也是空洞无用的。[1] 两种教学方式相互搭配,书一本本地读,日复一日,4年都是如此,而且只在午餐时分开,完全是两种文化分离和共存的完美典范,这是弗朗西斯·培根时期剑桥课程的特色。迪威斯酷似培根,他是清教徒式的认真的典型代表;在清晨和下午,他勤奋学习,汲取了一些逻辑学、自然哲学、经典修辞学和史学方面的知识,还有通过唐斯(Downes)先生的公开演讲收获的许多希腊知识。然而,在大约两年后,在没有获得学位的情况下,迪威斯离开了剑桥。[2]

在这种情况下,三一学院的学生们似乎很自然地就发现,《佩丹提斯》分别描述了这两种教学法并对它们加以讽刺。实际上,逻辑学家和修辞学家是学生熟悉的类型;因此必然存在许多这样的时代,在这样的时代里,年轻的学生想知道这一切是关于什么的,想知道学术争论或古典演讲的用处在哪里,以及想知道,那么多世纪之后,当它们以不太舒适的方式一起挤进课程时,它们到底在做什么。

二

仍不太确定是谁撰写了《佩丹提斯》。在提议的名单中,我认为最不可能的就是弗朗西斯·培根,即使他曾启发别人撰写与这个主

---

[1] 同上,p. 637.

[2] Simonds D'Ewes, *The Autobiogrphy and Correspondence*, ed. J. O. Halliwell, 2 vols. (London, 1845), I, 121—22. 关于 1622—1624 年的那些日子,可参 *The Diary of Sir Simonds D'Ewes*, ed. Elisabeth Bourcier, Publications de la Sorbonne, Litt. 5, (Paris, n. d.)。关于唐斯(Andrew Downes)的希腊教学,可参 "Life of Mr. John Bois", by Francis Peck, in *Desiderata curiosa* (London, 1732), p. 41.

题相关的书籍。①当然，伊丽莎白剧院的其余部分曾分配给培根，似乎又让这显得十分合理。这个提议十分有趣，因为在这种情况下，它让人们注意到，不知名的讽刺作家和《学问的发展》（*Advancement of Learning*）的作者在视角上有些相似之处。当戏剧上演时，培根才离开剑桥不久；因此，培根极有可能认识作者。就像其他人一样，培根肯定认出了谁是讽刺剧的受害者，因为很明显，佩丹提斯就是臭名昭著的大学讲师哈维（Gabriel Harvey），而多莫多脱斯很可能就是哈维的朋友，即哲学讲师达菲尔德（John Duffield）。②

如今，哈维值得我们记住他，因为哈维的事业几乎跨越了培根待在剑桥的那几年，因为哈维对那里的知识状况以及对相互竞争的两种文化作出的回应被大量记录了下来。哈维为培根最初构思哲学思想提供了背景，而培根的传记却缺少这个部分。就整体而言，大学里的生活、校规和条例背后的知识情境很难渗透到 16 世纪；哈维是一介文人，自我沉醉，善于反思，在他的笔记本里和他阅读过的书的边缘，他不厌其烦地写下自己的意见和反应。我们可以以此人为例，"15 年来，在所有大学成员中，他是其中最值得关注和最广为人知的一个"，他忙于许多问题，这些问题也曾引起培根的注意。③

---

①　Edward G. Harman, *Gabriel Harvey and Thomas Nashe*(London, 1923).

②　Nashe, *Works*, III, 80; Harman, *Harvey and Thomas Nashe*, p. 185.

③　Nashe, *Works*, V, 68ff. 哈维其中的一些随笔收集在他的 *Marginalia*, ed. G. C. Moore Smith (Stratford, 1913)中，其他的出现在 Smith, "Printed Books with Gabriel Harvey's Autograph or Marginal Notes", *Modern Language Review*, 28 (1933), 78—81; 29 (1934), 68—70, 321—22; and 30 (1935), 209。另参 Samuel A. Tannenbaum, "Some Unpublished Harvey Marginalia", *Modern Language Review*, 25 (1930), 327—31; Caroll Camden, Jr., "Some Unnoticed Harvey Marginalia", *PhilosophicaL Quarterly*, 13 (1934), 214—18; Harold J. Wilson, "Gabriiel Harvey's Method of Annotating His Books", *Harvard Library Bulletin*, 2 (1948), 344—61; Eleanor Rolle, "Some New Marginalia and Poems of Gabriel Harvey", *Review of English Studies*, n. s., 23 (1972), 401—16; Virginia Stern, *Gabriel Harvey: His life*, *Marginalia and Library*(Oxford, 1979)。

哈维于 1566 年进入剑桥,获得了学位,并于 1570 年成为彭布罗克大厅(Pembroke Hall)的一员。两个兄弟后来也很快加入了哈维的行列。哈维的赞助人是那个时代的两位人文主义政界要员米尔德梅(Walter Mildmay)和史密斯。哈维似乎已经接受了他们的基本观点,以他们为榜样来塑造自己的事业。[①]哈维对史密斯有着特殊的感情,他和史密斯尤其相似。哈维首先作为学者在大学赢得了名声,然后开始尝试以民法为媒介从事公共事业。与史密斯不同的是,哈维的这两个抱负都遭遇了重创,即使作为老师,他有一段时间的确赢得了一些尊重。哈维的政治生涯从未真正开始,最接近的时候也许是 1579—1580 年左右,那时,莱斯特(Leicester)伯爵似乎准备聘用他了。

然而,和以往一样,哈维再次失败了,或许是因为他古怪而易怒的个性,又或许是因为他的学识——哈维的学识于公共事业而言似乎有些过于学究气。哈维的劲敌纳什(Thomas Nashe)后来不无讽刺地说道:"给予哈维最多资助的人……告诉哈维,他更适合大学,而不是宫廷,因此还恳求上帝让哈维在学业上取得成功,并派另一位秘书去了牛津。"[②]

1573 年,就在年轻的培根到达剑桥的同一时间,哈维似乎遇到了他的第一个学术难题。当发现学院的几个研究员针对自己时,哈维希望自己能像往常那样在彭布罗克学院获得硕士学位。显然,困难既来自个人,也来自知识,因为我们所掌握的信息只是哈维写信给学院的一位老师时他所做的陈述,所以评价或区分这

---

① 关于米尔德梅(Walter Mildmay),可参 Stanford E. Lehmberg, *Sir Walter Mildmay and Tudor Government*(Austin, Tex., 1964);关于史密斯(Thomas Smith),可参哈维的诗,见 *Smithus vel musarum lachrymae*, in *The Works of Gabriel Harvey*, ed. Alexander Grosart, 2 vols., 私人印制 (London, 1884), I, p. xxv; *Four Letters* (1592), ibid., 1, 182。

② Nashe, *Works*, III, 79; Stern, Harvey, pp. 45—46; Eleanor Rosenberg, *Leicester Patron of Letters*(New York, 1955), pp. 323—33.

两者是有点困难的。一方面,哈维被指不善交际,草率对待研究员的职位。另一方面,或许更重要的是,哈维被指控反对把亚里士多德当作权威:据称,哈维"是悖论伟大而持续的赞助人,是怪异观点的主要捍卫者,而且他还经常反对亚里士多德"。显而易见,哈维的对手似乎认为:"如果我曾经将我的研究转化为神学,那么哲学中的这个奇异点就可能成长为一种堕落的物质。"①

哈维并没有完全否认这些指控;他准备承认他已提出了一些新的观点,即使他声称那些观点来自诸如麦兰顿(Melancthon)和拉米斯(Peter Ramus)这类现代作家。至于亚里士多德,哈维坚称自己总是在私人谈话和公开辩论中赞美这位哲学家,但他无法接受亚里士多德绝对而不容质疑的权威地位:"不管亚里士多德说了什么,我都不那么愿意直接把它奉为圣典。"哈维还特别提出了一些旨在反对亚里士多德的主张,例如,世界不是永恒的,天空不是由第五个元素组成的,等等。有一个概念,哈维将其归于拉米斯一人("Nihil est Physikos infinitum potentia"),哈维相信,"在这点上",这个法国人能够满足"任何通情达理的自然哲学家"。②

不管怎样,该做些什么呢? 消除了所有颇具争议的主张后,哲学的意义又是什么呢? 剩下的只是诸如 de nobilitate、de amore、de Gloria 和 de liberalitate 之类过时的传统主题,"它们更适合学者进行辩论,而不适合老师将其当作问题来讨论"。这些问题,哈维抱怨说,很久以前就已经被彻底地解读过了。"能做点事的人都可以撰写一整卷和这些主题相关的书,用它们进行精彩的表演。"那肯定无益于增长学识。为了谨慎起见,如果有需要的话,哈维愿意"把梅兰克松(Melancthon)和拉米斯锁在我的书房中,并把奥

---

① Harvey to John Young, March 21, 1573, in *The Letter-Book of Gabriel Harvey*, 1573—80, Camden Society, n. s. 33 (London, 1884), pp. 1—20.

② 同上,p. 10.

斯罗斯(Osorus)和奥米非尼斯(Omphalius)带入小教堂".[①] 由于哈维无意对神学进行更深入的研究,因此,这几乎算不上是一种剥夺,也许修辞学家就可以满足这点。

教师约翰·扬格(John Young)博士支持哈维,这位年轻人获得了研究员的职位,被任命为该学院的希腊文讲师,开启了他职业生涯中最辉煌的一页。学术争论被搁置,人类的雄辩术成为哈维的主要关注点。1574 年,哈维被选为大学讲师,或者说,修辞学教授,并在接下来的几年里又两次得到任命。在史密斯的建议下,哈维开始研究民法,思考大学之外的可能性。纳什后来不无讽刺地说:"神学(所有艺术的天堂)有一段时间吸引了哈维,可是不久之后,尘世、信仰和魔鬼把他拉回来了,并要求他成为更绅士的人;于是,他深陷道德和诗歌。"哈维发表了一些拉丁文和英文作品,并因此和剑桥的另一位诗人斯宾塞(Edmund Spenser)建立了友谊。[②] 与此同时,在哈维负责的课程里,他举办了关于希腊语和修辞学的讲座,现在这些讲稿均已付梓。[③] 培根有可能是哈维的其中一位旁听生,或至少是其中一位读者。哈维因哲学兴趣而声称自己具有现代性;作为一位修辞学家,哈维比较正统,暂时好像很受欢迎。

作为一名讲师,哈维负责向本科生讲述古典修辞学家,每周 4次。1577 年,哈维修改和出版了两篇演说辞:《修辞学者》(Rhetor)似乎发表于 1575 年,而《西塞罗演说风格》(Ciceronianus)则

---

① 同上,p. 11.

② Nashe, *Works*, III, 61. 关于哈维和斯宾塞的关系,参见"Gabriel Harvey as Hobbinol", in Paul McClane, *Spenser's Shepheardes Calendar* (Notre DEame, Ind., 1961), pp. 237—61。

③ Gabriel Harvey, *De discenda Graeca lingua*,有两篇演说辞出现在克雷斯平(Jean Crespin) 的希腊-拉丁语词典中(1581);参见 T. W. Baldwin, *William Shakespeare's Small Latine and Lesse Greeke*, 2 vols. (Urbansa, III, 1944), I, 436—37。

在下一年发表 ①（培根在这两者之间的某个时间点离开了剑桥）。在第一篇演说辞中,哈维为他的学生制定了一种方法,该方法明显依赖的是拉米斯的同事塔隆(Omar Talon)最近的修辞学;在第二篇演说辞中,哈维思考了拉米斯提出的关于古典模仿更广泛的问题。第二篇演说辞中的自传特别有趣,它们记录了哈维从狭隘的西塞罗学派转变成自由的拉米斯学派的过程。② 不久前,辩证法因毫无成果而被搁置,哈维似乎把自己的命运和一群特殊的人文主义者拴在了一起——本博(Bembo)、隆格尼阿斯(Longoliuis)、杉多尼特(Sadoleto)和其他人;这些人文主义者坚持认为,在一群古代人和现代人之中,只有西塞罗才值得模仿。哈维不怎么喜欢那些批评家,其实主要是伊拉斯谟,因为伊拉斯谟曾嘲讽西塞罗学派,说他们是狭隘的书呆子。在这里,哈维用一些滑稽的例子嘲笑了自己的僵化,哈维还记得,当他对罗马的典范产生依赖后,他的写作风格变得多么纯粹(十几年后,纳什依然记得,在此处,哈维回想起来并使用了西塞罗风格的经文歌,例如,"ese posse videatur")。不幸的是,哈维还记得:

> 我更重视的是语词而非内容,是语言而非思想,是演讲的艺术而非和知识相关的上千个主题。我更喜欢塔利(Marcus Tully)简单的风格,而不是哲学家和数学家的各种假设。我相信,模仿的筋骨在于以下的能力,即尽可能地选择巧妙而优雅的语词,让它们变得井然有序,并且用某种韵律把它们连接起来。③

"西塞罗主义"(Cieronianism)当然是一个常见的并经历了长达

---

① Gabriel Harvey, *Rhetor*, ed. and trans. Robert M. Chandler, *Alleorica*, 4 (1979), 146—290; and *Ciceronianus*, ed. Harod S. Wilson and trans. Clarence A. Forbes, University of Nebraska Studies, 4 (Lincoln, Neb., 1945); H. S. Wilson, "Gabriel Harvey's Orations on Rhetoric", *ELH*, 12 (1945), 167—82.

② Harvey, *Ciceronianus*, pp. 58ff.

③ 同上,p. 69。至于纳什(Nashe)的回忆,可参其 *Works*,II,246;III,66。

一个世纪争论的话题(古人甚至也曾争论过这个问题)。① 在这里，哈维复述了大部分的故事，他的博学肯定给旁听生留下了深刻的印象，正如他的博学给我们留下了深刻的印象一样。哈维说，他的转变源于他在 1569 年阅读了拉米斯的《西塞罗演说风格》。② "我开始思考，一个受制于偏见的人在权威中寻找庇护是多么危险。"③哈维从拉米斯那里得知，西塞罗有缺点，而其他古人有德性，两者都值得关注。哈维的情况(与拉米斯一样)看起来似乎是这样的，在反对亚里士多德之后紧跟着就反对西塞罗。年轻听众一定非常喜欢哈维令人惊讶的放肆之举。

　　哈维的拉米斯学派式(Ramist)的反抗并不是很深刻。一方面，西塞罗的反对者——从伊拉斯谟到拉米斯——只是想证明他们认可西塞罗，而不是彻底消除它(哈维之所以反对西塞罗学派，其原因主要在于他们夸大了西塞罗语言的重要性而非西塞罗智慧的重要性)。④即使不从迂腐的西塞罗学派的狭义角度及其独一无二的角度看，雄辩仍是目标，模仿古典作家的仍是手段。⑤ 就这方

① Remigio Sabbadini, *Storia della Ciceronianismo* (Turin, 1885); Izora Scott, *Controversies over the Imitation of Cicero* (New York, 1910); M. L. Clarke, "Non hominis nomen, sed eloquentiae", in *Cicero*, ed. T. A. Dorey (London, 1965), pp. 81—107.

② "我两天之内就把《西塞罗演说风格》通读了两遍，那时我还是克里斯提斯学院(Christes College)的大二学生"(哈维，引自 Smith,"Printed Books",p. 79)。哈维很有可能是通过史密斯认识了拉米斯，史密斯似乎在巴黎就认识了拉米斯；参见 Harold S. Wilson,"The Humanism of Gabriel Harvey",in *Joseph Quincy Adams Memorial Studies*, ed. James G. McManaway (Washington, D. C., 1948), p. 313。

③ Harvey, *Ciceronianus*, p. 18.

④ 哈维本人的讲座具有西塞罗风格，而且每次讲座都以阅读大师的其中一篇演说辞结束；参见 P. Albert Duhamel, "The *Ciceronianus* of Gabriel Harvey", *Studies in Philosophy*, 49 (1952), 155—70。

⑤ 根据拉米斯的说法，关于西塞罗，伊拉斯谟和隆格尼斯(Longolius)的观点略微有所不同，一人不太依赖这位伟大的演说家，而另一人却过于依赖他(*Scholemaster, English Works*, p. 271)。翁格(Father Ong)称拉米斯是"一位温和的西塞罗学派"(Walter J. Ong, *Ramus: Method and the Decay of Dialogue* [1958; reprinted, Boston, 1968], p. 49)。

面而言，所有人都是人文主义者。很显然，哈维不打算重申自己对经院哲学的兴趣，即使他被拉米斯学派的声明所吸引——即他们已经调和了两种对立的文化：

> 你们教我从柏拉图和亚里士多德那里学到了我很久前可能就已从塔利那里学到的东西；你们还教我，所有人文和艺术方面的学识都因一种情谊而联系在一起……你们让雄辩和哲学以最令人愉悦的方式结合在一起。①

拉米斯是否真的在这方面取得了成功，这是一个悬而未决的问题；拉米斯教授了逻辑学、修辞、文学和四门学科（算术、几何、天文和音乐），而且都是在同一门课程里。此外，拉米斯声称他已经从经院哲学家那儿救出了亚里士多德，从修辞学家那儿救出了西塞罗，然后把他们结合起来，让他们相互强化。② 对拉米斯来说，没有必要去反感演讲和哲学，因为所有的表达都依赖于理性和修辞。世上实际只有一种艺术

---

① Harvey, *Ciceronianus*, p. 75.
② 拉米斯是哲学和雄辩学的钦定讲座教授，以前没有谁拥有这个头衔；他于 1546 年发表的演讲题目为"Oratio de studiis philosophiae et eloquentiae conjugendis"，参见 Ong, *Ramus*, p. 26；Frank R. Graves, *Peter Ramus and the Educational Reformation of the 16th Century*(New Yorkj, 1912), pp. 40—47. 沙拉特(Peter Sharatt)发现为调解而做出的尝试以失败告终，参见"Peter Ramus and the Reform of the University: The Divorce of Philosophy and Eloquence", in *French Studies*, 1540—1570, ed. Peter Sharatt (Edinburgh, 1976), pp. 4—20。产生了更多共鸣的是 Craig Walton, "Ramus and Socrates", *Proceedings of the American Philosophical Society*, 114 (1970), 119—39. 我发现还比较有用的是 Perry Miller, *The New England Mind: The Seventeenth Century*(1939; reprinted, Boston, 1968), pp. 111—53, 493—501；P. Albert Duhamel, "The Logic and Rhetoric of Peter Ramus", *Modern Philosophy*, 46 (1948), 163—71；P. Albert Duhamel, "Milton's Alleged Ramism", PMLA, 67 (1952), 1035—53。

的艺术。① 除了把拉米斯的智慧通俗化之外,其实很难看出拉米斯学派的方法对哲学家到底有多大的帮助;除了介绍一些古典作家之外,也很难看出该方法对演讲者有多大的帮助。

在那些怀疑拉米斯的人中,其中一人就是阿沙姆(Roger Ascham)。早在1550—1552年间,阿沙姆就向他的好友斯图姆(Johannes Sturm)表达了一些保留意见——阿沙姆曾向斯特拉斯堡学校这位著名的教师分享了自己的许多观点。② 阿沙姆同意拉米斯的观点,即亚里士多德的风格过于模糊,另外,如果缺乏实例,亚里士多德的学说教起来就比较难;③然而,对于拉米斯教育改革的其他部分,阿沙姆持不同意见。显而易见,因为拉米斯一个特别的观点,一个问题出现了,而这个观点就是,教授逻辑学和修辞学的最佳方法就是在课程中以新的、非传统的方式重新定义和分离它们。④ 到目前为止,我们已经明白,相对于修辞学而言,人文主义者要么忽视逻辑学,要么低估了逻辑学,但还有另一种可能,那就是,这么做是为了对其进行改革,使其与新教育的目标保持一致。

---

① 拉米斯在剑桥早期的译者 Abraham Fraunce, *The Lawiers Logike* (London, 1588), p. 2. 弗朗斯(Fraunce)于1579—1583年在剑桥获得了学士和硕士学位,后来又前往格雷律师学院(Gray's Inn),在那里,他必定遇到了弗朗西斯·培根,参见 G. C. Moore Smith, introduction to *Victoria* (Louvain, 1906), p. xvi; Katherine Koller, "Abraham Fraunce and Edmund Spenser", *ELH*, 7 (1940), 108—20。

② Ascham to Sturm, January 29, 1552, *Whole Works*, I, 2, 318—22; Lawrence V. Ryan, *Roger Ascham* (Stanford, 1963), p. 148.

③ Ascham, *Scholemaster*, *English Works*, p. 277.

④ 总是与之形成对比的是"正统的"演说家,例如,威尔逊(Thomas Wilson),他的 *Arte of Rhetoriquee* 在1553和1558年间经历了8次编辑,成功地复兴了西塞罗的古典学说。也有现代版本,来自 G. H. Mair (Oxford, 1909) 以及 Robert H. Bowers (Gainesville, Fla., 1962)。威尔逊是切克、史密斯和阿沙姆等在剑桥的朋友,而且颇受哈维敬重。参见 Russell Wagner, "Thomas Wilson's *Arte of Rhetorique*", *Speech Mongraphs*, 27 (1960), 1032; Albert J. Schmidt, "Thomas Wilson, Tudor Scholar-Statesman", *Huntington Library Quarterly*, 20 (1957), 205—18; Schmidt, "Thomas Wilson and the Tudor Commonwealth", 同上, 23 (1959—1960), 49—60。

因此，从阿格里科拉（Agricola）、麦兰顿到斯图姆和拉米斯，他们都曾努力以这种或那种方式来定义一种可能会遵从人文主义文法和修辞学的人文主义逻辑。他们希望通过这种方式缩小两种文化之间的差距。

　　或许没有必要讨论细节。① 我只想说，就培根来而言（正如对一些现代评论员而言），大多数的改革方案十分浅薄；这些改革方案最多就只是简化了一些传统的课程，毫无新意可言。② 拉米斯认为，逻辑应该等同于辩证推理，而且每个主题都需要逻辑。亚里士多德学派将辩证法局限于可能的问题，并为科学和确定性保留了三段论。③ 拉米斯坚持认为，每一个论述，无论是哲学的，还是非哲学的，都依赖于寻找论据以及合理地安排证据，而创作和判断——通常用于修辞——应该被当作逻辑学的主要部分；拉米斯还认为，最基本的东西是话题（论证的中心或所在地），而不是三段论。因此，拉米斯学派的逻辑学并没有提供发现或评价真理的新方法，而只是为了阐述已知的东西。拉米斯学派的逻辑学是一种便捷的神学教义工具，极大地吸引了英国清教徒，然而，对于任何有探究精神的人来说，例如，在早期就面对它的青年培根，它似乎毫无希望。④ 另一方面，拉米斯用修辞学来处理修饰和演讲的问

---

① Lisa Jardine：“Lorenzo Valla and the Intellectual Origins of Humanist Dialectic”，*Journal of the History of Philosophy*，15（1977），146—64；“Humanism and Dialectic in Sixteenth-Century Cambridge”，in *Classical Influence on European Culture*，1500—1700，ed. R. R. Bolgar（Cambridge，1976），pp. 141—54；“The Place of Dialectic Teaching in Sixteenth-Century Cambridge”，*Studies in the Renaissance*，21（1974），31—62. 另参 Guerlac，*Vives*，introduction，pp. 1—43。

② Miller，*New England Mind*，p. 494；Ong，*Ramus*，p. ix.

③ 关于这个区别，参见 Fraunce，*Lawiers Logike*，f. 5v。

④ Miller，*New England Mind*，pp. 134，138—39，143，148—49；Ong，*Ramus*，p. 5；Duhamel，“Milton's Ramism”，p. 1044. 关于当代对寻常事物的一个比较好的定义，可参阿格里科拉（Agricola）的一篇文章，它被翻译并收录于 Ong，*Ramus*，pp. 118—19。

题,他认为这两者对具说服力的阐述十分有用,在此处,培根产生了更多的共鸣。所有这些都足以让亚里士多德学派和西塞罗学派感到羞耻;如果他们观察得更仔细一些,那么至少人文主义者会因一个事实感到安慰,那就是,拉米斯完整地保留了古典的局限性,试图使用古典诗歌、雄辩术和史学中的例子来教授逻辑学。

尽管拉米斯亲自给阿沙姆写了一封言辞友好的信,尽管这个法国人转向了新教,但阿沙姆还是没有被他说服。阿沙姆继续批评拉米斯的非正统观点,继续在其《教师》(*Scholemaster*,在他去世后于 1570 年出版)中肯定自己的西塞罗主义。[①] 对于阿沙姆和斯图姆来说,诀窍就在于努力在学究式模仿的两个浅滩中进行引导——这些学究式的模仿"抓住了语言,却忽视了问题",忽视学生的粗俗行为。[②]

至于哈维,他全身心毫无保留地接受了拉米斯,他实际上是英格兰第一个公开讲授拉米斯作品的人。[③] 哈维对阿沙姆的作品自

----

① Ascham, *English Works*, pp. 243—44, 292—94. 马洛(Marlowe)的 *Massacre at Paris* 的第七幕纪念了拉米斯在圣巴特赫尔姆日(St. Bartholemew's Day)事件上的清教徒式牺牲:"是不是你嘲笑了《工具论》(*Organon*),说它是无价值的东西?"拉米斯答道:"我知道《工具论》有点让人疑惑,我已经把它变成了更好的形式",参见 Christopher Marlowe, *Complete Works*, ed. Fredson Bowers, 2d ed. (Cambridge, 1981), I, 375—76。

② Sturm to Ascham, September 1550, in Ascham, *Whole Works*, I, 2, 195—207, 斯图恩(Sturn)给阿沙姆的回信,他也鼓励这种精神(同上, I, 1, 187);斯图恩对狭隘的西塞罗主义的反对意见在一部作品中得到了表达,这部作品几乎同时和 *Schoolmaster* 出现在英国;可参其 *Ritch Storehouse or Treasurie for Nobilitye*(London, 1570), pp. 32ff., 39v。阿沙姆关于模仿西塞罗的观点出现在 *Schoolmaster*, *English Works*, pp. 243—44, 292—94,以及一封写给斯图恩的信(约 1568 年)中,参见 *Whole Works*, II, 174—91。

③ 哈维出版的第一本书就是在向拉米斯致敬(1575),参见 Warren B. Austin, "Gabriel Harvey's 'Lost' Ode on Ramus", *Modern Language Notes*, 6 (1946), 242—47. 查特顿(Lawrence Chaderton)于 1571—1575 年间在剑桥做了关于拉米斯的讲座,参见 W. S. Howell, *Logic and Rhetoric in England* 1500—1700(New York, 1961), p. 179。

然也不是完全满意，即使它在剑桥的赞誉颇多。"对于塔利而言"，哈维在昆体良的副本中写道，"阿沙姆先生关于模仿的精湛论述过于精确和谨慎了"。[①] 对哈维来说，旧人文主义和新人文主义之间的差异是实实在在的，即使只是程度的问题（阿沙姆把《伊索克拉底》[*noster Isocrates*]留给了哈维）。[②]

我们似乎也应该看向另一方——例如，哈维以前的导师列文（William Lewin），列文私底下是阿沙姆和斯图姆的朋友。当哈维请列文写一封推荐信时，列文欣然应允并称赞了哈维的雄辩术，不过，列文并没有忘记捍卫正统的西塞罗主义以及为两位反对拉米斯的老友辩护；列文认为斯图姆对这个主题下过定论。[③]哈维选择在他的《西塞罗演说风格》之前发表这封信就暗示了，两种观点之间的鸿沟可以轻易被夸大。拉米斯和他的新教学法更多的是冒犯了逻辑学家而不是修辞学家，是亚里士多德学派而不是西塞罗学派。哈维不得不面对一些邪恶的讽刺，这是事实，不过，哈维的辩证法的继承者们——例如，汤普——在 16 世纪 80 年代剑桥的两个哲学阵营之间的冲突公开爆发时，也不得不应对更加严重而持久的恶意谩骂。培根当然只是饶有兴致地旁观（即使心怀厌恶），但那时哈维已经转向了其他事情。[④]

---

① Harvey, *Marginalia*, p. 117.

② 同上，p. 127。

③ 引自 Harvey, *Ciceronianus*, pp. 34—43。

④ Lisa Jardine, *Francis Bacon: Discovery and the Art of Discourse*（Cambridge, 1974），chap. 2；Howell, *Logic and Rhetoric*, chaps. 3—4. 汤普（Temple）成为了锡德尼（Sidney）的秘书，培根很有可能认识他。翁格把汤普描述成拉丁版的哈维，而他的对手狄格柏（Everard Digby）就是拉丁版的纳什（Tome Nashe），参见 Walter Ong, *Ramus and Talon Inventory*（Cambridge, Mass., 1965），pp. 506—10. 至于牛津十分不同的情形以及牛津对拉米斯的反应，可参 James McConica, "Humanism and Aristotle in Tudor Oxford", *English Historical Review*, 94（1979），291—317。

三

对弗朗西斯·培根的学生来说,哈维的兴趣并没有因为其拉米斯主义或西塞罗主义而枯竭,即使培根了解的哈维很可能就是这样的。哈维十分敬佩培根的父亲,他拥有自己的政治抱负,而且非常神奇地预见了年轻的弗朗西斯将忍受同样的挫折。哈维曾涉足科学领域,也因此预见了培根的许多兴趣。这种对比可能不太准确,可是比较具有指导意义。

哈维的政治抱负十分常见。在剑桥,围绕在哈维身边的年轻人正准备投身这个世界。"你并不是不知道",哈维写信给他所在学院的老师,"我们这个时代的学者更像亚里斯提卜(Aristippi)而不是第欧根尼(Diogenes),更像活跃的哲学家而不是沉思默想的哲学家"。他们庆祝得最多的日子是"达因(Duns)、阿奎恩的托马斯(Thomas of Aquine)和一大帮学生离开大学并被大学开除的那个日子"。哈维坚持认为,哲学家已经在政治生活和行为方面被最近的作家击败——尤其是被意大利人卡萨(della Casa)、卡斯蒂廖内(Castiglione)、加拉佐(Galazzo)和圭恰迪尼(Guicciardini)以及法国人波登(Bodin)和勒罗伊(Le Roy)击败;哈维本人比较迷恋马基雅维利(Machiavelli)。[1]

---

[1] Harvey, *Marginalia*, pp. 94, 96, 147, 156, 195, etc. Harvey to Spenser in Harvey, *Works*, I, 69; Harvey to Young, *Letter-Book*, pp. 78—79; Harvey to Wood, ibid., p. 182. 参见 T. H. Jameson, "The Machiavellianism of Gabriel Harvey", *PMLA*, 56 (1941), 645—46。关于哈维和卡斯蒂廖(Castiglione),参见 George L. Barnett, "Gabriel Harvey 的 *Castilio sive Aulicus* and *De Aulica*", *Studies in Philosophy*, 42(1945), 146—63; Caroline Rautz-Rees, "Some Notes of Gabriel Harvey's in Hoby's Translation of Castiglione's *Courtier* (1561)", *PMLA*, 25 (1910), 608—39。

亚里士多德的《工具论》和愚蠢的辩论（Dunses Quodli-bet）一样难读。至于亚里士多德的经济学和政治学,大家只是死记硬背。

这对哈维来说还不够;很显然,对哈维来说,政治指导、会议和政策问题以及法庭由校外的实干家来教导可能更有效,和大学出身的人相比,这些实干家"受过更好的训练,也更有经验"。[1] 这就是问题所在。尽管哈维尽力尝试,可是他仍无法在修道院之外取得成功。如果哈维在大学里是一个有趣的人,那么在校外,他就有些尴尬了。那些嘲讽学究气的西塞罗反对派过于学究气,以至于无法应对现实的生活,或者看起来就是如此。[2] 然而,哈维并没有轻言放弃。非常典型的是,哈维转向了罗马法律,把罗马法律当作通向成功的大道;环顾四周,哈维注意到,真正吸引人的是律师学院（Inns of Court）和普通法。[3]哈维哀叹自己的学究气,可是他无法改变。"与成为七位聪明教师的其中之一相比,谁不是更愿意成为九位智者的其中之一呢?""经验是一个大人和一个完美的生物;理论只是一个孩子或怪物。"[4]"伟人,"哈维写道,"要么是伟大的实干家,要么是伟大的演说家,而且他们通常两者都是。"哈维认为,除了雄辩术之外,他们通常还需要胆识。在哈维

---

[1]　Harvey, *Marginalia*, pp. 223—24.

[2]　Nashe, *Works*, III, 73—77. 关于大学针对哈维的讽刺,参见同上,III,80,以及 Warren B. Austin, "William Withie's Notebook: Lampoons on John Lily and Gabriel Harvey", *Review of English Studies*, 23（1947）, 297—309。

[3]　在哈维写给斯宾塞（或者更有可能是写给史密斯的秘书伍德[John Wood]）的第三封信中,哈维把自己拥护民法和斯宾塞拥护普通法进行了比较:"We grant you the superioritye in some special particularaityes concerning owre owne cuntrye, so as you must needs acknowledge as your masters in all generall poyntes of government";Josephine Waters Bennett, "Spenser and Gabriel Harvey's *Letter-Book*", *Modern Philosophy*, 29（1931—1932）, 175—77.

[4]　Harvey, *Marginalia*, pp. 151, 156.

看来,沃尔西(Wolsey)、莫尔、加德纳(Gardiner)和克伦威尔
(Cromwell)都是亨利八世统治下的英雄。哈维在克伦威尔身上
发现了"罗马人的性情",他就像马里乌斯(Marius)或苏拉(Sulla)
一样:"所学不多,但为人高尚而勤奋,拥有足够的智慧、话语和经
验。"克伦威尔"甚至让我们最伟大的学者也黯然失色"。哈维将
伊丽莎白时代的英雄比作古人:把史密斯比作埃涅阿斯(Aene-
as),把塞西尔比作涅斯托尔(Nestor),把艾塞克斯比作阿喀琉
斯,把尼古拉斯·培根(Nicholas Bacon)比作斯凯沃拉(Scaevo-
la)。① 当尼古拉斯爵士于 1579 年去世时,哈维用拉丁文为他撰
写了墓志铭。② "当你目前没有对象可以思考时,"哈维提醒自己,
"请你想想一两个最显著、最令人震惊的关于益处、快乐或荣誉的
例子,一些让人难忘的行为和一些勇敢的实践,要么十分有益,要
么非常令人愉快,要么十分光荣。"③哈维痴迷于流行的谚语:"最
伟大的学者不一定是最睿智的人。"④根本没有什么哲学派别可以
提供雄辩术所需要的智慧。

　　岁月流逝,在政治上受挫的哈维开始沉溺于科学,但并不是自
然哲学,而是更实用的应用科学,它十分吸引伊丽莎白时代的人。
的确有迹象表明哈维对亚里士多德的物理学保持着一定的兴趣:
在一封写给斯宾塞的关于地震的信中——哈维在 1580 年公布了
这封信,哈维支持自然主义的解释,而非天意的解释。⑤ 不过,看
起来,即使在这里,哈维也感受到了纯粹的书本知识和学校的空想

---

① 同上,pp. 157, 192, 107, 196, 91, 122, 141, 202.

② 同上,pp. 223—24.

③ 同上,pp. 96—97.

④ 同上,p. 113。这个谚语在英国,至少在乔叟时期,十分流行;伊丽莎白女王至少在
　 某个场合使用过这个谚语(Mandell Creighton, *Queen Elizabeth* [London,
　 1899], p. 284)。

⑤ Harvey, *Works*, I, 40—66. 另参 Gerald Snare, "Satire, Logic, and Rhetoric in
　 Harvey's Letter to Spenser",*Tulane Studies in English*, 18 (1970), 17—33。

的不足之处。对于一个想采取行动的人来说,新科学以及文艺复兴时期伪科学的一些主张一定特别吸引人。"学者拥有书籍,"哈维在其中一个实用的文本中——布拉格雷夫(John Blagrave)的《数学宝石》(*Mathematical Jewel*)(1585)——写道,"而实践者拥有学识。"布拉格雷夫的作品是一本关于导航仪的手册。"一个年轻人,"哈维指出,"并非大学出身,却让大学里的一些博士感到羞愧,他们可能听说过他。"[①]哈维再次认为,学校否定的正是学生对世界的直接体验。在一篇暗指弗朗西斯·培根的拉丁文文章中,哈维写道,所有的科学都建立在知觉和理性之上。对实证来说,经验是必要的,这点无可辩驳。哈维坚持为每一个原则、实验或工具提供目击者证词。[②]

哈维在实用科学方面的兴趣十分广泛;他似乎买下了和这个主题相关的所有书籍,并且用一贯谨慎的态度来阅读这些书籍。[③]哈维理解和尊重许多正在推广应用科学的人——例如,布拉格雷夫、迪格斯(Thomas Digges)和许多在伦敦及周边地区工作的工匠和制作乐器的人。[④]哈维特别关注数学、测量和天文学,而且是正当它们蓬勃发展的时候。然而,哈维本人似乎没有从事任何科学(不像培根),他对科学方法和科学成就的理解仍然有点肤浅。哈维似乎觉得自己首先是一位诗人;哈维对科学感兴趣在一定程度上是因为他觉得,描述自然对一首好诗而言是必不可少的:"让诗人成为肤浅的人文主义者是不够的,他们还必须是精湛的艺术家和充满好奇心的学者。"[⑤]哈维似乎希望在此基础上调和这两种文化,并准备赞美乔叟了解科学,批评斯宾塞不了解科学。

[①]　Harvey, *Marginalia*, pp. 212—13.

[②]　同上,pp. 160—61,162—63。

[③]　Stern, Harvey, pp. 143, 167—68; F. R. Johnson, *Astronomical Thought in Renaissance England*(Baltinmore, Md., 1937), pp. 191—92.

[④]　Harvey, *Marginalia*, pp. 211—12.

[⑤]　同上,p. 161。

关于新科学，哈维看到的不只是它们可以为文学服务。哈维认识和钦佩的人，例如，布拉格雷夫和迪格斯，有其他更实际的关注点。对于培根的学生来说，数学和应用科学的一个很引人注目之处就在于它们的实践者是如何做到坚定不移地反对亚里士多德的权威，如何坚持维护新观察和实验方法的价值以及理论知识的实际意义。哈维心中的英雄之一就是雷科德（Robert Recorde），雷科德着手在正规的课程之外开发一门科学教育学（在 1572 年，新的剑桥校规已经悄悄地放弃了本科课程中的数学）。[1] 一般来说，雷科德反抗亚里士多德其实就是在反抗书籍的权威地位。"比较常见的是，"哈维早在 1543 年写道，"当人们从老作家那里接收东西时，他们往往不会检查这些东西，他们似乎更愿意和古人争吵，而不是大胆地审视他们的作品。"这样的"慎重"，哈维继续说道，"使得各种知识、民政和各类艺术产生了无数的错误"。[2] 迪格斯是英国哥白尼学派的第一批成员，是培根父亲的其中一位赞助人；[3]迪格斯认为，古人之所以误入歧途正是因为他们颠倒了真正的科学方法，用理论来解释视差，而不是反其道而行之。观察应始终先于思考。在一部献给雷斯特（1579）的作品中，迪格斯吹嘘他花了多年的时间"让数学科学从演示性思考转向实验行为，为国王和国家服务"。据说，在伊丽莎白时代，不能过分强调科学的实践和实验本质。[4]

---

① 在 1564 年，阿沙姆建议莱斯特（Leicester）伯爵反对数学，以免"在用欧几里得的角和线控诉塔利的智慧时受伤；这种学说更好，和其他学说相比，更适合你的性情和地位"（*Whole Works*，II，101—4）。

② Robert Recorde，*Grounds of Artes*（1542），引自 1610 的版本：F. R. Johnson and Sanford V. Larkey，"Robert Recorde's Mathematical Teching and the Anti-Aristoteliian Movement"，*Huntington Library Record*，7(1935)，83。

③ Thomas Digges，*A Geometrical Practical Treatise Named Pantometria*，2d ed.（London，1591），dedication.

④ Johnson，*Astronomical Thought*，pp. 170，173.

对于这一切,哈维到底了解到什么程度还很难说;在大多数情况下,哈维的思想仅限于偶然的评论和旁注。然而,从哈维抨击纳什时写的文章可以看出,他很好地领会了伊丽莎白时代的现实成就,此文章名为《皮尔斯的份外工作》(*Pierces Supererogation*,1593)。

> 一个骄傲的人会记得数学机械师汉弗莱·科尔(Humphrey Cole)、造船工人马修·贝克(Matthew Baker)、建筑师苏特(John Shute)、领航员罗曼(Robert Norman)、枪手伯恩(Willam Bourne)、化学家海斯特(John Hester)或者类似的拥有巧妙而精细的经验之人(当更伟大的学者被遗忘时,科尔、贝克、苏特、罗曼、伯恩、赫斯特将会被人们记住)。如果他蔑视工匠或聪明而勤劳的实干家——这些人没在学校做过讲座,也没有著书立说……那么,多么渊博的数学家——诸如迪格斯、哈瑞特(Hariot)或迪尔(Dee)——才不会被认为是富于想象的机械师呢?[①]

也许哈维对数学的欣赏也受到了一个事实的影响,那就是,拉米斯在晚年编写过许多关于四门学科的教科书,其中一些教科书在 16 世纪晚期开始传入英国。关于拉米斯和天文学家布拉赫(Tycho Brahe)的会面有一则报道,这则报道表明了这个法国人的反亚里士多德主义可以在多大程度上唤醒经验主义,这是一种"没有假设的天文学"。[②] 哈维把雷科德和拉米斯这两位视为最优秀的算法作家。[③]

---

① Harvey, *Works*, II, 289—90.

② J. L. E. Dreyer, *A History of Astronomy from Thales to Kepler*, 2d ed. (New York, 1953), pp. 358—59, 401.

③ Harvey, *Marginalia*, p. 195.

　　哈维对科学的关注甚至超出了这个范畴,然而,像弗朗西斯·培根一样,哈维也对伊丽莎白时代关注的其他东西感兴趣——占星术和医学。尽管证据不足且含糊不清,可是把哈维引向了占星术的似乎是哈维的两个兄弟,这有点违背哈维的意愿;而从事医学是因为哈维一直需要以此谋生。写在哈维生命尽头的一首挽歌(大约写于1630,现已遗失)似乎叙述了哈维"研习医学,而且是冒牌的占星家"。[1] 哈维的兄弟追随哈维来到了剑桥,也许是在哈维的监护下,他们接受了反亚里士多德和拉米斯主义的事业。当理查德·哈维(Richard Harvey)还只是一名大学生时,他似乎就已经因为"辱骂亚里士多德"变得臭名昭著。如果我们可以相信纳什,那么就"让他站在学校门口,在脑门涂上驴耳朵"。[2] 1583年,理查德·哈维撰文赞美拉米斯主义的辩证法,这篇文章旨在向年轻的艾塞克斯致敬。[3] 同年,理查德·哈维和兄弟约翰合作完成占星学作品,他们预测,土星和木星的结合将会为下一年带来可怕的事情。他俩心怀喜悦地把自己的作品献给了哥哥,然而,哥哥后来和他俩分道扬镳了。[4] 在接受任命那一年,什么事都没发生,笑声再次降临哈维家族,而这无益于加布里埃尔(Gabriel)的名声(在经历了一些困难之后,他的确在这个时期赢得了他的法律学位,但似乎从来没有接手过一个案子)。哈维读了很多关于占星术的书,甚至可能已经转向占星学的原则,然而,他的热情在一定程度上似乎还是受到了怀疑主义的影响,这也许和他早期阅读过米

---

① 　同上,introduction,pp. 75—76。

② 　Nashe,*Works*,I,195;然而,理查德·哈维被任命为哲学讲师,1583—1584。

③ 　培根未来的资助人于1577年在剑桥学习了拉米斯,参见 Harvey,*Marginalia*,p. 43。

④ 　他们一起出版了理查德·哈维的《占星术的论述》(*An Astrological Discourse*)以及约翰·哈维的《占星术增补》(*An Astrological Addditon*,1583):"我的哥哥加布里埃尔很自负,他既不喜欢兄弟理查德进行的,也不喜欢我进行的此类实践"(Harvey,*Marginalia*,p. 44)。

兰多拉(Pico della Mirandola)有关。①这并没有阻止纳什对他的受害者施加更多的讽刺。

至于医学，哈维似乎大约在 1583 年就开始实践了，他广泛阅读和该主题相关的最新文献资料，这是哈维一贯的作风。这让哈维直接接触了魔法和神秘学的世界，那时，它们的实践者已经拥有了关于自然界和医学的大量知识。我们尚不清楚哈维和这些问题有多大的联系——除了列出（毫无疑问也阅读了）帕拉切尔苏斯(Paracelsus)、波尔塔(della Porta)和其他人的作品以及复制医疗食谱之外——也不清楚哈维在多大程度上支持魔法和炼金术可以控制自然的主张。② 或许哈维发现，这些作家反对学术的态度比较吸引人；除了老赞助人兼朋友的史密斯的确很重视之外，并没有迹象表明哈维很重视这些作家提出的一些更为过分的主张。不幸的是，与纳什的争吵似乎证实了哈维的一个观点，那就是，写作和出版都是无用的；在新世纪开始之前，加布里埃尔·哈维在所有的雄心壮志受挫后，陷入了漫长而未予缓解的沉默，这种沉默如今不可能让他有什么收获。

就在哈维消失并最终变得默默无闻之前，他写了最后一封信恳求罗伯特·塞西尔(Robert Cecil)。那时正值 1598 年，哈维以前学院的教师职位再次空缺。哈维向塞西尔描述了他的任职资格，正如以前向他的父亲描述一样。"我花了很多时间阅读现有的法律和其他方面最优秀的作家作品，撰写一些可私下使用或具有公共意义的论文……我对知识充满热情和好奇，而且所读或所写总会有用武之地。"如果塞西尔或哈维的父亲要求的话，哈维应该

---

① 　Harvey to Spenser (1580)，*Works*，I，66. 不过，可参哈维关于萨克罗博斯科(Sacrobosco)的《论圆形》(*De sphaera*)的注释："他无知，不公正。他们根据自然的因果、道德的因果和政治的因果巧妙地证明他们在占星术上的判断，而他对此表示唾弃"（引自 Stern，*Harvey*，pp. 169—70）。

② 　Harvey，*Marginalia*，p. 131.

已打算从他丰富的散文和诗歌中挑选一些关于"人性、史学、政策、法律"或"数学、宇宙学、航海艺术、战争艺术、真正的炼金术（我从托马斯史密斯那里学习不蔑视他人）或者其他实用的知识"来发表。哈维吹嘘道："因为我在一年内发表的文章量可以超过迄今为止所有的英国人。"[①]这可能是真的,然而,当那一刻过去后,一切都归于沉寂。

四

此时此刻,弗朗西斯·培根也正在恳求塞西尔,但结果差不多。1592 年,弗朗西斯·培根写了一封著名的信（不是第一封信）向伯格利（Burghley）勋爵求助。"我有点老了",培根在开头感叹说,他已经 31 岁了,可是还没工作。培根希望可以在女王身边谋得一个职务,无论是出于爱国,还是出于个人原因:为国家服务并改善自己窘迫的经济状况。就如哈维一样,培根大肆吹嘘自己的学识:"我坦白,我有着广阔的思考目标,就如我有着温和的民事目标一样,因为我已经把所有知识纳入我的领地。"和哈维不同的是,培根无法重写一生中的点点滴滴;相反,他为未来提出了一个宏伟的计划,那就是对科学学识进行全面的改革。

如果我可以清除科学学习里的两类流浪者,其中一类有的只是轻浮的争论、混乱和唠叨,另一类拥有的是盲目的实验、听觉传统和欺骗——他们获得了相当多的战利品;那么,我希望我能带来勤勉的观察、理性的结论以及有利可图的发明和发现。[②]

---

① 同上,pp. 72—73。
② *The Letters and Life of Francis Bacon*, ed. James Spedding, 7 vols. (London, 1861—1874), I, 108—9.

　　培根寻求政治权力，因此，为了发展学识，他提出了一个计划，准备用更好、更有用的东西取代旧科学和新魔法。

　　据培根的牧师罗利（William Rawley）所说，培根在读大学时就拥有独特的哲学立场。16岁时，"培根开始讨厌亚里士多德哲学，这并不是因为作者没有价值——培根赋予了亚里士多德一切高贵的品质，而是因为它的方法没有什么用；作为一种哲学（正如阁下曾经说过的那样），它只擅长争论和辩论，而不能创造有益于人类生活的作品；这一直埋在他心中，直到他去世"。① 我认为，要知道培根为什么会得出这样的结论其实并不难。在剑桥，培根遇到了阿沙姆、哈维、塞西尔和他的父亲之前遇到过的文化碰撞。尽管培根准备采用他们的批判优势，接受人文主义政治文化的价值观，可是总的来说，培根还是不愿完全放弃哲学。事实上，在离开大学的那一刻，培根要做的就是以某种方式重建哲学，以便让哲学可以回应人文主义者提出的所有反对意见，吸引统治世界的实干家。

　　培根的自然哲学的关键之处就在于他接受的政治教育。培根自幼在政治和经典作品的熏陶下长大。除了培根老师的名字之外，我们对他的早期教育一无所知，但可以猜到其余的部分。② 培根的父亲是英国的首席司法官，也是枢密院的成员，在抚养子女方面观点明确。尼古拉斯·培根（Nicholas Bacon）通过法律和雄辩术为自己赢得了名声和地位，这一点受到了普遍的赞扬。③ 在剑

① 罗利（Rawley）撰写的培根生平包含在《作品》（Works）中，ed. James Spedding, R. L. Ellis, and D. D. Heath, 7 vols. (London, 1857—1874)。我使用了美国版本的15vols. (1864; reprinted, St. Clair Shores, Mich., n. d.), I, 13。

② Virgil B. Heltzel, "Young Francis Bacon's Tutor", *Modern Language Notes*, 63 (1948), 483—85.

③ Paul H. Kocher, "Francis Bacon and His Father", *Huntiington Liibrary Quarterly*, 21 (1957—1958), 133—58; Alan Simpson, *The Wealth of the Gentry*, 1540—1640 (Chicago, 1961), chaps. 2—3; Robert Tittler, *Nicholas Bacon* (Athens, Ohio, 1976). 当代关于尼古拉斯的证词被收集于 Basil Montagu, *The Life of Francis Bacon* (London, 1834), note. C。

桥，尼古拉斯和同时代的切克、阿沙姆、塞西尔、帕克以及其他
人有过密切的合作。终其一生，尼古拉斯对教育、起草提案和法
规、资助公立学校和他以前的大学以及与学者交友充满了兴趣。
因此，在普顿汉（Puttenham）的《英语诗歌艺术》（*Art of Eng-
lish Poesie*）中发现尼克拉斯被当作政治演说家的典范就不足为
奇了："我邂逅了掌玺大臣尼古拉斯·培根爵士，"作者记得，
"我发现他独自坐在他的画廊里，面前是昆体良的作品；实际
上，他十分健谈，拥有罕见的学识和智慧，就如我认识的英国旨
在培养的那些人一样，他乐意与学识渊博的人以及善良的智者
为伍。"①

　　显而易见，孩提时代的弗朗西斯经常被带到宫廷，在那里，他
用自己的聪明才智为女王带去欢乐；女王喜欢称弗朗西斯为"年轻
的掌玺大臣"。②在家里，即尼古拉斯在高阑城（Gorhambury）建造
的大房子里，弗朗西斯可以通过研究父亲挂在长廊墙壁上的格言
警句提升自我，他十分钦佩天花板上那些拥有半身像的"古希腊、
古罗马皇帝和英雄"（宴会厅装饰着西塞罗、伊索克拉底、德摩斯梯
尼和昆体良的肖像，它们阐释了"修辞学"）。③　最能证明尼占拉斯
教育观的也许就是他大约在 1538 至 1540 年间为亨利八世起草的
改革计划，他提出为培养法律和政治才能设立伦敦学院，另外还设
立沃兹大院（the Court of Wards），尼古拉斯初次在玛丽的统治下
提出此建议，后来在 1561 年递交给塞西尔。不容置喙，尼古拉斯
不喜欢"粗俗的作家和学识的敌人"，他全力支持复兴"长期以来一

①　Puttenham, *The Arte of English Poesie* (1589), ed. Edward Arber (London, 1869), p. 152.

②　Rawley in Bacon, *Works*, I, 36.

③　Nicholas Bacon, *Great House Sententiae*, ed. Elizabeth McCutchen, English Lit. Ren., supplement 3 (Storrs, Conn., 1972), p. 36; *Aubrey's Brief Lives*, ed. Oliver Lawson Dick (London, 1949), p. 14.

直被人践踏的古典知识"。① 希腊文和拉丁文、民法、军事训练、现代语言和音乐都是为年轻人设计的。几乎没必要添加什么哲学或科学。关于这方面,最有趣的是,作为掌玺大臣,尼古拉斯在伊丽莎白的第一届议会上发表了演说。"你们",尼古拉斯恳求议会成员,"在集会和会议中要克制,而且作为优秀的委员会的大敌,你们要避开各种辩论、推理、争吵以及各种强词夺理的阐述和无聊的论证与诡辩,要为了才智聚在一起,而非为了在重大问题上相互慰藉而聚在一起;对学者的态度要比对议员更好,要更适合学校,而不是议会大厦"。②

弗朗西斯·培根的母亲比他的父亲更令人敬畏。安妮·科克(Ann Cooke)夫人是安东尼·库克(Anthony Cooke)爵士5个非凡的女儿中最有成就的那个,女儿们都因她们的拉丁文和希腊文方面的造诣而闻名——在16世纪,这是非比寻常的女性成就,而且这有助于她们不受阻碍地接受任何学术训练。库克本人还是剑桥人文主义政治家,是切克和史密斯的密友,也为爱德华国王的教育做出了贡献。③ 尽管库克从未担任要职,可他赢得了世人异乎寻常的尊重,有一段时间还颇具影响力。库克教育自己的女儿,让她们嫁得良人,并嫁给了政治—— 其中一个女儿米尔德里德

---

① 这个文本来自 *English Historical Documents*,1485—1548,ed. C. H. Williiams (New York, 1967), pp. 563—67;参见 H. E. Bell, *An Introductin to the History and Records of the Court of Wards and Liveries* (Cambridge, 1953), pp. 120—21。

② *The Journals of all the Parliaments during the Reign of Queen Elizabeth*, ed. Sir Simonds D'Ewes (London, 1682), p. 12. 关于尼古拉斯的其他教育活动,参见 Tittler, *Nicholas Bacon*, pp. 60—61; Baldwin, *Small Latine*, I, 393—94; Nicholas Carlisle, *A Concise Description of the Endowed Grammar Schools in England and Wales*, 2 vols. (London, 1818), I, 514—18。

③ Marjorie K. McIntosh, "Sir Anthony Cooke: Tudor Humanist, Educator and Religious Reformer", *Proceedings of the American Philosophical Society*, 119 (1975), 233—50.

(Mildred)就嫁给了威廉·塞西尔,此人后来成为弗朗西斯·培根的叔叔;另外一个女儿嫁给了霍比(Thomas Hoby)爵士,他是一位外交官,也是卡斯蒂廖内(Castiglione)《谄媚者》(Coutier)的译者。安妮夫人不仅是优秀的古典主义者,而且还是坚定的清教徒,她密切关注两个儿子弗朗西斯和安东尼的命运。她翻译了主教吉维(Bishop Jewel)的著作《道歉》(Apology)和奥齐诺(Bernardino Ochino)的一些讲道,把前者翻译成拉丁文,而后者则是翻译拉丁原文;当她给儿子们写信时,她会使用建议和经典语录。当丈夫生病时,她悉心照顾,令他重获健康,还为他阅读她的西塞罗和他的塞涅卡。[1]当培根在1580年以道歉的口吻给她写信时,他并不是在恭维她:"在宫廷礼仪方面,我还没有到达完美的程度,我知道,夫人了解什么是正确的用途和真正的价值。"[2]

培根完全跟随父亲的脚步,这并非巧合。事实上,尼古拉斯并不是特别偏爱培根——弗朗西斯毕竟是他与第二任妻子最小的儿子,而且当掌玺大臣在1579年去世后,培根才真正帮上忙。[3] 显而易见,培根决心重复父亲的成功。和尼古拉斯一样,弗朗西斯在格雷律师学院(Gray's Inn)住了一段时间,他密切关注剑桥,后来又去巴黎旅行,倾向于学习法律。培根习惯在公共场合回忆父亲,听众有时会因此感到困扰。当1584至1585年间待在议会时,培根谈到了女王的慷慨,并说:"她接受了他的父亲,他可以留下第五个儿子让他以此为生,不过这于事无补。"记录员弗利特伍德(Fleetwood)粗鲁地打断了他:"你本可以置之不理的。"[4]多年后,

① McCutchen in N. Bacon, *Sententiae*, p. 42; Tittler, Nicolas Bacon, p. 57. Ruth Hughey, "Lady Anne Bacon's Translations", *Review of English Studies*, 10 (1934), 211.

② Montagu, *Bacon*, pp. xx—xxi.

③ Simpson, *Wealth*, pp. 103—5.

④ John Epstein, *Francis Bacon*, *A Political Biography* (Athens, Ohio, 1977), p. 32, n. 11.

在詹姆斯一世统治时期，当培根最终拥有他父亲拥有过的地位时，他再次无故提起父亲的名字，而至少有一位旁观者觉得这有点惹人烦。①

　　甚至在剑桥，培根可能也强化了他的政治教育。我们已经看到，这是导师的工作：灌输更多大家觉得有利于提高政治演说水平的拉丁语和希腊语。培根和哥哥安东尼于 1573 年来到剑桥，一起在三一学院读书。他们在那里待了大约两年半，学业因瘟疫而长期中断。他们的老师是惠特吉夫特（John Whitgift），惠特吉夫特是老培根的门徒，是一位优秀的神学家和严厉的学者。惠特吉夫特最近负责修改了大学的校规，并且受到奖励被评为副教授。不幸的是，鉴于清教徒卡特赖特（Thomas Cartwright）的不懈努力，惠特吉夫特发现学院陷入了论战。培根兄弟住校期间，老师惠特吉夫特在校内与敌人作战，无暇顾及他的学生。据惠特吉夫特的传记作者说，"惠特吉夫特的好些学生是伯爵和贵族的孩子，例如，伍斯特伯爵、坎伯兰（Cumberland）伯爵、祖塞（Zouch）勋爵、爱尔兰的邓博伊（Dunboy）勋爵、尼古拉斯爵士和培根爵士……他和这些人以及学院的其他学者一同坚持公开辩论、实践和进步……总是严厉地惩罚……遗漏和疏忽"。② 惠特吉夫特的学生里有 5 位是未来的主教，例如，温菲尔德（Anthony Wingfield），他最有可能是《佩丹提斯》的作者，他所在的学期和培根的重合。③ 惠特吉夫

---

① Kocher，"Bacon and His Father"，pp. 139—40，149—50. 关于培根父亲的其他重要回忆，参见 Montagu，*Bacon*，notes XX，LL；Spedding，*Letters and life*，I，14，361—63；II，60—62；V，241—44。

② Sir George Paule，*The Life of the Most Reverend and Religious Prelate John Whitgift*（London，1612），p. 17. 另参 John Strype，*Life and Acts of John Whitgift*，3 vols.（Oxford，1822），I，156—57；Powel Mills Dawley，*John Whitgift and the English Reformation*（New York，1954）。

③ Boas，*University Drama*，p. 149；McKerrow in Nashe，*Works*，I，303；在 1581 年，就公共演说家而言，温菲尔德是哈维的强劲对手。

特甚至和学生共进晚餐，以便观察学生，当然，他还保留了自己对他们的描述。惠特吉夫特的详细记录展示了他讲授的内容，以及老师对学生父母般的关怀。老师必须照看年轻人的衣物、装备、仆人、交通、费用和书籍。①

对于培根兄弟，惠特吉夫特首先购置的就是一些标准的古典文本：李维、西塞罗的修辞学、德摩斯梯尼、荷马（希腊语）以及凯撒的《评论》(Commentaries)。后来，除了鞋子、弓箭、纸、墨水以及"为弗朗西斯的脖子买的油"等典型的支出之外，还有一批书籍——这次是西塞罗的作品、两本亚里士多德、两本柏拉图、一本西塞罗演说辞的评论、一本希腊语和拉丁语的色诺芬，以及一本撒路斯特。后来还出现了一本埃莫赫内斯(Hermogenes)、两张地图和给安东尼的拉丁文圣经。当然，没有理由认为这两兄弟在剑桥逗留期间就只读了这些；如果将之和惠特吉夫特对其他学生的描述进行对比，那么就会发现培根俩兄弟似乎进入了一所具有良好的古典教育的大学。很值得怀疑的是，他们是否和老师一起读过自然科学方面的东西。

很久以后，培根才想起来，他就是在这个时候首次冒犯了亚里士多德学派。太糟糕了，我们竟然不知道培根是怎样度过他在剑桥的岁月的。培根是否参加过哲学讲座并聆听过公众的辩论？培根听说过加布里埃尔·哈维吗？培根是否曾和《佩丹提斯》的作者一起嘲笑他的老师？不过，至少有一点是很明确的：培根不可避免地目睹了两种文化之间的竞争，听闻了一种文化对另一种文化的蔑视。尽管培根继续住在格雷律师学院并继续关注政治，但他仍和剑桥保持着联系，保留了他在那里培养的人

---

① S. R. Maitland，"Archbishop Whitgift's College Pupils"，*British Magazine*，32 (1847)，361—79，508—28，650—56；33 (1848)，17—31，185—96，444—63. 培根花费这些是从 1573 年 4 月 5 日到 1575 年的圣诞节（pp. 444—63）。

文主义和哲学兴趣；①而且，他开始独立思考。

五

1584 年左右，培根首次发表了他的哲学推论，书名为 *Tempus partus maximus*，但现已遗失。这在多大程度上预示了培根后来的哲学，我们不得而知，但有一个和它十分类似的标题被再次用于 1603 的草案，为《伟大的复兴》(*Great Instauration*)指明了方向。② 1597 年，培根终于出版了他的第一部文学作品，这本薄薄的文集让他受到了同时代人的关注。自那以后，在詹姆斯一世统治的那些岁月里，培根开始认真撰写哲学作品。即使如此，他还是留下了许多不完整的草稿，而《学问的发展》就显示出了仓促的迹象。显而易见，培根于 1603 年完成了他的第一部哲学著作，并不得不在 1605 年匆忙地把第二部付梓，以便在国王开始其统治时就可以赢得国王的赞助。③机不可失。培根 45 岁时成为了议会的领袖，无论如何，他是一位出色的演说家，但并没有担任重要的公职。④

---

① 在某一时刻(1594)，培根甚至想过回剑桥，"研究，沉思，不回望过去"，如此度过余生(Bacon to Essex, *Letters and Life*, I, 297)。至于培根和剑桥的其他接触，可参 Mullinger, *Cambridge*, II, 465；关于他在格雷律师学院(Gray's Inn)的事业，参见 Brian Vickers, *Francis Bacon and Renaissance Prose* (Cambridge, 1968), p. 271n. 。关于培根的法律事业对其哲学视角产生的影响，可参科克(Paul Kocher)的建议，见"Francis Bacon on the Science of Jurisprudence", *Journal of the History of Ideas*, 18 (1957), 3—26; W. S. Holdsworth, *A History of English Law* (London, 1945), V, 238—54, 485—89。

② Bacon, *Tempus partus masculus*, in *Works*, III, 523ff. 关于这个译本，可参 Benjamin Farrington, *The Philosophy of Francis Bacon* (1964; reprinted Chincago, 1966), pp. 59—73。参见 Fulton Anderson, *The Philosophy of Francis Bacon* (Chicago, 1948), pp. 44—47。

③ *Letters and Life*, III, 82—83, 87.

④ 1604 年，培根成为了拥有津贴的学习顾问；1607 年，又成为律师(*Letters and Life*, III, 217, 362)。大主教丹尼森(Thomas Tenison)证明了培根作为演说(转下页注)

正如培根所理解的,他的首要任务是盘点现有的知识,看看传统学识存在什么问题或不足,从而为新哲学做好准备。[①] 很显然,在这项事业中,培根把两种文化之间的争吵当作出发点,充分利用人文主义对哲学的批评和哲学对人文主义的批评,把二者当作自身重建的基础。培根展望的世界正是加布里埃尔·哈维所展望的世界,即西塞罗学派、拉米斯学派和亚里士多德学派的世界,炼金术士、占星家、工匠和机械师的世界,他们都在争夺关注度,并都声称了解一些重要的东西。培根的第一反应无疑是怀疑,有点像《佩丹提斯》的作者或者伊丽莎白时代比较受欢迎的册子《论科学的不确定性和虚无》(*De incertidudine et vanitate scientiarum*)的作者阿格里帕(Henry Cornelius Agrippa),甚至像《学院派哲学》(*Academica*)里的西塞罗。不同之处在于,培根下定决心为他的怀疑做点什么,在知识竞争和由此产生的不确定性之外确立一些有建设性的东西。[②]

从这个角度看,培根对当代思想的贡献在于他尝试调和不同的文化,消除错误,并把每种文化里最好的东西融合在一起;更具体地说,就是利用他在政治-经典训练中得到的洞见来解决自然哲学中的问题。如果这个结果可能无法让斯诺勋爵或李维斯满意,那么它的确有广阔的发展前景。正是因为培根的听众同意他的观点和他的许多假设,他们才(最终)被他的革命性哲学折服。纵观

(接上页注)家而拥有的名声:"至于西塞罗及其在演说方面的荣誉,培根勋爵用另一种语言写就"(*Baconiana*, London, 1679, pp. 62, 97)。至于同时代的其他溢美之词,可参 Robert Hannah, "Francis Bacon the Political Orator", in *Studies in Rhetoric and Public Speaking to James A. Winans*(New York, 1925), pp. 91—132。

① Bacon, *Advancement of Learning*, bk, I, in Works, VI, p. 181.

② "把令人怀疑的东西变得确定……而不是把确定的东西变得令人怀疑"(同上,VI, 232—33)。关于英国对阿格里帕(Agrippa)的兴趣,参见 Charles G. Nauert, *Agrippa and the Crisis of Renaissance Thought*(Urbana, III, 1965), p. 376n. 。

历史,培根说,政治人物对学究气嗤之以鼻,可是历史却证明,对政治而言,学识渊博之人是多么的宝贵。[①] 培根旨在表明,倘若进行适当的改革,更有价值的学识就会大量涌现。顺便说一句,如果这样有助于培根自己的事业,那就更好了;对培根来说,自我进步是他所知道的最可靠的可以促进其事业的方法。

培根漠视政治家,漠视政治家对传统知识的蔑视,而这种漠视是推动学识进步的第一步;这也解释了,当第一部作品出版后,培根对政治家的抱怨作出回应时,他为什么要保留相当大的空间。实际上,政治家认为学识是不切实际的东西,会分散人们的注意力,会颠覆政府。培根回应说,学识实际上对政府很重要,就如政府对学识很重要一样;历史证明,失去其中一个,另一个就无法繁荣发展。培根接受了人文主义特有的一个观点,即罗马帝国和罗马文化在同一时刻达到了巅峰,"因为在前两位凯撒的时代,政体艺术臻于完美,那个时代生活着最优秀的诗人维吉尔(Virgilius Maro)、最优秀的史学家李维(Titus Livius)、最优秀的古文物研究者瓦罗(Maarcus Varro),以及最优秀或第二优秀的演说家西塞罗,人们永远记得他们。"[②]这并非巧合;学识通过典型和戒律来教授好的政治,"如果国家由那些不愿意与有识之士来往的经验主义政治家来管理,那么其结果就不得不让人怀疑了"。[③]

这个观点值得展开。我们已经看到,人文主义者(例如,埃利奥特)和他们的古代教师(首先是西塞罗)坚持认为人文学科对公共生活有着特殊的价值,他们尤其坚持用古典史学和诗歌中的例子来提供政治智慧,认为把这些政治智慧和雄辩术结合起来才能造就完美的政治家。培根还是接受了这种观点,即使他坚持把史

---

① *Advancement of Learning*, *Works*, VI, 99—100.

② 同上,VI,105. 阿沙姆选择了瓦罗、撒路斯特(Sallust)、凯撒以及西塞罗,即使李维(Livy)是最爱(Scholemaster, English Works, pp. 294, 285)。

③ *Advancement of Learning*, *Works*, VI, 99—100.

学排除在诗歌之外。1395 年，当培根为年轻的拉特兰（Rutland）伯爵提供一些建议时，他直率地告诉伯爵："在所有书籍之中，请熟读历史故事，因为它们能在道德、军事和政治方面给予你最好的指导。"①几年后，当有人要求培根为诗人格雷维尔（Fulke Greville）做同样的事时——格雷维尔那时一定在剑桥做研究，培根进一步详细描述了这个观点。培根建议格雷维尔首先对书籍进行筛选，因为他发现，大学的"人文学科"没什么价值（培根在此处放弃了加布里埃尔·哈维一些典型的反经院哲学和反西塞罗学派的保留意见）。至于研究领域，培根再次推荐史学，而非其他科目。培根列了一个作者清单，其中包括塔西佗、李维和修昔底德，培根宁愿列出最差的古人，也不愿列出现代人。培根指导他的朋友为几个主题——道德、政治和军事——做笔记，而不是只写几个摘要，他建议的话题有"战争"或"国家革命"。② 通过这种方式，培根想象着确立一系列可以在实际生活中使用的例子，并将其当作经验基础用于和道德、文明相关的知识和行动。"我把作品集放在脑袋里和一些常见的地方……有利又有用，因为它们本身包含了一种观察力，没有这种观察力，漫长的人生滋生不了生活经验，大量的阅读也不能产生知识"（与拉米斯不同的是，培根认为，这些主题更适合修辞学，而不是逻辑学；培根还认为，它们可以用于直接的调查，而

① *Letters and Life*，II，6—15；参见沃尔辛厄姆（Francis Walsingham）大约在同一时间写给他侄儿的信，Conyers Read，*Mr. Secretary Walsingham and the Policy of Queen Elizabeth*，3 vols.（Cambridge，1925），I，18—20。

② Vernon Snow，"Francis Bacon's Advice to Fulke Greville on Research Techniques"，*Huntington Library Quarterly*，23（1959—1960），369—78. 参见利文顿学校（Rivington School）的校规："老师和助理教员必须保证……教年纪大些的学生如何查阅他们读过的东西，例如，查阅德性、恶习、学识、耐心、苦难、战争与和平等，为了达到这个目的，他们必须有纸质书，方便他们把这些写进去"（Baldwin，*Small Latine*，I，351）。另参 Sister Joan Marie Lehner，*The Concepts of the Commonplaces*（New York，1962）；Jacob Zeitlin，"Commonplaces in Elizabethan Life and Letters"，*Journal of English and Germanic Philology*，19（1920），47—65。

不只是为了赢得一场争论)。① 在这些问题上,培根和哈维持一致意见,即最伟大的学者并不是最聪明的人,这个谚语培根重复了一遍又一遍。②

在《学问的发展》中,培根转而思考那个时代关于学识的各种主张,他整理了这些主张,从最无害的主张开始,他称它们是"不可思议的"学识,而我们称之为人文主义。培根描述了始于路德时代的古代语言复兴和文学复兴,并暗示复兴在一定程度上源于人们反对学者,"学者通常是截然相反的一部分人,他们的作品风格和形式完全不同"。我们一直在追溯的争论对于培根来说再真实不过了,即使他用一些不同的方式讲述了这个故事。培根继续说到,雄辩术和论述的多样化显得尤其珍贵。到目前为止,培根一直同意这个观点。③然而,过了不久,培根又说这有点过头了,"因为人们更多的是去追求文字,而不是问题",追求语词发出的声音,而不是判断的公正性。培根特别指出,奥瑟瑞斯(Osorius)和斯图姆就是罪魁祸首,而在剑桥,罪魁祸首就是卡苕(Carr)和阿沙姆,他俩几乎神化了西塞罗和德摩斯梯尼,他们开始把所有年轻人引向"精致而优雅的学识"。④"后来,经院哲学家的学识彻底受到鄙视,还

---

① Bacon, *Advancement of Learning*, *Works*, VI, 269—71。至于培根的一部很普通的作品,可参 Mrs. Henry Pott, ed. *The Promus of Formularies and Elegancies* (London, 1883); *Letters and Life*, I, 297。关于培根和拉米斯之间关系的那个烦人问题(除了 Rossi, *Bacon: From Magic to Science*, and Jardine, *Bacon: Discovery*),参见 Virgil K. Whitaker, "Francis Bacon's Intellectual Milieu", in *Essential Articles for the Study of Francis Bacon*, ed. Brian Vickers (Hamden, Conn., 1968), p. 40。

② 正如培根在写给拉特兰伯爵的信中所说的,参见 *Letters and Life*, II, 12。

③ "在积极的生活中占上风的是雄辩",参见 *Advancement of Learning*, *Works*, VI, 296ff.。

④ 曾经很钦佩奥索里奥(Osorio)的阿沙姆在《教师》(*Scholemaster*)中批评他"地位过高"(*English Works*, pp. 261—62; Lawrence V. Ryan, *Roger Ascham* [Stanford, 1963], p. 208)。Ryan, "The Handdon-Osorio Controversy", *Church History*, 22 (1953), 142—54.

被认为是粗俗的。"凭借学生时代的这些回忆,培根很可能一直记得哈维;相反,他借助伊拉斯谟嘲笑西塞罗学派。"总而言之,"培根总结说,"那个时代的整体爱好是复制,而不是影响力。"①

对于培根来说,这当然是哲学对修辞学旧有的偏见。培根有资格对此提出批评:"当人们学习的是文字而不是问题时",那就太糟糕了,不过,人们不应该因为这个就立刻谴责修辞学。实际上,对知识和哲学而言,修辞学是必不可少的伪装(在某种程度上可以见证色诺芬、西塞罗、塞涅卡、普鲁塔克和柏拉图);对于民事情境方面的知识尤其如此,例如,会议、咨询、讨论,诸如此类。培根不准备放弃政治生活中的雄辩术——甚至不放弃严肃的表达所拥有的修辞——还不止这些。在任何情况下,它都不会像下一场"瘟热"那样邪恶,培根称其为"有争议的"学识,而我们称之为经院哲学。

培根反对的是无用的问题,而不是无用的文字。② "经院哲学的学识在退化,因为它被少数作者(主要是亚里士多德)的权威束缚了。他们无视"自然史或时间史",无益于思考,因此逐渐衰退,他们就像蜘蛛一样只知道为学识吐丝结网——精细而复杂——却没有任何实质性的内容或用处。培根也反对他们的论证方法,这些论证方法完全不依赖证据而只依赖"荒谬的争论和疯狂的问题"。因此,培根无条件地接受人文主义者和拉米斯主义者对烦琐的哲学家提出异议,但他也说,如果经院哲学家把"对真理的渴望和才智的追求"与关于世界的真正知识连接在一起,那么他们将有助于推动学识的发展。③

关于第三个也就是最糟糕的学识无用的观点,培根更少提及。

---

① Bacon, *Advancement of Learning*, *Works*, VI, 120.
② 同上,pp. 121—24。
③ 在《论时代勇敢的产儿》(*Tempus partus masculus*)中,培根毫不理会拉米斯,说他"只是一个创作小册子的有害书虫",即使他批评过亚里士多德(Farrington, Philosophy, pp. 63—64)。

培根把那些在描述自然界时——不管是占星术、自然魔法和炼金术之类的伪科学还是关于自然事实的概略——接受了"诓骗、欺诈以及轻信"的人聚集起来，从普林尼、亚里士多德到阿拉伯人，"里面充满了令人难以置信的东西，其中绝大部分不仅未经过验证，而且还是出了名的不真实"（对这些描述进行分类时，培根用的是中世纪的传奇故事，而不是纪事；就如诗歌一样，更多是想象的果实，而不是观察的果实）。① 另一方面，就像哈维和父亲一样，就像伊丽莎白时代的大多数杰出人物一样，培根痴迷于那个时代的应用科学。然而，那时的应用科学缺乏系统和理论，培根不允许它成为科学，或者不承认应用科学的成果会比意外强多少。对培根来说，"经验"科学并不比"经验"政治强，即使每个人都可以从中学到一些东西。②

《学问的发展》更多地讨论了传统学识存在的问题，毫无疑问，对培根来说，最糟糕的问题就在于传统学识将其真正目的搞错了。据培根观察，一些人因为好奇而追求知识，而一些人只是为了争吵，大多数人是为了"贪婪和职业"，可是几乎没有人打算为社会服务，并发现可能有益于人类的学识。③ 培根后来在一则著名的格言中说："知识就是力量。"在此处，培根坚持认为，知识的主要目的是改善生活。如果是这样，那么根据传统的观点，知识就不只是思考活动。培根（像哈维一样）④准备解决文艺复兴时期的那个著名辩论，即积极而充满思考的生活的相对价值——他本应该发现卡斯蒂廖内的《谄媚者》对这个话题进行了双向辩论。

---

① Bacon, *Advancement of Learning*, *Works*, VI, 125—28; *Novum organum*, bk. 1, aph. 85, in *Works*, VIII, 121—22。

② *Novum organum*, bk. 1, aph. 5, 7—8, 99—100, in *Works*, VIII, 68, 135—36。

③ Bacon, *Advancement of Learning*, *Works*, VI, 134—35; *Valerius terminus*, ibid., pp. 34—35; "Of Great Place", *A Harmony of the Essays of Francis Bacon*, ed. Edward Arber (London, 1871), p. 282.

④ Harvey, *Letter-Book*, pp. 66—67.

培根一度很疑惑"把思考和积极的生活混合起来,或者完全退隐到思考的状态,是否会阻碍思想"。[1]最后,培根下定决心把这两者结合起来。就如苏格拉底一样,培根准备把哲学从天堂拽入尘世;与苏格拉底或人文主义者不同的是,培根不打算为了道德和政治而完全放弃科学。没有哪位古代的哲学家——亚里士多德当然也没有——真的做对了,只有世俗的君主詹姆斯一世恰当地结合了这两者![2]

> 因为天堂和尘世都在协力为人类谋福祉,所以其目标应该是分离和丢弃两种哲学中无用的思想和一切空洞无效的东西……知识可能是……生产、成果和安逸的配偶。

自然哲学,就如道德哲学一样,必须通过作品来证明。[3] 因此,和征服自然相比,政治上的征服必然处于次要地位。[4] 为了改善生活,这两种文化必须共同进步,[5]即使其中一种文化已经成熟而另一种文化几乎还未开始。

在这里,我没有闲暇描述培根在他的于稿里、在《学问的发展》第二卷以及在他余下的语料库里是如何弄懂这个新观点的所有含

---

[1]　Bacon, *Valerius terminus*, *Works*, VI, 76.

[2]　Bacon, *Advancement of Learning*, *Works*, VI, 171—82; Valerius terminus, ibid., pp. 43—44; "Of Praise", Essays, p. 357.

[3]　Bacon, *Cogitationes de nature rerum* (c. 1604), Farrington, *Philosophy*, p. 93; *Letters and Life*, III, 82—85.

[4]　参见作者不详的《葛莱历史》(*Gesta Grayorum*, 1594)中的第二篇演讲,人们一般把将此归于培根,它在《新亚特兰蒂斯》(*New Atlantis*)中预言了《所罗门的房子》(*Solomon's House*)所使用的动物园、花园和乐器等,其目的是为了获得自然哲学(*Letters and Life*, I, 334)。参见"Mr. Bacon in Praise of Knowledge"(也许是在1592 年;同上,124—25)。

[5]　作者恳求把科学统一起来,并让它们相互连接,参见 *Valerius terminus*(也许撰写于 1603 年,不过后来得到了修订),*Works*, VI, 42—44。

义的。我们发现，培根的哲学的源头以及培根决心解决的基本问题已经在 1603 年显现了。政治是培根的生活，哲学是培根的消遣，即使培根喜欢反着说。培根忍不住用接受过人文主义训练的政治家的目光来看待自然界。1603 年，培根向新国王呈交了一份典型的政治备忘录，"它触及英格兰和苏格兰王国的幸福联盟"。①培根是这样开始的："自然法则和真正的政策法则之间存在密切的关系和诸多相同之处，其中一个只是世界的统治秩序，而另一个则是财产的统治秩序。"培根一点也不意外赫拉克利特（Heraclitus）撰写了这样一本书（现已遗失）——该书的其中一部分讨论了大自然，其他部分则是在论述政策。事实上，与培根同时代的并被提名为《佩丹提斯》作者的福塞特（Edward Forsett）撰写了一本书，讨论这两者之间的对应关系。②如果像培根所坚持的，"自然原则和政策原则之间存在一致性"，那么就可以把其中一个的知识和方法应用到另一个当中，有什么计划会比这个更棒呢？从《学问的发展》第二卷可以清楚地看出，培根对人文学科——其中包括道德和政治哲学——取得的成就十分满意，即使培根的许多具体建议可以让其得到改进。培根不可避免地借用了其中一个的成功来弥补另外一个的不足。

这种成功存在于什么？道德和政治哲学已经获得了真正实用的知识，因为它们建立在文明史的基础之上。培根同意，"在世界上，在武器、学识、道德、政策和法律方面有两个典型的国家"，那就是古希腊和古罗马，而描述了它们财富的史学家是"完美无瑕"的。③

---

① *Letters and Life*，III，89—99.

② Edward Forsett，*A Comparative Discourse of the Bodies Natural and Politique* (London，1606). 培根似乎认识福塞特（Forsett），就像他认识温菲尔德（Wingfield）一样。培根后来写道：所有的科学，都使用了同样的方法（*Novum organum*，bk. 1，aph. Cxxvii，in Works，VIII，159）。

③ Bacon，*Advancement of Learning*，*Works*，VI，191—92.

马基雅维利对培根的吸引力甚至超过了他对哈维的吸引力,因为马基雅维利知道如何概括古代史的细节,如何把例子变成法则。[1]培根明白,特殊的实例阐述构成了认知。诚如阿沙姆所言,这和传统的人文主义智慧也是相呼应的:如果无法从历史和演说中获得大量的例证,那么论证就没有说服力。[2]

我们也可以认为实例导致认知的产生。例如,对于无名的剑桥逻辑学家来说(回应亚里士多德),建立在实例之上的或许只有论证,即使那些实例非常有说服力。"归纳和实例",学生同意,"寄希望于演说家,而不是哲学家"。虽然这些论证不是很有说服力,但是它们很容易影响大众。就如那些与三段论和韵律做斗争的人一样,那些使用归纳法和实例的人也常常让他们的对手感到困惑。"归纳",剑桥逻辑学家继续说道,"就是一种论证,它通过列举单个实例进行论证,以便形成一个普遍的结论,例如,僭主狄俄尼索斯(Dionysius)的结局很悲惨,法利拉、血腥尼禄(Nero)、卡利古拉(Caligula)也是如此,因此所有的僭主都会悲惨地灭亡"。[3] 所有这些,培根都表示赞同,但他也认为归纳逻辑可以通过使用负面的和"特殊"的实例得到改善,并因此达到某种状态。[4]我们需要的是《新工具论》(*novum organum*),一种新的逻辑。只有这样,归纳才能变成真正的科学。

---

① "关于政府,马基雅维利对依据(ground)进行了大量的论述,但那个依据(ground)不就是指确立和保留它们的方式会把它们削弱成原则——宗教规则、自然规则以及民事管理——吗",参见 *Advancement of Learning*, *Works*, VI, 210。培根赞扬马基雅维利撰写了"人类该做什么以及不该做什么",他特别称赞了马基雅维利对"史学或实例进行了论述"(同上,pp. 327, 359)。关于其他的参考,见 Vincent Luciani, "Bacon and Machiavelli", *Italica*, 24 (1947), 26—40。另参 Herbert Butterfield, "The Rise of the Inductive Method", in *The Statecraft of Machiavelli* (New York, 1956), pp. 59—86。

② Ascham to Sturm, April 4, 1550, *Whole Works*, I, 99.

③ Costello, *Curriculum*, p. 49.

④ Bacon, *Advancement of Learning*, *Works*, VI, 265.

在这个信念之下,培根和人文主义者分享了他的另一个假设,那就是,可以根据人类的经验推断出人类行为的一些规律,可以根据过去预见未来。正如培根所言,"未来和过去存在一致性,不了解其中一方就无法改革另一方"。① 以完全一样的方式,培根相信自然的规律性,相信自然史在自然哲学里的优先地位,他不厌其烦地坚持一个观点,即有必要收集"大量的事实",并将其当作思考的初步行动。② "知识就像金字塔一样,史学是基础:对于自然哲学而言,自然史是基础。"③亚里士多德的主要错误(他的追随者更糟糕)在于他没有充分掌握关于事物的知识就进行思考,他抛弃经验,从而创作了更接近逻辑而非物理或形而上学的东西。④ 培根似乎认为,关于史学优先地位的概念是他的哲学里最新颖和最基础的部分,正如培根在 1621 年所写的,如果没有合适的自然史和实验史,那么,即使把所有时代的所有智慧和所有大学结合起来,也无法在哲学方面取得任何进步。⑤这对培根来说是如此重要,以至于他留下了《新工具论》——他最完美的哲学表现,不过并未完成,因为培根想看看他是否可以开个好头,收集一些事实,并以此启发其他人。

① Bacon to Egerton (1597), *Letters and Life*, II, 63.

② Rawley, "To the Reader", preface to Bacon's *Sylva Sylvarum*, Works, IV, 155—56. 另可参见培根写给詹姆士一世的信件(bearing *the Novum organum*), October 12, 1620; 以及他写给巴仁扎(Father Baranza)的信件, June 1622, *Letters and Life*, Vii, 119—20, 375—77。

③ Bacon, *Advancement of Learning*, Works, VI, 221—22.

④ Bacon, *Cogitata de scientia humana* (1604), Works, III, 187—92; Farrington, *Philosophy*, p. 42. 另可参考拉米斯,他也有类似的抱怨(Graves, *Ramus*, pp. 168—69)。培根说,经院哲学"完全忽略了史学"(*Filum labyrinthi*, Works, VI, 427)。

⑤ Bacon, *Parasceve*, Works, VIII, 353—55; cf. *Valerius terminus*, ibid., VI, 69. 在《新亚特兰蒂斯》中,所罗门,这位最有智慧的人,被认为写了一部自然史(现已遗失),而且《所罗门的房子》被认为付出了巨大的努力来复兴这项事业。Works, V, 355—413.

不用说,并不是每个人都被说服了。据比较了解培根的奥布里(John Aubrey)所说,医生威廉·哈维对此明显怀有疑虑。威廉·哈维也曾去过剑桥(1593—1599),获得了学位,接着又在帕多瓦(Padua)获得了博士学位。当威廉·哈维回到英国时,他成为了著名的医生,加入了詹姆斯一世的宫廷。威廉·哈维是不知疲倦的自然观察者,天才的解剖学家,当然,他还是血液循环的发现者(除了其他方面)。在某种意义上,威廉·哈维仍属于亚里士多德学派,而且十分符合那个时代的专业科学家的形象。据奥布里所言,"威廉·哈维曾是司法大臣培根的医生,他十分推崇培根的才智和风格"。然而,哈维不承认培根是哲学家:"哈维对我说",奥布里记得,"培根像司法大臣一样撰写哲学"。①当然,哈维是对的,但这个想法一直困扰着他和其他许多哲学家,我根本不知道培根会因此感到尴尬。哈维完全理解培根做的事(但不赞成),即把两种文化结合起来,从文艺复兴时期的政治家的角度来处理哲学,并将其称为实际的描述。对于培根同时代的大多数人来说,特别是对于后来接管皇家协会的高尚之人来说,这似乎非常合理。

毋庸置疑,关于培根利用人文科学重建科学,还有更多可以说的(关于培根对人文科学的看法,我回避)。例如,培根反对传统哲学的私密性以及炼金术士和占星家的秘密实践,他支持公共的、集体的和协作性事业——这个提议最终导致了皇家协会及其《哲学汇刊》的诞生。培根知道使用话语艺术来呈现科学的结论,并在他的哲学著作中出色地运用了它们。②培根甚至以传统逻辑和修辞学为基础,创造出《新工具论》里的归纳方法。用吉尔贝特(Neal Gilbelt)的话说就是:"培根把《论题篇》(*Topics*)的辩论过程变成

---

① *Aubrey's Brief Lives*, 130.
② 维金斯(Vickens)在培根的散文中发现了"西塞罗式的结构",参见 Bacon and Renaissance Prose, p. 132。华莱士(K. R. Wallace)研究过培根的修辞,参见 *Francis Bacon on Communication and Rhetoric* (Chapel Hill, N. C., 1943)。

了会议记录，其中大自然取代了调查对象，挑战者成为了科学家。"①

　　培根是否成功地调和了这两种文化就是另外一回事了。培根对富有想象力的作品的诋毁，特别是对诗歌的诋毁，存在一些可疑之处。② 培根忽略了数学对新哲学的重要性。当他倡导把史学当作人文和科学学识的基础时，他的确承诺，即使不是为了和解，这至少也是两种文化之间的桥梁。和在其他地方一样，在这里，培根开始进行具体的引导，例如，在一篇优秀的史学探究论文中复兴前苏格拉底哲学家，他还为哲学史、文化史和技术史呐喊。③ 培根通过实例和认知预见了我们在本文中尝试的一些东西，即使和往常一样，他的注意力完全放在那个时代的问题上。倘若培根的确为弥合两种文化做出了一些贡献，那么也是通过在它们之间建立一些新的可能的联系。和解与理解是培根在宗教和政治中的基本立场，④因为它们也是文学和科学的希望。如果今天两者仍然难以捉摸，那么我们或许还可以从培根的教导中学到一些东西。

---

① Neal Gilbert, *The Renaissance Concept of Method*(New York，1960)，p224. 罗斯(Rossi)认为，培根"用自然的位置(natural places)替代了修辞的位置(rhetorical places)"，参见 *Bacon*：*From Magic to Science*，p. 219。

② 对培根来说，诗歌就是"捏造的历史"，而且他发现不了缺点(*Advancement of Learning*，*Works*，VI，202—6)。诗歌论述的不是知识，而是快乐，这个观点不同于亚里士多德和锡德尼(Philip Sidney)；参见该书第一章。

③ 关于前苏格拉底学派，参见培根的 *cogitationes de natura rerum*，Farrington，*Philosophy*，p. 84；关于"加工过的自然"史(the history of "nature wrought")，参见 *Advancement of Learning*，*Works*，VI，183—84(在 *De augmentis* 中得到极大的拓展)。

④ "The Felicity of Queen Elizabeth and Her Times"(约 1584 年)；"Advertisment Touching the Controversies of the Church in England"(可能是 1589 年)；"Certain Considerations Touching the Better Pacification and Edification of the Church of England"(1603)，in *Letters and Life*，I，44—56，73—95；III，101—27。

第六章　古人、今人和史学

一

不管后来的 17 世纪发生了什么变化，有一点很明显，那就是，历史作品和历史思考在很大程度上并没有受到影响。英国史学编纂的形式和方法、目的和抱负在很早以前就一直在持续。主题问题（subject matter）的确发生了一些变化，重点有所转移，技巧也在不断完善。然而，（正如我之前试图表明的）这些年来，大型历史文献资料最重要的特征就是其与文艺复兴时期人文主义的目标和成就基本上保持了一致。最近的一些声明则相反，在早期的都铎王朝之后，很长一段时间里都没有什么"史学革命"。自 16 世纪第一代人文主义者宣布新史学编纂中的问题和技巧，两三个世纪来，它们几乎没发生什么变化。[①]

① F. S. Fussner，*The Historical Revolution* 1580—1640（London，1962）；Christopher Hill，*Intellectual Origins of the English Revolution*（Oxford，1965）；J. G. Pocock，*The Ancient Constitution and the Feudal Law*（Cambridge，1957）. 在我看来，这些差异明显的作品似乎被弱化了，原因在于它们不欣赏英国国内外在 16 世纪取得的成就，也没有赞颂 17 世纪以各种方式进行的激进改革。（转下页注）

　　不幸的是，和革命相比，我们更难在小范围内描述史学的连续性，尤其是当时间跨度还相当大的时候。然而，我们至少可以描述这个时期拥有的关于史学自身的一些概念以及关于史学和过去之间关系的一些概念。在 17 世纪晚期的各种观点中存在着一个一致意见，那就是，从 16 世纪到 18 世纪前后的岁月标志着欧洲文化的融合，尤其是在史学史上的融合；虽然无法确定这是否确凿无疑，但这还是具有暗示性。这种观点只是理论上的，在当今一些最重要和最具代表性的史学作品中，有人刻意去收集和总结过去两个世纪取得的成就。

　　这个一致意见显得更有趣或许是因为它是在最嘈杂的分歧中达成的一致意见；那是 17 世纪末期的一场大型争吵，即所谓的"古人"与"今人"之间展开的斗争。尽管近几年来，人们对这个事件给予了一些关注，可是事实上，在思想史上，这场争吵并没有完全得到重视。这场争吵当然不是麦考利（Macaulay）所描述的那种低劣而不足为道的表演，它也不应该只被看作是《浴缸的故事》（*A Tale of Tub*）的写作背景。另一方面，它不是科学和经典之间的争吵，即使它是争论中的一个重要因素。[1]实际上，它超越了这些东西中的任何一个；它实际上就是关于如何使用过去的争论，是关

（接上页注）最近的关于早期的一些作品，例如，可参 Fred J. Levy, *Tudor Historical Thought*(San Marino, Calif., 1967)；May McKisack, *Medieval History in the Tudor Age*(Oxford, 1971)；以及 Donald R. Kelley, *Foundations of Modern Historical Scholarship*(New York, 1970)。至于后来的 17 世纪，标准的作品仍然是 David Douglas, *English Scholars*, 1660—1730, 2d ed. (London, 1951)。不幸的是，对于一些主要人物，我们还是缺乏特别的研究，例如，里兰德和卡姆登，而且，对于英国史学和国内外更广阔的智识环境，许多研究尚不明确。

[1]　最后的观点出现在一部有影响里的作品中，参见 R. F. Jones, "The Background of the Battle of the Books",*Washington University Studies*, 7 (1920), 99—162,以及 *Ancients and Moderns*, 2d ed. (St. Louis, 1961)。麦考利的观点，参见"Francis Atterbury",*Miscellaneous Writings*, 2 vols. (London, 1860), II, 209—26。另可参见拙文"Ancients and Moderns Reconsidered",*Eighteenth Century Studies*, 15 (1981), 72—89。

于史学的争论。它不仅对争论本身——尖锐、有趣且覆盖了伦敦文学界的绝大部分——感兴趣，而且对竞争对手之间不那么明显的一致意见也感兴趣，这些一致意见比他们意识到的要多得多。

人们记得，在这场争吵中，有一些关于法文和英文的插曲。[①] 从本质上讲，这场争吵是关于古代（也就是古典学识和文字）与现代生活的关系。在所有问题上，是否古人就是最高的标准？古人是否应该被今人敬重、模仿而永远不会被今人超越？或者，今人实际上是否已经超越了古人？社会是否能取得进步？人们是否注定达不到古典模式的要求，而只能继续为黄金时代叹息？在法国，战斗已经开始，并且以文学为中心；在英国，自弗朗西斯·培根的时代以来，人们倾向于在整个自然哲学领域和竞争对手不相上下。从 1690 年开始，斗争再次爆发，在接下来的 20 年里，搅动了英国文坛，并为之带来欢乐。

这个领域的第一批主角出乎意料地匹配。汤普爵士是一位年长的乡村绅士，当积极的政治和外交生涯结束后，他享受着退休生活；汤普爵士是国王的朋友，他老于世故，拥有财富、品味、非凡的妻子（奥斯本[Dorothy Osborne]）以及更加卓越的秘书（斯威夫特[Jonathan Swift]）。在位于摩尔公园（Moor Park）的家中，汤普发

---

① 最野心勃勃的作品仍然是法文作品：Hippolyte Rigault, *Histoire de la querelle des anciens et des moderns*(Paris，1856)；以及 Hubert Gillot, *La querrelle des anciens et des modernes en France*(Paris，1914)。另参 Arthur Tilley, *The Decline of the Age of Louis XIV*(Cambridge，1929)，pp. 317—56；J. B. Bury, *The Idea of Progress*(London，1920)，pp. 78ff. 。关于英文插曲的背景，可参（除了琼斯 [Jones]之外）Ernest Lee Tuveson, *Millennium and Utopia* (Berkeley，Calif.，1949)；Ronald S. Crane, "Anglican Apologetics and the Idea of Progress", *Modern Philosophy*，31 (1993—1934)，273—306，349— 82；"Shifting Definitions of the Humanities from the Renaissance to the Present", *The Idea of the Humanities*，2 vols. (Chicago，1967)，I，72—89；以及 Hans Baron, "The Querelle of the Ancients and the Moderns as a Problem for Renaissance Scholarship", *Journal of the History of Ideas*，20 (1959)，3—22。

起了一场浩大的争论，他支持古人，他的表现完美而优雅。虽然最近的两本小册子引起了汤普的反思，但他也只是重申了自己的一些观点；和他那一代的许多人一样；汤普自小就持有这些观点。实际上，汤普对古人的维护如此明显，以至于由此引起的喧嚣让他本人都十分惊讶，这喧嚣一直在他耳边回响，直到他去世。另一方面，威廉·沃顿非常年轻，是那个时代最伟大的天才之一。沃顿的父亲很像后来的米尔（James Mill），他决定让儿子接受拉丁语、希腊语以及希伯来语的早期教育，教育从 4 岁 6 周开始。此后，这位父亲悉心保留了儿子取得进步的一些证据，再后来，他在一本旨在传播他的新教学法的书中对此进行了描述。这位父亲如此成功，以至于年轻的威廉 10 岁前就进入了牛津，不久后就成为了皇家协会的研究员。沃顿早年就成为了一位学者，并一直如此，他从未涉足更广阔的世界，可却几乎涉足了他那个时代的每一项学术成就。如果沃顿不了解国王或世界的事务，那么他就不会了解那个时代极少有人了解的牛顿（Issac Newton）、自然界和学问。沃顿在 1694 年对汤普作出了回应。①

　　无论他们的职业生涯和成就如何不同，这两人至少有一个共同点，那就是，他们都接受了古典教育。当然，在他们那个时代，这

----

① William Wotton, *Reflections upon Ancient and Modern Learning*（London, 1694）. 除了被收录于《英国传记辞典》(*Dictionary of National Biography*)，沃顿没有自传。在 British Museum Add. MS. 4224, ff. 148—67 有一个梗概，由伯奇（Thomas Birch）撰写或引自 *Life of Dr. John Tillotson*（London, 1752），pp. 332—33；另外一个梗概出现于 John Nichols, *Literary Anecdotes of the Eighteenth Century*（London, 1812），IV, 253—63。亨利·沃顿对其子的教育进行的描述参见 *An Essay on the Education of Children in the First Rudiments of Learning Together with a Narrative of What Knowledge, William Wotton, a Child of Six Years of Age, Had Attained unto…*（London, 1753）。关于沃顿早熟的更多证明可见于 John Evelyn, *The Diary*, ed. E. S. de Beer（Oxford, 1953），IV, 172—73, 以及一封写给佩皮斯（Pepys）的信，*Letters and a Second Diary of Samuel Pepys*, ed. R. G. Howarth（London, 1932），pp. 242—43, 还有佩皮斯的回信，pp. 246—48。

是不可避免的。让汤普感到遗憾的是他终止了希腊语的学习，而沃顿除了精通古典语言外，还精通现代学识。事实是，更有成就的古典主义者——年轻的沃顿——应该是现代人，而拥有不完美的希腊语的那个人应该是古代人；乍一看，这个事实有些矛盾之处，可是正如我们将要看到的那样，一切情有可原。

在这场涉及整个学识版图的争吵中，明显存在着广泛的一致意见。每个人都在反思过去和现在的文化，他们在某方面描绘出了一幅相似度惊人的图景。例如，汤普用那个希腊语和拉丁语达到了一定"高度和纯度"的时代来评价西方文化。汤普准确地标记时间：从卢克莱修（Lucretius）到帕特卡路斯（Paterculus），从朱古达战争（Jugurthine war）到提比略（Tiberius）的统治。紧随这个黄金时期的就是罗马的沦陷以及学识和文字的衰落。在接下来的时代，希腊完全迷失，拉丁语被贬低。总而言之，所有的文化都变野蛮了。然后，由于君士坦丁堡（Constantinople）垮台，希腊难民被推入西方，古老文明的复兴随即出现。"这些地方开始用希腊语复兴学识，不久后，瑞卡林（Reuclyn）和伊拉斯谟开启了更加纯粹而古老的拉丁语复兴。"自"新一天的曙光"——即古代语言和学识开始复兴的那一天——出现，已经过去了两百年。关于复兴，汤普至少是充满信心的，欧洲最近取得的一切成就都是应当的。现代，即汤普自己的时代，开创于意大利，并由类似于伊拉斯谟和罗赫林（Reuchlin）的人引入北方。在这里，汤普支持古人，然而，现代无论如何也无法与它作为典范的那个伟大时期相提并论。①

当沃顿作出回应时，他在很大程度上重申了汤普说过的话。伊

---

① *Sir William Temple's Essays on Ancient and Modern Learning and on Poetry*, ed. J. E. Spingarn (Oxford, 1909), pp. 22—24, 34—36. 人们一般认为，伊拉斯谟预示着北方学问复兴的来临，参见 Thomas Baker, *Reflections upon Learning* (London, 1699), p. 194；以及 Thomas Pope Blount, *Essays on Several Subjects* (London, 1691), p. 134。

拉斯谟的圈子复兴了古典风格和学识,从而迎来了现代。"学问恢复后不久",沃顿写道,"当出版的书籍成倍增加时,批评就开始出现了,首先批评的是要选择正确版本的古籍……这很快成为流行的学识;自那之后,伊拉斯谟、布狄阿斯(Budeaus)、雷纳努斯(Beatus Rhenanus)和特里布斯(Turnebus)传播了知识……意大利人一直保存的那些知识"。比他的竞争对手更具体的是,沃顿把英国复兴的时间精确到亨利八世的时代。另外,沃顿宣称,波尔(Pole)、林纳克、柯里特、切克和阿沙姆"用纯粹的拉丁语进行写作,意大利人不会为此感到羞耻"。[①] 如今的时代是复兴的时代;如果两个人都没有使用"文艺复兴"这个词,那么他俩都同意像古典人文主义者把过去分为古代、中世纪(或"野蛮")和现代文化那样,来划分西方的历史时期。此外,他俩也都同意,现代学识的发起就是古典复兴产生的结果。现代学识仍然只能用来评价它取得的成功。

在这里,我不会对这场争论做进一步的总结。汤普不打算接受挑战,他宣布古人在各方面都具有优越性。沃顿被迫通过仔细研究整个知识领域来识别这一点;因此,迎接汤普的文章是一本全尺寸的书。沃顿试图保持理智,他是一个灵活的现代人,并准备做出很大的让步。沃顿坚持的就是原则;除非人们相信进步的可能性,否则就不可能取得进步(另一方面,沃顿准备承认,蔑视古文物同样会让学识遭遇挫败)。关于一些事情,汤普显然是错的:例如,现代人在技术和自然哲学方面就超越了古人。在其他方面,特别是在文学方面,汤普更为正确。在雄辩术和诗歌方面,沃顿尤其愿意承认古代的优越性:最优秀的现代人是那些最谨慎地模仿了古代典范的人。"直到今天,写作大师仍在以几种方式呼吁人们把古人当作向导,仍在为他们和写作艺术制定规则。"在此处,沃顿甚至愿意用古代世界的语言和政治来阐述古代的优越性。希腊语和

---

① Wotton, *Reflections*, pp. 317—18.

拉丁语相对于现代语言的优越性（其与生俱来的"柔滑"）确保了古代作家的优势，然而，古代世界的自由政治体制促进了雄辩术的发展（沃顿认为，现代公共事业，甚至是讲坛，对真正的雄辩术的帮助并不是很大）。当然，古人培养修辞艺术的热情和对修辞艺术的关注远远超过现在。无可争辩的是，"和后来的时代相比，以前的时代产生了更伟大的演说家和更高贵的诗人"，倘若有相同的环境和优势，就有可能再产生一位西塞罗或维吉尔；沃顿比较谨慎，让面向进步的大门处于半开半掩的状态。

在第一次交流中，史学没有被忽略。汤普的方法就是，在学识的每个分支，把古人和今人进行配对，而后者似乎总是处于劣势地位；当涉及到史学时，汤普把达维拉（Davila）和斯特拉达（Strada）最近的作品与希罗多德和李维的作品进行对比，而斯雷丹（Sleidan）和凯撒会并列出现。做出选择显然不是一件难事。尽管所有的历史故事都有用，尽管"故事讲述得十分平淡"，但古人独自将风格和内容结合起来，提供了完美的教学和消遣作品。①无论如何，人们可能会因为现代人和"事实的关系"而阅读现代人；和其他人一样，汤普有些恣纵己意，不过古人的优越性显而易见；这是古人的雄辩术和政治经验带来的一个结果。正如大多数同时代人所同意的，正如汤普在其他地方写过的，历史阅读的主要目的在于告知公民或政治家如何在公共生活中做到举止得当。古典史学是政治智慧和经验的体现，并提供了完美的政府、法律和人类典范。最优秀的现代史学只是在试图模仿古典史学。②

沃顿在很大程度上也同意这个观点。他称赞古人掌握了雄辩术，因为雄辩术包括"所有那些在散文中努力美化和装饰他们的写作风格的作家"，所以在这里，古人必然拥有优越性。沃顿有一个保

---

① Temple, *Essays*, pp. 32—33.
② "Of Heroic Virtue", in *The Works of Sir William Temple*, 4 vols. (London, 1814), III, 321—22.

留意见;对汤普而言,史学不过是修辞问题,对沃顿来说,更是如此。事实上,在所有的古人中,沃顿最喜欢波里比阿(Polybius)——他煞费苦心地忽略"以前十分流行的雄辩技巧"。沃顿想把波里比阿的德性与两部现代作品——科密斯(Philippe de Commines)的《回忆录》(*Memoire*)和萨皮(Paolo Sarpi)的《特伦托大公会议的历史》(*The History of the Council of Trent*)——相提并论。他们的优点在于他们提出的问题,以及他们的公正和教导。然而,关于达维拉和斯特拉达,沃顿不太确定;沃顿可能会更加积极地为他们辩护,"就如他有足够的理由称赞他们的写作技巧一样,他也有足够的理由相信他们的叙事"。沃顿放弃比较古人和今人。①

　　另一场争论把这两个人区分得更加清楚。那场争论由沃顿单独提出,涉及文献学。沃顿在《思考》(*Reflections*)中用了整整一个章节来讨论这个问题,显而易见,比"现代"语言学研究的声明更加重要的东西还有很多。沃顿的观点是,古典语言在文艺复兴时期的复兴让现代学者比"任何古人"都更了解古代。"当主题问题关乎古代时,将现代人与古人进行比较看起来像一个悖论",沃顿完全意识到了这点;然而,不可否认,类似斯加格(Scaliger)、卡索邦(Casaubon)和雪尔登的现代人(仅举几例)对古代事物的认识无疑超越了古人。这怎么可能呢?当然,现代学者对柏拉图和亚

① 所有这些作品的英译本都很受欢迎。丹尼特(Thomas Dannett)于 1596 年首次翻译了 *The History of Philip de Commines* (1489—1498),而威伯莱(Charles Whibley)对其进行了编辑,2vols. (London, 1897)。在 17 世纪,该作品经常被重复印刷,并于 1674 年得到修订,又于 1712 年被重新翻译。萨皮(Paolo Sarpi)的 *Historia del Concilio Tridentino* 于 1619 年首次在伦敦出版,而且几乎同时被布伦特(Nathaniel Brent)(London, 1620)译成英文,并以 17 世纪的几个版本的形式再次出现。达维拉(Enrico Davila)的 *Historia delle guerre civile di Francia* (1630) 由艾斯伯里(William Aylesbury)和克托洛(Charles Cotterel)于 1647 年和 1678 年译成英文,并再次由法恩斯沃(Ellis Farnsworth, 1758)于 18 世纪译成英文。斯特拉达(Famiano Strada)的 *De bello Belgico* (1632)由斯塔皮尔顿(R. Stapylton)爵士(London, 1650 和 1667)译成英文。

里士多德的了解程度并没有超越他们对自己的了解程度。古人毕竟没有同时生活在一起，我们和古人之间的遥远距离有时会让它看起来的确如此。因此，和那些拥有现代学识工具的现代学者相比，古人对前辈并不那么了解。印刷技术的出现确保了人们可以用不为以前时代所知的便捷方式对古籍进行比较、检查和探索。赋予现代人终极优势的是过去（以及文艺复兴时期人文主义者的发明）鲜为人知的文献学科。[1]

沃顿显然比较了解这门新的学科。在沃顿的诸多同事之中有一位——如宿命一般——是那个时代最伟大的文献学家，他就是宾利（Dr. Bentley）博士。"认真研读古老的手稿"，宾利写道，"比较各种阅读材料；翻阅古代史学家、演说家和诗人的词汇表和注释；对古希腊人和罗马人的一切潮流持批判态度"，所有这些都新颖而迷人。宾利注意到，对史学来说很新颖可却同样重要的就是现代年代学科学以及现代在地理学方面的能力。所有这些——文献学、年代学和各种古文物研究——都可以让人回忆起不为古代所知的东西，或者在使用了 50 年或 100 年后遗失的东西。在沃顿看来，和最初的学识相比，经历了成千上万次的修正和注解的现代学识更需要的是"思想和发明"，而不是修正所依赖的原作品。毕竟，沃顿写道："能分辨他者思想的人要比能思考他者思想的人更伟大。"[2]

这个说法有点夸张，还不足以说服汤普。事实上，汤普有一段时间都拒绝回应，即使沃顿的批评明显刺痛了他。汤普留下了一篇不完整的文章，该文写于 1695—1696 年前后，可是直到汤普去世后，他的秘书和遗稿管理人（即年轻的斯威夫特）才公开这篇文章。[3]

---

① Wotton, *Reflections*, pp. 310—12.

② 同上，p. 318。

③ Temple, "Some Thoughts upon Reviewing the Essays of Ancient and Modern Learning", *Works*, III, 487—518.

这篇文章的大部分内容只是概括了以前的论点；关于主要的观点，汤普有些顽固。现代人的抨击只是让汤普想起了"年轻而野蛮的哥特人或汪达尔（Vandals）人破坏或捣毁了那些极好的古希腊罗马英雄雕像"。至少有一点让汤普感到满意，那就是许多英国人和法国人联合起来支持古人。关于史学的一些特殊主张，汤普有更多话要说。他首先选择了拥有更强大基础的雄辩术。用希罗多德和李维来对抗萨皮和科密斯（沃顿实际上没有）只能是一个笑话。大家一致同意，成为史学家的第一个先决条件就是选择"高尚而伟大的主题"，仅这一点就足以排除萨皮，而科密斯的作品充其量只是一部回忆录。至于文献学，"我不知道该怎么对待它，更不知道文献学是怎么进入科学的序列的"。汤普不得不承认，文献学曾有助于编辑、修正和翻译古代作家作品。"他必定是一位魔术师，让那些拥有评论、词汇表和注释的现代人比那些作者本身更有学问。"对汤普来说，那有些学究气；汤普会省略那些关于文字、音节、时间、古代人名或地名的"无用细节"。谁会在乎这些呢？不管怎样，它不是史学，至少那些捍卫古人的人不会承认它是史学。

　　1699 年，汤普去世，沃顿听到了他的遗言。两年前，沃顿出版了第二版也是扩充版的《思考》，并在 1705 年（它被无名的《浴缸的故事》刺痛了）出版了第三版也是最后的一个版本。第二版比较引人瞩目的就是沃顿的朋友们的投稿，特别是宾利博士附上了他的一篇文章，文章的题目是《关于法利拉书的论述》。第三个版本包含了沃顿对汤普的最后一个观点做出的直接回应。宾利致力于攻击文献学，而沃顿则批评了宾利捍卫现代叙事之举。

　　后面的那个问题更简单。沃顿立刻纠正了汤普的一个误解，即他抬高了科密斯和萨皮的雄辩术。与之相反，沃顿选择把古人中的波里比阿当作"一个实例来说明史学无与伦比，没有什么修辞可与之抗衡"。"我们之间的问题并不是"，沃顿继续说道，"现代史学家是否完全超越了古人"（沃顿也许在这里承认了这个问题），

"而是一些现代人是否还未（考虑到他们撰写的主题）像古人一样形成具有指导意义的史学"。沃顿确信现代人已经做到了，就像他确信《特伦托大公会议的历史》的主题比较有价值一样。没有争斗，没有焚烧城镇，"也没有彻底打晕人们的头"——沃顿认为以上这些都是"伟大而高贵的主题"所必需的（有点讽刺）。在现代事件中，有"深远的计谋和微妙的政治"，也有对现代史学家动机的洞察；保罗神父（萨皮）以其独一无二的方式进行。[①]更棒的是克拉伦登（Clarendon）伯爵最新出版的一部史学著作《叛乱和内战史（1702—1704）》（*History of the Rebellion and Civil Wars*），它几乎超越了古代最伟大的作品。沃顿认为并因此确信，从各方面而言，汤普都会赞成这是一部令人钦佩的作品。事实上，该作品所具有的优点正是汤普（具有文艺复兴时期人文主义的所有传统智慧）曾赋予古代作品的那些优点。沃顿宣称，该主题和汤普想要的主题一样伟大，事件也如汤普想要的一样惊人，结论也同汤普所希望的一样神奇。里面有关于争斗、谈判、德性和坚韧的伟大例子，也生动地描述了善良的人和邪恶的人。所有这一切都是"凭借如此多的力量以及如此丰富的文字"完成的，后人必然会认识到这点；对于"问题和雄辩术"来说，这两者都是最负盛名的古典史学。[②]

　　汤普被说服了吗？比较明确的一点是，关于叙述性历史，这俩人的观点相差不是很远。两人都认为，史学的主要功能在于教育

---

①　Wotton, *A Defense of the Reflections upon Ancient and Modern Learning* (London, 1705), pp. 23—26.

②　同上，pp. 32—3。自克拉伦登（Clarendon）的作品面世，人们普遍认为这是当代最优秀的史学作品；参见吉布森（Edmund Gibson）于 1702 年 8 月 18 日写给查理特（Arthur Charlett）的信，"这是我读过的最具启发性和教育意义的书"，Bodleian MS. Ballard VI, f. 78. 斯威夫特充满敬佩地将此书读了四遍（*Miscellaneous and Autobiographical Pieces*, *Fragments and Marginalia*, ed. Herbert Davis [Oxford, 1962], pp. xxxviii—xxxix, 295—320）。另参赫恩（Thomas Hearne）在给里兰德的 *Collectanea* (6 vols. [London, 1710—1712], II, 56—57) 第二卷写序时的溢美之词。

政治家。俩人都把史学看作文学的一个分支。俩人都相信,关于史学的最完美的例子在过去。俩人一致同意,必须根据关于主题、风格和构图的经典标准来评价现代人。他们甚至都承认现代史学家讨论的主题,即使现代史学家在修辞方面不太完美。关于应该把重点放在理想史学的哪种品质上,他俩的意见明显不一致。毫无疑问,对于特定作品的评价以及对未来的看法,他俩也存在分歧。然而,在他们的争吵背后仍然存在一些一致的看法,而这些一致的看法让人们把他俩看作一种文化——即人文主义——的一部分。

这是文献学的另一个问题。沃顿明白,人文主义者并不满足于模仿古典作品,在模仿的过程中,他们还学会了批评古典作品,也就是说,要恢复它们的准确涵义。甚至连汤普也明白,要正确地利用古典作品的编辑过程;不过,总的来说,汤普并不明白,人文主义学识——它以批评作家开始——是一个必然的累积过程,通过掌握一些小的细节,古典学识逐渐建立了知识库;汤普也不明白,人文主义学识可以逐渐改变人们对过去的理解。汤普没有认识到,早期人文主义者的文献学活动已经不是进行简单的文本评论,它本身已成为一种目的,成为和传统叙事大为不同的一种史学,它拥有不为古人所知的新的史学理解方法。[①]

如果古人和今人之间的第一场小冲突没能解决任何问题,那么至少它澄清了和史学相关的问题。对于汤普和沃顿来说,现代的主要特征在于复兴古代,他们认为这可以彻底驱散中世纪的黑

---

① 在汤普的时代,关于古文物的系统研究已经发展到这样的程度,即整个论述既专注于古代文化的一些特别之处——例如,关于古代历法、剧院和游戏的专题论文——也专注于古希腊罗马文化的综合论述。两部广受欢迎且博学的作品皆源于这个时期,而且展示了这个时期英国古物研究的现状,参见 Basil Kennett, *Romae antiquae notitia*; 或 *The Antiquities of Rome*(London, 1696);以及 John Potter, *Archaeologiae Graecae*; *or*, *the Antiquities of Greece*, 2 vols. (Oxford, 1697—1699)。

暗。从这方面来说，他们都处于文艺复兴早期"人文主义者"的传统之中。这俩人都认识到，现代历史叙事的优点在于，它重申了古典史学的形式和技巧（他们只是为它已经成功到什么程度以及可以成功到什么程度而争吵）。最后，他俩都同意，现代见证了新事物——即人文主义者的文献学和古文物研究活动——的开始，即使其中一人（即汤普）认为这个世界"过度"了，而另一个人，沃顿，却认为这还不够。

沃顿的朋友宾利清楚地表明，在这部分的论争中，沃顿占了上风。不幸的是，在古典作品的典范中，汤普选择了《伊索寓言》和《法利拉书》，并且赞美它们是古代最早和最优秀的散文作品。汤普认为："和我见过的其他古代或现代作品相比，《法利拉书》拥有更多的种族、更多的精神、更多的智慧。"①尽管汤普意识到一些早期的人文主义者对它们持怀疑态度，但对于它们的真实性，他还是深信不疑。汤普只是通过翻译作品了解它们，而批评它们的人却读过希腊原版；汤普觉得文献学无足轻重，所以对它弃之不顾，他无视人们的怀疑，而只相信自己的文学评价。这些信件是真实的，因为它们读起来就像政治家写的信：谁会比经验丰富的汤普更了解这个呢？

毋庸置疑，宾利做到了。幸运的是，我们没有必要再讲述一遍《书之战》中我们熟悉的那一幕。在一次随意的谈话中，宾利向沃顿道出了自己的疑虑，后来，他又不得不及时投入编辑第二版的《思考》。以基督教会的"智者"为代表的一些古人联合起来为汤普辩护，他们炮制了一首关于宾利的精彩的讽刺诗，宾利深受刺激，最终创作了他在文献考证方面的杰作《关于法利拉书的论述》（*Dissertations upon Phalarsis*, 1699）。这部作品以沃顿的附录开始，慢慢发展成一本书——关于古希腊文化的一系列学术

---

① Temple, *Essays*, p. 34.

论文,该书旨在表明,正如波利提安(Politian)和伊拉斯谟很早以前就明白的那样,《法利拉书》伪造了一位生活在古希腊晚期的智术师。与此同时,这部作品还起到了另一个作用,即提供了丰富的关于希腊早期文化的信息,其中包括古希腊早期的年代学、文学、制度、宗教、钱币等方面的内容;而所有的证据——现有的古文物学识确保了这点——均来自钱币、铭文和宏伟的遗迹,以及文字资料,特别是来自对希腊语之演变的理解。简而言之,宾利展示了最精妙的人文主义文献学技巧,这是两个多世纪的发展所取得的成果,而且他还表明,这些文献学技巧可能有利于解决历史问题。如果宾利不是17世纪的史学家,而是一位"批评家",那么他会向其他人,例如,沃顿,展示如何让考证学识为史学服务。在这个领域,已经有很多人在这样做了(就如学识复兴以来,有很多人已经做到了一样),他们定义了另一种新的史学,并放弃了古典叙事。①

----

① Richard Bentley 的 *Dissertations upon Phalaris* 可以在韦格(Wilhelm Wagner)的版本中(London,1883)查阅到,也可以在 *Works* 中查阅到,ed. Alexander Dyce,2 vols. (London,1836)。波义耳(Charles Boyle)编辑的《法利拉书》(*Phalaris*)的最初版本于 1695 年首印,*Phalarides agrigentinorum lyranni epistolae*;关于对宾利作出的回应,参见 *Dr. Bentley's Dissertations on the Epistles of Pharlaris and the Fables of Aesop*, *Examined*(London,1689)。那位"检查员"是阿特伯里(Francis Atterbury),同时还得到了各位基督教堂的同道的帮助;可参(除了 Macaulay,"Atterbury"之外)阿特伯里给波义耳的信,见 *The Epistolary Correspondence*, ed. J. Nichols,5 vols. (London,1783—1790),II,21—22;Folkestone Williams, *Memoirs and Correspondence of Francis Atterbury*,2 vols. (London,1869),I,41ff.;Colin J. Horne, "The Phalaris Controversy:King vs. Bentley", *Review of English Studies*,22 (1946),289—303;以及 H. W. Garrod, "Phalaris and Phalarism", *Seventeenth-Century Studies Presented to Sir Herbert Grierson* (Oxford,1938), pp. 360—71。沃顿给克莱克(Jean Le Clerc)写了一系列有趣的信件,这些信件就关于《法利拉书》(*Phalaris*)的论争进行了描述,信件见于 Abr. des Amorie van der Hoeven, *De Joanne Clerico et Philippe Limborch dissertations duae*(Amsterdam,1843), pp. 81—90;以及一些选段,参见 J. E. B. Mayor, *Cambridge under Queen Anne*(Cambridge,1911), pp. 428ff. 。

二

　　继续争论下去是诱人的，特别是当争论才刚刚开始的时候。
一连串的小册子、讽刺作品让伦敦的文学界很是高兴。不过，这只
证实了竞争对手的基本立场以及他们对历史写作所持的观点。可
以说，双方都不曾赢过；智者和世人都满足于证明古人是对的，尤
其是在斯威夫特做出一些贡献之后，而对宾利的才学却置若罔闻。
另一方面，自1699年之后，很少有学者为他们辩护，例如，至少为
汤普的非限定性方法（unqualified fashion）或者为那些因汤普的
事业而团结起来的基督教会成员辩护。① 针对古典文化有两种不
同态度，这两种态度之间的分歧以及与之对应的两种历史观之间
的分歧，如果有的话，会变得越来越难以融合，至少在吉本试图弥
合这种分歧之前是这样的。讨论不只限于理论；实际上，历史是由
古人和今人共同书写的，快速地回顾历史也表明了具有两面性的
史学编纂传统得到了延续。在撰写新的史学作品时，叙事作家和
古代编纂者都自觉地回顾了他们的人文主义先驱。

　　大约在1694年，汤普构思了一个伟大的计划：修订英国史。就
一个对该主题有如此强烈信念并拥有如此之多实践经验的人而言，
这再自然不过了。汤普似乎很清楚，在他那个时代，最需要也最缺乏
的就是根据古典形式和古典风格来叙述英国历史。一个多世纪以

---

① 在韦格（Wagner）版本的 *Dissertations* 中（pp. xii—xviii），戴斯（Dyce）介绍了宾利
的 *Works*（pp. xi—xix）并提供了关于这场论争的一长串文献目录。*Epistles* 继续
出现，有人为其真实性辩护。例如，可参 J. S.［Solomon Whately］, ed., *The Epis-
tles of Phalaris*（London, 1699）；John Savage, *A Select Collection of Letters of
the Ancients*（London, 1703）, sig. A2v；以及 Thomas Francklin, ed., *The Epistles
of Phalaris*（London, 1749）, pp. iii—xvi。关于支持《法利拉书》的其他证据，参
见 Eustace Budgell, *Memoirs of the Life and Character of the Late Earl of Orrey*
［i. e., Boyle］（London, 1732）, pp. 161—66, 193；Hist. MSS. Com., Portland
MSS., VII（1901）, 437。

来,这个想法和这种抱怨一再被重申。似乎没有人可以重新撰写整部历史,除了根据现有的例子来拼凑、复合作品之外,似乎没有什么更好的方法了。汤普认为,对于一部长篇巨著来说,它包含的各种不同风格可以成为一种优势。汤普已经备好了一两件可以使用的东西,其实他还有另一些显而易见的选择,它们写于文字复兴之后。然而,汤普并不喜欢一些必要的编辑、改正和修订的工作;"汤普应该得到原谅,目前还不是卷入此类麻烦的时候,而且他也没心情这么做"。

1694 年,汤普的牧师斯威夫特(乔纳森[Jonathan]的表兄以及附近的普特纳姆[Puttenham]教堂的校长)向书商唐顿(John Dunton)概述了汤普的计划。① 唐顿是一个古怪而十分成功的出版商——至少在这些年里是这样,是非常著名的自传作者,他以设计和推广雄心勃勃的文学项目而自豪。② 例如,在此之前,唐顿成功发布了他的雅典公报(*Athenian Gazette*),一份合作文学通讯,汤普和汤普年轻的秘书乔纳森·斯威夫特就曾向此报投稿。也许,最先想到"英国通史"的就是唐顿。无论如何,关于该项目,唐顿很快获得了汤普的帮助。汤普乐此不疲,但当唐顿和他的朋友发现他们无法获得重印作品的权利时,该计划失败了。

然而,汤普现在对此十分感兴趣。汤普手头上就有一部自己的作品,他认为这部作品可以完美地介绍历史。汤普煞费苦心地制定了详细的计划。1695 年初,汤普将该计划(再次通过他的牧师)发给新的出版商。不用解释,这次又失败了。除了单独出版简介之外,他们没有什么可做的。自那以后,汤普的投稿开始出现。暂时没有出现更宏伟的计划。

---

① 这也许可以追溯到斯威夫特写给出版商理查德·宾利的那封信,February 14, 1694—1695,参见 *Letters by Several Eminent Persons···including John Hughes*, 2 vols. (London, 1772), I, 1—8。关于斯威夫特,参见 Robert M. Adams, "Jonathan Swift, Thomas Swift, and the Authorship of *A Tale of a Tub*", Modern Philology, 64 (1967), 198—232。

② John Dunton, *The Life and Errors*, ed. John Nichols, 2 vols (London, 1818).

　　就我们的主题而言,这个计划再有趣不过了。汤普想要的
"通史"不只是另一部编年史,即类似于理查德·贝克爵士创作
的那种大众作品。另一方面,汤普意识到,不耽误几年,他就没
法用新的人文主义风格完成他的项目。在这种情况下,最佳的选
择就是收集关于英国史的那些片段,例如,由"得到认可并受尊
敬的作者"撰写的"我们历史中的重要部分或短暂时期",然后把
它们串起来,形成一部完整的作品。在汤普的想象中,这部作品
是这样的:在编辑时,首先介绍和描述征服者威廉的统治时
期——汤普自己负责这个部分。接下来是丹尼尔撰写的从鲁弗
斯(William Rufus)到爱德华三世统治时期的历史。丹尼尔是一
位"有着良好的判断力和写作风格的作者"。关于理查德二世的
统治,汤普依稀记得他看过一部作者不详的作品,不过他把这项
工作留给了出版商,让他们努力寻找它。从亨利四世到亨利六世
"是英国史最高贵的一部分",汤普想不起来关于这部分的合适
的史学作品,它必然是最新收集的。关于接下来的两个统治时
期,有莫尔(Thomas More)爵士的旧作品,假如可以找到的话。
都铎王朝的历史就更简单了,这里有一整套的历史,每一部分都
很理想:培根的亨利七世,舍伯里的赫伯特(Herbert of Cher-
bury)勋爵的亨利八世,霍华德(John Hayward)的爱德华六世以
及卡姆登的伊丽莎白。所有这些作品都在复兴时期出现了,它们
至少拥有古典叙事的一些优点。① 可能还是有必要进行一些删

---

① 这些作品最初是这样出现的:Thomas More, *History of Richard III* (c. 1513) in the
　　Chronicle of John Hardyng, ed. Richard Grafton (London, 1543), in More's *Works*
　　(London, 1557), and in More's own Latin version in 1566; Francis Bacon, *History of*
　　Henry the Seventh (London, 1622); Herbert of Cherbury, *The Life of Henry VIII*
　　(London, 1649); Sir John Hayward, *The Life and Raigne of King Edward the Sixt*
　　(posth.; London, 1630); William Camden, *Annales rerum Anglicarum et Hibernica-*
　　rum regnante Elizabetha (London, 1615; 2d part, Leyden, 1625), trans. Abraham
　　Darcie (London, 1625), and trans. R. Norton (London, 1635)。

减,玛丽必须被写入霍林赛德(Holinshed)的《编年史》(*Chronicles*)中,要不然编辑工作就可以简单完成。就汤普的指示而言,如果新的出版商宾利将承担这项工作,那么斯威夫特就可以保证会有许多人来订阅此书,它应该会大卖。

在 1695 年,汤普对自己的计划感到绝望,但他的《英国史简介》(*Introduction to the History of England*)并没有提到这点。在序言中,对于他在寻找国家故事时面临的糟糕条件,汤普再次表示很烦恼。让汤普感到羞愧的是,像英国这样高尚并拥有如此优秀的作家的国家,本应该有"一部优秀并得到认可的英国通史"。法国、西班牙和帝国都可以吹嘘自己拥有杰出的作品;然而,英国的过去是被"一些卑鄙而粗俗的作者书写的,他们撰写的事务(Relations)或者作品集(Collection)是如此地乏味;关于选择叙述什么或放弃什么,他们判断失误;他们几乎没什么叙事规则,叙事风格也比较拙劣",以至于汤普认为"不值得花时间和精力去了解"。唯一的例外是汤普先前向宾利推荐过的而现在又再次提及的丹尼尔。①从这些作家和其他作家身上,汤普想到,人们可以用一种新颖的方式来书写历史,而且这部历史作品将被人们接受,"倘若我们尽心尽力地收集材料,并将其整理得井井有条的话"。很显然,汤普曾经想过以法国人梅泽里(Mezeray)为榜样来亲自做这件事,汤普发现,梅泽里撰写的历史很受欢迎,但他还是被其他事情绊住了脚。②汤普曾试图

---

① 关于汤普使用丹尼尔(Samuel Daniel)的作品,参见 Homer E. Woodbridge, *Sir William Temple* (New York, 1940), pp. 254—61。《英国史集》(*The Collection of the History of England*)的第五版(London, 1685)由楚赛尔(John Trussel)继续。丹尼尔的前言可能也对汤普产生了一些影响。"为英国通史创造一个可行的组织结构",他写道,"不是一个人就能完成的……我宁愿自己是某座精心设计的小屋的主人,而不是拥有许多比例失当、装潢糟糕的房屋的人"。

② Francois Eudes de Mezeray, *Histoire de France* (1643—51), abridged (1667—68), trans. I. Bulteel, *A General Chronological History of France* (London, 1683). Cf. Wilfred H. Evans, *L' Historien Mezeray* (Paris, 1930).

说服朋友们去完成这项任务,但都被他们"谦虚"地拒绝了。汤普只留下了《简介》(*Introduction*),他想将其出版,希望以此激励其他人开始这项工作。

汤普时不时地会想到使用至少两种不同的方法来重新书写英国史:一方面,把一系列不连续的片段串在一起;另一方面,根据梅泽里的脉络对整体进行删减。《简介》旨在为这个或那个目的服务。无论是哪种情况,汤普都在解释什么样的历史作品才是好作品,与此同时,他还描述了历史写作的传统。汤普想依照这样的人——从莫尔的时代就开始有意根据古典路线来塑造自己作品的人——的写作脉络来书写历史。汤普的名单并不详细,但肯定包括他那个时代人们仍在阅读的典范。在编写该书时,汤普有意回避了那些在整个时期数量都比较多的编年史。他摒弃了那些琐碎而无关紧要的东西:"奇奇怪怪的事情、混乱的季节和肆虐的疾病"等等,"这些东西既不能表明君王的德性或罪恶,也不能指导后代,而历史最大的目的恰恰在此,所有史学家,至少是具有古典意图的史学家,最应该关注的就是这个"。它们虚无缥缈、随意的风格也让汤普厌烦。同样应该回避的是关于古文物的大量争论,甚至关于英国种族和制度之起源的争论都应该回避。① 历史是关于政治和战争的故事,史学家的首要职责就是找出重大事件的起因,并对其进行清晰、生动而优美的叙述。

汤普撰写的《简介》就是这种类型的史学作品的成功例子。《简介》分为两个不对等的部分,这两个部分以不太巧妙的方式结合在一起,而且很有可能是分开编写的。第一部分,也就是更简短的那部分,讲述了从前罗马时代到诺曼征服的故事。第二部分继续讲述诺曼征服,重复了前面的一些细节,然后详细叙述了威

---

① William Temple, *An Introduction to the History of England* (London, 1695), sig. A2ff., pp. 299—300.

廉统治时期的历史。对当代人来说,作品似乎不可避免地会拥有
政治动机;历史叙述应该为政治提供信息(莫尔、霍华德和培根不
就是这样设计他们的作品吗),而且,当另一位威廉(也是另一个
征服者)登上王位时,关于威廉一世的史料选择就不能琐碎无聊。
"人们普遍的看法是",汤普的当代传记作家写道,史学家是"奥兰
治(Orange)亲王最后一位真正的朋友",他出版了《简介》,其意在
于"赞扬亲王拥有对其十分有利的诺曼征服者的性格;其意还在
于,通过展示阿特林(Edgar Atheling)作为毋庸置疑的王位继承
人(像詹姆士一世一样)而两次被搁置来维护晚期革命的正当
性"。① 无论如何,该作品写得很不错,而且很有说服力,它展现出
了自身的特别之处以及汤普的写作意图。至于史学研究——根
据文献学家和古文物研究者的理解来说——汤普对历史研究一
无所知,而且也不怎么关心。就如古典时期被他立为榜样的人一
样,汤普认为,历史写作实质上意味着重写历史。因此,汤普的任
务就是选择最佳的叙事方式,并借助其他作品来重新叙述,加入
自己的风格、组织和政治洞见。在《简介》中,汤普就是这样做的,
他使用了丹尼尔的早期作品(于 1685 年再版续印),诠释了这部
作品的所有文章并效仿,但并没有得到认可。汤普的史学作品一
出版便受到赞扬,甚至受到现代人的赞扬,而这源于汤普发现了
古典传统的一些优点,其实本质上是关于形式、风格和政治意义
的优点。

汤普的其中一位崇拜者就是他的秘书斯威夫特。当然,斯威夫
特崇拜汤普的理由有很多;当汤普编撰历史时,斯威夫特很可能帮
助了他,正如当汤普准备出版时,斯威夫特所做的一样。这些年来,
斯威夫特一直待在摩尔公园,直接为汤普写作,他似乎完全接纳了

---

① Abel Boyer, *Memoirs of the Life and Negotiations of Sir William Temple* (London, 1714), p. 413.

这位老者的政治观、世界观和英国史学观。① 《浴缸的故事》和《书之战》旨在向汤普致歉并对沃顿和宾利进行抨击。斯威夫特似乎过于"谦虚"了，以至于无法撰写出汤普心目中的节本。斯威夫特的确开始对一个节本进行创作——我们拥有其中的一个片段——即使他最后搁置了，从未完成。② 该节本紧接着汤普的《简介》讲述了威廉二世的统治，故事一直持续，直到亨利二世的统治中期才戛然而止。因为斯威夫特本人认为它不值得完成，也许不值得去仔细检查一下。即使随意一观，也可以发现该节本表现出了和老者的作品一样的意图、优点和缺点。无论如何，人们可以从中看到更大的抱负：实现汤普的梦想，并按照古典标准重新撰写英国史。然而，正如汤普所预言的，仅凭一己之力极难完成这项工作；到了1703年，斯威夫特才发现了属于自己的独特才能和抱负；然而，他的毕生追求，即成为一名史学家，从未得到实现。③

　　汤普的思想不会消失。汤普的思想是如此夺目，如此吸引人，以至于不会消失。④ 对此仍感兴趣的是书商——不是最初的那一

---

① Emile Pons, *Swift*: *Les annees de jeunesse* (Strasbourg, 1925), pp. 204—19; Robert J. Allen, "Swift's Earliest Political Tract and Sir William Temple's *Essays*", *Harvard Studies and Notes in Philology and Literature*, 19 (1937), 3—12; Ricardo Quintana, *The Mind and Art of Jonathan Swift* (London, 1936), chap. 2; Irwin Ehrenpreis, *Swift*, 2 vols. (London, 1962—1967), I, chap. 6 and II, 339; Woodbridge, *Temple*, chaps. 16—17.

② 实际上有两个片段；在此处，我们关注的是更宏伟的那个片段，参见 Swift, *Miscellaneous Pieces*。斯威夫特曾希望成为皇家史学家，参见 Ehrenpreis, *Swift*, II, 746。

③ Ehrenpreis, Swift, II, chap. 8; Ehrenpreis, "Swift's *History of England*", *Journal of English and Germanic Philology*, 51 (1952), 177—85; John R. Moore, "Swift as Historian", *Studies in Philology*, 49 (1952), 583—604; and James William Johnson, "Swift's Historical Outlook", *Journal of British Studies*, 4 (1965), 52—77.

④ "在伦敦，几乎没有一位书商不会伪造一本这样或那样的《新英国史》(*New History of England*)，甚至连唐顿也认为汤普留下的美名足以使他继续他的项目，它能出版，这个人很高兴"(Edmund Gibson to Arthur Charlett, November 13, 1694, Bodl. MS. Ballard V. f. 70)。

群人，而是一个新的集团。"承办人"斯瓦勒（Swale）和丘吉尔（Churchill）联合了一家大型的书商集团来参与此事，但整个项目也出乎意料地宏大——最终是洋洋洒洒三卷之多。实际上，工作量十分惊人，到最后，约有 780 位订阅人伸出了援手。其成果就是《英国全史》（*A Complete History of England*），它于 1706 年首次出版，后又多次重印，并于 1719 年得到修订。《英国全史》是一座不朽的丰碑，适合这个时代的口味，它以一种全新的方式达到了两个世纪来的历史写作高潮。毋庸置疑，汤普会喜欢这个结果。

然而，汤普去世了，斯威夫特开始忙于其他事情。寻找一位新的编辑势在必行。其实还需要其他人手：一人撰写叙述里缺失的部分，另一人做注并纠正较旧的作品，也许最重要的是，有人可以一直进行叙述，直到现在。这项工作旨在完成一部完整的历史，它必须从头开始，并以当代事件结束。诗人和多才多艺的作家休斯（John Hughes）担任了编辑，古文物研究者斯特雷普（John Strype）和其他一些人提供文本；肯尼特（White Kennett）主教被选来负责当代的部分。整个管理显得相当娴熟。这项工作的组织安排非常严苛。①

为这项工作，休斯做了充分的准备。当休斯受命研究历史时，他还是一个青年，事实上，休斯英年早逝，从未取得他屡次几乎就要取得的文学成就。休斯创作了很多诗篇，广受好评，另外还写了不少散文，翻译了一些拉丁文和法文作品，还有一部很受欢迎的戏剧。他还为《旁观者》（*Spectator*）做了一些贡献，并且了解那个时

---

①　很多人认为肯尼特是《英国全史》（3 vols., London, 1706）的编辑，而且有时候人们把这项工作归功于他，参见 Thomas Hearne, *Remarks and Collections*, II vols. (Oxford, 1885—1921), I, 280, 286, 332; III, 269—70, 339, 392, 424。不过，可另参肯尼特写给赫恩的回信，在信中，他否认自己承担了这个角色，见 Hearne, *Leland's Itinerary*, 9 vols. (Oxford, 1710—1712), VII, xv—xvi。《记录和问询》（*Notes and Queries*, 2d ser., 8 [1859], 343—44）中的一篇文章收集了许多支持休斯的证据。

代大多数的文学特性。此外,休斯还是颇有声望的音乐家和剧作家。关于休斯的逝世,斯蒂尔感慨良多,斯蒂尔说道:"所有有品味的人都会为这位绅士的陨落悲叹。"有一段时间,休斯的作品得到了重印,约翰逊(Johnson)博士为他撰写了"生平录"。然而,不知何故,休斯的大部分作品仍处于二流的水平,这也许是因为他的想法太司空见惯了。①

对一位编辑来说,具有原创性并不是什么特别的优点。休斯勤奋而轻率,他的思想恰好适合他那个时代。22 岁时(1698 年),休斯撰写了一本小册子,"他的写作风格",充分描述了他的文学观。文雅学识,休斯写道:"就是锉掉学院的铁锈……一言以蔽之,它把绅士加在了学者身上。"休斯本身不是院士,而是一位非常绅士的学者,他类似于汤普和那些抨击过宾利的基督教会智者。休斯认为,文雅学识的两个主要分支是史学和诗歌。然而,正如休斯为之撰文的人一样,他无限地偏爱"理智和文雅学识,而不是其他任何形式的学识:一个朴实而未受过教育的人总是比一个通晓几门语言的傻瓜更令人愉悦"。休斯指的是沃顿还是宾利呢? 无论如何,经这一番评论之后,休斯接着大肆赞扬汤普。②

当休斯承担《英国全史》时,他就准备接受自己的榜样和前辈的标准。当对新作品进行冗长的介绍时,休斯描述了他的写作计划以及推行该计划时遇到的问题。他首先简短地谈到了史学在娱乐和指导人类方面、在为政治反思和个人反思提供材料方面以及在改善道德方面的价值,"我们倾向于模仿我们欣赏的人或物"。休斯继续如汤普一样对现有的英国史的状况提出批评,"我们的史学家的表

①　邓库姆(John Duncombe)曾撰写过休斯的生平,参见 the Letters of John Hughes,
　　2d ed., 3 vols. (London, 1773);约翰逊(Samuel Johnson)也撰写过,参见 Lives
　　of the English Poets, ed. G. B. Hill, 3 vols. (Oxford, 1905), II, 159—66。

②　John Hughes, "Of Style", in Poems on Several Occasions, ed. John Duncombe, 2
　　vols. (London, 1735), I, 247—55.

现糟糕而不完美"。休斯反对的是写作形式和风格；这也是"为什么许多人在阅读我们的故事时，会比以前更加粗心大意，假如这个故事更具有相关性的话；尽管历史问题是首要的，但是形式——其完全取决于作家——几乎同等重要"。当然，"以最好的方式记录伟大的行为"就和把它们演绎出来一样困难。休斯对完美史学的优点进行了总结，这个总结完美地描述了人文主义修辞家期待的是什么，"故事的每个部分按比例分配，优美而简洁的叙事，高雅而不矫揉造作的风格，少而精的修饰词，生动而非诗意的描述，简短而恰当的思考，最后……是贯穿整个作品的良好操守，以及一种可以让读者参与到每个行为中去的精神"。在这里，休斯清楚地表达了他的想法，他推荐读者去阅读一些标准的、关于历史艺术的当代作品。

撰写一部完美的历史作品并非易事。完美地撰写整个国家的历史几乎不可能。休斯认为，只有李维和马里亚纳（Mariana），一位古代人和一位现代人，才算完全成功地做到了这点。[①] 在英国，根本没有这样的人。有人尝试过撰写国家历史，但要么以编年史的形式，要么以古文物汇编的形式进行，而这两者都没什么用。前者乏味，充满了"无聊的事和一些细枝末节；后者不过是不辞辛劳地收集图书馆资料、手稿、公共名册和记录"。即使再多的辛劳也无法克服"平淡而无价值的写作风格"。英国历史仍有待书写。除了遵循汤普的建议把那些被认可的片段放到一个叙事中，也别无他法。在此处，英国是幸运的，因为在过去的两百多年里，人们以人文主义的手法撰写了许多简短的历史故事："这些都是长期存在的权威典籍和指南，有了它们，所有尝试者必然拥有了可以依赖的东西。"

---

① 古文物研究者巴格福特（John Bagford）也认为马里亚纳（Mariana）和李维是古代人和现代人中最优秀的；可参见于 1714 年 9 月 19 日写给赫恩的信，见 Hearne, *Remarks*, IV, 405—6。Juan de Mariana, *Historiae de rebus Hispaniae libri*, XXV (1592—1605), trans. John Stevens, *The General History of Spain* (London, 1699).

休斯的计划比汤普的计划更雄心勃勃,即使其设计是一模一样的。要弄到适当的作品并不容易。有些作品稀缺且昂贵,而其他的作品在经过多次再版后损坏了。除了汤普所了解的之外,还需要获得更多的历史故事,而且叙事的规模会更加宏大。不应该有删减,然而添加一些东西就是另外一回事了。除了汤普推荐的那些,休斯还增加了哈宾顿(Edward Habington)的爱德华四世、戈德温(Francis Godwin)的玛丽女王和威尔逊(Arthur Wilson)的詹姆斯一世。① 具有讽刺意味的是,休斯用弥尔顿(John Milton)撰写的被征服前的英国以及丹尼尔撰写的威廉一世替代了汤普的《简介》。毋庸置疑,汤普的作品规模很小,这可能和一些变化有关;当然,汤普撰写的历史的第一部分还不够充分,如果有人要把丹尼尔的作品用于描述鲁弗斯(William Rufus)之后的许多朝代的统治,那么他最好还是从汤普的作品开始。最终,这三本书的全部内容都献给了 17 世纪的英国,并由肯尼特主教亲自撰写。另外还有其他的补充内容,一些注释、资料以及许多新的翻译作品。

关于这部作品,有一些庄严而权威的东西。英国文学全盛时期的人们习惯了大型作品集和深奥的作品,可是在哪里才能找到可以把规模宏大和文字完美结合在一起的作品,以匹配这段历史呢? 如果在某种程度上,这是一部东拼西凑的作品,那么仅其多样化,休斯认为(和汤普一起),就可以将其从乏味中解脱出来。这部作品的各个部分是多么的优秀啊! 休斯对每部作品的描述都很详尽,这有助于定义他的文字标准。同样,这些术语和汤普的术语如出一辙,但前者更完整。该标准仍然很经典:弥尔顿带有"古希腊或古罗马的威严之气",培根被比作塔西佗。所有人(因其形式和风格)都受到了恰如其分(几乎是独一无二)的称赞:丹尼尔拥有流畅而清晰的叙

---

① 　William Habington, *The Historie of Edward the Fourth*(London, 1643); Francis Godwin, *Annals of England*(London, 1675). 没有一个作品可以和最初的版本相当,不过,不管怎样,还是需要展示它们之间的差距。

述、敏锐的判断力和辩才,他"精通"拉丁语(但在此处被翻译出来了);培根拥有"低调演说家的所有修辞",如此等等。关于其目的,我们无须怀疑;《英国全史》旨在完成一个从英国文艺复兴初期开始的且从人文主义历史角度进行叙事的完整选集。它没有遗漏这些作品中最令人欣赏的部分,那就是克拉伦登(Clarendon)伯爵撰写的《反叛史》(*History of the Rebellion*)。然而,将其全部囊括在内(它本身要分成三大册)似乎不太可能,但肯尼特有意将其尽可能多地并入自己的书册中,尤其是那些赋予此书特殊声誉的"人物"。①

《英国全史》是汤普思想的实现,是文艺复兴的一个主要抱负的实现,即根据古典标准重写了整个英国史。当然,取得成功的程度取决于它的各个部分,对它进行分析远非本文的范畴。然而,在评价是什么构成了英国历史写作的古典传统时,汤普和《英国全史》的编辑们并不孤单。古代人和现代人再次在这里达成了一致意见。因此,在《英国全史》中使用过的作品,从莫尔到克拉伦登,几乎都得到了描述和赞扬,其作品的优点得到了认可。②经典的历史叙事理论在汤普的时代得到了重复,就如两个世纪以来,在数量多到无法重述的作品中,它被重复了无数次一样。

三

不可避免地,汤普的其中一位读者就是沃顿。和大多数阅读《简介》的人相比,此书并没有给沃顿留下什么深刻的印象。《简介》包含了太多"奇怪的错误",例如,双重错误(double error),汤普将圣·奥古斯丁(St. Augustine)的使命归于教皇博尼法斯

---

① 参见肯尼特的注释:*Complete History*, I, preface, *ad fin*。

② 关于现代人,William Nicolson in *The English Historical Library*(London, 1696);关于古人,参见 Henry Felton, *A Dissertation on Reading the Classics and Forming a Just Style*(London, 1709;2d ed., 1715)。

(Boniface)，将阿瑟尔伯特（Athelbert）置于南撒克逊（South Sax-on）王位之上，"大家都知道阿瑟尔伯特只是肯特（Kent）国王，而把奥古斯丁派往英国的正是大格雷戈里（Gregory the Great）"。在细节方面做到准确无误并不是汤普的强项。① 至于沃顿对汤普的写作风格有什么看法，沃顿并未提及——也许无意中承认了其卓越性；然而，和实质内容相比，写作风格对他来说意义不大。不同于人文主义绅士，人文主义学者愿意忍受最尴尬和最困难的工作，只要他们能为知识做出贡献。很久以后，沃顿写信向伟大的古文物研究者塞尔登（John Selden）致歉：汤普的"写作方式晦涩、复杂，他的题外话多而冗长"，对此，沃顿深以为然，"不过，各种不太常见的事物很值得读者去了解，从而弥补了这个问题"。对以各种形式呈现的细节进行鉴赏显得十分典型。

  和汤普一样，沃顿不仅对历史的本质有着强烈的看法，而且他也写了一些东西。就如那位老者（虽然方向大致相反）一样，沃顿的历史作品也反映了他在古今之争这个问题上所持的观点。沃顿的任务是阐明人文主义的文献学和古文物研究传统，就如汤普同样描述了人文主义的修辞传统一样。在 1701 年，《从安东尼·庇亚斯之死到西弗勒斯·亚历山大之死的罗马史》（*The History of Rome from the Death of Antoninus Pius to the Death of Severus Alexander*）面世了。该书最初是在沃顿的赞助人伯内特（Bishop Burnet）主教的鼓励下撰写的，主教曾一度负责国王儿子的教育。在君王的授意下，沃顿拟完成一些论文，论文由罗马四位皇帝的生平录构成，他们是马可·奥勒留（Marcus Aurelius）、康茂德（Commodus）、埃拉加巴卢斯（Elagabalus）和亚历山大·西弗勒斯（Alexander Severus）。伯内特十分明确地选择了他们，因为"他们是罗马史上最合适的例子，足以教导君主；和糟糕的统治相比，良好

---

①   Wotton，*A Defense*，p. 18. 然而，汤普的第二版（1699）已经得到了"纠正和改进"。

的统治更多地会让君主及其臣民感到光荣、安全和幸福"。① 关于这个目的，早期的人文主义者不能更同意了。在这四位君主中有两位是好君主，两位是糟糕的君主。沃顿认为，他们是阐释"德性和罪恶的最佳例子，并且他们的结局清晰明了"。

　　不幸的是，在工作完成之前，这个年轻人就逝世了。因此，沃顿决定拾起这些片段，并把它们与缺失的叙述——即4位皇帝之间的数次统治和26年的岁月——连接起来。历史会因此变得完整、连续且更加容易理解。毫无疑问，沃顿这次还使用了一些精湛的学术手段，让这部作品显得与众不同，让它成为一篇学术性评论——其目的在于总结与其主题相关的古典学识的状态。尽管从某种意义上说，沃顿的主题迫切需要进行修辞学方面的处理——因为根据古典理论这种风格会有些戏剧化或娱乐效果，但是沃顿认为这个目的不可取，而且在很大程度上是不可能的，至少对他处理主题的方式而言是这样的。"矫揉造作的雄辩，这种最微不足道的东西，变成了历史，尤其是像这样的历史，它就像马赛克作品一样，由其他人的思想和语句构成并相互混合、交织在一起，在有些地方会添加或删减作者的思想，其结果并不理想。"沃顿追求的是简洁和准确，而不是文字修饰。在这种情况下，沃顿作品读起来很不错，即使不是特别出众。沃顿没有让他的博学干扰他的叙述，而这在很大程度上（尽管并非完全如此）是通过将其博学贬为一系列详尽的注释来做到的，他将这些注释放在作品的结尾。②

---

① Wotton, *The History of Rome* ⋯ (London, 1701), dedication to Burnet, sig. A2v.

② 他在前言中重申了他的意图。参见艾查德（Lawrence Echard）较受欢迎的作品：*The Roman History* (1695—1699)，在这部作品中，他抱怨了以前的作者"总是混淆批判式学习，总是让他自己变得不那么讨喜"(sig. A2ᵛ)。不过，古文物研究者赫恩（Thomas Hearne）反驳了修辞学家："艾查德文笔不错，可是他没有对原著者进行调查，更不用说追随关注他们了"，参见 *Remarks*，VI, 170；VII, 247—48。此处是关于史学编纂之间的问题。

这些就是史学中最有趣的部分。正如沃顿在简介里所承诺的,他使用了它们还有文本中的一些讨论来描述他的原始资料,思考一些阐释性问题以及学者之间的问题。如果沃顿高度关注了迪特蒙(Tillemont)和迪希亚(Dacier)的最新作品,那么这是因为他们使用了所有的古代原始资料。不过,沃顿并没有刻意关注他们;实际上,沃顿不仅表现得很熟悉一手的希腊语和拉丁语古代叙事资料,而且也表现出很熟悉铭文和历史遗迹,尤其是那些古钱币。引起沃顿注意的"那些无可争议的古代遗迹解释了许多曾被史学家以非常蹩脚的方式讲述的事件"。这是一个直到最近才被开垦的领域,是"现代"的成就,是广受欢迎的古文物消遣,也是书写古代世界史时必不可少的科学。就像铭文学、年代学和外交学一样(这些都是沃顿所熟悉的,或多或少地被应用到他的作品中),钱币学在文艺复兴时期的意大利就被人文主义者首次发现;在恢复古代文学时,这些人文主义者渴望使用一切证据来阐明他们的观点。两个世纪以来,钱币学以定期累积的方式获得了稳步的发展,沃顿认为这是历史学识的特点。到1700年,钱币学得到了业余爱好者和收藏家以及学者的普遍承认,为古典史提供了帮助。甚至在一个基本的观点上,即该称呼那位皇帝为埃拉加巴卢斯还是黑利阿迦巴鲁斯(Heliogabalus),是西弗勒斯·亚历山大还是亚历山大·西弗勒斯,沃顿认为钱币可能会起到决定性的作用。沃顿自然站在现代古文物研究者这边,和他们一起反对古代作家——在这种情况下指的是《罗马皇帝传》(Historia Augusta)的作者。沃顿声称:"当类似的争议出现时,唯一可以解决争议的权威就是纪念章。"尽管它们的权威地位也和书面资料一样常常受到质疑,但是无论它们赞同什么,它们的证据都具有决定性的作用;它们是"古代最真实的历史遗迹"。没有哪位现代学者会反驳这点。[①]

---

① Wotton, *A History of Rome*, VII, 377—378, note L; 453. 关于钱币的文献资料过于浩瀚,难以尽数,尤其是阅读了大量的外国作品后。较受欢迎的(转下页注)

在此文中,我们无暇通过沃顿的原始资料来追溯他的文章,也没空展示沃顿对人文主义学识的精通和对人文主义学识的批评。没有自文艺复兴以来积累起来的集体劳动,没有沃顿对历经几代人的古典学术方法的理解,沃顿作品的结论及其运用的技巧就不可能出现。然而,这些也适用于英国史吗?也许依据古典主题寻找古典学识并不奇怪,可是后来的历史又如何呢?文献学家或古文物研究者该如何论述汤普的《简介》所涉及的时期呢?

沃顿的兴趣点也不可避免地延伸到了这些问题上。关于当代学识领域,沃顿可以说是无所不知,无所不晓。如果沃顿可以迅速找出汤普作品中的瑕疵,那么他就会明白,汤普的事业存在根本性弱点。像先前所有的叙事作家一样,汤普因不了解盎格鲁-撒克逊语而无法弄清楚他的主题。如果不接触用本土语言撰写的原始资料,一个人怎么可能了解英国早期的习俗、制度、社会生活甚至是法律和政治呢?这似乎让汤普感到困扰,而在他之前,只有丹尼尔或弥尔顿会如此。人文主义的修辞学传统并不鼓励此类研究。自从英国在人文主义学识的影响下开始进行古文物研究,这个问题就显得特别突出。自 16 世纪早期的里兰德和塔波忒,大不列颠的古语复兴开始了。当古典文献学被引入英国并开启了罗马不列颠复兴之英国篇时,凯尔特和盎格鲁撒克逊的文献学也迈出了第一步,而这并非巧合。他们继续借用后面几代人的技术也就不足为奇了。[1]

(接上页注)英国论文包括 Obadian Walker, *The Greek and Roman History Illustrated by Coins and Medals* (London, 1692);John Evelyn, *Numismata, a Discourse of Medals* (London, 1697);以及 Joseph Addison, *Dialogues upon the Usefulness of Ancient Medals*, written in 1702(London, 1726)。

[1] Rosemond Tuve, "Ancients, Moderns, and Saxons", *ELH*, 6(1939),165—90;Eleanor Adams, *Old English Scholarship in England from 1566—1800* (New Haven, Conn., 1917);K. Sisam, *Studies in the History of Old English Literature* (Oxford, 1953);N. R. Ker, introduction to *Catalogue of Manuscripts* (转下页注)

　　到了沃顿的时代，盎格鲁-撒克逊语的文献学已得到极大的发展。实际上，当沃顿准备 1705 年的《思考》时，它就随着希克斯的《北方语言词库》(*Thesaurus of the Northern Tongues*)的问世而达到了高潮。沃顿称赞那部作品(以及牛顿的《光学》[*Optics*])是现代最新、最伟大的成就之一。希克斯的 3 部作品甚至比《英国全史》的份量更重、更让人印象深刻，它们是人们了解盎格鲁撒克逊历史和文化的关键。沃顿写到，直至现在，"我们才有可能撰写一部准确的、关于我们作为一个民族以来的语言变迁史；直至现在，我们才可以查明几乎所有单词的源头"。因此，现在才有可能"更加了解我们的北方祖先的学识，比他们所在的任何一个时代都更加了解"。经过几代人文主义者努力而赢得的并且最终被应用到陌生领域的古典文献学优势，最后终于重新夺回了北方古老的日耳曼文化——它们对史学同样有用。沃顿立刻着手有序地编写希克斯作品的节本，以便宣传和简化原作。①

　　这不是一件容易的事。《词库》不仅厚重，而且极其复杂。一方面，《词库》实际上并不是一位作者的作品，它是希克斯策划的一项合作性成果，包含了一系列不同种类和不同篇幅的拉丁文论述，旨在讨论北方语言、文化的各个方面。《词库》囊括了 3 种语法(盎格鲁-撒克逊语、哥特语和冰岛语)，方顿撰写的关于盎格鲁-撒克

（接上页注）Containing Anglo-Saxon(Oxford, 1957)。在牛津有一篇有用的文章：J. A. W. Bennett, "The History of Old English and Old Norse Studies in England from the Time of Francis Junius till the End of the 18th Century" (1938)，其中一部分出现在 Viking Society for Northern Research, *Saga Book*, XIII, pt. 4 (1950—1951), 269—83, 以及 *English Studies*, ed. F. P. Wilson(London, 1948)中。

① Wotton, *Linguarum vett. septentrionalium thesauri⋯conspectus brevis*(London, 1708). 它被谢尔顿（Maurice Shelton）译为 *Wotton 's Short View of George Hickes's Grammatico-Critical and Archaeological Treasure of the Ancient Northern-Languages*(London, 1735)。很显然，这部作品是在希克斯(Hicks)指导下完成的，希克斯撰写了注释，参见 Hicks to R. Harley, February 10, 1708, Hist. MSS. Com., Portland MSS., IV, 477; Hearne, *Remarks*, II, 92—94, 96。

逊钱币的一篇论述,以及(占据一整卷)由希克斯才华横溢的年轻助手文瑞追溯和描述的全部盎格鲁-撒克逊手稿的目录。这些内容被冗长的序言、刻版画,6 个索引以及一篇最有价值的关于北方语言的卓越性和实用性的论文围绕。序言以及各个部分都提到了几十位投稿者。它的形式或无形(formlessness)都表明了它是 17 世纪学识的象征。如果这是讽刺文学绅士的一个目标,那么从长远来看,对早期英国的史学家来说,它是必不可少的。

　　希克斯最初写的论文就可以做到这点。该论文讨论了原始资料,还有人们在理解盎格鲁-撒克逊文化时遇到的问题,也描述了那个时期的某些制度和习俗。除了其他新奇的东西之外,希克斯还思考了地名、遗嘱、钱币和宪章;希克斯最后进行的一次讨论也许是最有价值的。正如沃顿所见,没有人能正确地鉴别这些"宪章",尤其是关于它们是否属于原件,以及它们是伪造的,还是真实的,除非他了解盎格鲁-撒克逊的书写史和"每一个时代特有的语词和说话方式"。就如所展示的,希克斯可以证明,尹加福(Ingulf)撰写的中世纪编年史中的一系列宪章都是伪造的;尹加福的写作技巧和"宾利撰写《关于法利拉书的论述》"时如出一辙。这些宪章是假的,因为它们的语言和内容都犯了时代错误。只有密切而不辞辛劳地关注细节(汤普和斯威夫特的"学究气"),这样的知识才会成为可能。官方文件中的十字记号是怎么做出来的,"对那些没有好奇心和轻视'宪章'的人来说,它们有多么琐碎和无足轻重都不重要了";文本的书写时代及其真实性都由它们决定。[1]

　　希克斯、文瑞和他们的同伴们只是在英国做了马比荣和蒙福孔

---

[1] Shelton, *Wotton's Short View*, pp. 36ff. ; Hickes, *Linguarum veterum septentrionalis thesaurus* (Oxford, 1705), preface to Ottley, pp. xxviiiff. ; "Dissertatio epistolaris", pp. 66ff. 。关于尹加福的问题,参见 Henry Thomas Riley, "The History and Charters of Ingulfus Considered", *Archaeological Journal*, 19 (1862), 32—49, 114—33; W. G. Searle, *Ingulf and the Historia Croylandensis* (Cambridge, 1894)。

（前者熟悉后者的作品）在法国做过的事，以及整个欧洲联合起来为古希腊和古罗马做过的事。希克斯充分意识到，盎格鲁-撒克逊研究在他那个时代之前就已经得到了长足的发展，对此，他感激不尽。在《词库》中，这些文献和史学技巧的应用立刻为人们理解早期英国的生活带来了好处。希克斯有许多话要说，例如，关于盎格鲁-撒克逊的法庭和法律机构，以及关于早期的宗教、税种和地形。文瑞的目录仍可以用来引导学生找到关于盎格鲁-撒克逊历史的原始资料。此外，这部作品或许还有其他许多用途，但它过于浩瀚，不宜在此讨论。用沃顿的话说，这是"一个再现我们祖先英勇行为的宝物……它本身就包含了我们国家的所有法律、习俗和礼仪，或者至少可以说明那些迄今为止少有人读懂或完全没人读懂的书到底写了些什么"。

四

　　《词库》只是古文物研究者集体合作完成的一部旨在恢复英国早期历史的作品。英国也有凯尔特史和罗马史，更不用说后来的中世纪史和现代史，所有这些同样或至少可能经得起文献学家和古文物研究者的技巧考验。回顾过去的两个世纪——即把希克斯及其朋友和里兰德及其追随者分开的那两个世纪，我们可以看到，一个伟大的古文物研究梦想正慢慢得到实现。里兰德所做的只是述说它，并积累与之相关的笔记；接下来几代人的每一项伟大的古文物研究任务，他几乎都弄明白了。里兰德为他冗长的项目制定了计划，可都没有实现，这让人们想起了文瑞在 1707 年为新古文物研究协会提出的计划。① 17 世纪后期的古文物研究者饶有兴致

---

① 　British Museum MS. Harleian 7055, f. 4ff. ; and Joan Evans, *A History of The Society of Antiquaries*(Oxford, 1956), pp. 41—44. 里兰德的计划梗概出现在 New Year's Gift to Henry VIII, published by John Bale, *The Laboryouse Journey and Serche of Johan Leylande*(London, 1549), printed by Hearne in *Leland's Itinerary*, I.

地阅读了里兰德的笔记(自里兰德开始撰写这些笔记,他们就一直阅读),各种出版计划很快得到了实施,这是不是十分让人意外?①伟大的卡姆登在一百年前就被指控剽窃了它们;现在,卡姆登的《不列颠志》(1695)随着里兰德一起复兴了,一群古文物研究者对之进行了拓展和更新,从而形成了漫长的古代英国复兴之路上令人印象最为深刻的一项成就。这项事业的贡献者之一是一个名叫里韦德的威尔士人,他数年专注于凯尔特人的语言和文化,就如希克斯专注于盎格鲁-撒克逊的语言和文化一样。里韦德的《大英考古全书》(*Archaeologica Britannica*,1707)和宾利的《论述》以及《词库》一同,都是文献学和史学方面的成就,它表明了史学家的任务——或者更准确地说是文献学家-古文物研究者的任务——在这段时期结束时是多么普遍并具有持续性。②

奇怪的是,所有这些学术成就并没有立即转化为现代史学。希克斯和里韦德的作品以及新版的《不列颠志》在某种意义上是文艺复兴之古文物研究的高潮,而并非新事物出现的先兆。和《英国全史》一样,它们总结了整个时代的成就。过了一个多世纪才出现显著的进步。例如,在关于盎格鲁-撒克逊的能力和学识方面,希克斯和文瑞就超过了其他人。在某种程度上,这是叙事和研究持

---

① 伴随着赫恩本的里兰德之《旅行日程》(*Itinerary*)和《收藏品》(*Collection*)出现的是首次由赫尔(Anthony Hall,2 vols.[Oxford,1709])印出的里兰德的《作家评论》(*Commentarii de scriptoribus Britannicis*)。赫尔对唐勒(Thomas Tanner)充满期待,后者多年都专注于一个版本并最后以此为基础完成了《不列颠-爱尔兰图书馆》(*Bibliotheca Britannica Hibernica*,1748)。参见他写给查理特(Charlet)的信,Bodl. MS. Ballard IV。

② 卡姆登的《不列颠志》于1607年以拉丁文形式出现,1610年英译本面世。1695年,在吉布森的指导下,它重新被翻译并得到拓展,1722年再次被翻译;Stuart Piggott,"William Camden and the Britannia",*Proceedings of the British Academy*,38(1951),199—217。关于对里韦德的欣赏,参见 Glyn E. Danniels,"Who are the Welsh?",*Proceedings of the British Academy*,40(1954),145—68;以及 Richard Ellis, *Life and Letters of Edward Lhwyd*,in R. T. Gunther, ed., *Early Science in Oxford*,XIV(Oxford,1945)。

续分离的结果；18 世纪的史学家没有从《词库》中学到什么东西，这在一定程度上是因为最初激发古文物研究热情的动机在 18 世纪有所衰退。关于盎格鲁-撒克逊的研究从一开始就是由那些急于在早期记录中找到证据以支持自己立场的教会人士开展的。大主教帕克所在的圈子就是如此，他所在的圈子在伊丽莎白女王统治时期就发起了这些研究，希克斯所在的圈子亦是如此。大约在同一时期，政治争议起到了同样的作用，并以同样的方式消失了。因为已经失去了动力，古文物研究运动不得不对抗另一股强大的人文主义思潮，即古人对中世纪研究的敌视及其对学识迂腐之处的厌恶。毫不奇怪，在我们这个时期所取得的为数不多的成就中，关于罗马时代（而不是撒克逊或凯尔特时代）的研究受到的限制最少。直到 19 世纪，人们才再次谈到伟大而迅速的变革，即史学编纂中的一场"革命"。直到那时，叙事和学识才失去其独立性，并被转化为"现代"史学。不过，那又是另一个故事了。

第七章　吉本和古今之争

在古今之争中,吉本(Edward Gibbon)选择支持其中一方,也许这是不可避免的。过去人们常说,这场争论早在吉本那个时代之前就结束了;在 18 世纪初,英国和法国的现代人就已取得了决定性的胜利,进步的思想战胜了落后的面貌。即使最粗略地检查一下,也会发现相反的证据,这场争论持续了几代人之久,可仍没有得到解决,而且古人毫不掩饰他们有很多话要说。[①] 斯威夫特和蒲柏在英国的发声最振聋发聩,而布瓦洛(Boileau)和达西埃夫人(Mme Dacier)在法国发出的声音则稍弱一些——而且同样不受欢迎。事实上,倘若古老(ancientness)没有支配争论结果的话,它似乎继续支配着争论的条件。过了很长一段时间,这个问题似乎得到了很好的解决,以至于绅士或学者完全不需要表明自己的态度。吉本认为自己既是一位学者,也是一位绅士,他觉得自己有义务早一些并持续地对这场争论发表意见。对吉本的思想产生影响的并不只是这场争论,对他的思想产生最重要影响的也不是这场争论,然而,它是吉本思想形成的关键因素,也是我们衡量吉本

---

① 我曾试图修正《再思古人和今人》(Ancients and Moderns Reconsidered)中关于这场争论的传统观点,参见 *Eighteenth-Century Studies*,15(1981),72—89。

成就的一个重要部分。①

在众多持续争吵的例子中，此处，我只列举吉本肯定了解的一两个例子。吉本终其一生都在阅读伏尔泰的作品，而且对伏尔泰充满敬佩之情。吉本认为伏尔泰是那个时代首屈一指的作家，即使他对伏尔泰的智慧和判断力产生过一些怀疑；显而易见，这位老人对他有着持续的吸引力。② 伏尔泰是在一场争论中长大的，他访问了英国，恰好目睹了即将结束的书之战，伏尔泰一生都在关注争论涉及的那些问题。1726 至 1729 年间，伏尔泰待在英国，撰写了一篇关于史诗的文章，该文让他陷入了一场争论，另一位来访者意大利人罗利（Paolo Rolli）对这篇文章进行了尖刻的回应。眼前的问题是，在史诗方面，古人和现代人谁更胜一筹：简而言之，作为最杰出的诗人，荷马是否完全无懈可击，这个观点让法国最优秀的智者忧虑不安长达两代人之久。③ 在这个问题上，伏尔泰倾向于现代人；与拉莫特（La Motte）和特拉松（Terrasson）相比，伏尔泰会小心谨慎地找出荷马的一些缺点以及维吉尔和塔索（Tasso）的一些优点，而且他

---

① 吉本的传记作家和评论家大多忽略了这场争论，关于这场争论，我发现最有用的信息来自 D. M. Low, *Gibbon* (London, 1937); Patricia Craddock, *Young Edward Gibbon* (Baltimore, Md., 1982); Giuseppi Giarrizzo, *Edward Gibbon e la cultura Europea del settecento* (Naples, 1954); G. M. Young, *Gibbon* (London, 1932)。简短提到它的还有 Michel Baridon, *Edward Gibbon et le mythe de Rome*, 2 vols. (Lille, 1975), I, 275—81。

② 吉本称伏尔泰是"那个时代最杰出的人"(Memoir B, *The Autobiographies of Edward Gibbon*, ed. John Murray, 2d ed. [London, 1897], pp. 148—49); 批评的言论可参"Index Expurgatorius"(c. 1768—1769), in *The English Essays of Edward Gibbon*, ed. Patricia Craddock (Oxford, 1972), pp. 116—17, 122; *Gibbon's Journal*, ed. D. M. Low (London, 1929), p. 129; *Le Journal de Gibbon a Lausanne*, ed. Georges Bonnard (Lausanne, 1945), pp. 238—40。《罗马帝国衰亡史》(*The Decline and Fall*)布满了类似以下评论："伏尔泰在没有事实支撑的情况下，就十分慷慨地把加那利群岛[Canary Islands]归于罗马帝国。"可参这一版本：J. B. Bury, 7vols. (London, 1897—1900), I, 26n.；另参 II, 252n.；367n.；VI, 6, 39n.；VII, 139n., 188n.。

③ Noemi Hepp, *Homere en France au xviie siècle* (Paris, 1968).

渴望把诗人从盲目的模仿中解救出来。即使如此,伏尔泰还是冒犯了罗利的古典情感,罗利接受了伏尔泰的大前提(偶然借用了现代丰特内勒[Fontenelle]的话),即在所有时代,人性都是一样的,罗利坚持把荷马当作衡量所有诗歌的永恒标准,而且他还重申了《伊利亚特》(Iliad)的优越性。① 和以往一样,这场争论打成了平局。

后来,伏尔泰写了一篇关于古今之争的文章,他把这篇文章纳入了《哲学词典》(Philosophical Dictionary)。伏尔泰回顾了整个争论过程,他悲哀地发现,"人类总是假装过去的幸福时光比现在好得多",而且,古人早在白银时代就针对这个问题进行过辩论。② 至于人性的统一性,伏尔泰指出,双方几乎不可能解决这个问题。这不是关于大自然能否在现代社会创造出与古人相匹敌的天才,而是关于大自然是否已创造出了这样的天才。古代在天赋方面真的要优于文艺复兴时期的意大利或路易十四的时代吗?(伏尔泰通常完全抛弃了中世纪。)伏尔泰再次尝试了中立的态度,他是这样反驳拉莫特的:古人应该受到尊敬,而不是被崇拜。古人的语言,伏尔泰同意,"比现代语言更丰富、更和谐,而现代语言则是腐败的拉丁语和可怕的凯尔特行话的混合体"。然而,在其他许多方面,现代人略胜一筹。汤普爵士声称古典庙宇胜过其他任何庙宇显然是错误的:

---

①　Voltaire, "An Essay on Epick Poetry", in An Essay upon the Civil Wars of France (London, 1727), pp. 48—53. 至于后来出版的法语版本,伏尔泰做了一些改动,参见 Florence D. White, Voltaire's Essay on Epic Poetry (Albany, N. Y., 1915), pp. 66; La Henriade, ed. O. R. Taylor (Geneva, 1965), app. I. 。罗利的回应,参见 Remarks upon M. Voltaire's Essay (London, 1728), pp. 4—5, 9。另参 George E. Dorris, Paolo Rolli and the Italian Circle in London 1715—1744 (The Hague, 1967), pp. 195—204。关于丰特内勒(Fontenelle),参见 Entretiens sur la pluralite des modes (1688), ed. Robert Shackleton (Oxford, 1955),另外还有关于古今之争题外话的文本(1688),pp. 159—76。

②　Voltaire, Dictionnaire philosophique, 8 vols. (Amsterdam, 1789), I, 329—52. 这篇文章似乎首次出现于 the Questions sur l' Encyclopedie (1770)。这篇文章曾被翻译过,见 The Philosophical Dictionary, 6 vols. (London, 1824), I, 112—28。它没有出现在任何早期的版本中(1764—1769)。

"他是英国人,他本应该让罗马的圣彼得教堂比卡彼托山雄伟壮丽得多"(吉本对此表示坚决同意)。① 至于各种科学,汤普则完全无视。至少布瓦洛瓦和拉辛(Racine)博学多识,没有和佩罗(Perrault)争论不休。② 一场虚构的谈话在庞帕杜夫人(Mme de Pompadour)的闺房展开,伏尔泰再次讨论了这个问题,他在很大程度上是为了推动现代人在文学、科学和舒适(comfort)方面的事业。③ 在谈话的过程中,一位仆人给客人奉上了咖啡、茶以及巧克力,这让刚从古罗马来的客人惊诧不已。人们不由得想起了吉本关于奥古斯都皇帝的评论:"他的窗户没有玻璃,他衣不蔽体。"④伏尔泰的史学著作强调了这点,吉本当然也特别认真地研究了这部著作。⑤ 在人类取得巨大成就的四个时代,最近的路易十四时代在理性和科学方面都优于其他时代,但在艺术方面并非如此。牛顿是第一个发现地心引力并消除了几代人的无知的人,但古希腊、古罗马和佛罗伦萨在其他方面仍处于优先地位。⑥

---

① Gibbon, *Decline and Fall*, VII, 324.

② *Dictionnaire philosophique*, I, 334—36. 伏尔泰的格言:"On conclut enfin, qu' heureux est celui qui, degage de tous les prejudges, est sensible au merite des anciens et des modernes, apprecie leur beautes, connait leur fauts, et les pardonne" (1, 352). 关于法国的争论,参见 Hyppolyte Rigault, *Historie de la querelle des anciens et des modernes*(Paris, 1856); Hubert Gillot, *La querelle des anciens et des modernes en France*(Paris, 1914); Antoine Adam, *Histoire de la litterature francaise au XVIIIe siècle*, 5 vols. (Paris, 1954—1957), III, 125ff. 。

③ "Les anciens et les modernes", in Voltaire, *Oeuvres* (Paris, 1869), VI, 642—45. 这次对话首先出现于 *Nouveau mélanges*(1765).

④ Gibbon,*Decline and Fall*,III,294—95,借用了阿布斯诺特博士(Dr. Arbuthnot)的 *Tables of Coins*(1727).

⑤ 关于吉本在《罗马帝国衰亡史》(*Decline and Fall*)中使用伏尔泰的 *Essai sur les moeurs*,参见 Dr. Arbuthnot,*Tables of Coins*(1727).

⑥ 参见伏尔泰的 *Siecle de Louis XIV* 的简介以及第 31—34 章,在该书里,伏尔泰评估了那个时代的文化生活并作出如下总结:"Il suffit ici d'avoir fait voir que, dans le siècle passé, les hommes ont acquis plus de lumieres d'un bout de l'Europe a l'autre, que dans tous les ages precedents. " 至于伏尔泰关于进步的矛盾观点,可参 J. H. Brumfitt, *Voltaire Historian*(Oxford, 1958), pp. 125—27.

简而言之,伏尔泰和其他人认为,不止这里有一场简单的争论,实际上,在每个领域都有一场争论,而且至少有两个主战场:一个是艺术和文学,另一个是科学。[1] 虽然人们越来越难否认现代社会在知识方面的成就及其对大自然的掌控,但是就其他事情而言,未必如此。吉本最喜欢的一样东西就是铭文学院(the Academy Inscription)的《回忆录》(*Memoir*),他花了 20 英镑买了前 20 卷,然后开始阅读,并乐此不疲。[2] 不用说,吉本在书中发现了一篇很有用的、由神父盖多恩(Gedoyn)写于 1736 年的文章,在该文中,盖多恩提出了一个仍然热门的问题:"古人是否比现代人更博学? 人们应该在多大程度上欣赏古人或现代人的优点。"[3]让我们承认古人——从神父开始——拥有这样的荣耀,即古人在雄辩术和诗歌方面胜过我们,在任何需要品味和情感的事物上,让我们以古人为师。这点过于明显,以至于无法进行详细的阐述。吉本继续说道:"让我们认识到,现代人更加勤劳,更加热衷于知识,可以更精确地观察大自然,而且在研究中,现代人更加专注和深刻,总而言之,现代人更具有普遍性,也更博学。"因此,每个人都应该因自己的成就而受到尊敬。毋庸置疑,这是一个有见识的结论,即使并不是每个人都同意这个观点。它还表明了,在某些方面像古人而在其他方面像现代人貌似是合理的,这个事实让最近卷入这场争论的学生困惑不已。[4]

---

[1] 关于伏尔泰和争论有许多参考资料,威廉姆斯(David Williams)浏览了其中一些并展示了它们的重要性,参见 "Voltaire's Literary Criticism", *Studies on Voltaire and the Eighteenth Century*, 48 (1966), chap. 3。

[2] Gibbon, Memoir B, *Autobiographies*, p. 164.

[3] "Si les Anciens ont ete plus savants que les Modernes et comment on peut apprecier le merite des uns et des autres" (Gedoyn, quoted in Histoire de l'Academie des Inscriptions, 12[1736], 105—6). 吉本在他的 *Journal* (pp. 108—9)中提到了盖多恩(Gedoyn)。

[4] 关于学院里的进一步争论,参见 W. J. Lorimer, "A Neglected Aspect of the *Querellle des anciens et des modernes*", *Modern Language Review*, 51 (1956), 179—85。

　　在 18 世纪余下的日子里,在文学和艺术领域,人们更难对进步下定义,至于现代人是否占了上风,他们一点也不清楚,主要的战斗仍在进行。1754 年,托马斯·沃顿(Joseph Warton)在《冒险者》第 127 期中发表了一篇文章。在该文中,吉本读到了以下内容:"那样的时代永远不会再回来了,即当伯里克利(Pericles)和柏拉图一起走过一条由菲狄亚斯(Phideas)建造并由阿皮尔斯(Apelles)绘制的门廊后,他可能会前去聆听德摩斯梯尼的辩论或索福克勒斯的悲剧。"①吉本不费吹灰之力就发现,那个时代永远不会再回来了,因为它从来没有存在过,因为编年史也是扭曲的。②沃顿很可能抓住了要点:用荷马对抗所有现代诗人;用希腊悲剧对抗莎士比亚、高乃依(Corneille)和拉辛;用德摩斯梯尼和西塞罗对抗所有现代演说,并宣称现代建筑取得的进步完全依赖于古代的先例。只有在绘画中,沃顿才承认现代人挑战成功。至于史学,沃顿相信,古人也会在任何竞赛中获胜:塔西佗战胜了马基雅维利,撒路斯特和普鲁塔克战胜了塔瓦努斯(Thuanus),李维和希罗多德(Herodotus)战胜了达维拉,色诺芬、凯撒和波里比阿战胜了所有的现代回忆录。对沃顿来说,古典史学家仍是内容和风格方面的典范。吉本并没有逐一进行比较,但从他文章中的零散评论,我们可以很清楚地看出,吉本愿意接受几乎每一个类似的判断。沃顿成为了吉本的朋友,而且仍是最受欢迎的作家。

　　毋庸置疑,让争论持续下去的是古典教育的完整性。③吉本

---

① *Adventurer*, no. 127 (January 22, 1754). 另参 no. 133 (Febuary 22, 1754); "In What Arts the Moderns Excel the Ancients"; 以及 no. 44 (April 7, 1753); "Parallel between Ancient and Modern Learning"。

② Gibbon, "Index Expurgatorius," in *English Essays*, pp. 119—20.

③ "实际上,我在父亲那里继承了对古代作家的敬意,我的父亲是古希腊罗马作家作品的忠实读者,他建议按年代顺序进行阅读,不要时间浪费在现代作家身上,直到读完了古代作家作品,他认为这是最佳的阅读计划"(James Boswell, "On Parents and Children and Education", in *Hypochondriack*, ed. Margery Bailey, 2 vols. [Palo Alto, Calif., 1928], II, 96—101)。

本人接受的学校教育就不太正规,离开牛津前往洛桑(Lausanne)后,他不得不强化学习,不过,他总是为公立学校辩护,"他们假装教授的拉丁语和希腊语……是打开两座金库的钥匙"。① 古典教育意味着模仿古典,古今之争被两个不同的观点推动也不足为奇;第一个不同的观点针对的是模仿和原创性的相对优势,第二个不同观点可以在古人身上发现,例如,在昆体良和塔西佗身上,以及在文艺复兴时期西塞罗式的斗士身上,吉本很了解他们。② 在文学方面,吉本第一次也是最有野心的一次努力就是对赫德(Richard Hurd)作出回应,赫德在评论贺拉斯的时候插入了一篇关于"诗歌模仿"的文章。赫德支持模仿,而理由就是,即使人们没有刻意去模仿,永恒的人性和相似的环境也必然会产生相似的诗歌。③ 吉本在作出回应时首先注意到,模仿的倾向是教育和习惯的结果,这足以使人放眼世界并且"用古人的眼睛看世界"。关于这一点,并非必然或不可避免;吉本认为,用独创性观点描述自然并因此避免模仿仍是可能的。"他希望可以向赫德先生要一个准确的答案,即在文学史的哪个时期,幕布关闭了,自然枯竭了,后来的作家也沦落成只希望能成功地模仿古人?"④这是现代的一个回击,但吉本对实际情形、教育和习惯的描述及其同时代人对古人的"崇敬",很容易让人理解为什么古典不会消逝。⑤

---

① Gibbon, Memoir F, *Autobiographies*, p. 52. 在《罗马帝国衰亡史》中,这两种经典的语言被称作"痛苦而必要的学识"(VI, 107)。

② 关于伊拉斯谟(Erasmus)的《西塞罗主义》(*Ciceronianus*),参见 Gibbon, *Miscellaneous Works*, ed. Earl of Sheffield, 5 vols. (London, 1814), V, 259, 262。

③ Richard Hurd, "Poetical Imitation", *Works*, 8 vols. (London, 1811), II, 107—241; cf. "Paucity of Original Writers", *Adventurer*, no. 63 (1753).

④ Gibbon, *English Essays*, p. 49 (signed March 18, 1762).

⑤ 即使是呼吁原创性以推进仿效而非模仿,人们也要依从古代权威,参见 Edward Young, *Conjectures on Original Composition*(London, 1759), pp. 18—20. 杨格(Young)在他于 1728 年 3 月写给蒂克尔(Tickell)信中证实了在这个时代,古物盛行,参见 *Correspondence*, ed. Henry Pettit (Oxford, 1971), pp. 63—64。

　　吉本对这场争论的兴趣源于一场比较活跃的当代讨论,而这场讨论有更多的证据可供参考。不过,吉本也是通过直接阅读和法国的争论以及英国书之战相关的原作才发现这场争论的。吉本发表的第一部作品是他在 1759 至 1761 年间用法语撰写的《论文学研究》(*Essay on the Study of Literature*),他在试图借此解决早期作家提出的一些问题。该书旨在结合古典品味和古典学识,结合模仿和学识,而争论双方曾有意把它们分得很清楚。根据吉本的说法,现代人(丰特内勒、拉莫特[La Motte]和特拉松)试图使用理性、风格和戏谑把荷马降低到沙普兰(Chapelain)那样可怜的水平。古人反对"只专注细枝末节"、"偏见、围栏和引言"。结果是,嘲讽取得了胜利;现代哲学家们发现,"人们终其一生都在收集事实和文字,让记忆塞满各种东西,而不是启发心灵",这着实令人惊诧不已。[①]古人饱受轻视,过去被骄傲地称作美文的东西如今却遭受鄙视被称作学识。对吉本来说,这一切很不幸。"古时的作者",吉本继续坚持,"为那些敢于追随他们的人树立了榜样"。[②] 这并不意味着屈从,因为理解和模仿不仅依赖于对古代"细致入微的了解",也依赖于对古代文学精神的把握。吉本记得,现代的佩罗就被荷马史诗里的英雄的粗鲁行为惊呆了。"布瓦洛一再向他提出异议,说荷马希望而且应该描绘希腊人,而不是法国人,不过一切都是徒劳。"[③]吉本通读了希腊文版并带有评论的《伊利亚特》(佩罗没有这么做),吉本也没

---

① "Il n'y a jamais eu un combat aussi inegal. La Logique exacte de Terrasson; la Philosophie deliee de Frontenelle; le stile elegant et heureux de la Motte; le badinage leger de St. Hyacinte; travailloient de concert a reduire Homere au neveu de Chapelain. Leurs adversaires ne leur opposoient qu'un attachement des prejuges, des injures et des citations. Tout le ridicules leur demeura. Il en rejaillit une partie sur ces anciens, dont ils soutenoient la querelle"(Gibbon, *Essai sur l'etude de la literature* [London, 1761], pp. 9—10;我已查询了 1777 年都柏林版的译本)。

② *Essai*, pp. 11n., 15.

③ *Essai*, pp. 22—23.

有忘记《罗马帝国衰亡史》的脚注中有关荷马的争论。[1]

在《论文学研究》中，吉本希望能把古人和现代人的优点、风格、判断力以及学识结合起来。这是《罗马帝国衰亡史》的计划。"如果哲学家不总是史学家，那么无论如何，人们都希望史学家总是哲学家。"[2]关于哲学，吉本认为意味着两件事：他那个时代受到启迪之人（即哲学家）的观点和价值；至于史学，就是指理解事件的起因及其相互之间的联系。让吉本引为古典模范的是塔西佗，这点甚至超越了李维，因为塔西佗更"哲学"，即使他俩都知道如何超越那些只满足于收集事实且毫无经验的编者。[3]《罗马帝国衰亡史》恰好在塔西佗停止的地方开始，吉本在一些主题上所持的观点常常和这个罗马人类似，在《罗马帝国衰亡史》的注释中，塔西佗不断受到赞扬，这都不是巧合；吉本的朋友和对手都注意到他们的诸多相似之处。[4] 莫米利亚诺（Arnaldo Momigliano）曾指出，人文主义者在尝试撰写古代史时有些勉为其难。吉本没那么勇敢，他只满足于在一连串的古典史慢慢消失时才开始撰写自己的作品。[5] 当吉本选择

---

[1] *Decline and Fall*, I, 29n.；V, 58；VI, 158. 在阅读希腊文版的《伊利亚特》之前，吉本于 1761 年 11 月开始阅读蒲柏的英译本，1762 年 3 月继续阅读，于 8 月 16 日读完。参见 *Journal*, pp. 42, 115—16；他似乎指的是一场争论，参见 pp. 107, 113, 116. 甚至有人暗示吉本的《罗马帝国衰亡史》模仿了古代史诗。

[2] *Essai*, p. 85.

[3] *Essai*, p. 85；*Decline and Fall*, I, 213, 310—22；II, 87.

[4] J. Whitaker to Gibbon, May 11, 1776, in Gibbon, *Miscellaneous Works*, II, 151；Mme Necker to Gibbon, September 30, 1776, ibid., p. 177. 参见 G. W. Bowersock, "Gibbon on Civil War and Rebellion in the Decline of the Roman Empire", in *Edward Gibbon and the Decline and Fall of the Roman Empire*, ed. G. W. Bowersock, John Clive, and S. L. Grabard (Cambridge, Mass., 1977), p. 34.

[5] Arnaldo Momigliano, "Ancient History and the Antiquairan" (1950), in his *Studies in Historiography* (Niew York, 1966), pp. 6—9；"是否值得去追求文学之路？对此，塔西佗觉得值得去追求，而普林尼（Pliny）却觉得不值得"（Gibbon, "Hints on Some Subjects for History" [1761], in *Miscellaneous Works*, v, 487—88；cf. Decline and Fall, IV, 98）。

以叙事(甚至包括描写战争和演讲)的形式撰写他的作品时,他有意识地摆出了一副与他的古典模范一样的架势,并背离了真正的古典;当吉本在作品中灌输古典学识和他的哲学朋友的价值观时,他的确是在支持现代事业。这无疑是一次英勇的尝试,即试图通过结合古人和现代人关于史学的性质及目标的不同观点,通过结合两种不同的、用来了解过去的且常常被人们区分开来的方法,来解决这场旷日持久的争论。①

正是在书之战中,这个问题被用最清晰、最果断的方式提出来。② 汤普自 1690 年就开始了这场争论,他毫无保留地让古人在史学和其他方面凌驾于现代人之上:希罗多德和李维优于达维拉,斯特拉达和凯撒优于斯莱达努斯(Sleidanus)。汤普坚持认为,只有古人把风格、内容、雄辩术和政治经验的优点结合了起来。当汤普本人尝试撰写一部历史时,正如我们所看到的,它的叙事方式优雅,研究方法朴实无华,本质上是在改写丹尼尔早期的作品。吉本拥有汤普全部作品的副本,他喜欢阅读这些作品,可是吉本有点鄙视汤普的学识。③ 汤普的最初对手威廉·沃顿(William Wotton)亦是如此,后者毫不犹豫地指出了其历史作品中的一些"奇怪"的事实性错误,这些错误玷污了汤普的史学著作。与一些现代法国人不同的是,威廉·沃顿试图在过分尊重古人和过分不敬这两个极端之间找到一条中间路线,而且,他还渴望对这一领域进行划分,将大部分人文学科分配给古人,同时声称大多数科学属于现代人。在这方面,威廉·沃顿对伏尔泰和神父盖多恩充满了期待,更不用说吉本了。关于模仿这个令人烦恼的问题,吉本同意,"以各

---

① 关于这点,吉亚里佐(Giarrizzo)的《吉本》是最好的指导;另参 Arnaldo Momigliano, "Gibbon's Contribution to Historical Method", in *Studies*, pp. 40—55.

② 接下来的讨论是基于本书第六章的"古人、今人和历史"。

③ "Index Expurgatorius", in *English Essays*, pp. 112—13; *Decline and Fall*, I, 223n.; VI, 22n., 128; VII, 90n., 150n.

种方式写作的大师直到今天还求助于古人，把古人当作他们的向导，从古人那里为自己和写作艺术获取一些规则"。古典语言的优越性确保了古人的优越性。威廉·沃顿只希望现代人有一天能赶上并产生另一个西塞罗或维吉尔。[1]

至于史学，威廉·沃顿承认，古人在叙事方面仍有优势，即使他认为一些现代人在内容上可以与古人匹敌，特别是萨皮，吉本十分欣赏萨皮的《特伦托大公会议的历史》。[2] 随着文献学和古文物研究的出现，现代人终于超越了古代世界已知的一切，具有了明显而明确的优势。在这里，威廉·沃顿看来，关于历史理解的新世界似乎已开启了几乎无限的可能性。汤普否认了它的实用性（在年轻的斯威夫特刊登的文章里），那是因为他认为学者们对细节的关注有些过头了，实际上，它开始让古典文本的意义变得费解而不是清晰。[3] 一个荷兰语集注版文本被各种评论围绕和矮化，而这就是对汤普的理想[4]——即清晰明了——的一种嘲弄。

当宾利参与这场争论并表明汤普对古代作家的认可是基于他的无知时，当宾利表明汤普把法利拉选为最古老、最优秀的希腊人是个错误时（因为那些书信是一位已故且相当无能的智术师捏造的），古典主义看起来好像一种热爱，它依赖于一些——而不是相当多的——古典知识，而且，古典学识本身也是古典模仿最阴险的敌

---

① William Wotton, *Reflections upon Ancient and Modern Learning* (London, 1694), pp. 317—38; *A Defense of the Reflections* (London, 1705), pp. 23—26, 32—34.

② Gibbon, *Le Journal*, September 4, 1763, p. 23; *Decline and Fall*, VII, 99n.

③ William Temple, "Some Thoughts upon Reviewing the Essay of Ancient and Modern Learning", in *Works*, 4 vols. (London, 1814), III, 487—518; Wotton, *Reflections*, pp. 310—12.

④ 参见吉本对布尔曼（Burman）的集注版《拉丁小调诗》(*Poeti Latini minoers*, 1731) 的评论："在这本书中，文本在一大片评论中显露出来，瑞提亚斯（Rutilius）的 700 首诗歌分布在塞满了各种评论的 200 页纸张中……然而，瑞提亚斯并不是一位难相处的著作家"(*Le Journal*, p. 177)。

人。和汤普相比——让汤普尴尬的是他不懂希腊语，威廉·沃顿和宾利更了解古人，他们就是书之战中的今人。基督教会的智者们团结起来反击宾利、斯威夫特和蒲柏，一起支持古老的事业；和汤普一样，他们仍然处于根本的劣势状态。基督教会的智者并不那么热衷于古典主义，他们可能会说，尽管或者也许是因为他们对细节漠不关心，他们更了解古典作品的精神并知道如何运用它们——当然超过了他们的对手，他们对手的散文写得比较笨拙，思想也被迂腐的学识所蒙蔽。① 他们难道没用古典修辞来证明这点吗？

　　目前比较复杂的其中一种情况是，下一代的哲学家，例如，伏尔泰和达朗贝尔（d'Alembert）②，和古人一起贬低现代学识，和现代人一起贬低现代人的科学信仰及对未来的希望。③ 他们不如他们有时假装的那么现代。值得称赞的是，吉本在争论双方的身上看到了一些东西。在两个世纪的古文物和文献学知识中，吉本通过一个漫长的自律过程获得了学识。甚至在孩提时代，吉本就在年代学和文本批评方面提出了一些问题；在青年时代，吉本在一封书信中和专家们唇枪舌战，在信中，吉本尝试了自己的年代鉴定技

① 吉本指的是宾利在《散文》（*Essai*）中的《大胆的洞见》（penetration hardie），另外也指英国散文（*English Essays*，p. 135n.）中"宾利对《埃涅阿斯纪》第六卷提出批判性发现"时的那个"惊人的宾利"。

② 吉本在其《论文学研究》（p. 13）中引用了达朗贝尔（d'Alembert）的《初步论述》（*Preliminary Discourse*）以及《大百科全书》（*Encyclopédie*）中的一篇文章《学识》（Erudition）。伏尔泰仍试图获得沃顿于1741年对汤普作出回应时写的文章的副本（*Voltaire Correspondence*，ed. Theodore Bestermann ［Geneva，1955］，XI，157）。

③ 进步论的信徒杜尔格（A. R. J. Turgot）甚至也是如此："时间不断地带来新的科学发现；然而，诗歌、绘画和音乐是有固定限制的，它们由语言天赋、对自然的模仿以及器官有限的感知力决定，它们慢慢获得，但无法超越，奥斯丁时代的伟大人物做到了，他们仍是我们的榜样"（"A Philosophical Review of the Successive Advances of the Human Mind" ［1750］，载 *Turgot on Progress*，*Sociology and Economics*，ed. and trans. Ronald L. Meek ［Cambridge，1973］，p. 52；cf. pp. 103，105，114）。

巧和修正技巧。吉本学习的有些知识是二手的,他读了马比荣的
《文献学论》(*Diplomatica*)和蒙福孔的《古文书》(*Paleograph-
ia*),参观了巴黎铭文学院(the Academy of Inscription),并且学习
了斯潘海姆(Ezechiel Spanheim)的钱币学——就如吉本所说的,
学习了没有付诸实践的理论,却承认了其成就并使用了这个成
果。[①] 即使吉本很重视古典学识的学习,但也似乎一直担心它太
过了或者觉得它不会终结。《罗马帝国衰亡史》的脚注提供了一个
评论——关于学识的缺点和使用以及关于伟大学者的失败和直觉
判断的评论,吉本似乎在他的著作中使用了那些伟大学者的作品。
对古文物研究者"细致入微的勤奋",吉本所持的态度就是,力图在
古代情感和现代情感这两个极端之间寻找平衡。[②]

　　在《罗马帝国衰亡史》接近尾声的时候,吉本才对书之战发表
了意见。他向撒拉逊人描述了埃及的瓦解,并思考了著名的亚历
山大图书馆被毁一事。尽管吉本对这个事实及其后果持怀疑态
度,但有一段时间,他想知道其损失带来了什么后果。吉本认为,
如果消灭了"沉甸甸的"神学争论,那么哲学家可能会微笑并发现
其符合人类的终极利益。至于其古典内容,在吉本看来,古代作品
保存下来似乎比它们被毁灭更令人惊讶。三位伟大的罗马史学家
的作品以不完美的方式流传至今,一些有价值的诗歌已经失传,

---

① Gibbon, Memoir B, *Autobiographies*, p. 209. 吉本的通信可见于 *The Letters of
　Edward Gibbon*, ed. J. E. Norton, 3 vols. (London, 1956), I, 1—2, 14—19,
　25—58, 287—90; *Miscellaneous Works*, I, 433—86, 502—15. 他的第一篇文章
　只是进行了一次年代学方面的练习:"The Age of Sesostris", 参见 *Autobiogra-
　phies*, pp. 79—81。

② Gibbon, *Decline and Fall*, III, 296n. "吉本的突出优点在于他的心智总是超越了
　他的学识,这常常抑制他的道德力量而活跃了他的……胃口如此强健,以至于所
　有的食物都有益于健康", 参见 Pinkerton to Sheffield [1814], in *Miscellaneous
　Works*, III, 579. 至于对吉本"差强人意"的学识的评价, 参见 Low in *Gibbon*,
　p. 64, 以及 *Letters*, I, 387—90; Young, *Gibbon*, pp. 15—16; Craddock, *Young
　Gibbon*, p. 44。

"然而,我们应该充满感激地铭记,时代的不幸和意外使得那些经典作品幸免于难,它们由古代投票,被授予一等一的天赋和荣耀。"这里的一个脚注让我们想起了昆体良列出的一张古典作品权威清单。"我们不能假设,现代的好奇心已远离了艺术或自然领域里任何重要的真理和有用的发现。"这里的另一个脚注让我们想起了威廉·沃顿,他曾以"坚定的理智反对汤普爵士的幻想"。①

　　平心而论,在吉本的作品中,威廉·沃顿或书之战都不怎么显眼;似乎在吉本的思想形成之后,以及吉本碰到了和法国论争相似的问题之后,他才遇到他们。然而,从分散在《罗马帝国衰亡史》中的引语可以清楚地看出,吉本一般会把自己和威廉·沃顿、宾利等温和的现代性捍卫者联系在一起,吉本尤其敬佩他们在文献学和考证方面的造诣,他们帮助吉本明确和强化了他的地位;②吉本一般不会把自己和类似佩罗(Perault)、拉莫特以及特拉松的法国激进分子联系在一起,他们的学识如此浅薄,这点显而易见。就像威廉·沃顿一样,吉本对现代科学技术方面的成就很有信心,即使他对此知之甚少;吉本想赋予古代其应有的价值,承认古代在某些方面的优越性,例如希腊语,希腊语"无疑是人类艺术创造过的最完美的语言";③吉本还想把古文物看作现代学识和文明建立、发展的基础。吉本十分尊重阿拉伯学识,但他认为穆斯林剥夺了他们通过"与古希腊和古罗马交谈,还有古文物知识以及纯正的品味和自由的思想获得一些好处的机会"。④

　　就像威廉·沃顿以及 18 世纪其他一些现代人一样,吉本也是半个古人。对吉本来说,没有荷马、普鲁塔克和李维的文明是难以

---

① Gibbon, *Decline and Fall*, V, 455.
② "沃顿的名声被波义耳和宾利之争中的才智之士无情地贬低了"(*Decline and Fall*, VI, 32n)。吉本在 *Le Journal* 中(p. 44)批评了特拉松。
③ *Decline and Fall*, V, 144; Wotton, *Reflections*, pp. 23—24.
④ *Decline and Fall*, VI, 32—33.

想象的。"我们在希腊语和拉丁语学校接受的教育,"吉本承认,
"已经让我们的大脑形成了排他的品味标准,我并不打算批判那些
我不了解其语言的国家的文学和判断力。"(在这点上,吉本不会和
汤普犯同样的错误)"我知道关于古典有许多东西可以教,也相信
东方人(吉本可能还会补充现代人)有很多东西要学:节制的风格、
优雅的艺术比例、知性之美的形式、关于人物和激情的公正描述、
叙事和论证里的修辞、史诗和戏剧诗的常见结构。"就吉本而言,古
希腊和古罗马的审美标准和道德标准就像人性一样,它们的特征
和权威具有普遍性和时代性。"莎士比亚从未读过格纳齐恩
(Gregory Nazianzen)的诗篇,也不懂希腊语;但是莎士比亚的母
语(即大自然的语言)在卡波迪西亚(Cappodicia)和在英国是一样
的。"①仅举一个例子,君士坦丁堡闻名遐迩的圣索菲亚大教堂
(Santan Sophia)"不规则的半圆屋顶和倾斜的屋檐"让吉本十分
失望,毋庸置疑,整个西方的哥特式建筑皆是如此。② 另一方面,
吉本很难想出比西塞罗更合适的道德和政治楷模,不止 18 世纪的
现代人把西塞罗当作英雄,西塞罗是所有时代的楷模。③

　　吉本相信进步吗? 即使吉本拥有成为 18 世纪现代人的一些
众所周知的条件,可是毫无疑问,在内心深处,他是半个古人。在
某些问题上,吉本毫不迟疑,例如,数学总是在进步,④或者科学和
技术不太可能倒退。然而,文学和艺术方面的进步就没那么明显
了,古典模范和古典标准仍相当高,不管吉本多么希望看到现代化
人模仿它们。政治和生活领域的进步就更加模糊了。能在"一个
自由文明的国家、一个科学和哲学的时代"撰写历史,吉本觉得无

---

① 同上,III,144n。

② 同上,IV,245—46.

③ Memoire B, *Autobiographies*, p. 105; *Miscellaneous Works*, V, 534—35; *Decline and Fall*, I, 59; IV, 104n.

④ *Decline and Fall*, VI, 35.

比高兴。吉本相信，现代英国政府用宪法来保障自由是人类聪明才智取得的胜利，这不太可能得到改进。[①]《罗马帝国衰亡史》回顾了从图密善(Domitian)到康茂德的帝国时代，认为那是"史上最幸福的时期"。[②] 吉本常常撰文讨论那些改变了过去的"革命"，但他通常会保留这个词的词源学意义，也就是说，回到过去已发生的事件的原本状态。在吉本的观念中仍存在一些经典的周期性观点，即所有国家都经历了一个"缓慢而确定的逐步发展的过程……从野蛮到工业、艺术、奢侈和柔弱"，古人和现代人皆是如此。[③] 如果吉本的进步观触及了古典主义，那么便更多地触及了他对未来之进步的怀疑态度。就像伏尔泰和休谟(David Hume)一样，吉本不得不相信，就历史而言，理性时代（"启蒙时代"）就是一个停止点。[④] 因为人的本性如此（古人和现代人都赞同这个观点），所以人类历史不可避免地会有一些相似之处；最后一种观点是，文明人和野蛮人几乎没什么真正的区别。[⑤] 吉本有时候会谈到"寂静而不可逆转的"的进步，这种进步将通向理性人的理性——并非 18 世纪的新发现，即使它在哲学家和吉本本人身上得到了体现。无论如何，吉本从不期待完美。

　　吉本对主题的选择反映了他的矛盾心理。他曾选择撰写

---

① Miscellaneous Works，v，534—35；Decline and Falll，I，30n.，59；IV，104n.

② *Decline and Fall*，I，78.

③ *Le Journal*，p. 115；*Decline and Fall*，I，227. 吉本很可能回顾了那位可敬的古人迪希亚(Mme Dacier)，吉本很熟悉他的作品，参见其 *Des causes de la corruption du goust* (Paris，1714)。

④ Jerome Rosenthal，"Voltaire's Philosophy of History"，*Journal of the History of Ideas*，16(1955)，151—78；Baridon，*Gibbon et le mythe*，II，666—85；David Hume，"Of the Populousness Ancient Nations"，in *Essays：Moral，Political，and Literary*，ed. T. H. Green and T. H. Grose，2 vols.（London，1875），I，381—82；J. B. Bury，*The Idea of Progress*(1932；reprinted，New York，1955)，pp. 219—24.

⑤ *Decline and Fall*，III，94；VII，196.

野蛮和宗教的衰落与胜利以及文明的衰败，但他的作品以复兴告终。吉本的文艺复兴观，即古代的复兴观，是古代与现代情感的典型交融。对于无知而迷信的中世纪，吉本不予理会。直到经历了许多世纪的黑暗之后，古希腊和古罗马的雄辩术和理性才重新传入西方。"这样的交流"，吉本提醒我们，"必然会提高现代人的品味和才能"。[①] 然而，这种交流并不是突然发生的："模仿精神是一种奴性，希腊人和罗马人的第一批信徒就是那些身处自己的时代和国家，却活得像陌生人的人。"[②]很长一段时间里，人们只满足于成为亚里士多德的捍卫者或者重复奥古斯都时期的作家的思想和话语，甚至只满足于通过普林尼或西奥斯特斯（Theophrastus）的眼睛来观察自然。吉本认为，在那个时期，很难发现值得回忆的真正的科学发现，或者关于发明或雄辩术的作品。"可是一旦被露水浸透，土壤就会很快长出植物，焕发生机；现代习语得到了提炼；古希腊和古罗马的经典作品激发了纯正的品味和广泛的模仿；在意大利，就如后来在法国和英国一样，诗歌和小说令人愉悦的统治地位为思辨哲学和实验哲学所取代。"在吉本的时代，启蒙运动既是古代的传承，也是颇具优越性的现代的开端。"在一个民族的教育中"，吉本总结说，"就如个人的教育一样，在理性和幻想的力量扩张之前，记忆必须得到训练；在艺术家学会模仿前人的作品之前，他们也不可能达到古人的水平或超越古人"。[③] 因此，在艺术和生活方面取得进步是可能的，即使这些术语在很大程度上仍由古代永恒的价值观决定。吉本认为，一旦取得了成就，那么就不可逆转了。吉本曾把一篇长文《观察西方帝国的衰落》（Ob-

---

① 同上，V，275。

② 同上，VII，130—31。这篇文章有望出现在这里，参见 Gibbon，"Outlines of the History of the World"（c. 1771），in *English Essays*，p. 185。

③ *Decline and Fall*，VII，130—31；cf. *Journal*（1762），p. 148.

servations on the Fall of the Empire in the West)添加到他的史学作品中,这篇长文的写作口吻很像沃顿;在该文中,吉本认为,新的野蛮人只有首先通过使用西方的现代成就,才能够战胜新的奥古斯都作家:"在能够征服其他人之前,他们必须不再是野蛮人。"①

模仿前人是走向进步的第一步,也是必要的一步。为了前进,必须先学会后退。这是威廉·沃顿在《书之战》中提出的一个请求,如今吉本在《罗马帝国衰亡史》中又提出了这个请求。同样的,吉本追随威廉·沃顿,宣扬学识和雄辩是美德。因此,把直接影响归结于威廉·沃顿是十分诱人的,尤其是当人们发现威廉·沃顿实际上已先于吉本采取行动了,而这表现在他撰写了一部和《罗马帝国衰亡史》第一卷的讨论范围差不多的史学作品,这部史学作品被《罗马帝国衰亡史》引用了6次。②《从安东尼·庇亚斯之死到西弗勒斯·亚历山大之死的罗马史》(1701)是一个完整的叙事,它有一个非比寻常的特征,那就是在作品的结尾以注释的形式加上了一篇详尽的学术评论——吉本最初也打算在他的作品中这样做。③铭文、钱币和历史遗迹都被巧妙地运用到作品中,用来阐明故事中的一些晦暗不明之处——不充分且充满了问题的文字原始资料将其变得模糊不清。这部作品具有模范性和原创性,但我认为这些对塑造吉本的作品没起到多大作用。在文字要求上,它太谦虚了,而且它的视角"太不哲学"了。④吉本无疑从中学到了一

---

① *Decline and Fall*, IV, 160—69.

② 同上,I,86n.,91n.,140n.,285n.。

③ Memoir E, *Autobiographies*, p. 339n. 至于沃顿作品的具体情形,参见该书第六章。

④ 在前言中,沃顿说他想要的是一种平实的风格。在《史学导论》(*Ductor Historicus*,London,1714)中,他的作品得到了赞扬——"写得相当棒……它就是那个时代最准确的历史,附有批评性的注释,而且写作风格高雅"(p. 158)。吉本想起来是《史学导论》让他认识了古代的史学家(Memoir F, *Autobiographies*, pp. 56—57),他称它是"非常有用的论述"(Memoir B,同上,p. 120)。

些东西,但我相信,更有趣的是,它可以预测吉本如何在更大范围内解决相同的问题。最重要的是,它进一步证明了吉本的思想框架,证明了在古今之争中,因史学理论和史学实践产生的问题和机会将持续存在。从这个角度看,《罗马帝国衰亡史》似乎是这场争吵的真正高潮,它是最雄心勃勃的尝试,试图对这场旷日持久的争论进行总结并解决其中的许多问题。

　　吉本这部伟大的作品是同类作品中的最后一部,因为它虽然拥有很多读者,但却没有真正的继承者。根据现代人的要求,学识一直在进步,然而,人们越来越不可能精通所有的书籍并将其都收藏到自己的图书馆中,即便此人收入颇丰,对此事也尽心尽力。①新的历史知识越来越多地从书本延伸到文献本身,吉本的德国评论家对吉本的旧式学识提出了批评。② 也许更深刻的是,一种新的革命精神终于在国外诞生了,它化解了古代人和现代人之间最后的壁垒,并相信永恒而普遍的人性和价值——一种新的相对论或历史主义(historicism),对此,吉本深感意外。对于所有这些,吉本贡献不多,却有很多让他害怕的地方。我认为,吉本的模式,就像普通意义上的启蒙运动一样,和古典主义的联系过于紧密,占据了《书之战》的很大一部分,对此,我们都十分熟悉。不过,这也许一直是他的诉求的一部分。

---

①　Geoffrey Keynes, *The Library of Edward Gibbon*, 2d ed. (n. p., 1980);*English Essays*, pp. 279, 281.

②　*Gottingische gelehrte Anzeigen* (1788),引自 Momigliano, "Gibbon's Contribution",p. 40。另参 *Decline and Fall*, I, xlv—xlvii。

第八章 18世纪的历史主义与 第一次哥特复兴

让我们从18世纪晚期的两个历史场景开始。在第一个大家非常熟悉的场景里，吉本坐在卡彼托山的废墟上，不无遗憾地看着圣方济（St. Francis）修士们赤脚踩在帝国的废墟上。第二个场景可能没那么出名，吉本的朋友托马斯·沃顿坐在牛津大学新学院（New College Oxford）的哥特式小教堂里，饶有兴致地看着雷诺兹（Josha Reynolds）爵士的新彩色玻璃窗取代了那些曾照亮过此地的中世纪镶板。对这两个场景进行比较有助于我们理解一个比较棘手而又含糊的问题，即这个时期的历史思维的范围和局限性，关于这个问题，我后来试图将其定义为历史主义。

人们会铭记，在《罗马帝国衰亡史》的最后一章，吉本描述了他内心的凄凉；在自传中，吉本再次提到它：

> 那是1764年10月18日，我待在罗马，当我坐在卡彼托山的废墟上沉思时，赤脚修士们正在朱庇特神庙（Temple of Jupiter）唱着祷歌，我产生了一个想法，那就是撰写这个城市的衰亡。

　　当吉本在 1790 年写下这些文字时,对古典废墟产生"凄凉"之感是一个古老而熟悉的故事,而他本人则通过回忆 3 个世纪前意大利人文主义者波焦的类似情思来结束《罗马帝国衰亡史》。[①] 吉本可能也想到了戴尔(John Dyer)关于"罗马废墟"(1740)的通俗诗歌,他肯定记得米德尔顿(Conyers Midleton)也讨论过同样的主题,即使吉本在这里没有提及。米德尔顿曾撰写了一部非常成功的西塞罗生平录(1741 年),在书中,米德尔顿描述了这位伟人的宅邸,并继续说道:

　　修道院的僧侣如今拥有了这座房屋并称其为圣多明我(St. Dominic)的住所,没有什么比这个更能证明这个地方是多么宜居了。奇怪的革命! 亲眼目睹西塞罗的门廊变成了僧侣的回廊! 最优雅的理性、才智和学问的所在地变成了迷信、偏执和狂热的温床! 践踏一个人留下的遗迹必定给这些多明我审判者带来了很多快乐吧,这个人的作品在全世界散播着理性和自由之光,而且也是阻止他们不知疲倦地试图奴役它的一个伟大工具。[②]

　　吉本认为,米德尔顿是一个"拥有洞察力和学识的人",他对一些相似的情感,尤其是对"宗教怀疑主义和文化怀旧"感同身受,不止一位作家认为这是导致《罗马帝国衰亡史》出现诸多"重大变革"的关键

① Edward Gibbon, *Memoirs of My Life*, ed. Georges Bonnard (London, 1966), pp. 133—34; *The History of the Decline and Fall of the Roman Empire*, ed. J. B. Bury, 7 vols. (London, 1897—1900), chap. 71. 一般而言,可参该书第七章。

② Melvyn New, "Gibbon, Middleton and the Barefooted Friars", *Notes and Queries*, 223 (1978), 51—52. The Ruins of Rome was reprinted in *The Poems of John Dyers* by Edward Thomas (London, 1903[pp. 30—46]); it is discussed by Ralph M. Williams in *Poet, Painter and Parson: The Life of John Dyer* (New York, 1956), pp. 53ff.

所在。吉本后来重新叙述了他第一次是如何构思其主题的——把他的原作"在佐科兰蒂(Zoccolanti)教堂的沉思"改为"在卡彼托山的思考"——这个事实引起了人们的怀疑。事情真的是这样的吗？ 1764年，在经历了一个不眠之夜之后，吉本还记得自己爬到广场的顶端，指出罗慕路斯曾站在哪里，西塞罗曾在哪里演讲以及凯撒在哪里倒下？ 或者，吉本只是想以这种方式让他的读者认为，当他在大约25年后解释和证明自己的毕生作品时，这一切其实已经发生了？

也许这并不重要。如果那时的艺术就是模仿生活，那么生活有时必然是在模仿艺术。不管是哪种情况，其中的场景都完美地概括了吉本在讨论他的主题时所持的立场，而且它就应该以那种方式发生，即使事实并非如此。其他许多人也注意到，罗马的崛起和衰落这两者之间的差异与古典文化和基督教文化这两者之间的差异如出一辙。然而，还没有人选择描述野蛮主义和宗教，正如吉本所说，一个漫长的衰退－胜利的过程。对于一个心系安东尼(Antonines)的银色时代或者汉诺威(Hanoverians)的黄金时代的人来说，去做这件事实际上有点不太合常理。那么，究竟是什么让吉本历经数载苦苦思索"那漫长、充满了苦难和无政府状态的时期呢？ 在那个时期，帝国、艺术和财富从台伯(Tiber)河岸迁移而来"。毫无疑问，线索就存在于18世纪那些同样自负而平凡的观点中，因为如果吉本的主题是中世纪，那么他的角度一定是当代的角度——也就是新古典主义的角度——而且他的长篇故事有一个快乐的开始和结局。

事实是，吉本毫不犹豫地接受了他那个时代的价值观，包括道德价值观和审美价值观，他认为这些价值观普遍适用于过去和现在。在浩浩荡荡的6卷作品中，对于那些符合他期望的人——从西塞罗到米德尔顿——吉本总是极尽夸赞之辞，而对于那些走向衰落的人，他则不断谴责。吉本认识了甚至领略了大量不同的习俗、礼仪、法律和制度，因而他的大部分话题来自高雅而文明的现代欧洲。

吉本对异国情调一直十分着迷,他的史学包括日耳曼和斯堪的纳维亚(Scandinavian)部落、阿拉伯人、土耳其人、鞑靼人、拜占庭人,甚至中国人,更不用说哥特式欧洲人了——大量的外国文化。然而,对于那些远离历史中的荒唐事、对历史中的错误视而不见且拥有令人迷惑的"哲学"之眼的人,吉本十分蔑视。历史的教训,就像吉本著名的讽刺一样,完全来自于奥林匹斯山(Olympian)的观点。

　　简而言之,吉本至少缺乏现代历史意识中的一个元素——因为缺乏一个更好的术语,我们可以称之为历史主义。可以肯定,这是一种限制,因为无论我们赋予吉本的历史作品怎样的价值,作为对遥远文化的叙述,它似乎不再那么有用了。人们通常说,由于缺乏同理心,吉本无法真正理解他发现的许多比较野蛮的民族的风俗习惯。只有当中世纪历史的价值对后世来说具有意义时,它才能得到正确的书写。对西塞罗的怀旧并不能帮助吉本或 18 世纪的任何其他人理解那些继承了古人特点的赤脚修士。

　　现代历史主义似乎有两个发展阶段。首先,人们认识到,吉本当然也明白这点,人类的一切活动都是历史活动:也就是说,受时间和地点的制约。还有一个更深层次的而且吉本不知道的阶段,在这个阶段,人类的价值甚至是人的本性都受到历史环境的制约。在第一阶段,明显可以看到过去的多样性以及过去和现在的不同之处,但我们仍然保持着人的本性和价值的普遍性及恒久性。[1]在第二阶段,一切都是流动的;史学家本身被看作历史进程的一部

---

[1]　关于一些典型的评论,参见 David Hume, "Of the Standard of Taste" (1757); Samuel Johnson, *Rasselas* (1759), chap. 10; Joshua Reynolds, *Discourses*, III (1770); 以及 Gibbon, *Decline and Fall*, III, 112. 总体而言,可参 Walter Jackson Bate, *From Classic to Romantic* (1946; reprinted, New York, 1961), chaps. 1—3; Carl Becker, *The Heavenly City of the Eighteenth-Century Philosophers* (New Haven, Conn., 1932), pp. 95, 109—18. 根据拉夫乔伊(A. O. Lovejoy)的说法,"均质论是⋯⋯启蒙的第一个以及最基本的原则",参见 "The Parallel of Deism and Classicism", *Essay in the History of Ideas* [Baltimore, Md., 1948], pp. 79—80。

分以及历史的结果，并且，固定而有利的观点不可能再存在或受欢
迎。我们已经形成了文化相对主义的概念。吉本从未到达这个阶
段，在 18 世纪，似乎没有人抵达这个阶段，甚至连维科（Vico）或赫
尔德（Herder）——那个时期最优秀的候选人——也没有，当然，
在英国也没有任何人抵达这个阶段。[①]

　　我们可以勉为其难地把小乔纳森·理查森（Jonathan Richard-
son）在 1776 年——也就是吉本的《罗马帝国衰亡史》面世的那一
年——发表的一篇短文当作例子。在文中，理查森描述了人类风俗
习惯的多样性，他似乎要得出一些惊人的结论。理查森写道，人们
对宗教、政治、时尚甚至是对一些基本的问题——例如，对错的区
别——达成的共识如此之少，以至于让"我们几乎怀疑，在关于事物
的本质方面是否存在固定的观点"，这些观点几乎不依赖于偶然以
及不同的时间和地点。理查森几乎为成熟的历史相对主义做好了
准备。理查森说："我们该使用什么样的标准呢？而又由谁来当裁
判呢？"[②]一时之间，理性本身——18 世纪那种普遍的、令人放心的
且不言而喻的理性——看上去有些危险而不确定；理查森说，我们

---

①　参考最近的 Isaiah Berlin, "Note on Alleged Relativism in Eighteenth Century Eu-
　　ropean Thought", *Substance and Form in History: Essay to W. H. Walsh*,
　　ed. L. Pompa and W. H. Dray (Edinburgh, 1981), pp. 1—14。在关于这个主题的
　　浩瀚文献资料里，我发现了一些有用的：Frederick Engel-Janosi, *The Growth of
　　German Historicism* (Baltinmore, Md., 1944); Dwight E. Lee and Robert N.
　　Beck, "The Meaning of Historicism", *American Historical Review*, 39 (1953—
　　54), 568—77; George Iggers, *The German Conception of History* (Middletown,
　　Conn., 1968), pp. 287—90; George Nadel, "Philosophy of History before Histori-
　　cism", in *Studies in Philosophy and History* (New York, 1965), pp. 49—73。特
　　洛尔奇（Ernst Troeltsch）和麦内克（Friedrich Meinecke）的作品仍然重要，参见
　　Calvin C. Rand, "Two Meanings of Historicism in the Writings of Dilthey, Tro-
　　eltsch and Meinecke", *Journal of the History of Ideas*, 25 (1964), 503—18。还
　　有一些有用的文章和传记，参见 Maurice Mandelbaum, *The Encyclopedia of
　　Philosophy*, IV, 22—25；以及 George Iggers, *The Dictionary of the History of
　　Ideas*, II, 456—64。
②　Jonathan Richardson, *Richardsoniana* (London, 1776), p. 2.

习惯的或许只是当地的习俗，我们熟悉的习俗。很典型的是，理查森退缩了——大致如贝克（Carl Becker）向我们保证的，和理查森同时代的更伟大的人物也是如此；通过再次假定人类普遍的本性会臣服于同样的骄傲和偏见，以及在任何时间和地点，人们都可以发现相同的终极价值观，理查森带着我们领略了他其余的各种见解。[①]

托马斯·沃顿和沃顿所在的圈子也许是检验18世纪矛盾情绪的最佳例子。沃顿和他的朋友们比吉本或理查森更适合进行检验，因为他们代表了一种历史观——这种历史观明显更热衷于中世纪，而且对非古典主义的观点也更开放。托马斯·沃顿和他的哥哥约瑟夫·沃顿促进并领导了"哥特复兴"，他们通常被置于"前浪漫主义者"之列，人们常常认为他们预示了19世纪的走向。[②]如果想知道18世纪的历史主义发展到什么程度，那么就应该去找沃顿兄弟和他们的朋友们（格雷、赫尔德、洛思[Lowth]、珀西[Percy]以及其他人）。人们过去常常认为，这俩兄弟的父亲教他们以同情的眼光看待哥特式的中世纪，父亲常常带他们去参观古老的城堡和教堂，向他们介绍斯宾塞和弥尔顿的诗歌。有一点还是值得关注，即使就现在看来，在18世纪40年代，这两个十几岁的男孩似乎就已经发现了一些东西，发现了哥特式诗歌的吸引力，他们甚至在父亲早逝后改写并出版了父亲的作品。[③] 亚历山大·

---

① 同上，p. 35；Carl Becker，"The New History"，in *The Heavenly City*，pp. 71—118。

② 现代传统似乎始于 William Lyon Phelps，*The Beginnings of the Romantic Move-ment*（Boston，1893），p. 92 et passim。另参 Henry A. Beers，*A History of Eng-lish Romanticism in the Eighteenth Century*（New York，1916），pp. 186—220；Edmund Gosse，"Two Pioneers of Romanticism"，*Proc. Brit. Acad.*，7（1915—1916），146—47。

③ Arthur Fenner，Jr.，"The Wartons Romanticize Their Verse"，*Studies in Philolo-gy*，53（1956），501—8；David Fairer，"The Poems of Thomas Warton the Eld-er?"，*Review of English Studies*，n. s.，26（1975），287—300，395—406. 我并没有如我所想地充分使用法瑞尔（Fairer）未出版的论文："The Correspondence of Thomas Warton"，Ph. D. diss.，Oxford University，1974。

蒲柏的诗歌和伯林顿(Burlington)伯爵的建筑的新古典主义风格在那时取得了巨大的成就,也许正是这种成就最终打断了长期延续的英国哥特式传统,并在不经意间反常地引起了人们对中世纪晚期文化的怀念。如果真是这样的话,那么这让人莫名其妙地想到了另一起巨大的文化连续性中断的事件,当时哥特式风格在中世纪末期出现,切断了顽强地维系了许多世纪的古典连接,因此(也许)为古代的人文主义复兴打好了基础。①

　　不管怎样,这两个年轻的兄弟在早年撰写并发表了许多作品,这些作品把一些新的"浪漫"主题引入英国诗歌之中,打破了蒲柏及其弟子们施下的魔咒。也许早在 1740 年,约瑟夫·沃顿就曾写过《热爱大自然的人》(*The Enthusiast, or the Lover of Nature*)。在该书中,斯陀园(Stowe)、凡尔赛的宫殿和花园与不加雕饰的大自然形成了鲜明的对比,高雅的举止、浮夸的现代生活与简朴形成了鲜明的对比。在该书中,"被毁灭的哥特式城垛"有助于设定这个场景。在《幻想颂》(*Ode to Fancy*, 1746)中,我们再次心怀愉悦地看到古老修道院中的"哥特式教堂、拱顶、坟墓"以及"坍塌的塔";那里

---

① 潘洛夫斯基(Erwin Panofsky)已经对第一个想法进行了暗示,参见 *Meaning in the Visual Arts*(New York, 1955), p. 188;以及 E. S. de Beer, "Gothic: Origin and Diffusion of the Term: The Idea of Style in Architecture", *Journal of the Warburg and Countauld Institutes*, 11 (1948), 157. 潘洛夫斯基也对第二个想法进行过暗示,可参 *Meaning in the Visual Arts*(New York, 1955), pp. 186—88; *Renaissance and Renascences in Western Art* (1960; reprinted, New York, 1969), pp. 208—10. 关于延续性的讨论与哥特式复兴截然不同,前者更古老,而且经常在文学中出现。参考文献太多,无法在此进行论述,但可参 Kenneth Clark, *The Gothic Revival* (1928; revised, London, 1950), pp. 9—35; H. M. Colvin, "Gothic Survival and Gothic Revival", *Architectural Review*, 103(1948); Nicolaus Pevsner, "Good King James's Gothic", *Architectural Reviw*, 109 (1950), 117—22; S. Lang, "The Principles of the Gothic Revival in England", *Journal of the Society for Architectural Historians*, 25 (1966), 240—67; Paul Frankl, *The Gothic: Literary Sources and Interpretations through Eight Centuries Studies and Notes in Philology and Literature*, 17 (1935), 15—25; James Macaulay, *The Gothic Revival*, 1745—1845(Glasgow, 1975), pp. 32—35, 66。

有斯宾塞、弥尔顿和莎士比亚发出的回响，而且想象超越了理性。①
《幻想颂》出现在3位沃顿的诗集中——约瑟夫·沃顿为诗集撰写
了一篇完美的序言，该诗集大胆地宣称充满幻想的文学超越了时下
盛行的说教和道德模式，它呼吁人们"重归旧途"。② 10年后，年轻
的诗人完成了他的论战，他撰写的《论蒲柏的才能和作品》(*Essay
on the Genius and Writings of Pope*)第一卷让他声名鹊起。

　　奇怪的是，即使在《论蒲柏的才能和作品》中，约瑟夫·沃顿对
他的主题也明显存在着矛盾心理。在某种程度上，这可能是因为
出版商多德斯利(Robert Dodsley)限制了他，③但更有可能是因为
他和蒲柏产生了新古典主义的共鸣以及他热爱蒲柏。在沃顿欣赏
和出版过的早期诗歌中，有一首《致一位环游意大利的绅士》(To a
Gentleman upon his Travels thro' Italy)，该诗歌悲叹古典文化被
野蛮的哥特人和迷信的僧侣们破坏，这首诗歌很可能是年轻的吉
本撰写的。④ 在为《世界》(*World*, 1753)撰写的一篇文章中，约瑟
夫·沃顿宣告了他在艺术和建筑领域的新古典风格，他谴责新野
蛮主义试图把"哥特式奇想"与纯粹而简单的希腊风格融合在一
起。翌年，约瑟夫·沃顿为《冒险家》(*Adventurer*)撰写了两篇文
章；在文中，约瑟夫·沃顿认为古人普遍比现代人优越，只有少数
种类的诗歌除外。⑤ 约瑟夫·沃顿很快停止撰写诗歌，转而和蒲

---

① 关于这两首诗歌，可参 James Woll, *Biographical Memoirs of the Late Revd Jo-
seph Warton* (London, 1806), pp. 111—24, 125—31。

② *Odes on Various Subjects* (1746), intro. Richard Wendorf, Augustan Reprint Soci-
ety, 197 (Berkeley, Calif., 1979).

③ Robert Dodsley to Joseph Warton, June 18, 1755; British Museum MS.
Add. 42560, f. 32.

④ Wooll, *Warton*, pp. 133—36. 其实它似乎是托马斯·沃顿撰写的；约瑟夫·沃顿
在写给托马斯·沃顿的信中赞扬了这种情感(同上，pp. 214—15)。至于随后发生
的关于把约瑟夫·沃顿归于古典派还是浪漫派的争论，参见 Julia Hysham, "Jo-
seph Warton's Reputation as a Poet", *Studies in Romanticism*, 1 (1961), 220—29。

⑤ *Adventurer*, nos. 127, 133 (January 22; Feburary 12, 1754).

柏最热情的追随者一起编辑、翻译维吉尔的作品。① 在《论蒲柏》
(*Essay on Pope*)中,约瑟夫·沃顿继续让这位诗人居于最优秀的
现代人之下,因为他缺乏想象力,既无法达到崇高的境界,也无法
达到悲怆的境界。然而,对于蒲柏取得的成就,约瑟夫·沃顿给予
了表扬,并挑出了蒲柏诗歌中的一些优点和瑕疵。更重要的是,约
瑟夫·沃顿坚持认为,一般而言,在 18 世纪初,艺术和文学达到了
顶峰,类似亚历山大时期的希腊(Alexandrian Greece)和奥古斯都
时期的罗马(Augustan Rome)那样的黄金时代偶尔也会让过去散
发光芒。对约瑟夫·沃顿来说,德莱顿的诗歌和布瓦洛的考证仍
然无法超越。② 塞缪尔·约翰逊对蒲柏的赞美超过约瑟夫·沃
顿,而对哥特风格的赞美比不上约瑟夫·沃顿,他可以对《论蒲柏
的才能和作品》进行评论,并勉强赞同它,这一点也不奇怪。③

　　时光飞逝,约瑟夫·沃顿在温切斯特大学(Winchester Col-
lege)谋得教职,他的观点也变得越来越正统。最终,约瑟夫·沃
顿转向了蒲柏,这次,他编辑了蒲柏的作品,并直率地接受了蒲柏
的许多观点。约瑟夫·沃顿甚至通过赞美蒲柏的一个著名对句来
反驳爱德华·杨格(Edward Young)——一位年轻的英雄,他的
《试论独创性作品》(*Conjectures on Original Composition*)就是
逃离英国文学全盛时期的新古典主义的约束的一次早期尝试。蒲

---

① *The Works of Virgil in Latin and English*, trans. Christopher Pitt and Joseph
Warton, 2 vols. (London, 1753),还有霍尔兹沃思(Holdsworth)和斯宾塞的观察
评论以及沃伯顿、怀特海德(Whitehead)、阿特伯里(Atterbury)和沃顿的论文。

② Joseph Warton, *An Essay on the Writings and Genius of Pope*(1756; reprinted,
New York, 1974), I, 161, 187, 196; II, 8. 第一卷于 1756 年面世,并于 1762
年得到修订;第二卷推迟了 26 年,于 1782 年面世。参见 J. Kinsley, "The Pub-
lication of Warton's *Essay on Pope*", *Modern Language Review*, 44 (1949),
91—93。

③ Samuel Johnson, in *The Literary Magazine*(1756);参见 William D. Mac-
Clintock, *Joseph Warton's Essay on Pope*(Chapel Hill, N. C., 1933), pp. 25—
26。

柏的对句如下：

> 理所当然地要尊重古代原则，
> 模仿自然就是模仿它们。[1]

　　是否存在一种更简洁的表达方式呢？它把古典的和通用的结合起来，并且一直束缚着18世纪。越是仔细地观察约瑟夫·沃顿，就越发现他似乎没那么"浪漫"。当《论蒲柏的才能和作品》第二卷经过长时间的拖延终于出版时，《绅士杂志》(*Gentleman's Magazine*)的一位撰稿人认为，蒲柏本人应该会对此感到满意。[2] 约瑟夫·沃顿在和约翰逊俱乐部的成员们——其中就有吉本和雷诺兹(Joshua Reynolds)——的愉快交往中度过了他的垂暮之年，他呈现了一部关于古典学识之复兴而不是关于中世纪的史学作品。[3]

　　对于和兄弟关系比较亲密的托马斯·沃顿来说，这种矛盾的情绪更加持久，也可能更加深刻。托马斯·沃顿曾向1746年的《各种主题的颂歌》(*Odes on Various Subjects*)投稿；翌年，在他19岁的时候，托马斯·沃顿出版了一首他自己撰写的重要诗歌《忧郁的快乐》(The Pleasure of Melancholy)，这是一首情感诗，预

---

[1] *The Works of Alexander Pope*, ed. Joseph Warton, 9 vols. (London, 1797), I, 199n., 7—8n.；Hoyt Trowbridge, "Joseph Warton on the Imagination", *Modern Philology*, 35 (1937—1938), 80. 实际上，沃顿试图找到一条中间道路，参见 *The Works of Pope*, I, 188—92n., 199n.。*Essay* 曾被献给爱德华·杨格。

[2] MacClintock, *Warton's Essay*, p. 11. 沃顿在描述蒲柏的 *Dunciad* 时写了一个注释，在这个注释中，沃顿捍卫了传统的经典教学，也就是模仿和翻译(Wooll, *Warton*, p. 49n.)。在《论蒲柏的才能和作品》第二卷中，他批评洛克(Locke)"贬低"了古人，并对沙夫次伯里(Shaftesbury)支持古人表示赞许(II, 278—79)。1797年，他在蒲柏的作品中发现了许多值得批评的东西，参见 *Works of Pope*, I, xxxi, lxvii.。

[3] Wooll, *Warton*, p. 29；Trowbridge, "Joseph Warton", p. 76. 对约瑟夫·沃顿来说，亚里士多德是"第一位批评家，也是最优秀的批评家"(*Works of Pope*, I, 251—53n.)。

示着"墓地诗歌"将很快流行起来。^① 在此处,我们再次发现,斯宾塞被置于蒲柏之上,想象力被置于理性和规则之上,我们还看到了野性而不加修饰的大自然,荒废的修道院和哥特式拱顶。托马斯·沃顿进入了牛津大学,他余生都在那里学习,然后在那里教书。在某种程度上,就像吉本在自传中铭记的那些人一样,托马斯·沃顿是那个时代比较典型的牛津教师,他没有太多的教学负担,可以自由地在乡村游历寻访古迹,庆祝他的悠长假期。^② 托马斯·沃顿继续撰写诗歌,这足以让他成为牛津的教授和桂冠诗人,但 1754 年的《(斯宾塞的)仙后研究》(*Observations on the Faerie Queene*)才首次为他赢得名声。

托马斯·沃顿为他的主题带来了新的视角。他认为,只有恢复文化背景,人们才能理解和欣赏伊丽莎白时代的斯宾塞。"在阅读一位来自遥远时代的作家的作品时,我们有必要回顾一下他那个时代的风俗习惯,让自己置身于他的情境和环境之下,这样我们才能更好地判断和讨论那些为人所熟知的且处于支配地位的环境——和当前围绕着我们的环境完全不同——是如何影响他的思想以及他的创作方式的。""为了达到这个目的,"托马斯·沃顿后来写道,"我思考了斯宾塞那个时代的风俗和才能,也调查过当代的作家,研究过那些可以体现斯宾塞独特风格、品味和创作的书籍。"^③托马斯·沃顿取得的成就很快得到了塞缪尔·约翰逊的赏识:"人们之所以很难理解 16 世纪的作家,是因为人们总是在独自阅读;人们无法从那些和他们生活在一起的人或者他们之前的那

---

① 刊载于 Richard Mant, ed., *The Poetical Works of Thomas Warton*, 2 vols. (Oxford, 1802), I, 68—95,另外还有一篇评论和有价值的传记。

② 托马斯·沃顿曾抱怨教学和管理任务繁重,可参托马斯·沃顿在 1772 年 6 月 17 日写给赫德的信,见"Correspondence of Thomas Warton", *Bodleian Quarterly Record*, 6 (1929—31), 306—7。

③ Thomas Warton, *Observations on the Faerie Queene of Spenser* (London, 1754), 2d ed., 2 vols. (London, 1762), II, 87, 264.

些人身上得到任何帮助。"①

　　在托马斯·沃顿的诸多前辈中，至少休斯(John Hughes)知道我们不能用古典的标准来评判《(斯宾塞的)仙后研究》："把它和古代的典范进行比较，就如我们把罗马建筑和哥特式建筑进行比较一样。"不幸的是，休斯没有足够的历史素养去发现斯宾塞到底在做什么，也没有和斯宾塞产生足够的共鸣以摆脱自己的新古典主义偏见。② 对托马斯·沃顿来说，西奥巴尔德(Lewis Theobald)是一个更好的榜样，西奥巴尔德曾对蒲柏编辑的莎士比亚作品提出反对意见，西奥巴尔德提供了他自己编辑的新版本，这个版本精确地展示了了解伊丽莎白时代的语言和文学知识对于阐述一位古老的诗人来说是多么有帮助(顺便提一句，西奥巴尔德无意之中从古典文献学那里借用了这个方法，几个世纪来，人们一直用它来阐述古典诗人；宾利是他的一个特别榜样)。③ 因为这个冒犯的举动，蒲柏把西奥巴尔德

---

① Samuel Johnson, *Letters*, ed. R. W. Chapman (Oxford, 1952), pp. 53—54. 约翰逊早在他的 *Miscellaneous Observations on the Tragedy of Macbeth* (1754)中就指出了检查"他那个时代的天才和同时代人的观点"的重要性(*Works* [London, 1825], v, 55)；参见 Rene Wellek, *The Rise of English Literary History* (1941; reprinted, New York, 1966), p. 53。

② "关于这个方法，休斯和比休斯伟大得多的人似乎从来没有思考过"(Johnson, *Letters*, pp. 56—57)。斯宾塞的编辑优普顿(John Upton)也曾倡导(在 1751 年)根据他的学识来理解这位诗人，即使约翰也无法鉴赏或没有使用过中世纪的传记文学体。然而，沃顿从前辈那里学到了很多东西，参见 Jewel Wurtsburgh, *Two Centuries of Spenserian Scholarship*, 1609—1805(1936；重印, New York, 1970)。在 1715 年编辑斯宾塞的作品时(2d ed., London, 1750 [I, xliiff])，约翰·休斯的评论被当作该书的简介。在 *Critical Essays of the Eighteenth Century*, 1700—1725 中有一个节选, ed. W. H. Durham (1915；重印, New York, 1961), pp. 105—10。

③ Lewis Theobald, preface to *The Works of Shakespeare* (1734; 2d ed., 1740), in *Eighteenth Century Essays on Shakeaere*, ed. Nichol Smith (Oxford, 1963), pp. 58—84. 西奥巴尔德的 *Shakepear Restord* 已于 1726 年面世。参见 T. R. Lounsbury, *The Text of Shakepeare* (New York, 1906)；R. F. Jones, *Lewis Theobald: His Contribution to English Scholarship* (New York, 1919)。关于宾利，参见由默克(J. H. Monk,1833)和杰伯(R. C. Jebb,1882)撰写的那部很不错的传记；另参本书第六章"古人、今人和史学"。

（和宾利一起）放进了《愚人记》。托马斯·沃顿积极地为西奥巴尔德辩护："如果莎士比亚的作品值得一读，那么西奥巴尔德就值得得到解释；为了如此有价值和如此高尚的目标搞研究，是值得得到感谢和公正待遇的，而不是如这般得到充满偏见和无知的讽刺。"①

如果很容易就明白莎士比亚和斯宾塞没有依据古典规则来写作，那么发现他们正在干什么，以及欣赏甚至更喜欢新古典主义又是另外一回事了。托马斯·沃顿明白，斯宾塞竭力不像荷马或维吉尔，而是像现代的阿里奥斯托（Ariosto）那样写作，中世纪的传记文学就是斯宾塞的主要来源和灵感。托马斯·沃顿继续说道："用阿里奥斯托或斯宾塞没有留意的认知来评判他们是荒谬的。我们生活在依照规则进行写作的时代，我们倾向于使用人们教给我们一些规则——人们把这些规则当作评价作品优秀与否的唯一标准——来评价每一部作品。"我们发现斯宾塞的确十分蔑视"史诗严格要求的排列和秩序"，他会用其他东西来弥补，"这些东西包括爱慕和发自内心的情感，而不包括冷酷的头脑"。"在阅读斯宾塞的作品时，"托马斯·沃顿带着他一贯的矛盾情绪总结说，"即使批评家不满意，读者也被感动了。"②

毫无疑问，这是非正统的观点，和人们　贯强调理性是背道而驰的。然而，下一步该怎么做，托马斯·沃顿还没有心理准备。和他的兄弟一样，托马斯·沃顿愿意放弃古典标准并转向另一种选择。显而易见，托马斯·沃顿只是想更新他认为正在衰竭的新古典主义想象。《（斯宾塞的）仙后研究》开篇如下："当荷马和亚里士多德的作品在意大利得到恢复和研究时，当关于古代智慧的、未遭毁坏的真实的原始资料向世人敞开时，当各种文学最终穿透哥特式的无知和野蛮主义的深渊破土而出时，人们期待的不是浪漫式的诗歌创作……一种全新而更加合理的写

---

① T. Warton, *Observations*（1762），II, 265（这篇文章并没有出现在第一个版本中）。约瑟夫·沃顿也在他的《论蒲柏》中为西奥巴尔德和宾利辩护，参见 II, 133—34，235—37，382。

② *Observations*（1762），I, 15—16；（1754），p. 13.

作风格将独占鳌头。"这种情况并没有立刻出现,文化滞后向沃顿解释了为什么阿里奥斯托仍然更喜欢"博亚尔多(Boiardo)荒谬而不连贯的旅行,而不是古希腊罗马典范的得体和统一性",以及为什么斯宾塞仍是一位"浪漫诗人"。①托马斯·沃顿发现了伊丽莎白时代很多令人钦佩的地方,但他从没有暗示他们超越了古人中的佼佼者。事实上,《(斯宾塞的)仙后研究》花了很大的篇幅指出斯宾塞的缺点,作者认为斯宾塞必须为此道歉。当托马斯·沃顿后来谈到它时,他"到目前为止和现代批评的主流观念保持一致……而且推荐古典的得体";托马斯·沃顿甚至希望"黑暗时代"的美丽可以为复兴想象和幻想的力量做出贡献。②

1762年,托马斯·沃顿出版了第二版的《(斯宾塞的)仙后研究》,在书中,他进一步拓展了他的观点。一段很长的插补文字立刻引起了人们的注意。在给斯宾塞的一行诗进行注解时——诗人在此处提到了"多利安式柱"(Doric column),托马斯·沃顿写了一篇专题论文,追溯从中世纪早期到斯宾塞时代"建筑样式的兴起和发展状态"。虽然比较简略,却是杰作,因为以前没有人尝试这么做。③ 托马斯·沃顿用几页简要列出了英国中世纪建筑风格经历的几个基本阶段,其中包括日期和例子。托马斯·沃顿从我们现在所称的罗马式建筑开

① *Observations*(1754 和 1762),p. 2。

② 引自 Clarissa Rinaker, *Thomas Warton: A Biographical and Critical Study*, University of Illinois Studies in Language and Literature, II, no. 1 (Urbana, Ill., 1916), p. 53。用中世纪的灵感来复兴现代(也就是新古典主义)诗歌是沃顿和他的新朋友托马斯·波西(Thomas Percy)分享的想法之一,可参他们的通信,见 *The Percy Letters*, ed. M. G. Robinson and Leah Dennis (Baton Rouge, La., 1951), pp. 38—48。在沃顿的帮助下,波西的 *Reliques of Ancient English Poetry* 于 1765 年面世。吉本认识到了这个问题,即使他不赞同哥特式的补救方法:"在一群优雅的人之中,诗歌鉴赏只是一种娱乐,而不是心灵的激荡"(*Decline and Fall*, I, 265—66)。

③ *Observations*(1762), II, 184—98。最临近的就是约翰·奥布里的《建筑学编年史》(*Chronologia Architectonica*),不过,仍然只有手稿(Bodleian MS. Top. Gen. C25 ff.);写于 17 世纪 70 年代,而且没有产生什么影响。可参 H. M. Colvin, "Aubrey's Chronologia Architectonica",该文出现在他展示给约翰·萨莫森(John Summerson)爵士的文章中,见 *Concerning Architecture*(London, 1968), pp. 184—98。

始——不过，他将其称作撒克逊风格，接着讨论了早期英国（或"撒拉逊[Saracenic]"，托马斯·沃顿从雷恩[Christopher Wren]那里借用了这个术语），①再接下来是"真实或绝对"的哥特式建筑，装饰性的、华丽的哥特式建筑，最后是伊丽莎白时代的混合样式——哥特式和新品味的古典主义的组合。他认为区分这些风格的"等级"很难，这需要"直观的演示和现场的谈话，需要得到明确的论证和阐述"。② 托马斯·沃顿相信，他不仅能描述每种风格的特征——那些柱子、拱门、拱顶和窗户发生的变化——而且还可以为它们标上日期，把它们和当代文学联系起来。托马斯·沃顿相信，他可以通过依次出现的风格来重新确定特定建筑的建造阶段。托马斯·沃顿的技巧甚至给哥特主义者沃波尔（Horace Walpole）留下了深刻的印象。"先生，你怎么可以称赞那些跟我的作品一样草率而肤浅的作品呢？"当收到一份《（斯宾塞的）仙后研究》的副本时，沃波尔写道："你们这些有着相同追求的人更加正确，也更加深刻……请比较一下你和我关于哥特式建筑的描述；我很少涉猎这个主题，而你已经确定了它的所有时期。"③

①　参见 Christopher Wren, *Parentalia*, ed. Stephen Wren (London, 1750), pp. 297, 306—8. 当沃顿在温彻斯特学院（MS. 111/4）读关于索尔兹伯里大教堂（Salisbury Cathedral）的手稿并做笔记时，他直接引用了雷恩（我很感激大学学监和和董事允许我使用这些手稿，也很感激图书管理员保罗·叶芝·爱德华[Paul Yeats-Edwards] 给予我的帮助）。

②　*Observations* (1762), II, 1848.

③　Walpole to Warton, August 21, 1762, Wooll, *Warton*, p. 281. 当沃顿关于哥特式建筑的作品出版时，沃波尔的《英国绘画轶事》（*Anecdotes of Painting in England*）在同一年面世了。参见沃玛姆（Ralph N. Wornum）的版本，3 vols. (London, 1888), I, 114—30. 在一封描述索尔伯里大教堂的信里，有一个关于沃顿的方法——即把关于风格的证据和资料结合起来——的好例子，参见 Bodleian MS. Dep. C. 640, ff. 29—30. 当代对哥特式建筑的兴趣和无知的典型例子可以在一篇文章中找到，参见 *Gentleman's Magazine*, 28 (1758), pp. 517—19；另外，还可以在托马斯·帕克（Thomas Barker）于 1759 年 4 月 20 日写给威廉·斯塔克里的信中看到，参见 the Stukeley *Family Memoirs*, I, Surtees Society 73 (Durham, 1882), pp. 443—46; Richard Pocooker to Andrew Ducarel, August 27, 1753, in Pecock's *Tours in Scotland*, ed. Daniel W. Kemp, Scottish Historical Society, I (Edinburg, 1889), pp. xlv—xlvi。

对于这些事情,托马斯·沃顿总能做到胸有成竹,因为他长期密切接触那些建筑,仔细研究那些资料。托马斯·沃顿在旅行中保存的笔记本表明,他每年暑假都会仔细观察中世纪晚期幸存下来的城堡、教堂和修道院,他写下它们的特征,偶尔还会画一些素描。显而易见,托马斯·沃顿正在准备一部更雄心勃勃的作品,他将其称之为《关于英格兰和威尔士各城镇的教堂、修道院、城堡及其他古代遗迹的历史性和批评性观察》(*Observations Critical and Historical on Churches,Monasteries,Castles and other Monuments of Antiquity in Various Counties of England and Wales*)。① 托马斯·沃顿使用的模式就是古文物"旅行路线",这是一个古老的流派,由里兰德引入英国,托马斯·沃顿通过赫恩最近的版本了解它;沃顿的前辈们对一切古老的东西都感兴趣,不加以区分,而沃顿的兴趣在很大程度上局限于中古时代。② 他似乎从没未去过林科恩大教堂(Lincoln Cathedral)以北的地区,但去过南部和西部的其他地区,而且经常反复参观。③ 他有时候会阅读编年史和教会记录,试图找出他可以找到的关于所有早期建筑的基础和改造方面的东西。至少有那么一次,他开始修改自己的笔记以供出版,而且还正式承诺出版一部更宏大的作品。然而,当托马斯·沃顿于1791年去世时,留下的却只是题外话。即便如此,人们还是几次认为这些值得重新出版,认为它们有助于哥特在19世纪的全面复兴。④

---

① Rinaker,*Thomas Warton*,p. 146. 笔记本和"旅行路线"就在温彻斯特学院,MSS. 107—12;the Bodleian Library,MS. Dep. e. 287;以及 British Museum MS. Add. 11395。它们似乎始于1760年。

② William Sttukeley,*Itinerarium curiosum*(London,1724).

③ 贝尔盖(Thomas Balguy)十分遗憾沃顿没有看到约克大教堂。

④ 参见 Mant,*Poetical Works*,I,xxxi—xxxiii;*Illustrations of the Literrary History of the Eighteenth Century*,ed. John Nichols (London,1828),v,528—29,634—36。题外话出现在 *Essays on Gothic Architecuture* 中(London,1800,1802,1808)。

　　笔记本显示，就像沃顿研究文学所使用的方法一样，他用来研究建筑的方法，最终借用的是古典研究。就像吉本一样，甚至就像其他受过正规教育的人一样，沃顿从小受到古希腊罗马语言和文化的熏染，他的手稿里有多处显示他深受影响（例如，里面有许多翻译和模仿，包括西塞罗为诗歌辩护的作品《为阿尔奇阿斯辩护》[pro archia]的简洁版本）。① 吉本也开始思考他的文学生涯，他在青年时代也尝试过文本批评和修正，然而，沃顿成为了一名专业人士。在牛津大学，沃顿被选为诗歌教授，此前他的父亲从事的也是这项工作。沃顿长达 10 年（1757—1767）都在讲授希腊诗歌。② 在这期间，沃顿还写了几本教科书，其中两本是充满韵律的铭文，一本是用拉丁文（1758）写的，另一本是用希腊文（1766）写的；沃顿还计划翻译罗得厄斯（Ablonius Rhodius）的作品；实际上，沃顿完成了他最喜欢的诗人忒奥克里托斯（Theocritus）的作品的评述版本。沃顿在波德雷安图书馆找到了古典文献学家圣阿曼达（James St. Amand）的论文，它们为后者的写作提供了极大的帮助。③沃顿的朋友沃伯顿（William Warburton）把他引荐给了那一代最优秀的希腊学者，即能干而易怒的图普（Jonathan Toup，据一位通信者说，是他那个时代的宾利），④他为沃顿提供了丰富的评语。晚些时候，忒奥克里托斯于 1770 年出现在沃顿早期的讲稿

① 日期是 1742 年 6 月，Bodleian MS. Don. d. 602。沃顿后来发现西塞罗的论点比较肤浅，可参其 History of English Poetry, 4 vols. (London, 1775—1806), 431（此后引为 HEP）。

② 其中许多讲稿可以在温切斯特的手稿里找到，n. 108；还有波德雷安图书馆 MS. Dep. d. 586—95。

③ Warton to Toup, February 7, 1767, British Museum MS. Add. 42560, f. 156.

④ James Harris to Warton, September 7, 1767, Wooll, Warton, pp. 323—34；William Warburton to Warton, May 9, 1767, British Museum MS. Add. 42560, ff. 159—60；Warburton to Hurd, February 24, 1764, and July 8, 1766, Letters from a Late Eminent Prelate (New York, 1809), pp. 359—61, 281—82. 或许在英国博物馆 MS. Add. 42560 也可以找到沃顿-图普的通信。

中，讲稿前面加上了《希腊颂歌》(De Poeti Graecbulolica)。它是古典文献学方面值得称道的作品，为沃顿在当代赢得了足够的尊重。[①]

托马斯·沃顿似乎在很大程度上认为，作为一名评论家和史学家，他的灵感源于不断吸收古典文字。首次发现如何恢复和欣赏早期失落的文字和文学并由此发明了现代考证学和史学编纂的当然是文艺复兴时期的人文主义者和他们的继承者。托马斯·沃顿和他的朋友们认为这无疑是一场伟大而善良的"革命"。他的兄弟约瑟夫·沃顿和他的朋友柯林斯(Anthony Collins)开始着手讲述"恢复文字"的故事；[②]然而，成功为英国讲述了这段故事的却是托马斯·沃顿，首先是在他撰写的《托马斯·蒲柏爵士生平录》(*Life of Sir Thomas Pope*, 1772)中，然后是在他撰写的《英国诗歌史》(1774)中。托马斯·沃顿认为，关于古代的复兴，更恰当的说法应该是"恢复理智和有用的知识"。它带来了真正的品味、礼仪、思考和公正的判断，让人类变文明，而且还改革了宗教。[③] 因此，作为一名学者，托马斯·沃顿觉得自己是在一种悠久的传统中工作，这种传统可追溯到意大利人文主义者伊拉斯谟，它不间断地延续到了沃顿的时代。当吉本在《罗马帝国衰亡史》的最后一卷中写下复兴史时，他也有同样的感受。在回顾西方文化的震荡时，这俩人的观点几乎一致，即使沃顿对哥特人更加强硬，而吉本对衰落的主要推动者(即僧侣们)更加强硬。

[①] Andrew Dalziel to Warton, September 19, 1777, British Museum MS. Add. 42561, ff. 68—69.

[②] Wooll, Warton, p. 29.

[③] Thomas Warton, *Life of Sir Thomas Pope* (London, 1772), pp. 134—35. 在波德雷安图书馆 MS. Dep. d. 619 中有一个概述，它描绘了古典文学在亨利八世统治下的英国的衰退和复兴。一个规模更宏大的叙述出现于 *The History of English Poetry*, I, diss. ii, "On the Introduction of Learning into England"，以及 II, secs. Xvii—xviii——在这里，意大利文艺复兴也包含在故事中。

　　托马斯·沃顿从古典研究中学到了很多东西,其中一些是关于复兴过去的初步技能——文献学、文本批评、词典编纂学、古文书学等等——以及交流这种学习的正式手段:评注、脚注、索引和附录。如果古典主义者坚持把自己局限于古希腊和拉丁作家,那么我们会明白,每当政治和宗教激发这种兴趣时,为什么一些现代人愿意把他们的方法延伸到最近的文化,尤其是从英国到盎格鲁-撒逊文化。沃顿了解希克斯和他那个圈子的工作,他阅读了1705 年的《词库》,它是一个世纪以来的作品的顶峰,也是最近的牛津学识的里程碑。① 从某种意义上说,沃顿只是打算为中世纪后期做一些他们为以前的时代做过的以及为古代做过的事,也就是说,恢复另外一种完整的文化:它的习俗、制度、艺术和文学。就如钦慕他的作品并和他成为朋友的赫德一样,沃顿看到封建主义、骑士精神和浪漫主义之间存在的联系,也认为有必要把这些重新融合成一个可理解的整体,一个可以用其术语来理解的整体。② 沃顿从一开始就对斯宾塞——这一失落的文明的成熟果实——进行了阐释,就如古典主义者或许会选择维吉尔一样。③ 他明白,要理

---

① 关于《词库》(*Linguarum veterum septentrionalium thesaurus*),参见第六章,以及 J. A. W. Bennett, "Hick's *Thesaurus*: A Study in Oxford Book Production", *English Studies*, I (1948), 28—45;David Douglas, *English Scholars*, 2d ed. (London, 1951), pp. 77—97. 在 *Osborn Collection* (Yale University, f. c. 76/2)收录的一封写给史蒂文斯(George Steevens)的信中,沃顿公开了他关于《词库》的知识。

② 当沃顿收到赫德的《关于骑士精神的通信》(*Letters on Chivalry*)时,他写道:"我很荣幸地说,关于这个主题,我和你的意见一致。不过,还是有待你去展示这种制度……长期以来,我一直在为这项工作积累材料;至于骑士精神和浪漫主义对现代诗歌的影响,我现在也许可以自信而自如地进行阐述"(沃顿写给赫德的信,1762 年 10 月 22 日,参见《通信》[*Correspondence*], pp. 303—4)。关于这两人的重要原始资料来自 La Curne de Ste. Palaye, *Memoires sur l'ancienne chevalrie* (1759),吉本知道这部作品,参见 Lionel Gossman, *Medievalism and the Ideologies of the Englightenment* (Baltimore, Md., 1968), p. 330;Gibbon, *Decline and Fall*, VI, 282—84.

③ 《(斯宾塞的)仙后研究》就是由一篇关于作者的评论发展而来;在大英图书馆 (C. 28. 47)有斯宾塞作品的一个副本,该副本中有沃顿亲自撰写的注释。

解这位诗人,那么诗人的文化的各个方面——语言、习俗和那个时代的建筑——无不与之相关,所有这些通常都被忽视且被看作是野蛮的。[①]

托马斯·沃顿从古典主义者那里学到了另一样同样重要的东西:对风格的欣赏以及发展的观念。西塞罗和昆体良很久以前就指出了恢复古典文学的道路,文艺复兴时期的批评家们继续执行这项任务,并将其延伸到(在瓦萨里[Vasari]及其追随者的作品中)艺术和建筑。[②]在此处,把应用于古代文学和现代艺术的观点转移到关于中世纪后期的研究,把应用于古典作品的批评观和发展观转移到关于哥特的研究——伊丽莎白时代的人扮演了奥古斯都时期的作家起初扮演的角色——也是沃顿的成就之一。然而,假装认为中世纪的作家和艺术家按照古典规则来创作是毫无用处的。正如赫德在他的《关于骑士精神与浪漫的书信》(*Letters on Chivalry and Romance*)中所说的:"当建筑师按照古希腊的规则检查一个哥特式结构时,他只会发现畸形。哥特式建筑有自己的规则,当涉及到检查时,我们应该认为它有其自身的优点,也有希腊式建筑的优点。"[③]沃顿后来补充道:"不要尝试用我们时代的方式和理念来审判其他的时代,即使它们已经达到了同

---

① 古典作者只有在古代文化的背景下才能被人们理解,这再正常不过了。参见韦勒克(Wellek)引用过的(*Rise*, pp. 29, 53)来自丹尼斯(John Dennis,1693)、约翰逊(1745)和吉本(1761)的评论。至于沃顿那一代人,宾利的《关于法利拉书的论述》(1699)仍然十分典型。

② E. H. Gombrich, "Vasari's *Lives* and Cicero's *Brutus*", *Journal of the Warburg and Courtauld Institutes*, 23 (1960), 309—11; E. H. Gombrich, "The Renaissance Conception of Artistic Progress and its Consequence", in *Norm and Form*, 2d ed. (London, 1971), pp. 1—10. 至于相对和绝对标准,参见 Panofsky, *Meaning*, pp. 208—9。在英国可以找到瓦萨里,改编自 William Aglionby, *Painting Illustrated in Three Dialogues* (London, 1685)。就如其他许多人一样,沃顿相信"文学创作和设计艺术之间的必然联系"(*HEP*, II, 412)。

③ Richard Hurd, *Letters on Chivalry and Romance*, ed. Edith Morley (London, 1911), p. 118.

样完善的程度。"①和赫德相比,沃顿更了解哥特式文化的本质和优点,他和朋友分享了这样的概念,即必须用它自身的新古典主义标准来进行评判;这两位批评家都向现代历史主义迈出了大胆的一步。然而,正如我们将看到的,这俩人看起来不打算逃离新古典主义视野的桎梏。②

最后,沃顿从古典主义者身上学到了另一个宝贵的经验,那就是,着眼于过去的古文物和过去的文学是很重要的,看到这两者之间的关系也很重要。沃顿知道了该如何像人文主义者看待古罗马的废墟一样来看待中世纪的历史遗迹,也就是说,不仅要带着忧郁和怀旧的心态看待它们,而且还要怀着同样的实际目的,即用它们来预言和阐释过去的历史和诗歌的意义。③ 沃顿在古文研究者和诗人中间长大,从他们身上,他学到了(就像吉本于同一时期在巴黎一样)关于整个考古库的一些东西——那个已经积累了多个世纪的考古库:把钱币、铭文、宪章和历史遗迹当作再现过去的一种方式。因此,斯宾塞的作品中关于多利安式柱的一个语词引发了一场关于在伊丽莎白时代再现古典样式的讨论。来自乔叟或《农夫皮尔斯》(*Piers Ploughman*)的一段引言有助于阐述中世纪建筑发展的其中一种风格。④ 在一篇了不起的文章中,沃顿展示了

---

① *HEP*, I, 252. Cf. Robert Lowth, *De sacra poesi Hebraeorum praelectiones* (1753), G. Gregory 译(1787);我引用了 1847 年的版本(London), pp. 65—66。

② Raymond D. Haven1s, "Thomas Warton and the Eighteenth Century Dilemma", *Studies in Philology*, 25(1928), 36—50; Frances S. Miller, "The Historic Sense of Thomas Warton, Jr.", ELH, 5(1938), 71—92; Audley L. Smith, "Bishop Hurd's *Letters on Chivalry and Romance*", ELH, 6(1939), 58—82; Hoyt Trowbridge, "Bishop Hurd: A Reinterpretation", *PMLA*, 58(1943), 450—65, esp. 458n.

③ 从古典到哥特的情感迁移曾经被讨论过,参见 Reinhard Haferkorn, *Gotik und Ruine in der englischen Dichtung des Achzehnten Jahrhunderts*(Leipzig, 1924), pp. 32ff. 。

④ *Observations*(1762), II, 189—90.

他如何通过英国国王的印章发现了教堂产生的变化,并据此描述和追溯了建筑风格的变化顺序,而这些变化又是和当代文学并行的。① 再重复一遍:沃顿的技巧来自他人,但他的独创性在于他尝试把古典学识中的老方法和洞见——即古典文献学、考证和古文物研究——运用于似乎和古典理想最为对立的那个时期,也就是哥特式的中世纪。尝试把新古典技巧应用于非古典的主题无疑是沃顿矛盾之处的一个主要源头。

无论如何,只要阅读沃顿的作品就会明白,他从没打算把自己从他那个时代的新古典视角中解放出来。沃顿的确明白,要理解过去的诗歌,批评家就需要把自己置于诗人的处境和立场之中,② 这个洞见对现代历史主义的发展具有重大意义。的确,沃顿比赫德和他那个时代的其他英国人更懂得怎么做这件事并且投身其中。③ 沃顿并没有因此打算放弃他对古典的忠诚。沃顿不断发现,研究中世纪诗歌、历史和文学研究对了解祖先的风俗习惯十分有用,而且它也可以持续成为现代作家灵感的来源。不过沃顿的赞扬总是有所保留。例如,沃顿恳求人们广泛阅读中世纪的文学作品,"不管这些作品对于这个理性而高雅的时代看来是多么的可怕和不自然";沃顿还恳求人们和饱受鄙视的骑士文化达成妥协,即使它看上去只是"黑暗时代的一种野蛮的运动,一种奢侈的娱乐方式"。简而言之,骑士精神和传奇故事曾经起到了教化的作用,并且仍然会激发诗意的想象,不应该把它们和古代的典范混淆。④沃顿真的十分欣赏中世纪的文化,他总是把它的美丽和缺陷区分开来,把它的胜利和失败区分开来;然而,沃顿并没有把艺术或文

---

① 　同上,p. 194。

② 　参见 n. 23 及以上。

③ 　Wellek, *Rise*, pp. 166—201; Arthur Johnson, *Enchanted Ground* (London, 1964), pp. 100—119.

④ 　*Observations* (1762), II, 267—68.

学中的哥特风格当作欣赏古典文学的一种选择,而只是将其当作论证和复兴古典文学的一种手段。①

在《(斯宾塞的)仙后研究》中,沃顿试图对英国的诗歌进行一次简短的回顾,直到斯宾塞的时代。② 到 1762 年,沃顿正在策划英国诗歌的全面发展史,这个项目最早由蒲柏和托马斯·格雷提出,长期以来它一直萦绕在沃顿的脑海中。在收到《斯宾塞的仙后研究》的副本后,赫德给沃顿写了一封信,“通过研究骑士精神和传奇故事里的风俗和虚构的故事,你开拓了一条通向这位谜一样的诗人的唯一道路”。如今,赫德对沃顿的新计划也是赞不绝口:“这样的作品的确需要古文研究者以及考证家。不过你是两者兼而有之。”③在沃顿的余生中,他一直竭力完成这项庞大的事业,试图把文献学家和古文物研究者的史学编纂技巧与批评家的洞察力结合起来,以便讲述以及很精彩地讲述从中世纪到现代的英国文学的全部故事。从它的双重抱负众不难看出,这无疑是一个可怕的计划。

尽管其他人对此怀有疑问,沃顿还是喜欢想象自己生活在这样的时代,在这样的时代,“古文物研究者的好奇心和他的品味以

---

① 甚至连沃顿也继续把哥特风格的历史价值置于其审美吸引力之前:“通过保存关于古代风尚的真实图片,遥远时代那些最无聊、粗俗且其主题缺乏生命力的作品甚至也变得有价值、变得很重要了”(Wenchester College MS. III/8, ff. 88—89)。

② *Observations* (1754), pp. 101ff. 在第二版中(1762),沃顿承诺“在常规历史中更加详实地”论述这个主题(II, 101n.)。

③ Hurd to Warton, October 14, 1762, British Museum MS. Add. 42560, f. 98. 蒲柏的计划是在沃伯顿(Warburton)的推动下产生的,后者在 1752 年寄了一份副本给马孙(William Mason);马孙和格雷想过一起推动这个计划,而且格雷从 1755 年到 1758 年一直在积极收集材料。格雷最终放弃了自己的计划,转而支持沃顿:“这个人有资格做这个,他有品味,对古文物也颇有研究”;可参他为 *Fatal Sister* (1768)做的宣传,见 *The Corresponcence of Richard Hurd and William Mason*, ed. Ernest H. Pearce and Leonard Whilbley (Cambridge, 1932), pp. 36—38。早在 1754年,就有人提及沃顿“关于英国诗歌之发展和进步的文章”(John Payne to Warton, British Museum MS. Add. 42560, ff. 30—31)。沃顿最终获得了蒲柏和格雷的设计,并且得到了沃伯顿和赫德的鼓励。另参 Nichol Smith, “Warton's *History of English Poetry*”, *Proceedings of the British Academy*, 15 (1929), 73—99。

及天赋结合在一起,他的研究倾向于展示人类风俗的进步,以及阐述社会史。"①沃顿的计划配得上吉本,因为吉本有许多类似的感受。这俩人都希望找到一种适当的形式来进行他们的中世纪研究,一种能把学者的精确和细节(包括现代学识中的所有东西)与文人的风格和优雅结合起来的形式。然而,在智者竭力嘲讽学识的学究气的时代,在这两种活动在很大程度上仍各行其是的时代,要做到这点,并非易事。②吉本和沃顿都理解学识带来的可能性,同时也为它的乏味和学究气悲叹。在他出版的第一部作品《论文学研究》(1761)中,吉本为学识辩护并驳斥了那些轻浮的批评,但在《罗马帝国衰亡史》的脚注中,他轻易就发现了学识的过度之处。沃顿偶尔会取笑古文物研究者,但在他的《英国文学史》(*History of English Literature*)中,他从来没有错过任何赞扬和利用它们的机会。③ 如果吉本最后把这两种学习方法结合起来了,并且比

①　*HEP*, I, 209.

②　我对这个话题进行过详细的阐述,参见 *Dr. Woodward's Shiled* (Berkeley, Calif., 1977), pp. 114—32, 238—54。

③　在 *HEP* 中,沃顿曾提到"古文物研究者都要感谢赫恩付出的辛劳,但他的推测总是错误的"(I, 87);瑞纳克(Rinaker)说,*HEP* 引用赫恩多达 130 次(*Thomas Warton*, p. 122n.)。沃顿曾讽刺赫恩,参见 *A Companion to the Guide and a Guide to the Companion*(Oxford, n. d.), p. 21; The Oxford Sausage (Oxford, 1764), pp. 27—28;以及"Thomas Hearne Jr. to Thomas Warton", Bodleian MS. Dep. C. 638, ff. 34—35。约瑟夫·沃顿也曾取笑他(Wooll, *Warton*, pp. 347—48),不过,一般情况下,沃顿会支持古文物研究者(*Essay on Pope*, II, 208)。吉本在他的《论文学研究》(*Essai sur l'étude de la littérature*, London, 1761, secs. 14, 17)中为学识辩护,尤其是在学识有助于理解古代经典作家这点上。沃顿在别处提到了赫恩:"他微不足道而不为人知的勤奋,他贪婪而不加选择的胃口,以及他粗俗的品味和风格,都让他置身于智者的嘲弄之下。然而……他的版本总是因其准确和实用性而得到推荐"(*Miscellaneous Works*, London, 1814, p. 567)。沃顿的几部小作品是非常严肃的古文物研究训练作品:例如,蒲柏的生平录(1772,不过撰写的时间更早)和巴特斯特(Ralph Bathurst)生平录(1761),以及在前言中为古物研究辩护的《牛津郡教区历史的样本》(*The Specimen of a Parochial History of Oxfordshire*, 1783)。另可参考沃顿和高尔之间的通信,见 Bodleian MS. Montagu, d. 2. ff. 39, 44。

沃顿更加成功地对它们进行了打磨，①那么这可能是因为吉本拥有可以让他一展学识的古老的历史叙事传统以及他独一无二的行文风格。对沃顿来说，把他的设计转换成一种可读的形式似乎更困难，也更有独创性。② 当沃顿作品的第一卷面世时，人们广泛认为——即使不是普遍认为——沃顿已经取得了成功。《绅士杂志》(Gentleman's Magazine)赞美道："这位文雅的作家作为诗人、批评家和古文物研究者，已经为学术界所熟知；这些特征看起来有些相互矛盾，可是在沃顿身上，它们似乎将要或者已在某种程度上得到了统一。"③"当古文物研究者这样论述他们的主题时"，沃伯顿评论说，"他们就会成为最有价值、最有趣的作家"。④ 然而，随着作品的篇幅越来越长，并不是所有人都对此深信不疑了。梅森(William Mason)在1781年给沃波尔写了一封信：

> 我要感谢你……为我们省去了阅读吉本先生作品的麻烦，因为你尽了最大的努力让我们免于阅读托马斯·沃顿的作品，在后面那位内心充满了古文物研究情怀的作者心里，我

---

① 可参休谟于1776年4月1日写给吉本的信，见 *The Letters of David Hume*，ed. J. Y. T. Greig (Oxford, 1932)，II，p. 311。

② 付出了同样的努力，可是却没有对沃顿或吉本产生影响的是威克曼(J. J. Winckelmann)的 *History of Ancient Art* (1764)。另参 Arnaldo Momigliano，"Gibbon's Contribution to Historical Method"，*Studies in Historiography* (New York，1966)，p. 67，以及我在第七章撰写的关于吉本的文章。

③ *Gentleman's Magazine*，44 (1774)，370，以及 *Monthly Review*，66 (1782)，162，引自 Rinaker，*Thomas Warton*，p. 118。

④ 可参沃伯顿于1774年3月24日写给沃顿的信，见 British Museum MS. Add. 42561，f. 22。沃伯顿曾声称他是第一个严肃看待中世纪浪漫主义，并将其当作了解过去生活习俗信息来源的人，可参他在1770年11月25日和1170年12月5日写给沃顿的信，见 British Museum MS. Add. 42560，ff. 231—33，以及 Johnson，*Enchanted Ground*，p. 18。

们已经泥足深陷，必须尽快完成。

梅森希望这部现已长达 3 个四开本的作品能得到删减，但他
也补充道："当他在撰写一个很少有人可以写得更好的好主题时，
还是让我们为他说句公道话吧。"①

问题在于主题，对此，沃波尔也深表同意；即使哥特式日益成
为一种时尚，可中世纪的文化仍然没什么吸引力。"好吧，我读过
沃顿先生的书"，一收到第一卷，沃波尔就迫不及待地给梅森写了
一封信：

> 我要告诉你我是怎么想的吗？我从未见过这么多有趣的
> 详细资料挤在一起，却显得如此无趣和缺乏生气。沃顿先生
> 把 4 个世纪的知识都聚集在一起，它们给人的印象就是，那 4
> 个世纪根本没有什么知识。当他们对吟唱诗人和乔叟之间的
> 那个时期进行创作时，我们看不到一点诗意。

沃波尔总结说，这太糟糕了，"沃顿如此喜爱他收集的资料，以
至于他更喜欢乔叟的作品，而不是经过改编的德莱顿或蒲柏的作
品"！② 建造了草莓山(the Strawberry Hill)，撰写了《奥特兰多城
堡》(*Castle of Otranto*)，并且十分赞赏珀西的《英诗辑古》(*Rel-
iques of Ancient English Poetry*)的也是这位沃波尔。沃波尔的

---

① 可参梅森在 1781 年 3 月 29 日写给沃波尔的信，见 the Yale Edition of *Horace
Walpole's Correspondence*，29（New Haven，Conn.，1955），pp. 119—21。

② 参见沃波尔在 1774 年 4 月 7 日写给梅森的信，同上，28，pp. 143—47，382—86。
《每月评论扩大版》(*The Monthly Review Enlarged*，1793)不无遗憾地说，沃顿"更
关心资料的是收集，而不是把资料安排得更清楚准确"；参见 Mant，*Poetical
Works* p. cxxvi；马特(Mant)为沃顿辩护(p. cxxix)。韦勒克在很大程度上表示同
意，即使他引用了布莱斯(Egerton Brydges，1882)的话，认为沃顿可以将这两种迥
异的风格和研究方法统一起来(*Rise*，pp. 176—77)。

哥特式品味似乎总是被包裹在不可战胜的新古典主义情感中。因此，我们应该对沃顿的其他读者怀有什么期待呢？①

在 1774 至 1781 年间，《英国诗歌史》（History of English Poetry）以 3 卷的形式面世。② 该书旨在涵盖 11 世纪末至 18 世纪初这段时期，然而，托马斯·沃顿在完成他的作品时从未涉及伊丽莎白时代的人。在 1770 年写给格雷的一封信中，沃顿描述了他撰写的第一卷："按照您的意思，我一开始就论述了北方的诗歌，论述了它由丹麦人和撒克逊人引入英国，论述了它的持续时间。接下来，我开始讲述征服史，并依照时间顺序将之分为不同的部分。"沃顿有点不太情愿地把戏剧排除在外，因为戏剧过于浩瀚。"其中的一个部分，篇幅很大的一部分，全部是关于乔叟……在撰写年鉴的过程中，我认为不同国家的诗歌对我们的诗歌产生了影响……即使我根据时间顺序继续进行，可是也常常会停下来给出一个概括性的观点。"③大段的引文让作品在某种意义上具有选集的特色，而且作品里还有丰富的参考书目和摘要。

也许没必要在此处更深入地介绍这部作品，除了说明它和

---

① 波尔在 1753 年拜访斯托德时写道："葛拉西安神庙（Grecian Temple）十分壮丽，对此，我十分崇拜；在我心灵的一隅，我喜欢哥特式建筑"（Letters, ed. Mrs. Paget Toynbee [Oxofrd, 1903], III, 181）。对哥特的彻底厌恶在这个时期十分典型，关于这点，参见 Vicessimus Knox, "On the Prevailing Taste for the Old English Poets"，以及 "Cursory Considerations on Architecture", Moral and Literary Essays (London, 1782), I, 214—18; I, 340—51。另参 Beers, English Romanticism, pp. 211—12; Clark, Gothic Revival, pp. 56ff., 76。不幸的是，并不是所有的古物研究者对沃顿感到满意；沃顿受到了满怀敌意的攻击，参见 Joseph Ritson, Observations on the First Three Volumes of the History of English Poetry (London, 1782)；另参 Bertrand H. Bronson, Joseph Ritson: Scholar at Arms (Berkeley, Calif., 1938), I, 315—70。

② 关于前两卷（1773）和第三卷（1777）的合同可以找到，参见 Bodleian MS. d. 617, ff. 46, 49；不完整的第四卷和一个索引分别在 1789 年和 1806 年面世。在 19 世纪，这部作品被重新编辑了几次。

③ Warton to Gray, April 20, 1770, Correspondence of Thomas Gray, ed. Paget Toynbee and Leonard Whibley (Oxford, 1971), III, 1128—30.

《(斯宾塞的)仙后研究》在精神内核上几乎趋于一致之外。作者仍然在两种观点之间摇摆,前者是他那个时代占优势地位并拥有新古典主义普世价值的观点,后者是大胆而明显处于从属地位的历史主义——它提议了解和欣赏过去。"我们怀着优越感回顾祖先的野蛮状态,而且十分乐意标识我们如何一步一步从粗鄙走向高雅。"①在古希腊和古罗马的指导下,英国的诗歌史讲述的就是它从粗俗晦涩"走向完美的文雅时代"的故事。文艺复兴是一次"伟大的解救,在文艺复兴中,由虚伪的宗教和哲学浇筑的哥特式结构全部坍塌了"。② 到目前为止,我们可能正在阅读吉本(顺便提一句,吉本乐于接受沃顿的书,说沃顿的书体现了"诗人的品味和古文物研究者的一丝不苟"),只是沃顿为更早的时代"带来了一丝意想不到的光明"。③ 那么,这场"革命"在多大程度上导致了现代品味的诞生? 他如此回应(呼应赫德),现代人获得了"理智、不错的品味和良好的批评。然而,与此同时,我们失去了一套方法和机制,和我们已经采用的东西相比,它们更符合诗歌的目的。我们已经告别了超越礼节的奢侈,也抛弃了比真理更容易让人接受的信誉,也抛弃了比现实更有价值的虚构故事"。④ "古希腊罗马完美无缺的典范清除了中世纪野蛮主义的垃圾,可是却只产生了虚构和模仿这种有害的东西。"⑤对沃顿来说,英国诗歌的黄金时代是伊丽莎白时代而不是18世纪,因为它平衡了古典兴趣和哥特式灵感。⑥ 这或许是沃顿没有完成自己的作品,没有将其带到自己时

---

① Preface, *HEP*, I, i.

② *HEP*, II, 407—8.

③ Gibbon, *Decline and Fall*, IV, 152; *HEP*, II, 407—8.

④ *HEP*, II, 462—63;I, 434; Hurd, *Letters on Chivalry*, pp. 71, 150.

⑤ 参见吉本的话:"无论多么值得赞美,模仿精神就是一种奴性,古希腊罗马人的第一批追随者在他们那个时代就是一群怪人"(*Decline and Fall*, VII, 147—49)。

⑥ *HEP*, III,参见 xliii, pp. 490—501。参见 Earl Wasserman, *Elizabethan Poetry in the Eighteenth Century*(Urbana, Ill., 1947), pp. 192—252。

代的原因之一。

最后,让我们看看 1782 年牛津大学新学院的前厅。几年前,学院的同学们开始关注 14 世纪的奠基人威克姆(William of Wykeham)的玻璃制品,它在宗教改革期间遭遇了重创。从 1736 年起,他们先后雇用了好几位玻璃画家,用新玻璃替代礼拜堂和前厅的旧玻璃。对此,他们仍然不太满意,于是,在 1777 年,他们向约书亚·雷诺兹爵士求助,约瑟夫·沃顿利用职位之便从中斡旋。沃顿十分开心:"我的欣赏之情难以言表,你们如此热情和投入,为我们兄弟学院的荣誉和美化制定了这么多的计划,这将使你们的小礼拜堂成为欧洲最华丽的房间之一。"①沃顿同意与自己的老朋友接洽,甚至承诺出 20 英镑来推动这个新计划。受到如此委托,雷诺兹十分高兴,他希望他到达学院时,托马斯·沃顿可以带他四处参观并告诉他"该做些什么,以及关于学院的一切"②(那年夏天晚些时候,当雷诺兹到达时,沃顿似乎外出闲游了)。大家最后一致认为,艺术家应该为八个隔间各提供一个人物,然后由玻璃画家耶尔维(John Jervais)把它们转移到窗户上。

雷诺兹一到达现场,这个计划就变了。如今,大家一致同意把所有的人物聚集起来,放在一个单独的为西边大窗而做的设计里。耶尔维认为应适当改动一下石雕工艺,在中心为主要的图画腾出一些空间,这样会产生不错的效果。雷诺兹很快就公布说,包括建筑师钱伯斯(William Chamber)爵士和托马斯·沃顿在内的所有人都认可这个新设计。"我的想法",雷诺兹在写给校长的信中说,"就是在中心的大块空白处描画《马槽里的基督》(*Christ in the Manger*),而且遵循科雷乔(Correggio)在名画《夜晚》(*Notte*)中

① Warton to the Warden, the Rev. John Oglander, June 27, 1777, in Christopher Woodforde, *The Stained Glass of New College Oxford* (Oxford, 1951), p. 41.

② Joshua Reynolds to Joseph Warton, July 5, 1777, ibid., p. 41.

采用的绘画原则,即让所有的光都从基督身上发散开来……下面的七个部分……我将分别使用代表了信仰、希望、慈善和四种基本美德的人物来填充,这些美德将为支持基督教奠定一个坚实的基础"。"和其他人一样,托马斯·沃顿先生也认为窗户会大幅度地得到美化,假如占据着这个空间的图画不在考虑之列的话。"雷诺兹急忙补充说,这个变化绝不会削弱窗户的结构。他希望他的画能成为"世界上首次展出的此类艺术作品"。①

雷诺兹本来打算只给耶尔维提供草图让其创作,但后来又决定为他提供油画,因为雷诺兹解释说,他觉得油画比粉笔画更容易,而且耶尔维可以找到更好的原作来模仿。1778 至 1781 年间,雷诺兹在皇家学院展出了这些画板,获得了极大的成功;仅耶稣诞生的场景就卖出了英国油画史上的最高价。不幸的是,当它们被转移到玻璃上时,人们不约而同地同意沃波尔的观点,即油画使用的不透明颜色让它们失去了应有的效果。甚至连雷诺兹本人看上去对此也十分失望。②

沃顿并不这样认为。他用长达 8 页的一首诗表明了自己对那

---

① Reynolds to Oglander, December 27, 1777, and January 9, 1778, *The Letters of Sir Joshua Reynolds*, ed. Frederick W. Hilles (Cambridge, 1929), pp. 58, 59—60; Woodforde, *Stained Glass*, pp. 44—45. 据马特(Mant)说(*Poetical Works*, p. 59n.),牛津有两个科雷乔的《夜晚》副本。关于创作的其他情况,参见 James Northcote, *Memoirs of Sir Joshua Reynolds*, ed. Henry W. Beechey (London, 1852), I, 239—41; Charles R. Leslie and Tom Taylor, *Life and Times of Joshua Reynolds* (London, 1865), I, 261—66; Algernon Graves and William V. Coffin, *A History of the Works of Sir Joshua Reynolds* (London, 1899), III, 1177—88。

② Walpole, *Correspondence*, 12, 447; 13, 336; "Horace Walpole's Journals of Visits to Country Seats", ed. Paget Toynbee, *Walpole Society*, 16 (Oxford, 1937—38), p. 25; Leslie and Taylor, *Reynolds*, I, 265. 雷诺兹的两幅素描再版了,参见 Gervaise Jackson-Stops, "Restoration and Expansion: Buildings since 1750", *New College Oxford*, ed. John Buxton and Penry Williams (Oxford, 1979), pls. 29—30, pp. 233—36;另外还有雕刻的版本,参见 Richard Earlom in Ellis Waterhouse, *Reynolds* (London, 1973), fig. 8, pp. 30—31。

个玻璃作品十分满意,在诗的开篇,他描述了自己:

> 长久以来,沉迷于野蛮时代,
> 执着地逃离经典篇章;
> 我一直都想聆听竖琴发出的鸣响,
> 拼出令人难以置信的音律;
> 想目睹节日的仪式和骑士的表演,
> 还有古代英勇的阿尔比恩(Albion),
> 是为了纪念豪迈的男爵们摇摇欲坠的大厅以及粗糙的
> 城堡,
> 它们都被铸成巨大的模型;
> 哥特式的礼仪,哥特式的艺术探索,
> 沉思着古往今来的辉煌。

沃顿继续说着,他喜欢在哥特式教堂里漫游,

> 迷信拥有变化无常的手,
> 在许多迷宫中,挂着花环的窗户都设计好了。

如今,沃顿突然看着雷诺兹的窗户,当他看到它们朴素的设计与合理的比例时,他抓住了阿提卡(Attic)艺术的真实维度:

> 突然,那些阴郁的形象逃离了,
> 这让我幻想中的快乐得到满足。
> 有力的双手砸碎了哥特式的锁链,
> 又把我的心带到真理的怀中。
> 说实话,没有什么特别的味道,
> 常见的模式闯入人类的脑海。

以此类推,得出结论:

> 神圣之窗的耻辱不再存在,
> 这片明亮的空间已向古希腊屈服。

雷诺兹为宗教之光增添了新的光彩,并设法让"高雅和哥特式建筑"得到了和解。①

　　总而言之,沃顿似乎已放弃了对雷诺兹的新古典主义观点表达哥特式的忠诚,即雷诺兹不久前在他的几场著名演讲中公开表明的那个观点,以及和历史主义相反的那个观点(即不受时间影响地进行概括)。② 沃顿真的是这么想的吗? 在新学院的门厅前,沃顿是否真的像他所描述的那样感动? 雷诺兹本人对此表示怀疑,即使他很享受这种恭维:"对于你为现代艺术做出的牺牲或假装做出的牺牲,我有很大责任。我说假装是因为,即使你……使用内行才有的技巧来反对这两种不同的风格,我还是怀疑你发生转变的诚意。一个总是冒犯别人的人突然改弦易辙,对此,我难以相信。"③实际上,我们很难明白,一个一直致力于复兴中世纪被遗忘

---

① Thomas Warton, *Verses on Sir Joshua Reynold's Painted Window at New College Oxford*(London, 1782); reprinted Mant, *Poetical Works*, pp. 54—62.

② 雷诺兹发表的第一个理论声明出现在 *Idler* 中, nos. 75, 79, 82 (1759)。在 1769 至 1791 间,几乎每年都会发表和印刷 *Discourse*;参见这个版本:Robert R. Wark (1959;重印, New Haven, Conn., 1981)。在《论蒲柏的才能和作品》中(II, [1782], 394—95),沃顿对它们赞不绝口。雷诺兹曾经写道:"面对哥特主义的浪潮,要反对它需要非同一般的勇气"(Northcote, Memoirs, II, xx)。另参 Walter Hipple Jr., "General and Particular in the *Discourses* of Sir Joshua Reynolds", *Journal of Aesthetics and Art Criticism*, 2 (1952), 231—47; E. N. S. Thompson, "The *Discourses* of Joshua Reynolds", *PMLA*, 32 (1917), 339—66; E. H. Gombrich, "Reynolds's Theory and Practice of Imitation", in *Norm and Form* (London, 1971), pp. 129—34; Bate, *From Classic to Romantic*, pp. 79—92.

③ Reynolds to Thomas Warton, May 13, 1782, Mant, Poeitcal Works, I, lxxx—lxxxi.

的诗人的人,一个把所有空闲时间都用于寻找哥特式艺术和建筑
遗迹的人,以及一个一再宣称中世纪的想象对于复兴现代文化有
价值的人,为何会如此欢快而轻易地否认它。

　　我认为,沃顿比他起初看上去的那样更加始终如一,即使把他
明显在奉承雷诺兹这点也考虑在内。① 在沃顿的整个作品中,我
们看到他是如何把他的哥特式热情控制在新古典主义广义框架内
的。即使沃顿从没有像吉本和沃波尔那样嘲笑中世纪,他还是坚
持认为,最优秀的成就也有不足之处。乔叟和索尔兹伯里大教堂
(Salisbury Cathedral)都因其哥特式特点而备受推崇,不过从 18
世纪的沃顿的角度看,它们都拥有无法弥补的缺憾。有一次,沃顿
兄弟讨论了莎士比亚——英国前古典文化的最后一朵花。约瑟夫
在信中写道:

　　　　你喜爱莎士比亚的作品,对此,我一点儿也不觉得奇怪。
　　在莎士比亚众多的优秀作品中,你似乎特别容易被关于大自
　　然的小笔触打动,你曾说,除了莎士比亚和荷马之外,几乎没
　　有什么作家有如此的判断力。

　　显而易见,托马斯想知道希腊悲剧是否能在那方面保持自我。
托马斯曾承认,"在戏剧安排和角色支撑方面,以及在措辞的纯正、
情感的崇高和得体方面",他们难以超越。"然而,请你告诉我,索
福克勒斯和欧里庇得斯是否像我们的英国诗人一样,拥有如此之
多的关于大自然的微妙笔触?"② 这不太容易平衡,而且我们总是
可以用两种方式来阅读沃顿的作品。然而,足够清楚的是,如果经
典作品偶尔存在缺陷,那么对沃顿来说,它们在大多数情况下仍然

---

① 　在这些诗歌中(*Rise*,p. 185),韦勒克也没有发现"不真诚或后来的转变"。

② 　Joseph to Thomas Warton, British Museum MS. Add. 42560, ff. 177—78. 在蒲
　　柏版的《吟游诗人》(*Bard*,1725)的前言中,他把莎士比亚比作哥特式建筑。

是同类作品中的典范,人们只需要一点哥特式的幻想就能让它们为当前所用。

是否可以在这一时期找到一位准备继续前进的哥特主义者呢? 对此,我表示怀疑。如果有例外的话,那或许就是古文物研究者了,他们总是第一批怀念过去的人,而且对限制品味的东西也不那么敏感。斯塔克里显然是一位候选人,他是一位古文物研究者,当古文物研究事业似乎严重下滑时,他让它起死回生,他提出的关于古代德鲁伊人(Druid)的铺天盖地的理论在当时和现在都引起了人们极大的兴趣。[①] 斯塔克里是古文物研究协会的创始成员之一;和同事们一样,他对古老的事物有着不加选择的热情,不管它们是关于凯尔特、罗马、撒克逊还是哥特,即使罗马总处于优先地位。1740 年 6 月的某一天,当斯塔克里到达约克时,那里的大教堂令他深深着迷,为此,他在日记中写下了这些,或是为了现代罗马的圣彼得,又或是为了古代的万神殿。斯塔克里尤其欣赏彩绘的玻璃窗,别处的玻璃窗遭到毁坏,他时常为此悲叹,而且,就如不久之后的波沃尔一样,斯塔克里设法在斯通菲尔德当地的教堂收集了一些残片,把它们镶嵌在自己的房子里。[②] 约克大教堂(York Minister,在贝弗利[Beverly]附近)的宏伟和壮丽显然打动了斯塔克里,但他的欣赏之情不像沃顿那么有依据,而更多是受了历史和联想因素的影响。[③]

事实上,人们可能会疑惑斯塔克里的哥特式品味到底有多深

---

① Staurt Piggot, *William Stukeley*: *An Eighteenth-Century Antiquary* (Oxford, 1950); Joan Evans, *A History of the Society of Antiquaries* (Oxford, 1956), pp. 52ff.

② Stukeley, *Family Memoirs*, III, 379—81; I, 222—23, 324—26, 328—29, 331, 339; II, 19, 69. 在 18 世纪 40 年代,斯塔克里设计了一座哥特式桥和修道院,但好像都没有建成;参见同上,I, 367—68, 370—92。

③ 有关斯塔克里对于切特西修道院(Chertsey Abbey)的评论,参见同上,III, 205—6。

刻,斯塔克里是否曾将其当作古典主义的替代品。即使是在约克,斯塔克里也特别欣赏伯林顿伯爵设计的帕拉第奥式(Palladian)风格的新礼堂(Assembly Rooms),这是新古典主义的精髓所在。在之前出版的一部作品中,斯塔克里特别高兴哥特式牛津大学取得了许多现代的"进步"。① 罗马的道路和废墟给斯塔克里留下了深刻的印象,他在旅行中追溯道:"因为艺术、军事和民用,它成为了最明智的政府。"斯塔克里确信,"罗马人超越了所有民族","他们在作品中研究永恒"。当斯塔克里到达坎特伯雷时,他略微有些失望。"就如过去所有的哥特式建筑一样,就其宽度而言,它太高了。"②斯塔克里真的很喜欢哥特式建筑,也许随着时间的流逝,会更加喜欢;斯塔克里经常在自己的笔记本中勾勒和设计一两座哥特式建筑。斯塔克里至少会继续欣赏古典建筑,年轻时,他曾在庞弗雷特和彭布罗克伯爵(Earls of Pomfret and Pembroke)的藏品中见过一座古代雕塑,并至今都未发现可以超越它的东西。幸运的是,也许是因为斯塔克里更像一位古文物研究者而不是一位批评家,所以他没觉得自己被迫做出了什么选择。

　　像沃波尔一样,托马斯·沃顿的选择更为坚决。当沃波尔把哥特式建筑和古典建筑进行比较时,他急忙补充说自己并不打算否认古典的优越性,而只是想证实哥特式建筑所包含的知识和品味比人们一般认为的要多。"我们的建筑",沃波尔补充说,"必须是维特鲁威风格(Vitruvian)的,就如伊拉斯谟时代的作品必须像西塞罗的作品一样"。③ 在撰写《英国诗歌史》的过程中,托马斯·沃顿开始考虑在英国复兴古典的艺术风格和文学风格,他准备毫无保留地接受它。就像斯塔克里一样,托马斯·沃顿为文艺复兴稍后在哥特式牛津大学出现而鼓掌。在为他所在的学院的赞助人巴瑟斯特

---

① Stukeley, *Iterarium*, I, 44—46.
② 同上,I, 76,124。
③ Walpole, *Anecdotes*, I, 120—21.

(Ralph Bathurst)撰写生平录时,托马斯·沃顿形容他"首次把古希腊建筑真正合理的比例引入大学,从那时起,这些比例就成功地得到了继承,哥特式建筑的庄严之美大行其道,直到它在三一学院的新庭院出现"。托马斯·沃顿指出,在新礼拜堂建成之前,牛津对"现代艺术"的华丽装饰和精美陈设一无所知。[①] 一身古文物研究者学究气的赫恩也许会为英国古典主义的进步精神感到遗憾,但托马斯·沃顿不会这样。"我们的祖先不惜一切代价矗立起坚固而持久的宏伟建筑,可是他们对高雅、便利和得体似乎并没什么概念。"[②]托马斯·沃顿对雷诺兹的艺术的敬佩之情因此完全是真诚的(顺便说一下,雷诺兹为这俩兄弟画了肖像画)。就如他的兄弟约瑟夫·沃顿一样,托马斯·沃顿似乎从一开始就认可了新窗户。

即使如此,我们还是很难明白,对文化中的年代错误十分敏感的沃顿为何要在哥特式的背景下称赞新古典主义风格的窗户。雷恩甚至也选择用哥特式的方式来修缮哥特式的结构。[③] 沃顿极好地协调了他在周围观察到的许多风格迥异的东西。他带着吉本式的优越感说道:当我们发现乔叟、高尔(Gower)或莎士比亚作品中的年代错误时——例如,赫克托尔引用亚里士多德或者尤利西斯(Ulysses)向西塞罗学习修辞之类,我们要面带微笑。[④] 当蒲柏试

---

① Thomas Warton, *Life and Letters of Ralph Bathurst*(London, 1761), p. 87.

② 当然,这些都是维特鲁威式的美德;参见《赫恩写给杰克逊(Jackson)的信》(1766年11月),据推测是为了投稿给杰克逊的《牛津学报》(*Oxford Journal*),Bodleain MS. Dep. c. 638, ff. 34—45。这个让人惊奇的片段(沃顿写的?)似乎是在戏弄赫恩,赫恩本人就因为讽刺"人们近年来在装饰这所古老大学的庄严的哥特式建筑时使用了改进精神"而受到嘲弄。关于反对在牛津结合哥特式风格和古典主义风格,可参 John Gwynn, *London and Westminster Improved*(1766),引自 Aubin, "Augustan Gothicists", p. 24。

③ 例如,威斯敏斯特大教堂,还有牛津的基督教会学院(Christ Church)的钟楼。参见 Wren, Parentalia, pp. 302, 342; W. Douglas Caroe, *Tom Tower: Some Letters of Christopher Wren to John Fell*(Oxford, 1923), pp. 23—24, 31—32。

④ *HEP*, II, 20—22, 97,等等。

图通过强行加入优雅措辞以及和谐的诗律来纠正乔叟（已承认的）在《声誉之屋》（*House of Fame*）中的奢华时，沃顿认为蒲柏犯了一个错误：

> 试图把秩序、形象化和一个以浪漫而反常的原则为基础的主题结合起来，这就好比试图用科林斯式（Corinthian）柱来建造哥特式的宫殿。蒲柏对这篇文章进行了优雅的模仿，当我阅读它时，感觉自己仿佛置身于那些被别扭地放在威斯敏斯特大教堂的现代遗迹之中。①

沃顿也不想接受哥特式的模仿，我认为，在这一点上，我们可以看到沃顿的历史主义的范围和局限性。沃顿认为哥特式风格完全属于它的时代，它嵌入到了一个完整的文化关系"体系"中，在这个体系中，封建主义、骑士精神、传奇故事、基督教迷信、哥特式建筑和彩色玻璃窗都是其中的组成部分（顺便提一句，沃顿似乎在他的英国哥特式建筑史中撰写过彩色玻璃史）。② 关于罗利（Rowley）的诗歌的争论——即查特顿（Thomas Chatterton）在 1777 年把所谓的 15 世纪诗歌强加给热情的公众——迫使沃顿对这个主题进行了充分的反思。这些诗歌实际上是 18 世纪的作品，对此，沃顿毫不怀疑；如果这些诗歌的确写于爱德华四世的统治时期，那么他的整个"体系"将会宣告失败。沃顿认为中世纪后期的文化很独特，他的这个观点是以他的发展观为基础的。英国的第一首诗歌必然是粗俗而不完美的，必须一

---

① *HEP*, I, 396. 对沃顿来说，乔叟是一位真正的诗人，不过，（沃顿总结说）"那个时代让他被迫和粗俗的语言以及全国性的品味缺乏作斗争"（I, 457）。然而，现代化并不是问题的答案。

② *HEP*, III, xxii. 沃顿的兴趣不可避免地延伸到哥特式的窗户及其发展状况上；可参沃顿在 1767 年撰写的关于罗特利修道院（Nottley Abbey）的评论，见 Bodleian MS. Dep. e. 287, ff. 3ff。

直打磨。① 如果罗利的诗歌是真实的,"那么,那个到目前为止都
以诗歌创作的发展为框架的系统,以及以品味、风格和语言之提高
为基础的理论,都会因此而动摇和受阻"。罗利的诗歌实际上反映
了"以前的作家积累的实践、经验和发现"。诗歌,就像人类付出的
其他努力一样,需要长期的协作劳动才能取得进步。② 证据就是,
我们可能会倒退,并且用中世纪的那种纯朴和简单来假装写作或
者建造东西。"废墟的建造者在模仿旧式建筑的过程中,很少能准
确地贯彻始终。在拱门的弯曲处、壁龛的摹图或窗户的凹凸不平
处,有时会很不幸地发现一些现代的造型或装饰品。"沃顿没费什
么力气就在罗利的诗歌中找到了风格、语言、韵律和历史典故方面
的年代错误。③

　　沃顿没有贯彻始终的地方在于他对古典风格的看法。虽然沃
顿坚决反对从字面上模仿古典模式,但他似乎理所当然地认为古典
成就在本质上就是永恒的。沃顿认为,大多数的诗歌和建筑都和时
间及空间有关;然而,一旦达到了完美的程度,关于完美就有一些难
以改变而只能不断重复的东西。因此,对沃顿来说,那些渗透到生
活和艺术中的价值观并不会无止境地发生变化,它们仍置身于历史
之外(因此,对于雷诺兹来说,哥特风格似乎比古典风格更古老)。④

---

① 在斯万的论文(Swann Papers,Bodleian MS. Dep. e. 282)中有关于从乔叟到德莱
顿"诗歌得到巨大进步的伟大时期"的一个初步纲要。在此处,沃顿重复了蒲柏、
格雷和英国文学全盛时期的其他人的观点,参见 Wasserman, *Elizabethan Poet-
ry*, pp. 49—83。

② Thomas Warton, *An Enquiry into the Authenticity of the Poems Attributed to
Thomas Rowley*(London, 1782), pp. 78, 17. 这个主题最先在 *HEP*(II, 139—
64)中提出,可参沃顿在 1774 年 6 月 29 日和 1776 年 1 月 25 写给珀西的信,见
Percy Correspondence, pp. 142—43, 144—45。

③ 不用说,沃顿自己的作品中也有错误和疏忽之处,参见 Walter W. Skeat, "Essay
on the Rowley Poems",in Thomas Chatterton, *Poetical Works*(London, 1875),
II, ix. 关于查特顿,参见 Edward H. W. Meyerstein, *A Life of Thomas Chatter-
ton*(New York, 1930)。

④ Reynolds, *Discourses*, p. 242.

因此,用哥特式仿制品替代哥特彩色玻璃窗既不可能,也不可取,哥特式仿制品立刻会原形毕露,它无论如何也不适合现代,不过,新古典主义的绘画或许又是另外一回事了。[①] 雷诺兹对沃顿喜欢的哥特式风格并不感冒;然而,沃顿(和其他哥特主义者)似乎与雷诺兹一样喜欢古典风格。"倘若雷诺兹重新修整或者绘制霍尔宾(Hans Holbein)画的一幅肖像画",沃顿在1782年写道,"那么它无疑会变得更美,然而,它已不再是霍尔宾的画作"。[②] 显而易见,人们可能会在其中一个或另一个中找到乐趣,可是沃顿认为,人们不应该把其中一个错认为是另一个。

我一直想暗示的就是,即使在理解和欣赏中世纪非古典主义的成就方面,沃顿远远超过了吉本和大多数的同时代人,可是一些关于人性的持久性和普遍性的假设还是限制了他;沃顿继续和古人中最优秀的人保持联系,仍不愿意跨出通向19世纪历史主义的最后重要一步。在这个过程中,沃顿是哥特式狂热者的典型代表,他们大多数人是朋友和同僚,他们费了很大周折来召唤古典文明并使这种选择显得真实可信,即使他们自己不曾真正接受它。[③]很显然,就其完整的意义而言,历史主义在那时仍然不全面、缺乏热情,直到古人被彻底赶下神坛,古代生活和古代文学的价值简化为时间和地点。至于哥特主义者为最后的巨变做出的贡献,他们

---

① 沃顿提到了12世纪的人文主义者,认为他们复兴古人之举并不完美,而且也不成熟;"他们的作品表明他们并不知道如何模仿古典经典作品的美妙之处"(*HEP*,II,432)。另可参考沃顿关于但丁的附带讨论(III,236—55,尤其是254—55)。

② Warton,*Enquiry*,p. 23.

③ 我们还得悉,维也纳"严格的古典主义者"这次也是"严格的哥特主义者",参见Hans Tietze(引自 Panofsky,*Meaning*,p. 184)。据汉斯科尔(Francis Haskell)所说,吉本的艺术品味"的确很传统"。吉本很钦佩科雷乔和欣赏佛罗伦萨的美迪奇维纳斯(Venus de'Medici),他对哥特式风格一点儿不感兴趣,参见"Gibbon and the History of Art",in *Edward Gibbon and the Decline and Fall of the Roman Empire*,ed. G. W. Bowersock,John Clive,and Stephen Graubard(Cambridge,Mass.,1977),pp. 193—205。

也是无意为之,而且他们似乎并不是全都对此结果表示赞许。然而,我们仍要充分赞扬他们朝着塑造现代历史意识迈出了巨大的一步,即使在他们那个时代,他们几乎待在国内。

图书在版编目(CIP)数据

人文主义与史学/(美)约瑟夫·莱文著;王伊林译. --上海:华东师范大学出版社,2022
(经典与解释)
ISBN 978－7－5760－3497－4

Ⅰ.①人… Ⅱ.①约… ②王… Ⅲ.①史学—研究 Ⅳ.①K0

中国版本图书馆 CIP 数据核字(2022)第 250992 号

华东师范大学出版社六点分社

企划人　倪为国

Humanism and History: Origins of Modern English Historiography,
by Joseph M. Levine, originally published by Cornell University Press.
Copyright © 1987 by Cornell University
This edition is a translation authorized by the original publisher
Simplified Chinese translation copyright © 2023 by East China Normal University Press Ltd.
All rights reserved.
上海市版权局著作权合同登记　图字:09－2020－1082

经典与解释·政治史学丛编

人文主义与史学——英国现代史学编纂之源

著　　者　(美)约瑟夫·莱文
译　　者　王伊林
责任编辑　徐海晴
责任校对　王　旭
封面设计　吴元瑛
出版发行　华东师范大学出版社
社　　址　上海市中山北路 3663 号　邮编　200062
网　　址　www.ecnupress.com.cn
电　　话　021－60821666　行政传真　021－62572105
客服电话　021－62865537　门市(邮购)电话　021－62869887
地　　址　上海市中山北路 3663 号华东师范大学校内先锋路口
网　　店　http://hdsdcbs.tmall.com
印　刷　者　上海景条印刷有限公司
开　　本　890×1240　1/32
插　　页　2
印　　张　11
字　　数　270 千字
版　　次　2023 年 1 月第 1 版
印　　次　2023 年 1 月第 1 次
书　　号　ISBN 978－7－5760－3497－4
定　　价　68.00 元
出　版　人　王　焰